2018年度国家社会科学基金西部项目
"基于可比语料库的网络语言生态文明建构策略研究"
（项目批准号：18XYY011）结项成果
西北师范大学"外国语言文学"优势学科资助
西北师范大学外国语言文学文库资助

网络语言

生态文明建构策略研究

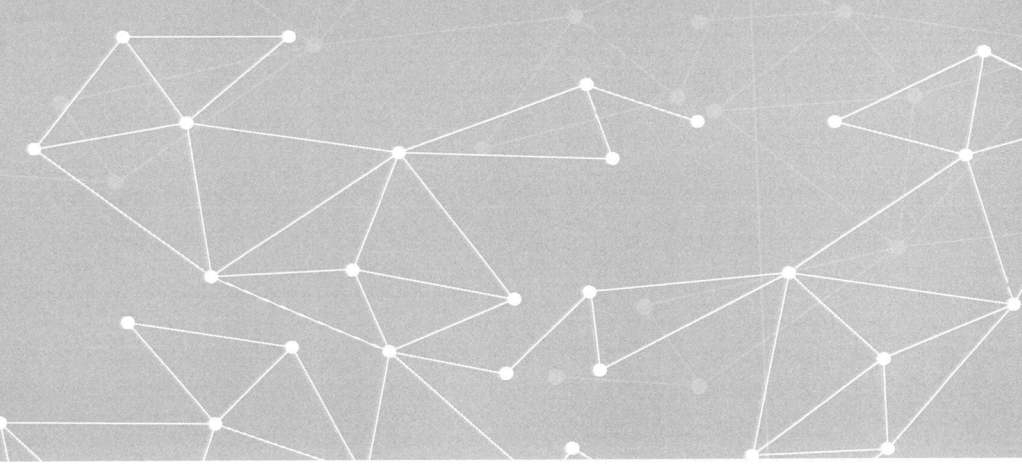

曹进 靳琰 梁海英 著

中国社会科学出版社

图书在版编目（CIP）数据

网络语言生态文明建构策略研究 / 曹进，靳琰，梁海英著. -- 北京：中国社会科学出版社，2025.7. （西北师范大学外国语言文学文库）. -- ISBN 978-7-5227-5366-9

Ⅰ. H034

中国国家版本馆 CIP 数据核字第 202503AD73 号

出 版 人	季为民
责任编辑	张 玥
责任校对	闫 萃
责任印制	戴 宽

出　版	中国社会科学出版社
社　址	北京鼓楼西大街甲 158 号
邮　编	100720
网　址	http://www.csspw.cn
发 行 部	010-84083685
门 市 部	010-84029450
经　销	新华书店及其他书店
印　刷	北京明恒达印务有限公司
装　订	廊坊市广阳区广增装订厂
版　次	2025 年 7 月第 1 版
印　次	2025 年 7 月第 1 次印刷
开　本	710×1000　1/16
印　张	31
插　页	2
字　数	479 千字
定　价	169.00 元

凡购买中国社会科学出版社图书，如有质量问题请与本社营销中心联系调换
电话：010-84083683
版权所有　侵权必究

目　录

序言 …………………………………………………………（1）

前言 …………………………………………………………（1）

第一章　研究背景 ……………………………………………（1）
　　第一节　研究缘起 ………………………………………（2）
　　第二节　研究内容 ………………………………………（10）
　　第三节　研究意义 ………………………………………（13）
　　本章小结 …………………………………………………（15）

第二章　相关研究述评 ………………………………………（16）
　　第一节　网络语言研究 …………………………………（16）
　　第二节　生态语言学与网络语言研究 …………………（31）
　　第三节　国内外语言暴力研究 …………………………（37）
　　本章小结 …………………………………………………（44）

第三章　理论基础 ……………………………………………（46）
　　第一节　生态语言学的研究范式 ………………………（46）
　　第二节　生态话语分析 …………………………………（48）
　　第三节　系统功能语法 …………………………………（53）
　　第四节　网络传播生态中的语言 ………………………（58）
　　第五节　生态、语言与传播的互动 ……………………（62）

本章小结 …………………………………………………… (74)

第四章　研究方法 …………………………………………… (75)
   第一节　研究方法 ………………………………………… (75)
   第二节　研究过程 ………………………………………… (76)
   第三节　语料库技术路线 ………………………………… (80)
   本章小结 …………………………………………………… (87)

第五章　网络语言的及物性系统对比分析 ………………… (89)
   第一节　积极网络语言的及物性分析 …………………… (90)
   第二节　消极网络语言的及物性分析 …………………… (103)
   第三节　积极与消极网络语言使用及物性的异同 ……… (116)
   第四节　三库及物性对比讨论 …………………………… (143)
   本章小结 …………………………………………………… (147)

第六章　网络语言的评价系统对比分析 …………………… (149)
   第一节　积极网络语言的介入资源使用 ………………… (151)
   第二节　消极网络语言的介入资源使用 ………………… (162)
   第三节　积极与消极网络语言介入资源对比分析 ……… (174)
   第四节　三库使用介入资源对比讨论 …………………… (206)
   本章小结 …………………………………………………… (210)

第七章　网络语言的衔接手段对比分析 …………………… (211)
   第一节　积极网络语言衔接手段的使用 ………………… (211)
   第二节　消极网络语言衔接手段的使用 ………………… (224)
   第三节　积极与消极网络语言衔接手段使用对比分析 … (238)
   第四节　三库衔接手段使用对比讨论 …………………… (280)
   本章小结 …………………………………………………… (283)

第八章　积极网络语言的生态特征与功能 (285)
　　第一节　积极网络语言的生态特征 (285)
　　第二节　积极网络语言的生态功能 (296)
　　第三节　积极网络语言与和谐关系构建 (303)
　　本章小结 (326)

第九章　积极网络语言的生态文明建构策略 (327)
　　第一节　CDA 视角的网络话语建构策略 (328)
　　第二节　积极话语分析视角的网络话语建构策略 (334)
　　第三节　语用学视角的网络话语建构策略 (339)
　　第四节　网络语言人际传播策略 (356)
　　本章小结 (362)

第十章　消极网络语言特征及治理策略 (365)
　　第一节　网络语言暴力符号表征 (367)
　　第二节　治理网络语言暴力的意义 (376)
　　第三节　治理网络语言暴力的原则 (381)
　　第四节　网络语言暴力治理策略 (390)
　　本章小结 (401)

第十一章　网络语言生态文明建构路径 (402)
　　第一节　网络语言生态文明语言学及传播学建构路径 (403)
　　第二节　网络语言生态文明建设进路解析 (406)
　　本章小结 (424)

第十二章　结语 (425)
　　第一节　研究发现 (426)
　　第二节　研究贡献 (438)
　　第三节　研究局限与建议 (441)

参考文献 ………………………………………………………（443）

附录 ……………………………………………………………（471）
  附录1 现代汉语态度资源词汇表 ………………………（471）
  附录2 汉语积极语言和消极语言判定标准表 …………（475）
  附录3 汉语介入资源词汇语法表 ……………………（480）
  附录4 介入资源术语汉译对照表 ……………………（481）

后记 ……………………………………………………………（482）

序　言

　　20世纪90年代以来，有关网络语言的研究主要关注网络语词研究、网络语言定义、分类、特征、网络语言传播、网络语言符号、网络不礼貌现象、网络语言暴力等。近十年来，研究者开始关注网络语言生态问题。《网络语言生态文明建构策略研究》以网络语言生态建设为研究对象，在技术层面，搭建了可比语料库；在理论层面，构建了生态语言学—语言学—传播学研究模式；在实践层面，分析语料、寻找规律、探寻策略。该著作以问题为导向，以生态语言学为基本理论指导，结合系统功能语言学、语料库语言学、语用学、话语分析、传播学的基本要素及研究方法，构建了综合性跨学科的研究理论框架，并依据网络语言的实际表现特征，对网络语言的及物系统、评价系统及衔接系统作了重点研究。为了深入探讨网络语言生态文明建构的语言学路径及相应策略，该著作制订了积极和消极网络语言的判定标准，结合评价理论及先导研究对网络语言分类标准进行测试和调整，搭建了积极和消极网络语言可比语料库，对比分析了积极和消极网络语言的话语差异，该著作无论在内容上还是理论视角上都具有创新性：第一，依据生态语言学研究网络语言，拓展了生态语言学对网络语言的阐释和研究范围；第二，建构了语言生态的语言学研究路径，运用系统功能语言学的理论和方法，清晰描述了积极与消极网络语言的微观特征；第三，探讨了网络语言文明的话语策略，对比分析了积极/消极网络语言的异同，归纳了有利于建立网络语言生态文明的话语策略，对网络语言生态文明建设具有借鉴意义；第四，在全面分析消极网络语言话语特征的基础上，提出了防治消极网络语言的相应策略；第五，研究了网络语言生态文明建构策略，从理论层面建构了网络语言生态文明的语言学理论和分析框架，从实践上提出了具体的网络语言生态文明建构策略。

该著作基于生态语言学的理论视角研究了网络语言生态文明的建构策略，对网络语言研究和生态语言学研究具有重要的理论意义和实践价值。该著作的建树主要体现在以下三个方面：第一，形成了一个以问题为导向，以生态语言学为基本理论指导，结合系统功能语言学、语料库语言学、语用学、话语分析、传播学的基本要素，建构了综合性、跨学科的研究理论框架；第二，搭建了较为科学的语料库，拥有比较充分和完整的能够体现网络语言特征的一手语料；第三，形成了一套科学研究规范，对研究选题、语料库搭建、量表制定、报告撰写等制定了规范，为网络语言生态文明建设路径研究提供了具有可操作性的应用参照。

该著作对生态语言学的贡献主要是从理论上发展了生态语言学。作者结合生态语言学思想、系统功能语法及传播学方法，建构分析框架，微观上描写网络话语特征，宏观上关注网络语言生态文明建设，为网络语言生态文明研究提供了语言学路径。该著作对网络语言研究的贡献在于拓展了网络语言研究的深度和广度，从生态语言学视角出发，开展网络语言的实证性研究，建构了网络语言文明的语言学路径，为网络语言研究提供了新的理论和研究范式。同时，该著作基于自建语料库，较全面清晰地描述了积极网络语言的语言特征，探究了消极网络语言存在的具体问题及其社会根源，分析出二者采用话语策略的差异，发掘积极与消极网络语言使用场域与传播规律，助力网络语言生态文明建设。

总体来看，该著作探究网络空间语言的产生背景、发展现状、演进规律、传播方式及其所产生的影响等，不仅有利于提炼出语言传播的新规律，也有利于重构虚拟与现实世界的对位关系，促进和谐网络环境建设。生态语言学、系统功能语言学和传播学合力建构的网络语言生态文明建设路径可用于监管、过滤、屏蔽不良网络话语，是建设网络语言生态文明的参考性框架。相信该著作的出版一定会为从事生态语言学研究和网络语言研究的学者带来新的思考，并促进我国网络语言生态文明的建设。

是为序。

苗兴伟

北京师范大学外国语言文学学院院长

2023 年 10 月

前　　言

　　海德格尔说："对语言的深思便要求我们深入到语言之说话中去，以便在语言那里，也即在语言之说话而不是在我们人之说话中，取得居留之所。"互联网是亿万民众共同的精神家园。风清气正与清朗舒适是所有网民对网上美好精神家园的内心期待。互联网的飞速发展使网络环境发生了巨大变化，网络传播重塑了社会关系、社会交往格局，也让语言生产与生活更加丰富，网民对网络信息获取依赖度显著提升。互联网促进了社会发展模式和传播形式的变革，扩展了人类生活的空间，积极推动着社会的政治、经济、文化和生态文明的发展。然而，互联网也是一把双刃剑，它在为人们提供便利的同时，也为恶俗语言及虚假信息传播、违背社会公德、诋毁他人名誉、扰乱社会秩序、实施网络暴力、危害国家和公共安全等的网络失范行为提供了藏纳空间。网络语言低俗化、恶俗化已向传统媒体渗透，向低龄群体蔓延，给社会文明和网络生态环境带来严重影响。因此，必须深入探究其根源，并采取有效针对性措施防治网络空间言语失范行为，净化网络生态环境，确保网络文化安全。

　　网络空间不是"法外之地"，法治化是治理互联网失范行为的基本手段和基础保障。近三十年来，我国积极推进网络空间法治化建设，加快互联网领域立法进程。《最高人民法院、最高人民检察院关于办理利用信息网络实施诽谤等刑事案件适用法律若干问题的解释》《即时通信工具公众信息服务发展管理暂行规定》《互联网群组信息服务管理规定》《网络信息内容生态治理规定》《关于联合开展未成年人网络环境专项治理行动的通知》《国务院办公厅关于加快推进电子证照扩大应用领域和全国互通互认的意见》和《互联网用户账号信息管理规定》等一批法律法规和规范性文件，建立起了网络空间治理的基本规范体系，但仍需强化实施细则，依法加强互联网基础管理，开展整治互联网低俗之风、整治网络霸凌专项行动，净化网络语言文化生态。本书通过大量语料分析，认为要建设良好的网络语言生态文明，应多措并举、齐抓共管、引领发展，助力网络语言生态文明建设。

本书的核心研究目标有四：第一，以生态语言学为理论基础，以系统功能语言学为分析方法，描写探讨积极网络语言的话语特征及话语策略，挖掘现消极网络语言存在的问题，从语言生态文明视角开展研究，为网络语言研究提供新的视角；第二，结合系统功能语言学、生态语言学与传播学理论，对网络语言生态开展实证性研究，从理论和分析框架上对生态语言学进行扩展；第三，以语料库为基础，利用系统功能语言学分析框架进行网络语言生态研究，丰富生态语言学的研究范式，延展网络语言的研究深度；第四，基于生态语言学研究析出的积极网络语言和话语策略有助于建构网络语言生态文明，提出的网络语言生态文明的语言学路径有助于相关部门制定网络语言文明规范。

本书认为要做好网络语言生态文明建设，需要从以下几个层面着手：在政府层面，抓好伦理道德建设、法治建设，建立和维护文明的言语交际规范和秩序；在社会层面，做好媒介素养教育、语言文字规范教育，系统建设网络道德媒介素养教育体系，发挥道德教化引导作用；在个人层面，人人都自觉地做好信息传播把关人，主动减少信源污染与信息滥用，使网络传播日趋健康稳定；在技术层面，建立网络空间动态言语监控机制，过滤庸俗、恶俗、低俗信息，特别注意化言为图、逃避打击的行为，运用大数据、云计算、语料库等技术，大规模收集、分析、揭示网络空间话语失范符号的生产方式与规律及其能指过程，建立适时网络空间话语监测数据库及话语监测预警平台，探索建立网络空间的话语元规则；在语言应用层面，应倡导鼓励使用表达积极价值观念的话语和表达方式等。通过多方合力，加大对网络的监察监管力度，对那些明显恶意攻击、诽谤他人证据确凿的暴力言语行为予以惩处，不断提升语言暴力使用者的违法成本，令其在法律层面"不敢为"，在伦理道德层面和使用主体层面"不愿为"，在网络技术层面"不能为"，诸多元素合力形成积极健康的网络语言文化生态环境。

曹　进　靳　琰　梁海英

2023 年 9 月

第一章　研究背景

网络改变了语言形态，促成了新的语言生活，也促成了新的语言生态。互联网是人类的发明，是便于人类生活的网络，是人与人之间形成良好互动关系的网络，是网络主体相互尊重的网络，是恪守国家法律公序良俗的网络，由此成为一个特定的生存空间，随着这个生存空间中网民与网民之间的互动交往、平台与平台之间的信息共享进而就形成了一个"和谐共生"的生态系统。截至2023年6月，我国网民规模达10.79亿人，互联网普及率达76.4%。如此庞大的网络使用人群，使用着网络语言，穿梭于即时通信、网络交际、网络新闻、网络视频、网络购物、网络交易、网络游戏、网络文学中，网络语言生态文明的建构研究迫在眉睫。网络在为人们带来便利的同时，也带来了网络语言生态文明危机，包括网络暴力、信息污染、网络欺诈、网络色情、网络谣言、网络生态混乱、人际关系破裂、危害语言安全等。2019年10月，中共中央、国务院印发的《新时代公民道德建设实施纲要》提出"加强网络内容建设、培养文明自律网络行为、丰富网上道德实践、营造良好网络道德环境"。[①] 同年12月，国家互联网信息办公室发布《网络信息内容生态治理规定》，明确了生产者、服务平台、服务使用者、网络行业组织各自的法律责任，要求努力净化网

---

① 中共中央、国务院：《新时代公民道德建设实施纲要》，新华网，2019年10月27日，http://www.xinhuanet.com/politics/2019-10/27/c_1125158665.htm，2023年10月20日。

络生态环境，满足网民对健康有序的网络空间追求，促进网络空间日益清朗。① 可见，网络生态问题已引起国家的高度关注。

第一节　研究缘起

"语言人与语言生态环境唇齿相依。"② 语言生态即"语言与其所处的生态环境的关系"③。海然热（Hagège）提出"语言完成演变过程，靠的是千千万万无权无势的平头百姓们通过日常运用，无声无息地营造与改变"。④ 网络语言无所不及，这一惊人事实替代了言说的内容。发端于网络、栖身于网络诸多通信方式的网络语言堪称是网络运行的润滑剂与人际交往黏合剂，其主体源于自然语言，其变体又让人总有似曾相识却不相认的陌生感。本书的缘由在于：第一，网络语言自身的变化和发展之研究魅力让人难以却步；第二，网络语言产生的诸多变体是网络生活的真实写照，其对自然语言的影响引人探究；第三，积极的网络语言促进和谐社会的构建，消极的网络语言破坏语言生态，进而损害人际关系，制造了语言"雾霾"；第四，网络语言对人们的言语行为乃至对语言生态的影响，对社会行为的塑造能力亦为本书的动因之一；第五，长期以来，网络空间语言失范没有得到足够重视。目前针对"网络语言"的研究，多停留在"网络词语特点""网络流行语探讨""网络热词探讨"等表层的分析，却忽视了网络虚拟空间语言生态问题。随着社会的网络化和网络的社会化，我国网络空间语言失范问题日益凸显，影响了网络语言生态，这不仅制约了互联网络健康发展，还在某种程度上影响了国家语言安全。

对语言的治理是建设良好网络生态的重要手段和内容。在"以言

---

① 参见中华人民共和国国家互联网信息办公室《网络信息内容生态治理规定》，中央网络安全和信息化委员会办公室，2019年12月20日，http://www.cac.gov.cn/2019-12/20/c_1578375159509309.htm，2023年12月20日。
② 冯广艺：《语言人与语言生态》，《江汉学术》2013年第1期。
③ 黄国文、赵蕊华：《什么是生态语言学》，上海外语教育出版社2019年版，第59页。
④ ［法］海然热：《语言人：论语言学对人文科学的贡献》，张祖建译，生活·读书·新知三联书店1999年版，第264页。

行事"的网络虚拟空间,既要用好语言这一工具来进行网络社会治理,还要维护好网络语言生活,更要以网络语言为武器,维持网络空间的生态发展、国家安全和社会稳定。语言失范危害语言健康、社会文明和文化安全。当前,语言异化、语言失范行为和信息虚假等问题不仅损害了语言健康,污染了网络空间环境,还会蔓延至现实社会,甚至会颠覆人们的基本道德和价值观。舆情失控危及国家安全和社会稳定。由于各种因素的交织,国家通用语、民族语言、方言、外语,语言外延与内涵,语言规划及语言战略等问题变得更加敏感和复杂,稍有不慎便会在网络"蝴蝶效应"作用下形成舆情,危及社会稳定甚至国家安全。从2000年国务院颁布《互联网信息服务管理办法》起,直至《国家网络空间安全战略》《网络信息内容生态治理规定》等规定、办法及通知,无不说明网络语言生态文明建设已经到了刻不容缓的地步。

针对上述问题,本书在自建语料库的基础上,以生态语言学为核心,系统功能语言学为方法,传播学为介质建构理论框架,进行了系统的网络语言生态文明建设策略研究。网络语言符号的表征与意义、系统与功能、生态与非生态、积极与消极言语、传播与扩散成为本书的核心。

一 "第二人生"与网络生态

当人类迈入21世纪的大门,互联网技术正在以一种前所未有的速度和方式深深地嵌入并改变着人们的生活,以一种空前的空间、时间、速度正深刻影响并改变着人类的生存状态,网络语言生态问题也引起了社会的高度关注。网络影响主要缘于"第二媒介时代"的介入,这是"一个双向的去中心化的交流模式"[①]:"由于电脑书写取消了社会权威,因此对他人的干预更加不合惯例,更不遵从礼节。有效回应的标准转变为打字的速度和表述的简洁性"[②]。网络空间往往把私人言行

[①] [美]马克·波斯特:《第二媒介时代》,范静哗译,南京大学出版社2000年版,第16页。
[②] [美]马克·波斯特:《第二媒介时代》,范静哗译,南京大学出版社2000年版,第71—72页。

转化成大众浏览与评论,把个人言行转化成网众接受的集体语言。奥(Au)认为网络世界就是人类的"第二人生",这"是一个沉浸式、用户创造的在线世界"①。一旦人们进入网络世界:

> 只需要一台电脑,而后,鼠标在握,悠闲一点,立刻置身其中。这个世界,就是第二人生——一个独立却嵌入于现实人生中的世界,这个第二人生的虚拟世界与现实的世界交相辉映,许多人和组织因为在这个世界的表现而改变了现实的人生与命运。成功与失败、光荣与梦想在虚幻与现实之间交错,命运因第二人生而改变。②

在网络发展的信息化大潮中,网络生态文明成为生态文明建设的重要组成部分。徐世甫在《网络生态文明:人类第二生态文明》中,将生态文明分成两类:"人与自然组成的生态系统文明观,人与网络组成的生态系统文明观。"③ 徐世甫认为网络生态文明是"奠基于物化的网络生态系统中的人与人之间形成的自由平等、诚信友爱、互利互助、和谐相处以及个人自我内在和谐的状态,达到与他人的本体意义上的'共缘在'的大同境界"。④ 究其实质,网络生态文明主要由网络空间环境和"网络人"构成,"网络人"是影响网络生态的核心因素,网络环境则是客观存在。网络生态与自然生态文明的本质区别在于网络生态主要为语言活动,任何网络信息均无法脱离语言的基本属性,更准确地说,网络生态之核心便是网络语言生态及其影响,网络语言生态文明建设"特指针对网络上语言应用中所体现的生态文明的建设工作"⑤。"网络生态系统是网络环境诸文明要素及其相互关系所构成

---

① [美] 瓦格纳·詹姆斯·奥:《第二人生:来自网络新世界的笔记》,李东贤、李子南译,清华大学出版社2009年版,第Ⅲ页。
② [美] 瓦格纳·詹姆斯·奥:《第二人生:来自网络新世界的笔记》,李东贤、李子南译,清华大学出版社2009年版,第Ⅱ页。
③ 徐世甫:《网络生态文明:人类第二生态文明》,《南京社会科学》2009年第8期。
④ 徐世甫:《网络生态文明:人类第二生态文明》,《南京社会科学》2009年第8期。
⑤ 郭龙生:《网络语言生态文明建设刍议》,《汉字文化》2016年第5期。

的具有一定社会功能的有机整体。"① 该整体汇聚了网络文明形态的多要素，涵盖网络空间、网络主体、网络文化、网络语言、网络技术、网络通讯、网络法规等。

目前，网络生态研究从整体性、系统性、平衡性的基本原理出发，从三个主要进路开展研究。第一，围绕网络生态系统建设问题，将网络生态研究置于社会生态大系统中，就各组成部分与环境之间的彼此作用展开分析，研究网络生态存在的种种问题；第二，关注网络生态自身问题，分析网络技术革命对社会生态带来的深层次影响；第三，依据生态语言学理论，关注网络语言生态文明问题，深度解析网络语言的意义生产与传播路径，本书就是从这一进路进行的探索研究。

二 理论借鉴

20 世纪产生了大批可资利用的语言理论，诸如索绪尔（Saussure）的结构语言学，维特根斯坦（Wittgenstein）的语言游戏理论，俄国的形式语言学，塞尔（Searle）的言语行为理论，巴特（Barthes）的文化符号学，乔姆斯基（Chomsky）的生成语法理论，伽达默尔（Gadamer）的阐释学，福柯（Foucault）的话语分析，德里达（Derrida）的解构方法，利奥塔（Lyotard）的差异哲学以及种种语言分析的理论与方法都为语言研究拓展了疆域。在网络空间里，语言愈发接近社会实践的中心，"电子媒介的扩散把世界范围的话语带进家中……它们都极大地延伸了日常生活中语言的作用"②。二十余年来，国内外学者从不同理论分野对网络语言开展了深入研究。语言学家克里斯特尔（Crystal）在《语言与因特网》③ 和《语言革命》④ 中分别探讨了网络语言（Netspeak）对人际交往的影响。2011 年，他在《网络语言学：学生

---

① 吴克明：《论网络生态文明的构成、危机及教育原则》，《湖南科技大学学报》（社会科学版）2007 年第 1 期。
② ［美］马克·波斯特：《第二媒介时代》，范静晔译，南京大学出版社 2000 年版，第 98 页。
③ ［英］戴维·克里斯特尔：《语言与因特网》，郭贵春、刘全明译，上海科技教育出版社 2006 年版，第 16 页。
④ Crystal, D., *The Language Revolution*, Cambridge: Polity Press, 2004, p. 79.

指南》中，从描写语言学角度对网络语言做了细致描述，论述研究网络语言的方法论问题①。作为在特定社会环境下出现的语言变异现象，网络语言一直受到不同领域研究者的广泛关注，如学者们从语言符号学、人际传播学、社会语言学、人际语用学和生态语言学等视角对网络语汇、网络语法、网络表达进行了研究，对网络语言社会成因及传播进行了研究，从文化视角以及语言学视角对网络语言进行了研究等。

符号学视域主要对网络语言交际符号这一特殊的混合符号系统进行分类，并就其特点进行深入的分析和探讨②；采用符号学的基本原理，分析网络语言符号的增长与消弭之原因，利用符号学原理对网络语言进行分析和阐释③；依据任意性原则，对网络语言符号进行分类④，探讨网络语言符号的构建模式⑤，利用反语言研究对网络语言的特点与功能进行阐释⑥；从"隐藏的文本"概念出发分析网络热词⑦。

传播学视角主要从网络语言透视主流媒体与社会化媒体传播形态的互动⑧；根据传播学理论，分析了某些网络语言具有强大的传播力，而另外一些网络语言则昙花一现的深层原因⑨；从模因论视角研究网络语言生产与传播⑩；根据福柯的权力话语理论以及布迪厄的符号资

---

① Crystal, D., *Internet Linguistics: A Student Guide*, New York: Routledge, 2011.
② 参见王顺玲《网络语言的符号学阐释》，《外语电化教学》2008 年第 2 期。
③ 参见曹进《符号学视域下的汉语网络语言传播研究》，《现代传播（中国传媒大学学报）》2009 年第 6 期。
④ 参见谭敏《从网络语言看索绪尔语言符号的任意性》，《宁波广播电视大学学报》2011 年第 4 期。
⑤ 参见隋岩《从网络语言透视两种传播形态的互动》，《北京大学学报》（哲学社会科学版）2015 年第 3 期。
⑥ 参见李战子、庞超伟《反语言、词汇语法与网络语言》，《中国外语》2010 年第 3 期。
⑦ 参见邹军《从网络象征符到社会象征系统——解析网络语言的社会影响》，《现代传播（中国传媒大学学报）》2013 年第 9 期。
⑧ 参见隋岩《从网络语言透视两种传播形态的互动》，《北京大学学报》（哲学社会科学版）2015 年第 3 期。
⑨ 参见曹进、靳琰《网络强势语言模因传播力的学理阐释》，《国际新闻界》2016 年第 2 期。
⑩ Heylighen, F., *What Makes a Meme Successful? Selection Criteria For Cultural Evolution*, paper delivered to Proc. 16th Int. Congress on Cybernetics, 1998；谭晓闻《网络语言传播中的模因研究》，《吉林师范大学学报》（人文社会科学版）2011 年第 3 期。

本理论探讨网络语言对话语权的影响[①]；对网络语言符号"多、杂、散、匿"的特征进行传播学分析[②]。

语用学主要关注网络语言背景下的人称指示语和社交指示语，并利用合作原则和礼貌原则分析网络聊天会话[③]；对网络语言中另类"飞白"进行语用分析，认为其使用违反了会话含义理论的方式准则[④]；还有学者通过探讨网络交际中不礼貌话语的建构模式及其语用机制，尝试利用不同理论基础分析网络生活中的不礼貌与自我身份建构问题[⑤]，探讨网络冒犯的人际不礼貌、语言实现方式等[⑥]。

基于社会语言学视角的网络语言研究主要探讨了网络语篇中的语码转换现象[⑦]；探讨了网络模糊语言的生成机制、表现形式和功能意义[⑧]；利用社会语言学核心理念探讨了其他国家的网络语言特点，包括其语言态度，语言文化和使用文字的多样性等[⑨]。

生态语言学主要关注语言和生态之间的交互作用，一方面研究语言内部的生态问题，主要依照豪根模式进行研究[⑩]，借助生态学的理论框架来分析语言生态[⑪]，同时从语言生态的角度对语言的多样性进行调查研究，包括语言种类多样性、不同语言的使用者和其社会，以及国际和地区中的"多语现象"[⑫]；另一方面研究语言对生态环境的影

[①] 参见隋岩、罗瑜《论网络语言对话语权的影响》，《当代传播》2019年第4期。
[②] 参见曹进《符号学视域下的汉语网络语言传播研究》，《现代传播（中国传媒大学学报）》2009年第6期。
[③] 参见张云辉《关于网上聊天的会话分析》，《南京理工大学学报》（社会科学版）2005年第3期。
[④] 参见张鲁昌《网络语言中另类"飞白"的语用分析》，《广西社会科学》2005年第3期。
[⑤] 参见张玮、谢朝群《网络语境下不礼貌语用与身份建构分析——以微博研究为例》，《当代外语研究》2015年第5期。
[⑥] 参见陈倩《网络冒犯的语言实现方式及人际语用理据探析》，《外语教学》2019年第2期。
[⑦] 参见魏在江《电子语篇中语码转换现象分析》，《外语电化教学》2007年第3期。
[⑧] 参见梁琦秋《网络语言模糊性的社会语言学研究》，博士学位论文，上海外国语大学，2012年。
[⑨] 参见恩和玛《蒙古国网络语言的社会语言学研究》，博士学位论文，内蒙古大学，2014年。
[⑩] Haugen, E., *The Ecology of Language*, Stanford, CA: Stanford University Press, 1972.
[⑪] Bang, J. C. and Trampe, W., "Aspects of an Ecological Theory of Language", *Language Sciences*, Vol. 41, 2014, pp. 83-92；黄国文《生态语言学的兴起与发展》，《中国外语》2016年第1期；黄国文、赵蕊华《什么是生态语言学》，上海外语教育出版社2019年版。
[⑫] Fill, A., *An Ecoliguistics Reader: Language, Ecology and Environment*, London: Continuum, 2001.

响,以韩礼德模式为主①,主要从批评话语分析和系统功能语言学视角对环境语篇中的非生态因素、语言中的非生态因素进行分析和批判,旨在通过对问题的揭露唤起人们的生态保护意识②。

在生态语言学视域下,有研究从宏观层面探讨了生态语言学对网络语言的解读,认为网络语言的出现打破了原有的生态平衡,丰富了语言的多样性和多元性③;也有学者从生态语言学的视角对汉语网络流行语进行了研究④,利用生态学的全息论理论和生态位理论对网络流行语在形式和语义上的动态变化进行了研究;还有学者开展生态语言学视域下的网络空间语言规划与治理研究⑤。也有依据生态语言理论与方法开展的基于及物系统的破坏性网络话语的生态性分析、基于及物性系统的网络新闻生态话语分析、基于情态系统的网络语言生态话语分析、网络新闻语篇中的主位与主位推进模式特征研究、网络体育新闻标题中暴力语言的生态话语分析、垃圾分类新闻的生态话语分析、抗疫漫画的多模态认知批评话语分析等系列研究。

纵观生态语言学视角下的网络语言研究,研究手段和研究范式相对单一,多元系统、基于语料库的实证研究相对较少,网络语言生态文明策略建构方面的研究较少。从研究方法上看,生态语言学方法尝试运用定性和定量相结合的实证研究方法解读和诠释语言生态现象和发展,但总体而言,仍以现象描写型、推论型、思辨型、经验型的研究方法为主,鲜见基于语料库的定量数据支撑的实证研究,缺乏从微观层面上采用韩礼德模式开展的语言内部的系统化研究。

---

① Fill, A. and Mühlhäusler, P., *The Ecolinguistics Reader: Language, Ecology and Environment*, London: Continuum, 2001.
② Halliday, M. A. K., "New ways of Meaning: the Challenge to Applied Linguistics", *Journal of Applied Linguistics*, Vol. 6, 1990, pp. 7 – 16; Fill, A., *An Ecoliguistics Reader: Language, Ecology and Environment*, London: Continuum, 2001; Steffensen, S. V. and Fill.
③ 参见周慧霞《生态语言学视阈下的网络语言研究》,《江西社会科学》2013年第12期。
④ 参见邹春燕《生态语言学视阈下的汉语网络流行语研究》,博士学位论文,华中师范大学,2015年。
⑤ 参见洪洁、袁周敏《生态语言学视阈下的网络 空间语言规划与治理》,《南京邮电大学学报》(社会科学版)2022年第2期。

三 研究目标

本书从生态语言学的视角出发，认为网络语言是一种语言变异现象，大量网络新词新语的出现和使用，增加了语言的多样性和多元性，但也打破了原有语言生态系统的平衡。积极网络语言能丰富语言生态系统，而消极网络语言则破坏语言生态之间的平衡，污染语言生态。正如维护良好的自然生态平衡一样，社会各界需采取行之有效的措施来营造良好的语言生态文明。在此背景下，人们渐渐接受那些符合语言发展规律和规范的、符合社会需求的网络语言，使其成为语言生态系统的一员，从而逐渐发展壮大。反之，不符合社会发展规律的语言只能最终自然消亡。正是由于网络主体的多元化、多样性、多层级，探索如何从网络主体出发，倡导使用积极网络语言，对建构健康的网络语言生态文明具有建设性的价值。本书的基本思路为：

  以生态语言学为逻辑出发点，认为网络语言是一种语言变异现象，但这并不意味所有网络语言都是语言生态系统的合法成员。积极网络语言可以丰富语言生态系统，有利于建构网络语言生态文明；消极网络语言则会破坏语言生态之间的平衡，破坏网络语言生态系统。因此，通过语料库构建、文献析出、演绎归纳、参与观察、阐释分析等方法，找到建构积极网络语言生态文明对策则是本书的落脚点。

鉴于此，本书以生态语言学作为理论指导，建立可比网络语言语料库，以系统功能语言学为具体的语言分析框架，分析积极网络语言和消极网络语言在微观语言特征上存在的差异，抽象归纳积极网络语言的话语策略，分析消极网络语言存在的问题，从生态语言学的视角总结归纳生态话语的特点，提出有利于建立语言文明的话语策略；剖析消极网络语言中存在的具体问题，提出应对策略，并从理论上构建网络语言生态文明的语言学路径，以期对国家制定网络语言规范、规制网络语言暴力，实现网络语言生态文明提供借鉴和启示作用。

第二节 研究内容

本书的研究对象为网络空间语言。本书以网络语言的相关研究为基础，以马丁（Martin）和怀特（White）[①]对积极和消极态度资源的分类标准确定了积极网络语言和消极网络语言的判定标准，并通过先导研究对此分类标准进行测试和调整，以此作为本书判断积极网络语言和消极网络语言的标准，建立了"网络语言生态文明语料库系统V1.0"。依据积极网络语言与消极网络语言判定标准，按照频率依次从高到低选取积极网络语言语料和消极网络语言语料，分别建立了100万字左右的积极网络语言语料库和100万字左右的消极网络语言语料库。在对各对比子语料库进行微观意义建构分析时，依据马丁（Martin）和怀特（White）对积极和消极态度资源的分类标准，参照张冉冉[②]对现代汉语态度资源的分类，对语料进行详读和分析，结合网络语言的特点，扩展了积极和消极态度资源，对频次从高到低进行提取，建立了三个用于进行语篇分析的子语料库：搜狐新闻可比子语料库、新浪微博可比子语料库和天涯社区可比子语料库。

一 研究目标

本书根据研究目的和研究意义，采用文献析出、语料库建构、语料列举、数据阐释等研究方法，探讨网络语言生态文明的语言学路径。

本书以自建的200万积极与消极网络语言可比语料库为语料来源，采用文献析出、语料库建构、语料列举、数据阐释等研究方法，以生态语言学、系统功能语言学、传播学为综合分析框架，全面分析积极

[①] Martin, J. R. and White, P. R. R., *The Language of Evaluation: Appraisal in English*, New York: Palgrave Macmillan, 2005.

[②] 参见张冉冉《介入意义在现代汉语词汇——语法层次上的体现方式研究》，博士学位论文，北京师范大学，2015年。

网络语言与消极网络语言的语言特征，包括两类语言在及物性系统、介入系统和衔接系统使用上的异同；基于此深入探讨积极网络语言的生态特征，抽象凝练积极网络语言中的话语策略；提出消解消极网络语言的应对策略，挖掘网络语言暴力成因，建构网络语言生态文明的语言学路径，以期为建构网络语言生态文明贡献语言学智慧。

二　研究框架

本书以网络语言生态文明建构策略为主要研究内容，主要研究思路依据数据收集—确定标准—语料库搭建—定性定量研究—理论建构—策略提出等技术路线展开（图1.1）。图1.1上栏为研究核心，左栏由上至下为研究对象、语料库搭建；中栏为研究路径，包括语料处理与分析；右栏为技术路线，包括研究方法和分析步骤，下栏为策略提出。图1.1是研究的总体框架，各部分处于互动关系中。具体的研究内容和框架沿以下五条主线开展。

（一）网络语言的生态语言学研究

目前网络语言研究主要从符号学、传播学、社会语言学和语用学视角对网络语言传播路径、语用效应和社会根源展开理论层面的论述，从生态语言学对网络语言开展的研究主要集中在语言一体化和语言多样性等话题的理论探讨，而从语言生态层面对网络语言文明的研究则相对较少。本书全面梳理国内外对网络语言的研究，以期全面把握目前生态语言学对网络语言的阐释和研究范围，提出从生态语言学对网络语言进行研究的范畴和视角等，对今后的研究方向提出展望。

（二）生态语言学视角的积极/消极网络语言研究

生态语言学包括豪根的语言生态模式和韩礼德的生态语言模式。豪根的语言生态模式主要是以生态学的全息论理论和生态位理论对网络语言进行描述，但从语言学理论出发对语言生态的研究还为数较少。系统功能语言学的研究方法能全面清晰地描述语言生态的具体微观特征，而不仅仅停留在思辨性的认识层面。因此本书利用系统功能语言学分别对积极和消极网络语言的微观特征进行描述，全面揭示积极和

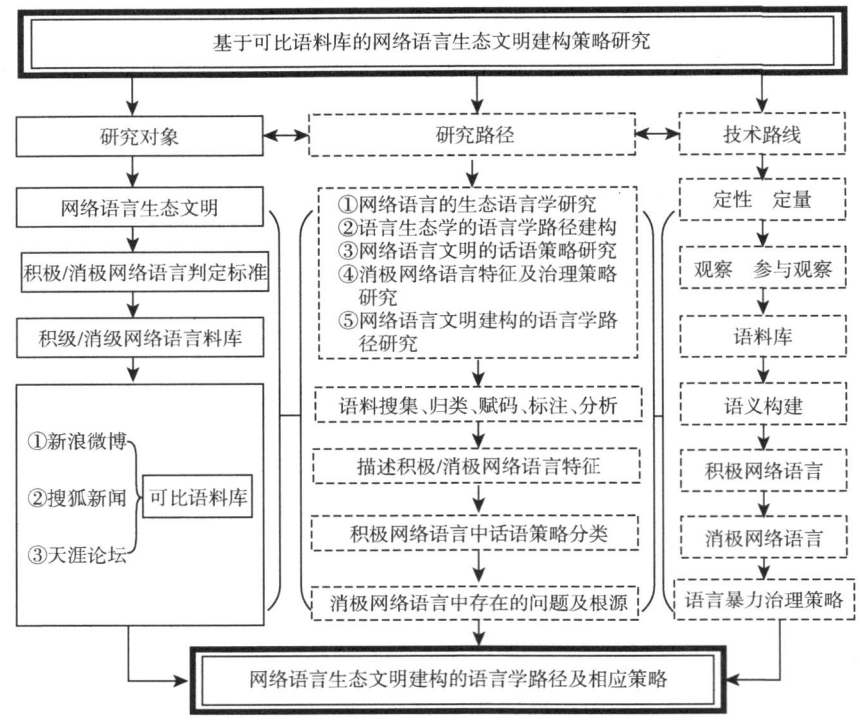

图 1.1　研究技术线路图示

消极网络语言意义建构的具体特征。

（三）网络语言文明的话语策略研究

通过对系统功能语言学概念意义、人际意义和语篇意义建构层面对积极网络语言特征分析的基础上，本书将借鉴批评话语分析、语用学、社会语言学、人际传播、网络模因传播等领域关于话语策略的研究，结合本书发现的积极网络语言意义建构特征，抽象凝练有利于建立网络语言文明的话语策略，以期为实际的网络语言生态文明建设起到具体的、较为全面的启示与借鉴。

（四）消极网络语言特征及对策研究

基于系统功能语言学概念意义、人际意义和语篇意义对消极网络语言特征的分析，本书借鉴传播学中的人际传播理论、群体传播理论，以及社会学和心理学的相关理论，深入探讨消极网络话语特征出现的社会和心理根源，在此基础上，以生态语言学、生态话语分析、和谐话语分析为指导，从主体责任、伦理道德、媒介素养、家庭教育、法规制定、网络实名等方面提出抑制和消除消极网络话语的相应对策。

（五）网络语言文明规范构建的语言学路径研究

本书的重要研究价值在于研究成果有利于为国家制定网络语言文明规范提供借鉴。在目前网络语言鱼龙混杂、良莠不齐的环境下，亟须从上至下、多措并举、携手合作，共同发力规范网络语言。而目前对网络语言文明的探讨主要从宏观和思辨的层面对非生态性的网络语言进行描述，缺乏从语言学视角对网络语言文明的具体研究。本书从生态语言学视角出发，以系统功能语言学为分析框架，通过语料库的对比分析，全面描述网络语言文明的具体语言特征，在此基础上抽象归纳出建构网络语言文明的话语策略，以及非生态性网络语言的具体语言特征和相应的对策，这些研究成果都能从语言学及生态语言学层面，对网络语言文明规范建设提供切实的对策与建议。

第三节 研究意义

国内外对网络语言的研究主要关注网络语言的传播路径、社会语用因素以及语言多样性，而从语言生态文明视角开展的研究相对较少。本书是基于语料库的、跨学科的关于网络语言生态文明的系统研究，以生态语言学为核心理论基础，以系统功能语言学为分析方法，结合传播学、语用学等理论，描述积极网络语言的话语特征与话语策略；挖掘消极网络语言根源，探寻治理策略，为网络语言生态研究提供了新角度、新思路与新方法。本书的理论和实践意义如下：

第一，从理论上发展生态语言学。目前生态语言学的研究主要关注人类、语言与生态环境之间的关系，多数研究都是思辨性的综述探讨，缺乏从语言微观层面出发的实证性研究，而以语料库为基础开展网络语言的生态语言学研究则更少。本书结合豪根的语言生态思想和韩礼德的系统功能语法分析框架，既从宏观上关注网络语言生态文明，又重视网络语言微观特征的描写，为网络语言的生态语言学研究提供了语言学路径。

第二，拓展网络语用的研究范围。目前网络语用领域对网络语言的研究主要从宏观视角研究网络礼貌、身份建构等网络语用问题，以及利用模因论分析网络流行语的传播机制等，缺乏从网络语篇出发，利用语料库对语篇进行深入分析，基于量化和定性分析的结果全面解析网络语言的语用机制。本书在生态语言学的基础上，结合语用学理论相关理论，探讨生态网络语言的语用机制、非生态网络语言的抑制机制，延展网络语用领域对网络语言的研究。

第三，扩展网络语言研究的深度和广度。本书是一项以语料库数据为基础、以语言学分析框架为依据，探讨网络语言生态文明的实证研究，同时也以定性的方法对网络语言生态文明开展深入理性的阐释和讨论。本书从生态语言学的视角出发，以系统功能语法为语言分析框架，宏观关注网络语言的生发规律、中观解释网络语言的语言使用、微观分析网络语言特征，并构建网络语言文明的语言学路径，为网络语言研究提供了新的理论和研究范式。

第四，本书通过自建可比语料库，从大量客观的数据统计分析出发，为网络语言研究提供更为科学的数据支撑，可以更为全面清晰地描述积极网络话语所具有的语言特征，总结相应的话语策略，剖析消极网络语言存在的具体问题与社会根源，提出相应的治理策略。

第五，从应用价值来讲，本书以语料库为基础析出的积极网络话语策略有助于了解网络语言所具备的言语特征，对消除语言污染、净化网络空间语言环境、推进语言文明生态建设以及为国家制定网络语言规范政策提供语言学依据。此外，本书探讨的消极网络语言中存在的具体语言表征则有助于语言管理部门了解非生态网络语言的具体特征，对遏制此类语言使用起到积极的借鉴作用。

本书共由十二章组成。第一章主要探讨了研究背景，包括研究缘起、研究内容和框架，以及研究意义。第二章为相关研究综述，从网络空间语言、生态语言学、语言生态、传播学和系统功能语言学视角对网络语言的国内外相关研究进行了详细的梳理和评介。第三章为理论基础，基于生态语言学、功能语言学、传播学，构建网络语言的生态语言学—传播理论框架。第四章为研究方法,包括研究问题、研究过程和语料库技术路线。第五章至第七章是基于语料库数据分析的结果,对积极网络语言和消极网络语言的意义建构方式进行深度分析,包括对积极/消极网络语言的及物性过程分析、对两类网络语言的介入评价资源的分析以及对两类网络语言衔接手段的分析。第八章基于第五章至第七章的研究发现,抽象凝练积极网络语言的生态文明特征和人际关系特征。第九章探讨了积极网络语言的生态文明建构策略,包括积极网络话语建构策略、积极话语分析的话语建构策略、网络礼貌话语建构策略、网络话语语境建构策略、网络语言模因传播策略等。第十章对如何治理消极网络语言提出了相应的对策。第十一章是网络语言生态文明建构的语言学及传播学路径。该章是对前述章节研究发现的抽象凝练,基于积极网络语言意义建构特征及生态文明建构策略,消极网络语言意义建构特征及治理策略,以及本书建构的生态语言传播机制理论框架,构建了一个相对完整的网络语言生态文明建构体系。第十二章概述本书的主要发现、局限及对未来研究的启示。

本章小结

网络空间同真实空间一样,既要提倡自由,也要遵守秩序。本章介绍了研究缘起、研究框架和研究路线,研究问题紧扣研究主旨,研究内容关注网络空间语言的表征与特点、使用与功能、生态与非生态、积极与消极、传播与扩散等。研究意义体现在从理论上发展生态语言学、拓展网络语用的研究范围、拓展网络语言研究的深度和广度、为网络语言研究提供更为科学的数据支撑。其应用价值体现在有助于了解网络语言所具备的言语特征,对消除语言污染、净化网络空间语言环境、推进语言文明生态建设以及为国家制定网络语言规范政策提供语言学依据,为网络语言研究提供了新视角、新方法与新思路。

第二章 相关研究述评

研究网络语言生态，势必要了解网络空间语言的基本形态、内容与生产方式，因为网络"这种新型的人类生态环境，把人们的社会关系和人与自然的主客体关系反映建立在数字的生产、储存、流动和控制之上"[①]。网络语言为语言生态的多样性、丰富性、灵活性作出了巨大贡献，促进了生态语言环境中物种的多样性、丰富性和开放性。但毋庸置疑的是，网络语言中的消极性或破坏性的话语也在一定程度上损害着网络语言生态。

本章主要回顾国内外网络语言以及语言生态的研究成果，综合述评相关生态语言学、系统功能语言学的理论、研究成果、研究意义及其对本书的启发：网络空间语言是人类语言技术、传播技术发展的必然，也是人类语言与时俱进的必然结果，它既是信息时代"网络人"开展人际交流的社会用语，也是时代赋予语言研究工作者的历史使命。

第一节 网络语言研究

20世纪初，英国作家福斯特（Forster）在科幻小说《机器休止》（*The Machine Stops*）中想象了这样一个时代，人们终生待在自己的家

---

① 陈卫星：《传播的观念》，人民出版社2004年版，第183页。

里，用电子手段和外部世界联系。① 随着现代传播技术的不断演进，福斯特的"科幻"迅速变成了现实：计算机的出现给语言家族带来了诸如电脑、用户、软件、硬件、开机、关机、内存、外设、录入、输出等新成员。为了控制计算机的运行，让计算机能够按照人的指令行事，软件专家开发了计算机编程语言，如 BASIC、PASCAL、VC、FoxPro、Delphi、C++、Python 等，这些语言的语法、命令格式、用法都不尽相同。随着阿帕网（ARPA）的建立及其转向民用后出现的国际互联网，"数字式语言"面世了，这是计算机与网络合力生产语言的技术因素。尼葛洛庞帝（Negroponte）在《数字化生存》(*Being Digital*)里提出，数字语言就是一种被称为"比特"（byte）的东西，比特"没有颜色、尺寸或重量，能以光速传播。它就好比人体内的 DNA 一样，是信息的最小单位"②。菲德勒（Fidler）则认为数字语言的本质是"一种电脑和环球网络的通用语言……数字语言作为一种强大的变革催化剂出现了。这是一种与其他任何语言都不同的语言……三个语言种类——表达式、口头和书面——被发展用来便利人类之间的沟通"。③

在网络媒体的强大冲击下，众多具有网络特色的文化、商业、新闻、话语、语言等网络术语不断涌现，合力成为网络语言存在的文化形态。伯纳斯-李（Berners-Lee）在《编织网络》(*Weaving the Web*)中如此评论："人通过共享知识，在任意规模的人群之间进行相互通信的梦想一定会实现，而且通过电子方式所进行的交互通信犹如今日的非电子方式的交互通信一样轻松。"④ 20 世纪 90 年代以来，有关电子通信的研究日渐增多，强调技术的重心转向强调人的用途。随着人们越来越多地从语言与社会角度来认识互联网，语言占了中心地位甚至主导地位。因此，克里斯特尔总结道："尽管因特网有着卓著的技术成就和华丽的屏幕，然而互联网的各项功能之中体现得最明显的还是其语言特

---

① Hubert, L. Dreyfus, *On the Internet*, London: Routledge, 2001, p. 50.
② [美] 尼古拉·尼葛洛庞帝：《数字化生存》，胡泳、范海燕译，海南出版社 1997 年版，第 24 页。
③ [美] 罗杰·菲德勒：《媒介形态变化》，明安香译，华夏出版社 2000 年版，第 60—61 页。
④ Berners-Lee, Tim, *Weaving the Web*, London: Orion Business Books, 1999, p. 169.

征。如果说因特网是一场革命，那么它很可能是一场语言革命。"①

一 国外研究

1959年，电子传播的"先驱"麦克卢汉（McLuhan）在给朋友的信中写道："电子时代的生产者变成了消费者，消费者变成了生产者。"② 这一看法在网络语言的生产与消费中凸显了麦克卢汉对电子传播的本质认识。1988年，奥伊卡里宁（Oikarinen）首创的网络聊天协议（Internet Relay Chat）迅速风靡全球，由此，开启了网络语言研究之先河。古特索斯（Goutsos）根据搜集的大量语料，研究了不同国家的网民在线聊天的话轮交替、会话结构以及语码混用问题。赛本哈尔（Siebenhaar）以定量的方法研究了聊天中的语码选择、语码转换等语言变体问题，网络聊天存在标准语与方言共存的现象。科洛（Collot）和贝尔莫（Belmore）的看法是"电子语言是英语的一种新的变体"③，网上讨论往往没有固定的成员，话题也很宽泛，电子语言的各种变体纷纷面世。叶茨（Yeats）认为"电子口语和书写的根本不同在于其不同的生产和消费模式。口语是'会飞'的语言，以同样的速度和动力方式来消费、倾听它。而书写则是稳定的，它按照作者的速度来完成，按照读者的意愿来消费"④。韦里（Wery）提出：网络聊天的极速发展带来了形态多样的交际方式，利用计算机书写的方式可以让远在天边的人们开展即时文本对话，这就是"互动书写语篇"，包括人际间的私人会话、游戏中打印的对话和计算机程序语言以及网民交互的书写

---

① [英] 戴维·克里斯特尔：《语言与因特网》，郭贵春、刘全明译，上海科技教育出版社2006年版，前言第4页。
② [加] 梅蒂·莫利纳罗、科琳·麦克卢汉、威廉·托伊编：《麦克卢汉书简》，何道宽、仲冬译，中国人民大学出版社2005年版，第253页。
③ Collot, M. and Nancy, B., *Electronic Language: A New Variety of English*, in Susan C. Herring, eds. Computer-Mediated Communication-Linguistic, Social and Cross-Cultural Perspectives, Amsterdam: John Benjamins Publishing Company, 1996, pp. 13–28.
④ Yeats, S. J., *Oral and Written Linguistic Aspects of Computer Conferencing: A Corpus Based Study*, in Susan C. Herring, eds. Computer-Mediated Communication-Linguistic, Social and Cross-Cultural Perspectives, Amsterdam: John Benjamins Publishing Company, 1996, pp. 29–46.

语篇形式。①

麦克卢汉和尼尔·波斯曼的学生、媒介生态学（Media Ecology）的领军人物莱文森（Levinson）认为："在计算机屏幕显示的文字是一种新的媒介。这种文字和纸面上的文字非常相似，但它的传播速度要比后者快得多，也容易得多。这种拥有无限的刷新频率的屏幕看起来像电视，但显示文字而不是图像，最重要的是，这些文字还能被阅读者所创造……"② 巴伦（Baron）的看法是：电子邮件与口语相似的原因是写作越来越口语化，部分原因出于有意识的方法决定，部分原因是人们如何向他人展示自己的社会态度发生了改变。③ 甘布尔（Gamble）认为网络语言是在屏幕上思想进行编码的过程，人们可能会共享某种类似行话的特殊语言，作为人们联系的纽带。④ 翁（Ong）则探讨了网络技术对文化与语言的影响，他认为电脑语言和人类语言有相似之处，但它和人类语言的不同之处是永远不可改变的：电脑语言不是无意识产生的，而是人直接有意识创造的，电脑语言的规则是被规定好以后才使用的。⑤

2001年，克里斯特尔出版了《语言与因特网》（*Language and the Internet*），2004年，在《语言革命》（*The Language Revolution*）中，他探究了网络语言对人际交流的深刻影响，认为互联网是国际性的、交互性的电子媒介，种种属性均会在语言中有所反映，由此引发了一次"语言革命"。网民的交际选择受限于网络设备的硬件属性，键盘决定着生产性的语言能力，而显示屏决定着接受性的语言能力。⑥ 阿什德

---

① Wery, C. C., *Linguistic and Interactional Feature of Internet Realy Chat*, in in Susan C. Herring, eds. *Computer-Mediated Communication-Linguistic*, *Social and Cross-Cultural Perspectives*, Amsterdam：John Benjamins Publishing Company, 1996, pp. 47 – 64.

② ［加］保罗·利文森：《软边缘：信息革命的历史与未来》，熊澄宇等译，清华大学出版社2002年版，第129页。

③ Baron, N. S., *Why email looks like speech—Proofreading, pedagogy and public face*, in J. Aitchison and D. M. Lewis eds. *New Media Language*, London：Rouledge, 2003, p. 92.

④ 参见［美］特里·K. 甘布尔、迈克尔·甘布尔《有效传播》（第七版），熊婷婷译，清华大学出版社2005年版，第107—108页。

⑤ 参见［美］沃尔特·翁《口语文化与书面文化：语词的技术化》，何道宽译，北京大学出版社2008年版，第7页。

⑥ 参见［英］戴维·克里斯特尔《语言与因特网》，郭贵春、刘全明译，上海科技教育出版社2006年版，第16页。

认为"键盘也许会被界定为任何装置，其角色在一种社会环境中是按照逻辑计划被有目的地操纵的，为的是创造、解释、发送或接收有意义的符号信息"。① 克里斯特尔认为网络语言与当面对话有许多区别：缺乏即时的反馈、个人可以做到同时参与多方交流、互联网互动的节奏比真实环境慢得多、网络语言缺乏真实交流的辅助手段。② 他认为"可以把网络语言看做是朝口语方向拉的书面语，而不是书面记录下来的口语"。③ 还有学者致力于收录编纂网络语言词典。1994 年，法伊（Fahey）出版了《网络语言——互联网词典》，主要收录了计算机和网络技术用语。詹森（Jansen）编纂出版的《网络词典》（NetLingo—The Internet Dictionary）出版后，国际出版公司翻译出版了英汉对照版。

此外，国外学者从语言学、语用学和语言模因论的专题视角开展网络语言研究。2003 年，西班牙学者珀施特圭罗（Posteguillo）出版了国际上第一部关于网络语言学的专著《网络语言学：网络中的语言、话语与思想》（Netlinguistics：Ananalytic Framework to Study Language, Discourse and Ideology in Internet），该著作介绍了网络语言学的理论基础，从技术层面、术语层面、语篇层面、语境层面和意识形态层面建构了网络语言的分析框架④。2011 年，克里斯特尔的《网络语言学：学生指南》（Internet Linguistics：A Student Guide）介绍了网络语言学的主要内容、研究理论和热点问题。⑤ 2014 年，希夫曼（Shifman）的《数字文化中的模因》（Memes in Digital Culture）重新定义了网络模因（internet meme）：具有共同特征的数字内容单元，在互动意识的基础上创造，通过互联网被众多用户传播、模仿和转化的

---

① ［美］大卫·阿什德：《传播生态学——控制的文化范式》，邵志择译，华夏出版社 2003 年版，第 42 页。

② 参见［英］戴维·克里斯特尔《语言与因特网》，郭贵春、刘全明译，上海科技教育出版社 2006 年版，第 19—26 页。

③ Crystal, D., *The Language Revolution*, Cambridge：Polity Press, 2004, p.79.

④ Posteguillo, S., *Netlinguistics：Ananalytic Framewok to Study Language, Diseourse and Ideology in Internet*, Castello de la plana, Spain：Universitat Jaume I, 2003.

⑤ Crystal, D., *Internet Linguisitics：A Student Guide*, London & New York：Rouledge, 2011.

文化单位。① 2017 年，菲利普斯（Phillips）和米尔纳（Milner）出版了《矛盾的互联网：在线恶作剧、怪异与对抗》（*The Ambivalent Internet*：*Mischief, Oddity, and Antagonism Online*），该著作探讨了网络日常表达的怪异、卑鄙和介于两者之间的特征，种种矛盾心理取决于可用的数字工具，我们的世界是一个勇敢的新世界，不仅要理解在线空间充满了古怪、恶作剧和对抗，还要理解为什么这些行为很重要。② 2018 年，米尔纳（Milner）出版了《世界制造模因：公共会话与参与媒介》（*The World Made Meme*：*Public Conversations and Participatory Media*），提出网络模因成为开玩笑、提观点抑或建立联系的数字话语，变成了在线生活的通用语。③ 2019 年，尤斯（Yus）的《网络语用学：网络语境中的交际》（*Cyberpragmatics Internet-mediated Communication Context*）从认知语用学的视角对网络媒介中的聊天室、即时消息、社交网络、3D 虚拟世界、博客、视频会议、电子邮件、推特等不同交际类型进行了深入探讨。④

2007 年，丹尼特（Danet）和苏珊（Susan）在其合编的《多语言互联网：语言、文化和在线交流》中提出，随着互联网在全球的普及，其用户已经不再局限于使用英语的发达国家和发展中国家。这一趋势随着全球化经济下跨国移民社群的出现以及拥有大量网民的发展中国家的崛起而变得更加复杂。来自世界各国的研究人员撰写的文章的多样性，体现了对多元化世界和没有语言霸权的多元化互联网的道德承诺。⑤

2011 年，博奈特（Burnett）、康萨尔沃（Consalvo）和艾斯（Ess）

---

① Shifman, L., *Memes in Digital Culture*, Cambridge：The MIT Press, 2014.
② Phillips, W. and Milner, R. M., *The Ambivalent Internet*：*Mischief, Oddity, and Antagonism Online*, Cambridge：Polity Press, 2017.
③ Milener, R. M., *The World Made Meme*：*Public Conversations and Participatory Media*, Cambridge：The MIT Press, 2016.
④ Yus, F., *Cyberpragmatics*：*Internet-mediated Communication in Context*, Shanghai：Shanghai Foreign Language Education Press, 2019.
⑤ Danet, B. and Susan, C. H., *The Multilingual Internet*：*Language, Culture, and Communication Online*, New York：Oxford University Press, 2007.

在《互联网研究手册》中提出作者明确指出，网络研究的学者们超越了早期研究的二元模式，即关注"离线"与"在线"行为、"真实"与"虚拟"以及对虚拟世界的乌托邦与反乌托邦的观点。某些学者将早期阶段称为互联网研究的"第一时代"。肇始于20世纪90年代后期的"第二波"学术研究强调更多实证分析，而当下的"第三波"则侧重于互联网在日常生活中的使用。与早期的同行相比，现代学者的结论更加细致入微。[1]

2013年，舒尔特（Schulte）发表的《缓存：解码全球流行文化中的互联网》认为互联网只是一种交流媒介。我们对互联网的看法是社会构建的。因此，本书没有叙述互联网自20世纪60年代末出现以来是如何塑造流行文化的，而是挑战了技术决定论的概念。通过考察网络历史上的几个重要时刻，舒尔特重点关注互联网本身的形成所产生的影响。[2]

2014年，萨金特（Seargeant）与泰格（Tagg）主编的《社交媒体的语言：互联网上的身份与社群》指出，互联网和社交媒体对我们日常生活的影响深远，最显著的影响在于人们与他人沟通的方式。Facebook和Twitter等社交网站是互联网访问量最大的网站之一。这些平台允许用户与个人和群体建立和发展联系，建构人际网络并构建和维护在线形象。本书中的知名语言学家和社会媒体领域学者的研究，探讨了社交媒体对人们如何理解和与线上线下互动对象进行交流的影响，以及人们如何在社区中生活、互动和社交，以及人们如何在当代社会中发展自我认知。[3]

2017年，达尼斯（Danesi）发表的《表情符号学：互联网时代视觉语言的兴起》，是第一部对全球现象级的Emoji文化进行的学术性专

---

[1] Burnett, R., Consalvo, M. and Ess, C., *The Handbook of Internet Studies*, Oxford: Blackwell Publishing, 2011.

[2] Schulte, S. R., *Cached: Decoding the Internet in Global Popular Culture*, New York: New York University Press, 2013.

[3] Seargeant, P. and Tagg, C., *The Language of Social Media: Identity and Community on the Internet*, Basingstoke: Palgrave Macmillan, 2014.

著分析。达尼斯的这部著作对于当前媒体视觉文化的发展至关重要，因为 Emoji 文化在当下正变得越来越普遍、独特和个性化：2015 年，苹果公司在其操作系统中添加了五种肤色的皮肤色调修改器，2016 年，最初的 176 个表情符号被纽约现代艺术博物馆收藏，正式成为艺术史的一部分，2017 年，索尼动画公司发行了由好莱坞著名影星配音的拟人化表情符号角色主演的电影。达尼斯的结论是，表情符号文化的黄金时代已经到来。[①]

二　国内研究

（一）相关机构研究成果

1997 年 6 月 3 日，中国互联网络信息中心（China Internet Network Information Center，CNNIC）组建以来，先后发布了 53 次《中国互联网络发展状况统计报告》，对网民人数、手机网民人数、网民年龄分布、网民性别分布、上网活动、上网时长以及上网方式等均有详尽准确的量化统计与分析，为汉语网络语言的生产、使用、发展和变迁的研究提供了重要依据。CNNIC 的第 53 次《中国互联网络发展状况统计报告》显示，截至 2023 年 12 月，我国网民规模为 10.92 亿，互联网普及率达 77.5%，手机网民规模为 10.91 亿，网民中使用手机上网的比例为 99.9%。[②] 如此庞大的网民群体，如何在网络上开展交际，对语言生态造成了什么样的影响，语言发生了什么变化，对自然语言有何影响，都极具研究价值。

《中国语言生活状况报告》（以下简称《报告》）迄今已经连续出版 15 年，记录了中国语言生活的方方面面，留下了珍贵的历史记录，发表了具有分量的调查和咨政报告，充实了现实生活实际使用的语料，

[①] Danesi, M., *The Semiotics of Emoji: The Rise of Visual Language in the Age of the Internet*, London and New York: Bloomsbury, 2017.

[②] 《第 53 次中国互联网络发展状况统计报告》，中国互联网络信息中心，2024 年 3 月 22 日，https://www.cnnic.net.cn/NMediaFile/2024/0325/MAIN1711355296414FIQ9XKZV63.pdf，2024 年 7 月 28 日。

丰富了语言学研究理论和实证方法。更为重要的是，每个年度报告都关注到了网络语言的发展问题。

  2005年《报告》指出网络媒体催生了网络语言汉语新语体。阿拉伯数字、键盘符号、汉语拼音、汉字符号、外文字母杂用的表达形成了网民的习惯用法，其中以语汇层面最为显著。多种语码混杂的现象突出，以英语与汉语的混杂使用为主。① 2006年《报告》指出，虚拟空间形成了网络语言生活。博客和网络新闻、电子邮件、电子公告，博客及手机短信等，正成为各类信息新的集散地、新词语的发生源。② 2007年《报告》说明网络是新兴的大众传媒，因为社会发展迅速、文化交流频繁、思想观念活跃、文化水平提高、传媒手段快捷、通信空前发达，新词语比任何时候都产生得多、传播得快。③ 2008年《报告》显示全民通用语言仍是网络媒体语言传播的主体，日常词语在网络语言中占主流。网络词语先在网络出现，很快渗透到其他媒体，显示了网络语言很强的渗透力。④ 2009年《报告》开展的新词语调查表明，所有能够产生社会性传播效果的事件几乎都源自互联网的揭示和推动，而后迅速被各种传统媒体引用传播。⑤ 2010年《报告》认为互联网技术发展迅猛，资讯信息过载、知识信息膨胀，网民越来越偏爱采用词媒体、热字、流行语及"微博"等方式，传递浓缩的海量信息，因为这种方式可以使传递的内容更简要、速度更快捷、方式更方便。⑥《报告》特别指出，"微文化"成为2010年的鲜明标志：

---

  ① 参见"中国语言生活状况报告"项目组编《中国语言生活状况报告（2005）》（上编），商务印书馆2006年版，第7页。
  ② 参见"中国语言生活状况报告"项目组编《中国语言生活状况报告（2005）》（上编），商务印书馆2006年版，第1页。
  ③ 参见"中国语言生活状况报告"项目组编《中国语言生活状况报告（2007）》（上编），商务印书馆2008年版，第10—14页。
  ④ 参见《2008年中国语言生活状况报告》，中华人民共和国教育部，2009年12月2日，http：//www.moe.gov.cn/s78/A19/A19_ztzl/baogao/201001/t20100117_130353.html，2024年7月28日。
  ⑤ 参见《2009年中国语言生活状况报告》，中华人民共和国教育部，2010年11月25日，http：//www.moe.gov.cn/s78/A19/A19_ztzl/baogao/201011/t20101125_130352.html，2024年7月28日。
  ⑥ 参见《2010年中国语言生活状况报告》，中华人民共和国教育部，2011年5月12日，http：//www.moe.gov.cn/s78/A19/A19_ztzl/baogao/201105/t20110512_130351.html，2024年7月28日。

2010年，中国互联网开办了"微博"服务，堪称中国的"微博元年"……在政界，无论人大代表还是普通网民，只要是"微民"，都可以"微博问政、微博议政"，公安机关在网络上开设了"微博110"，人们可以进行"微投诉"，体现微博舆论监督的"微动力"日益显示出强大的力量；文化领域已呈"微文化"态势："微博控"们运用"微博体"，写着"微小说"，看着"微喜剧"，读着"微新闻"，进行着"微访"，当然，由于微博的社区虚拟性，其中不乏"微谣言"，也曾有"微博门"，这些形成了一个"微世界"；生活中，人们体验着"微博游"，用人单位可以"微博招聘"，面临就业的学生们可以投出"微简历"，网络冲浪的高手去注册"微域名"，彼此相恋的人们则写着"微情书"，享受着"微爱情"，负责微博管理的"微管"已成为一种新型的职业岗位。生活在"微时代"的人们在经历着由微博引发的传播方式、生活方式、社会生态等方面的"微革命"。①

2010年《报告》特别说明，随着网络论坛—博客—微博的依次出现，人人都成了"造词家"，民间语文的生产风起云涌。网民推动互联网迈入"词媒体"时代。2010年11月10日，《人民日报》头条是"江苏给力'文化强省'"，"给力"成为最具年度特色的流行词。②2011《报告》显示，2011年持续了2010年的"××门、××族、××哥、××体、微××"格式，其中"××体、微××"特别活跃。③2012年《报告》认为社会的发展变化促进语言的发展变化，同时也引发各种语言问题。突出体现2012年度社会生活特点的词语模式是"最

---

① 《2010年中国语言生活状况报告》，中华人民共和国教育部，2011年5月12日，http：//www.moe.gov.cn/s78/A19/A19_ztzl/baogao/201105/t20110512_130351.html，2024年7月28日。
② 《网络热词"给力"登人民日报头版》，《青年记者》2010年第33期。
③ 参见《2011年中国语言生活状况报告》，中华人民共和国教育部，2012年5月30日，http：//www.moe.gov.cn/jyb_xwfb/xw_fbh/moe_2606/s6193/s6492/s6494/201201/t20120109_136627.html，2024年7月28日。

美×、中国式×、房×、末日×"。① 2013年《报告》认为中央八项规定、"老虎苍蝇一起打""自贸试验区"等新词语，反映了2013年社会生活中的重大事件以及媒体和百姓关注的焦点。"喜大普奔""不明觉厉""人艰不拆"等网络四字人造成语，成为2013年一大语言现象。②

2014年《报告》显示，"法""反腐""失""马航"分别领衔年度国内字、国内词、国际字、国际词。《报告》强调需要治理网络语言粗鄙化，社会逐步认同规范网络语言的必要性。③ 2015年《报告》表明，网络用语"重要的事情说三遍""世界那么大，我想去看看""为国护盘""明明可以靠脸吃饭却偏偏靠才华""我想静静""主要看气质"等，反映了网民对社会生活的关注与感悟，是认识社会、理解社会、感悟社会的一个窗口。④

2016年《报告》发布了《网络低俗词语调查报告》，结果显示"使用低俗词语的男性人数远高于女性，使用低俗词语的频率最高的年龄段为20—29岁"。《报告》分析列举了网络低俗词语的来源和出现原因，并提出了三点治理网络低俗词语的建议："加大对规范用语的宣传力度、关注语言背后的文化现象，以及提高青少年的语文素质。⑤"2017年《报告》发现低俗词语在国内具有影响的各大门户网站以及各类网站的评论中都或多或少存在，低俗词语使用率达到了0.8%，几乎每100个词中，就有一个低俗词。建议从技术层面上做好

---

① 参见《2012年中国语言生活状况报告》，中华人民共和国教育部，2013年6月6日，http://www.moe.gov.cn/s78/A19/A19_ztzl/baogao/201306/t20130605_152840.html，2024年7月28日。

② 参见《2013年中国语言生活状况报告》，中华人民共和国教育部，2014年12月25日，https://www.edu.cn/zhong_guo_jiao_yu/jiao_yu_bu/xin_wen_dong_tai/201405/t20140530_1123219.shtml，2024年7月28日。

③ 参见《2014年中国语言生活状况报告》，中华人民共和国教育部，2015年11月2日，https://www.csdp.edu.cn/article/637.html，2024年7月28日。

④ 参见《2015年中国语言生活状况报告》，中华人民共和国教育部，2016年5月31日，http://www.moe.gov.cn/s78/A19/A19_ztzl/ztzl_yywzfw/shenghuoxz/201605/t20160531_247149.html，2024年7月28日。

⑤ 教育部语言文字信息管理司编：《中国语言生活状况报告（2016）》，商务印书馆2016年版，第161—194、177、202—236页。

对低俗词语变异形式进行处理的准备，可以考虑在注册网名时进行必要的干预和监管。①

2018年《报告》认为网络用语不仅是网民对语言的再创造，其背后所隐藏的社会意义要远远超出表象。② 2019年《报告》表明，国家语委积极推进《信息技术产品语言文字使用管理规定》的立法进程，加强"微语言"治理，引导社会语言应用。③ 2020年《报告》提出网络语言从起初的"多语码化"发展为"多模态化"，求新求异的网民们又在不断创造属于他们自己的"分众"化的交际符号和语言游戏。④ 2021年《报告》提出"方舱医院""密接者""白衣战士""测温仪""分餐制""复产率""精准施策""播客"等词语进入2020年高频词语范围，体现年度特色，记录社会生活。⑤ 以上调查报告、统计数据与分析为研究网络语言生态研究积累了翔实的资料和数据。

（二）相关学者专题研究

除了相关专业机构的统计和研究，国内不同领域的学者也纷纷开展网络语言研究。2001年，中国传媒大学于根元先生的《网络语言概说》系统总结了网络语言的变迁、语体特征，网络语言与媒体语言的对比，社会对待网络语言的态度，如何规范网络语言等内容。他明确提出"网络语言的研究是跨学科的"⑥。2002年，刘海燕从网络语言的定义、性质、生成方式、传播途径及规范做了专题研究，对网络语言的研究做了较全面的总结。⑦ 2003年，赵俐提出"网络语言是一个群

---

① 《中国语言生活状况报告发布　网络新词你懂多少？》，搜狐网，2018年6月1日，https：//www.sohu.com/a/233691195_159753，2024年7月28日。

② 参见国家语言文字工作委员会编《中国语言生活状况报告（2018）》，商务印书馆2018年版，第226页。

③ 参见《2019年中国语言生活状况报告》，中华人民共和国教育部，2020年6月3日，http：//www.moe.gov.cn/fbh/live/2020/52038/mtbd/202006/t20200603_462231.html，2024年7月28日。

④ 参见《2020中国语言生活状况报告》，中华人民共和国教育部，2020年6月2日，http：//www.moe.gov.cn/fbh/live/2020/52038/sfcl/202006/t20200602_461645.html，2024年7月28日。

⑤ 参见《〈中国语言生活状况报告〉发布　方舱医院等成2020年度媒体高频词》，中华人民共和国教育部，2021年6月2日，http：//www.moe.gov.cn/fbh/live/2021/53486/mtbd/202106/t20210603_535342.html，2024年7月28日。

⑥ 于根元主编：《应用语言学概论》，商务印书馆2003年版，第236—244页。

⑦ 参见刘海燕编著《网络语言》，中国广播电视出版社2002年版。

体的声音，是一种新的交际方式带来的人们心态变化的表现"[①]。2005年，常晋芳就网络语言的分类、特点与发展前景作了专题探讨。[②] 2007年，吴筱玫将网络语言中的一些语言现象，诸如图形、符号或文字称为"电子副语"，它们逐渐成为语言的一部分。[③] 2008年，李星辉对网络语言定义做了简要描述和概括。[④] 2011年，何威提出了"'网络化用户'是个体，而'网众'则是由'网络化用户'组成的群体"[⑤]。2014年，申小龙提出，种种社会力量，历史遗产、文化资源、技术化的生活方式，都从现实世界衍生到了网络社会，个体总是处于调整、尝试、实践以适应现实社会与网络社会的双重实践过程，同时也支持、影响着网络社会的发展方向。[⑥] 2015年，谢朝群等探讨了网络交际中不礼貌话语的建构模式及其语用机制，尝试利用不同理论基础分析网络生活中的不礼貌与自我身份建构问题。[⑦] 邓景以汉语网络论坛讨论版为语料，在人际语用学理论框架下考察了网络论坛话语的主要言语行为类型、触发机制、人际语用功能以及话语发展模式[⑧]。2019年，有学者全面审视了网络语言的语言传播规律、网络语言特点与社会心理基础。[⑨]

以汪兴富和刘国辉《网络语言："键构符"之"功过"述评》为代表的系列文章就大众对网络语言的态度开展了研究。《中国语言生活状况报告》调查结果显示，目前社会上对网络语言有三种不同态度：第一，赞成的态度。部分学者认为，网语是一种体现现代人生存

[①] 赵俐：《语言宣言——我们关于语言的认识》，中国经济出版社2003年版，第161页。
[②] 参见常晋芳《网络哲学引论——网络时代人类存在方式的变革》，广东人民出版社2005年版。
[③] 参见吴筱玫《计算机中介传播：理论与回顾》，载杜骏飞、黄煜主编《中国网络传播研究》（总）第一卷第一辑（2007），复旦大学出版社2007年版，第42—43页。
[④] 参见李星辉《网络文学语言论》，中国文史出版社2008年版。
[⑤] 何威：《网众传播：一种关于数字媒体、网络化用户和中国社会的新范式》，清华大学出版社2011年版，第13页。
[⑥] 参见盖建平《中国网络言说的新语文》，山东教育出版社2014年版。
[⑦] 参见谢朝群等《网络交际中不礼貌话语的建构模式及其语用机制》，外语教学与研究出版社2015年版。
[⑧] 参见邓景《网络话语的人际语用学研究》，南京大学出版社2017年版。
[⑨] 参见曹进、靳琰、白丽梅《语言无羁——汉语言符号的网络再生与生成逻辑研究》，中国社会科学出版社2019年版。

和思维状态的新语言，它的出现在语言史上具有划时代的意义……将成为21世纪的语言方式，网络语言代表了21世纪语言发展的方向；第二，反对的态度。有中小学教师、学生家长及学者认为，网络语言会污染汉语，破坏汉语的纯洁性，进而严重影响中小学生的汉语习得和语文学习，反对中小学生接受、使用网络语言；第三，折中的态度。部分网民及部分学者认为，应对网络语言的出现和使用采取一种宽容的态度，不能全盘否定，应看到它的合理之处，但不能使用过滥，在使用过程中应加以引导和适当的限制。[①]

如何规范网络语言，有四种倾向：第一种观点认为必须保持汉语的纯洁性；第二种观点认为要采取包容的态度对待网络语言，不宜完全否认网络语言存在的意义；第三种观点坚持网络语言的规范可以分层进行，目的是实现交际；第四种观点认为目前要规范的是网络语言中不健康的内容，要规范网络语言的形式还有待时日，需要更深入地了解和观察网络语言。

（三）博士论文研究成果

2006年，汪磊的《语言工具变体的实践与理论研究——以网络语言为视点》从社会语言学的角度提出网络语言是一种"工具变体"。2007年，高雁的《中国博客文化传播研究》提出博客已经成为人们生活的一部分，但其中存在的问题也不容忽视。2008年，崔秘席的《中韩网络聊天语言比较研究》对比了汉语和韩语在网络聊天语方面的异同。2008年，张玉玲的《网络语言的语体学研究》从语体、认知、语境、语用、功能与共时的角度，对网络语言的语体和传统语体进行了比较。Gao Liwei在《汉语网络语言——身份建构研究》中主要关注大陆青年使用网络语言的身份建构、青年网民使用网络语言的社会语言学启示。还有博士论文《多维视角下的汉语网络语言传播研究》结合语料库，从传播学、语言学、符号学等跨学科视角对网络语言进行了深入研究。2014年，于鹏亮的《中国网络流行语二十年流变史研究》

[①] 参见"中国语言生活状况报告"项目组编《中国语言生活状况报告（2005）》（上编），商务印书馆2006年版，第223页。

认为网络流行语在潜移默化中影响了人们的语言表达方式和社会交往方式，也逐步改变了人们的信息获取方式和生活方式，并在众多社会事件中影响了公共舆论。2014年，季海群的《网络语言视域中当代中国大学生价值观研究》提出，网络语言对于当代中国大学生价值观生成的影响，表明主客体关系已拓展到虚拟的互联网领域。2015年，胡青青的《网络热词的伦理研究》提出加强网络热词道德规范及其对网络舆情的引导，建立积极健康的网络环境。2015年，邹春燕的《生态语言学视域下的汉语网络流行语研究》在生态语言观的指导思想下，利用生态学的全息论理论和生态位理论对网络流行语在形式和语义上的动态变化做了定性定量研究。2016年，余孟杰的《网络微表情符号的主体性研究》提出，微表情符号作为网络文化对现实的虚拟仿像，构成了一种有着重要意义的"聊以生存"的方式，使得"身体在场"的面对面交流模式得到了延伸，并且使"虚拟世界"的符号所指不再局限于传播者传达的意义观念，而是清楚地指向所表达的现实形态的多样化。2018年，陈霞的《网络话语对大学生思想状况的影响及教育对策研究》认为网络话语能够对大学生思想产生直接或间接、积极或消极的影响。2019年，刘璐的《网络流行语的表征心态研究（2004—2018）》发现网络流行语的语词表达具有主体投射特性，是话语表征心态的符号基础；语义泛化与生产扩散特性实现了心态汇入与群体卷入，实现了话语对群体心态的表征。2020年，耿雯雯的《网络暴力语言的人际语用学研究》在人际语用学视角下，采用混合研究方法，从产生条件、概念界定、言语特征、语用分类及人际评价等方面对网络暴力语言进行了较为全面的论述。

网络语言作为活跃在虚拟空间的一种独到的语言形式，因其内容、途径、形态等的特异性引发了越来越多的学术目光。以上研究各有侧重，涉及语言使用场域、语言生态、网络语境、语用规则、符号变异、文化心理、群体心理、语言生产、语言规范等领域，对本书具有积极的学术启发。

第二节 生态语言学与网络语言研究

　　洪堡特（Humboldt）曾思考"语言与环境、语言与人的关系"[①]，并认为语言的多样性与生物物种的多样性在本质上是一致的。施莱歇（Schleicher）将语言看做是一个有机体，也有其生命周期，同样会经历"形成—发展—消亡"的过程[②]；邦（Bang）和特兰珀（Trampe）在阐释"语言的生态解释之根基"时赞同将洪堡特的观点归入生态的范畴，因为"他把整体性、相互性、创造性、动态永恒性、关联性这些基本原则，作为语言可持续理论的核心要素加以阐释，这些要素也使语言世界观得到了解释"[③]。在马林诺夫斯基（Malinowski）、弗斯（Firth）、甘柏兹（Gumperz）、费什曼（Fishman）、海姆斯（Hymes）等的著作中都可以找到语言与生态关系问题的相关论述"[④]。尽管许多语言学家都曾探讨过"语言与环境、语言与生态的关系"等问题，但是将其作为一个学科进行构建，则是最近几十年的事。斯提比（Stibbe）强调"语言除了是孤立的系统，是构成社会与社会建构的现象之外，还反映并影响更大的生态系统。生态系统包含人类社会，也是人类社会生生不息的基础"[⑤]。随着互联网和新媒体技术的快速发展，网络空间和真实空间合力打造的网络语言构成了新的语言生态，它自身在发展，又在快速传播、渗透进自然语言，线下语言又不断为线上语言提供养分，彼此互动并逐渐改变着语言生态。如何

　　[①] ［德］威廉·冯·洪堡特：《论人类语言结构的差异及其对人类精神发展的影响》，姚小平译，商务印书馆1999年版，第64—79页。
　　[②] 曹慧玲、唐建敏：《生态语言学的源流、研究现状及发展趋向》，《语文学刊》2019年第5期。
　　[③] Bang, J. C. and Trampe, W., "Aspects of an Ecological Theory of Language", *Language Sciences*, Vol. 41, 2014.
　　[④] 黄国文：《生态语言学的兴起与发展》，《中国外语》2016年第1期；黄国文、赵蕊华：《什么是生态语言学》，上海外语教育出版社2019年版，第6页。
　　[⑤] ［英］阿伦·斯提比、张琳：《生态语言学与全球化》，《鄱阳湖学刊》2018年第1期。

积极有效地干预和调控网络语言生态进程，科学规范地利用网络语言以维护语言生态的平衡与稳定发展，建立网络语言生态文明是生态语言学关注的焦点之一。2021—2022 年，两次"中国网络文明大会"昭示着网络生态文明建设的紧迫性和极端重要性。要建构清朗的网络空间和积极文明的网络语言生态，透视网络语言生态的全貌并探寻积极的网络语言文明生态建构策略，就有必要以生态语言学为理论指导，从语言功能、语言生态、语言传播的综合视角，开展网络语言本体与网络语言生态的全面研究。就目前现有的研究来看，依托生态语言学开展的网络语言研究依然偏少，涉及网络语言文明生态的研究相对不足。

一 基于生态语言学的网络语言研究

本书以"生态语言学与网络语言"为关键词，截至 2022 年 7 月 17 日，在中国知网上检索到结果 66 条，其中学术论文 53 篇，硕士论文 12 篇，博士论文 1 篇。15 年来，虽然生态语言学与网络语言相结合的研究有所增长，但趋势较缓慢，且数量较少。发文主题主要围绕生态语言学、网络流行语、网络热词、网络谓语、网络媒体、语言学、情感类网络语篇、发展趋势、火星文、网络社会、年度流行语、新浪微博话语、语言多样性等展开。发文次要主题围绕网络语言、动态性、生态语言学、网络生态环境、生态系统、语言生态、生态话语分析、语言多样性、语言污染、网络流行语生态系统、现代汉语、及物性系统、语言生态学、生态环境、传播速度、互动关系、传播特征、生态预警机制、监督机制等展开。

杨勇、张泉、宿桂梅等认为网络流行语对现代汉语构成形成了污染，网络流行语的处理已经是迫切需要解决的问题，需要多方力量协作，加强网络语言观察调查、动态评估和科学监管，改善网络语言的生态环境，探索可行的网络语言舆情导向机制，提升网络语言的规范度，保障现代汉语生态系统健康发展，建设和谐网络生态文化。① 洪洁，袁周敏提出，"在生态语言学视阈下，应展开相应的网络空间语言规划与治理，包括抵制破坏性话语，推广有益性话语，以规范网络空间语言；增强网民规范意识，提升网民媒介素养，以优化网络空间环境；加强网络空间立法，推进网络实名制，以增加网络违法成本等"②。

张玮、冯静、田永芳、李永宏、田源、罗国太、吕明③等的看法是：语言是一种社会现象，语言的使用、变化、发展受到种种语言生态因素的制约，同时又反作用于语言本身。网络流行语可以与它们的环境一起构成流行语生态系统，这是一个动态的有机系统，网络流行语在其中不断地产生、运动和变化。网络语言的多样性造就了丰富的语言生态系统。恰如其他任何事物一样，网络流行语有产生、发展和消亡的自然过程，它随着社会热点的产生而产生，也随着这一现象的消失而消亡，具有强烈的时代特征。但是，网民对汉语的滥用也不容小觑，例如 2022 年青年网民使用的流行语，类似"切口"或"网络黑话"，显然破坏了语言生态，长此以往，汉语传承与发展令人担忧。例如：

> 达咩＝不要、智齿＝支持、999＝6 翻了、Fyp＝上热门、Yyds＝永远的神、绝绝子＝太绝了、不鸡丢＝不知道、玉玉症＝抑郁症、Kpd＝砍拼夕夕、夺笋啊＝多损啊、窝室嫩爹＝我是你爹、凡尔赛＝以低调的方式进行炫耀、8023＝love。

---

① 参见杨勇、张泉《生态语言学视野下网络流行语的语言污染及治理探究》，《湖北社会科学》2015 年第 3 期；宿桂梅《生态语言学视野下网络流行语的语言污染及治理探究》，《当代教研论丛》2017 年第 10 期。
② 洪洁、袁周敏：《生态语言学视阈下的网络空间语言规划与治理》，《南京邮电大学学报》（社会科学版）2022 年第 2 期。
③ 参见张玮《浅析生态语言学视域下的网络流行语》，《陕西教育（高教）》2016 年第 12 期；冯静《生态语言学视域下的网络流行语研究》，《大庆师范学院学报》2018 年第 3 期；田永芳《从生态语言学看网络流行语的演变机制——以 2020 前半年的网络热词为例》，《文化产业》2020 年第 21 期；李永宏《从菲尔生态语言学研究看网络流行语》，《佳木斯职业学院学报》2017 年第 1 期；田源《网络流行语中方言成分的生态语言学观照》，《长江学术》2017 年第 4 期；罗国太《生态语言学视角下的网络流行语语言变异研究》，《江汉石油职工大学学报》2017 年第 6 期；吕明《从生态语言学的新视角探究当今网络语言》，《泰州职业技术学院学报》2017 年第 3 期。

网络语言与汉语方言的沟通与融合，是网络流行语产生的重要机制，也是语言生态系统稳定发展的重要基础。网络语言系统复杂多样且良莠不齐，生机勃勃又与时俱进，吐故纳新的同时还能实现不断的自我更新，因此它与自然界的生态系统在多个方面有较高的相似性。当下要珍惜和保护语言资源，并为网络流行语的和谐发展创造良好的环境，保持语言生态的发展性和多样性。同时也要警惕消极网络语言给语言生态带来的危害。

伏潇涵主要关注生态模糊型话语，认为生态模糊型话语是流行语的主要话语类型；生态保护型话语占比总体次于生态模糊型话语；生态破坏型话语占比最小，且近十年呈阶段下降的趋势；生态保护型话语体现了我国语言环境的多样性，丰富了我国的语言环境。生态模糊型话语在维护语言动态性平衡的同时，也对语言生态造成一定的污染。[①]

周慧霞、李建红、罗永辉从生态语言学的角度探讨了网络语言，认为人们应对网络语言采取以下态度：（1）在以宽容的心态理解和接受网络语言的同时，也要积极地引导网民更好地了解并规范网络语言，用发展的眼光对待网络语言，提高语言运用能力和网络交际能力，最终促进整个语言生态系统平衡和协调发展[②]。（2）作为文化、经济和科技发展产物之一的网络语言也应该成为语言生态系统中的一员并得到公正的待遇。[③]

张青荣、张婧、张迪迪、王丹认为：（1）应当从保护语言生态平衡的前提出发，积极调控和干预语言生态进程，科学规范和利用网络语言，推动语言生态的和谐发展[④]；（2）网络语言应该存在于一个健康的生态环境，通过与其他语言形式的良性竞争达到发展和生存的目

---

① 参见伏潇涵《生态语言学视域下网络流行语的历时研究——以 2009—2018 年度十大流行语为例》，《文教资料》2020 年第 36 期。
② 参见周慧霞《生态语言学视阈下的网络语言研究》，《江西社会科学》2013 年第 12 期。
③ 参见李建红、罗永辉《生态语言学：对待网络语言的态度的新视角》，《怀化学院学报》2009 年第 12 期。
④ 参见张青荣《网络语言的生态语言学审视》，《河南师范大学学报》（哲学社会科学版）2012 年第 4 期；张婧《从生态语言学视角看现代网络语言的发展与规范》，《文教资料》2018 年第 18 期；张迪迪、王丹《生态语言学视角下网络流行语研究》，《兰州教育学院学报》2019 年第 9 期。

的；(3) 在生态语言学视域下，网络语言的出现增加了语言的多样性，有助于我们从不同方面感知世界，其使用亦加速了语言系统的动态平衡。

孙丽丽、杜辉从构建网络语言生态系统和网络语言预警机制的角度出发，提出：(1) 网络语言生态系统是生态语言学的重要组成部分，从社会语言发展研究网络语言理论，是从现实情况来加强语言生态保护的重要选择，也是依赖于网络环境来研究语言生态系统的重要途径[①]；(2) 从正确对待与认知网络语言、严格规范和管理网络语言、保障语言生态系统平衡稳定等方面构建网络语言生态系统的发展路径，旨在能够进一步促进语言生态的健康稳定发展[②]；(3) 创建网络用语的生态预警机制，建构科学的指标体系，对网络用语生成系统运行情况及时做出预测。[③]

王志宏从生态语言学角度提出治理网络语言的对策：第一，制定相应的法律法规来规范网络语言的使用；第二，汉语语言学家们应编纂规范的网络用语辞书，让网民们在使用网络用语时有参考依据，使之成为约定俗成的网络用语；第三，加强宣传教育力度。教育主管部门、学校和媒体应加大规范使用语言的宣传教育力度，让人们认识到使用规范语言的益处；第四，帮助人们提高正确使用网络用语的自律意识。[④] 有学者以情态系统为理论框架，运用定量定性结合分析法，对新浪微博情感类网络语篇中的情态资源开展了生态话语分析。他们"对比了积极类和消极类情感网络语篇中情态助动词分布的异同及其生态性表征，研究发现：积极类和消极类情感网络语篇在情态助动词的分布上存在较明显的差异，情态词的使用影响着网络语言空间的生态性，而情态词的合理使用则有利于营造和谐的生态网络语言环境，

---

① 参见孙丽丽《刍议生态语言学视域下的网络语言生态系统》，《长江丛刊》2019 年第 12 期。
② 参见杜辉《生态语言学视域下网络语言生态系统研究》，《湖北开放职业学院学报》2018 年第 23 期。
③ 参见杜辉《生态语言学视域下网络语言预警机制及秩序构建》，《记者观察》2019 年第 11 期。
④ 参见王志宏《网络语言对语言生态环境影响的研究》，《合肥学院学报》(社会科学版) 2015 年第 3 期。

最终促进网络空间语言的生态文明建设"①。

2022年中国网络文明大会发布的《共建网络文明天津宣言》《中国网络诚信发展报告 2022》均为学界积极采用生态语言学理论与方法，加大促进网络生态持续改善力度提供了宝贵契机。

二 基于系统功能语言学的网络语言研究

生态语言学的重要范式之一就是系统功能语言学。韩礼德在《语言与社会》（Language and Society）中提出社会人与其他人的关系、社会人与以人构成的环境之间的关系是我们应该关注的问题。没有语言就没有社会人，没有社会人也就没有语言。② 虽然系统功能语言学理论建构于外国语言学，胡壮麟主张在"新时代，大格局""新文科，大外语"的背景下，有必要也有理由进行"语言学研究的融合"，加强外国语言学和汉语语言学的融合。在胡壮麟看来，"语言学的内涵包括外国语言学和汉语语言学""语言学研究的融合符合国家语言策略的需要"，将系统功能语言学理论运用于中国语言研究"符合韩礼德的中国情结和学术理念"。③ 近年来，系统功能语言学与环境生态研究相结合成为学界研究热点。生态语言学作为新兴交叉学科备受关注。生态语言学研究的韩礼德模式与新兴的批评生态语言学研究正在唤起学界对该领域的研究热情。

目前，相较于"系统功能语言学"和"网络语言"两个领域独立的研究成果，将二者结合起来的研究较少——以"系统功能"和"网络语言"为主题词，在CNKI数据库进行模糊检索，共获得有效文献32篇。本书对检索得到的32篇文献进行主题词分布分析，发现近年来在"网络语言"研究领域，运用"系统功能语言学"理论

---

① 曹进、赵盼：《基于情态系统的网络语言生态话语分析——以微博的情感类网络语篇为例》，《重庆第二师范学院学报》2021年第5期。

② Halliday, M. A. K., Language and Society, Beijing: Peking University Press, 2007, pp. 65 - 130.

③ 胡壮麟：《语言学研究的融合》，《北京科技大学学报》（社会科学版）2021年第1期。

框架进行分析的文献仅有 13 篇。其中，王文涛从系统功能语言学的角度分析网络语言，介绍了网络语言特征，探讨了网络语言现象与系统功能语言学中所谈论的语境的深层关系①。王宇婷从系统功能语言学角度出发，认为副语言具有辅助性、模糊性和非任意性②。殷成竹采用系统功能语言学的评价理论和领域语言管理理论，对弹幕视频网站哔哩哔哩的一个"小黑屋"案例中相关评价话语进行分析，探讨相关语言管理问题③。曹进，赵盼对比积极类和消极类情感网络语篇中情态助动词分布上的异同，再从生态语言学视角分析其生态性表征。④黎杏英讨论了功能语言学对网络语言解释力的思辨，展望了网络时代功能语言学的发展，由此丰富和完善功能语言学理论；建议网络语言有很强大的生命力，功能语言学应扩大研究范围，以进一步解释网络语言。⑤

在人人皆"为网所困"的 Z 时代，互联网已经成为绝大多数人对外联络、获取信息的主要途径，网络语言早已不仅仅是沟通工具，它影响甚至塑造人们的思维方式、沟通方式以及世界观和价值观。网络空间语言生态亟待科学、理性、系统、有效的治理策略。基于可比语料库的网络语言生态文明建构策略研究意义不言自明。

第三节 国内外语言暴力研究

网络生态文明建设，面临的重要问题之一就是治理网络涂鸦、网络恐吓、网络色情、网络欺诈、羞辱谩骂、人肉搜索等网络语言暴力问题。网络语言在丰富了人们语言生活的同时，也带来了网络语言暴

---

① 参见王文涛《从系统功能语言学的角度分析网络语言》，《边疆经济与文化》2012 年第 6 期。
② 参见王宇婷《从系统功能语言学视角看网络副语言》，《文教资料》2019 年第 20 期。
③ 参见殷成竹《评价理论视角下互联网领域参与者对语言管理的态度研究——对哔哩哔哩网某"小黑屋"案例的分析》，《语言政策与语言教育》2021 年第 1 期。
④ 参见曹进、赵盼《基于情态系统的网络语言生态话语分析——以微博的情感类网络语篇为例》，《重庆第二师范学院学报》2021 年第 5 期。
⑤ 参见黎杏英《从网络语言看功能语言学的局限研究》，《哈尔滨职业技术学院学报》2019 年第 6 期。

力，引起了国际学界广泛的关注。学者们从语言学、生态语言学、传播学、社会学、心理语言学等多个角度展开研究。对欧盟成员国公众的调查表明，72.80%的受访者表示曾经经历过网络暴力事件，"不少受访者是欧盟各国中的大公司职员、中小型企业职员、私营企业主、非政府组织人员、政府人员、学生、教师等，他们经历过的网络暴力事件类型包括网络辱骂、网络欺凌、私人邮件被黑客入侵曝光、个人计算机照片等信息被曝光、人肉搜索、网络谣言等"[1]。

一　国外研究

国外研究聚焦网络暴力定义、网络暴力表征、青少年学生网络暴力、校园网络欺凌、网络暴力伤害、网络霸凌与后果等方面开展研究。

（一）网络语言暴力定义研究

由于对网络语言暴力的内涵理解不同，学者们用不同的英文词汇来表达该含义，诸如"cyber-violence"（网络暴力）、"cyberbullying"（网络欺凌）、"cyberterrorism"（网络恐怖主义）、"cyber abuse"（网络辱骂）等。贝尔西（Belsey）最早提出cyberbullying一词，他将cyberbullying定义为"个人或人群在运用网络信息传播工具如手机、E-mail、SMS、web网站或其他网上个人投票网站故意频繁地实施意在中伤其他人的不良行为"[2]。海曼（Heiman）等认为网络欺凌是指通过使用各种电子媒体以蓄意和反复伤害为目的的消极活动。[3] 扎拉奎特（Zalaquett）与查特斯（Chatters）认为"网络语言暴力"是个人或群体利用电子媒介传播具有敌意信息的行为。[4] 贾斯

---

[1] 柳思思：《网络语言暴力问题研究：欧盟治理经验及对我国的启示》，人民日报出版社2018年版，第165页。

[2] Belsey, B., "What Is Cyberbullying?" http://www.cyberbullying.ca, May 26, 2004.

[3] Heiman, T. and Olenik-Shemesh, D., "Cyberbullying Experience and Gender Differences Among Adolescents in Different Educational Settings", *Journal of Learning Disabilities*, Vol. 48, No. 2, 2015, pp. 146–155.

[4] Zalaquett, C. P. and Chatters, S. J., "Cyberbullying in College: Frequency, Characteristics, and Practical Implications", *SAGE Open*, January-March, 2014, pp. 1–8.

汀·W. 帕钦（Patchin）和萨米尔·辛杜佳（Hinduja）提出网络欺凌是"以短信、网帖、电子邮件或者其他电子通信形式出现的骚扰和恫吓"①。德永（Tokunaga）将网络欺凌定义为："任何个人或群体通过电子或数字媒体进行的行为，这些行为反复传递旨在造成伤害的信息。"②

（二）青少年的网络暴力问题

范德博斯（Vandebosch）与范·克莱姆普特（Van Cleemput）对2052名中小学生的调查表明青少年中的网络欺凌不容小觑③。库里－卡萨布里（Khoury-Kassabri）等采用社会生态/情境视角探讨了阿拉伯青年参与网络欺凌行为。④ 韦德（Wade）与贝兰（Beran）关注性别、年龄、年级及网络使用频率造成网络欺凌程度。⑤ 李（Lee）调查研究了在互联网上花费大量时间并使用智能手机的非裔美国大学生中的网络欺凌和受害情况。⑥ 巴雷特（Barlett）等选取了293名美国大学生和722名日本大学生，从网络欺凌频率、网络欺凌强化、对待网络欺凌的积极态度以及相互依存的自我构建四个方面对研究被试进行了问卷调查。研究结果表明，相对于日本大学生，美国大学生中的网络欺凌变化程度更高。⑦ 海曼（Heiman）等调查了参加普通教育和特殊教育·学习障碍学生的互联网行为模式和性别差异、参与网

---

① ［美］贾斯汀·W. 帕钦、萨米尔·辛杜佳：《语言暴力大揭秘：跟网络欺凌说"不"》，刘清山译，黑龙江教育出版社2017年版，序第3页。

② Tokunaga, R. S., "Following You Home From School: A Critical Review And Synthesis Of Research On Cyberbullying Victimization", *Computers in Human Behavior*, Vol. 26, 2009, pp. 277–287.

③ Vandebosch, H. and Cleemput, K. Van., "Cyberbullying Among Youngsters: Profiles of Bullies And Victims", *New Media & Society*, Vol. 11, No. 8, 2009, pp. 1349–1371.

④ Khoury-Kassabri, M., Mishna, Faye and Massarwi, A. A., "Cyberbullying Perpetration by Arab Youth: The Direct and Interactive Role of Individual, Family, and Neighborhood Characteristics", *Journal of Interpersonal Violence*, Vol. 34, No. 12, 2019, pp. 2498–2524.

⑤ Wade, A. and Beran, T., "Cyberbullying: The New Era of Bullying", *Canadian Journal of School Psychology*, Vol. 26, No. 1, 2011, pp. 44–61.

⑥ Lee, E. B., "Cyberbullying: Prevalence and Predictors Among African American Young Adults", *Journal of Black Studies*, Vol. 48, No. 1, 2017, pp. 57–73.

⑦ Barlett, C. P. et al., "Cross-Cultural Differences in Cyberbullying Behavior: A Short-Term Longitudinal Study", *Journal of Cross-Cultural Psychology*, Vol. 45, 2014, pp. 300–313.

络欺凌的情况,以及被网络欺凌、被欺凌者的反应和应对策略之间的关系。[1]

(三) 校园网络欺凌研究

学者们选取不同国家的大学生群体作为研究对象,对大学生群体中存在的网络欺凌和网络欺骗行为进行了更为具体深入的研究。周(Zhou)等人的研究选取中国中部地区的1438名高中生作为研究对象,调查了网络语言暴力的流行特征和因素。研究结果显示,被试中有34.84%的学生对他人实施过语言暴力,56.88%的学生遭受过他人的语言暴力;此外,性别差异也会造成使用网络暴力行为的差异,不论是网络语言暴力的犯罪者还是受害者,男性学生更容易参与到网络语言暴力事件中。[2] 科埃略(Coelho)等借助奥尔威乌斯(Olweus)欺凌/欺骗问卷对1039名葡萄牙中学生的网络欺凌和欺骗行为进行了研究。研究结果发现不同性别和年级的中学生所存在的网络欺凌和欺骗现象有所差异。[3] 埃尔杜尔-贝克(Erdur-Baker)关注语言霸凌性别研究,认为与女学生相比,男学生更有可能在物理和网络环境中成为欺凌者和受害者。[4] 奥廖尔(Orel)等调查研究了大学里新兴成年人群中的网络欺凌状况。[5]

(四) 网络暴力后果研究

科瓦尔斯基(Kowalski)等认为尽管传统欺凌和网络欺凌具有共同特征,但在重要方面有所不同。网络欺凌通常以感知到的匿名为

---

[1] Heiman, T. and Olenik-Shemesh, D., "Cyberbullying Experience and Gender Differences Among Adolescents in Different Educational Settings", *Journal of Learning Disabilities*, Vol. 48, No. 2, 2015, pp. 146–155.

[2] Zhou, Z. K. et al., "Cyberbullying And Its Risk Factors Among Chinese High School Students", *School Psychology International*, Vol. 34, No. 6, 2013, pp. 630–647.

[3] Coelho, V. A., Sousa, V., Marchante, M., Bras, P. and Romao, A. M., "Bullying And Cyberbullying In Portugal: Validation Of a Questionnaire And Analysis Of Prevalence", *School Psychology International*, Vol. 37, No. 3, 2016, pp. 223–239.

[4] Erdur-Baker, Ö., "Cyberbullying and Its Correlation to Traditional Bullying, Gender and Frequent and Risky Usage of Internet-Mediated Communication Tools", *New Media & Society*, Vol. 12, No. 1, 2010, pp. 109–125.

[5] Orel, A. et al., "Exploring University Students' Coping Strategy Intentions for Cyberbullying", *Journal of Interpersonal Violence*, Vol. 32, No. 3, 2015, pp. 446–462.

特征，并且可能在任何时间发生。[1] 帕钦与辛杜佳讨论了欺凌的本质及其对电子世界的转变以及其受害者和煽动者都可能遭受负面影响。[2] 埃尔奇（Elçi）与塞奇金（Seçkin）的研究表明"网络语言暴力攻击不仅会引起恐惧和愤怒，还会引起巨大的羞辱感"[3]。瓦格纳（Wagner）与马鲁塞克（Marusek）的研究考察了网络谣言的影响、暴民心态以及在法律限制范围内运作的网络文化中欺凌批评者的政治化。[4] 菲利普斯（Philips）与米尔纳（Milner）综合探讨了语言暴力问题[5]。帕钦和辛杜佳提出了网络欺凌的危害，如何保护自己以及营造善良的文化氛围。[6] 卡西迪（Cassidy）等研究了网络语言暴力与传统暴力之间的差别、不同性别间实施网络语言暴力的程度、青少年网络语言暴力事件对受害者、犯罪者、学校、家庭以及公众造成的影响，受害者、学校以及家庭的应对策略以及有效的解决方案。[7]

二　国内相关研究

南方朔认为"脏话乃是'语言之癌'，也是语言世界里的垃圾。它使得人们借着语言而沟通的可能性降低，甚至造成沟通的切断。在脏话横行无忌的社会，咒骂别人的脏话讲多了，语言甚至会落实成行

---

[1] Kowalski, R. M., Morgan, C. A. and Limber, S. P., "Traditional Bullying As a Potential Warning Sign Of Cyberbullying", *School Psychology International*, Vol. 33, No. 5, 2012, pp. 505 – 519.

[2] Patchin, J. W. and Hinduja, A., "Bullies Move Beyond the Schoolyard: A Preliminary Look at Cyberbullying", *Youth Violence and Juvenile Justice*, Vol. 4, No. 2, April 2006, pp. 148 – 169.

[3] Elçi, A. and Seçkin, Z., "Cyberbullying Awareness For Mitigating Consequences In Higher Education", *Journal of Interpersonal Violence*, Vol. 34, No. 5, 2016, pp. 946 – 960.

[4] Wagner, A. and Marusek, S., "Rumors on the Net: A Brackish Suspension of Speech and Hate", *Law, Culture and the Humanities*, Vol. 19, No. 1, 2023, pp. 167 – 181.

[5] Phillips, Whiney and Milner, R., *The Ambivalent Internet: Mischief, Oddity, and Antagonism Online*, Malden: Polity Press, 2017.

[6] 参见［美］贾斯汀·W. 帕钦、萨米尔·辛杜佳《语言暴力大揭秘：跟网络欺凌说"不"》，刘清山译，黑龙江教育出版社2017年版。

[7] Cassidy, W., Faucher, C. and Jackson, M., "Cyberbullying Among Youth: a Comprehensive Review Of Current International Research And Its Implications And Application To Policy And Practice", *School Psychology International*, Vol. 34, No. 6, 2013, pp. 575 – 612.

动,而变成真正的暴力"①。国内学者主要从网络语言暴力定义、性质、成因、后果、应对策略等几个层面开展网络语言暴力研究。

(一) 网络暴力定义与性质研究

"网络语言暴力,是以互联网为载体,以某种形式的语言霸权,传播散布带有攻击性、煽动性、歧视性、侮辱性的言论内容,对相关人员的人格尊严、心理健康和精神世界等造成侵犯甚至暴击。"②彭兰、苏艳春等的研究表明大学生网络语言暴力的表现形式包括粗暴谩骂、散播谣言、网络恶搞、滥用人肉搜索等方式,对当事人的现实生活产生直接影响的行为。③有人认为网络的虚拟性放大了社会公众的消极情绪和烦躁心态,大学生采用网络语言暴力,污染了语言和社会生态,造成了新的语言危机,甚至引发了现实社会的行为暴力。④郑永晓、汤俏等根据网络语言暴力的侵权范围,将网络语言暴力分为"网上暴力"和"网下暴力"⑤。郭爱涛从是否存在主观恶意攻击动机角度将大学生的网络暴力行为分为自觉暴力行为和不自觉暴力行为。⑥

(二) 网络暴力成因研究

王刚认为网络的匿名性、高自由度和群功能是产生网络暴力的温床。⑦相喜伟与王秋菊等认为社会压力、心理失衡、紧张焦虑、困惑不满等负面情绪不断积累,加剧了网民的极化效应,从而产生网络语言暴力。⑧王金哲认为,在语言特点上,语言暴力是使用谩骂、诋毁、

---

① 南方朔:《语言是我们的希望》,法律出版社2011年版,第19页。
② 《前线》论坛评论员:《文明网络拒绝语言暴力》,《前线》2022年第2期。
③ 参见彭兰《如何认识网络舆论中的暴力现象》,《中国社会科学报》2009年8月25日第6版;苏艳春、蔡小梅、陈大青《大学生网络语言暴力行为调查分析——以楚雄师范学院为例》,《东南传播》2016年第9期。
④ 参见靳琰、曹进《甘肃大学生网络语言暴力行为调查研究》,《西北成人教育学院学报》2021年第2期。
⑤ 郑永晓、汤俏:《"网络暴力"喧嚣背后的政治与文化——兼论近年来网络文化的监管与疏导》,《西北师大学报》(社会科学版)2009年第6期。
⑥ 参见郭爱涛《大学生网络暴力行为分析》,《扬州大学学报》(高教研究版)2012年第1期。
⑦ 参见王刚《从"铜须事件"看网络暴力的成因》,《传媒观察》2007年第1期。
⑧ 参见相喜伟、王秋菊《网络舆论传播中群体极化的成因与对策》,《新闻界》2009年第5期。

蔑视、嘲笑等侮辱歧视性语言，致使他人的精神和心理遭到侵损的一种暴力行为；在语言逻辑方面，语言暴力用不合逻辑的语言手段，在双方之间形成一种语言霸权，造成对弱势一方的伤害；在语言生态系统方面，语言暴力是指因语言生态系统失衡而导致发话人作出令受话人产生羞辱感、恐惧感等负面情绪的话语。① 有研究人员认为"新自由主义俨然影响了网络场域的媒介产出，从情感动员到反沉默螺旋，在恶性群体交际过程中实则形成了一个暴力实践的闭合回路"②。杨丽、毛德松依据哈贝马斯的交往理论，发现网络空间语言存在"背离现行语言规范、违反常识、违背道德和有违心声四类问题，其原因在于我国网络社会语言的规范性不强，部分网络交往主体对客观世界的认知存在局限性，有违道德准则和交往真诚性原则"③。

（三）网络暴力主体研究

周安将网络语言暴力的制造者作为研究重点，将其分为网络暴民、伪舆论的造势者、网络大 V、网络语言暴力的二传手以及网络无良媒体。④ 戴玉磊从阴影原型的爆发、自卑感的驱使、社会无意识的释放、自我在群体中的沦丧、从众心理以及"广场狂欢式"的场效应等方面解读了网络语言暴力使用者的心理机制。⑤

（四）网络暴力治理研究

山述兰、张力分析了网络语言暴力的语法和语义特征，并从语言学视域分析了网络语言暴力的成因，在此基础上提出了减少网络语言暴力的对策。⑥ 谢朝群等认为网络语言暴力的不礼貌评价涉及多重因素，道德秩序更是发挥了决定性作用，若不加以管控，长此以往，势

---

① 参见王金哲《网络语言暴力的界定及规范化研究》，《湖南警察学院学报》2021 年第 6 期。
② 靳琰、杨毅：《基于批判性话语分析的自媒体网络语言暴力事件解构》，《外语电化教学》2022 年第 2 期。
③ 杨丽、毛德松：《基于交往行为理论的网络空间言语研究》，《南京邮电大学学报》（社会科学版）2022 年第 2 期。
④ 参见周安《网络语言暴力的角色定位及对策研究》，《长江大学学报》（社会科学版）2014 年第 6 期。
⑤ 参见戴玉磊《浅析网络语言暴力的心理机制》，《开封大学学报》2009 年第 3 期。
⑥ 参见山述兰、张力《网络"语言暴力"的形成与文化特征分析》，《中华文化论坛》2014 年第 5 期。

必产生道德滑坡,严重危害社会公共秩序。[1] 有学者提出消除语言暴力、建设健康的语言生态,需要法律、纪律、他律制度,更需要所有人的自省、自制和自律。[2] 柳思思的《网络语言暴力问题研究——欧盟治理经验及对我国的启示》综合研究了网络语言暴力的研究基础、研究范式与治理策略。[3] 汪晓东等对网络实名制、禁止"人肉搜索"加强网站的监管责任等方面进行了探讨[4]

从以上的文献梳理可知,学者们对网络语言暴力的研究角度比较宽泛,涵盖了多个学科多种研究领域,而本书的核心关注是消除网络语言暴力的对策,勘察生态语言学背景下的网络语言暴力的符号表征,对网络语言暴力的表现形式进行颗粒化细分类,分析每个类别下所表现的社会或情感动因,提出具体的网络语言暴力治理策略。

本章小结

互联网丰富了语言,更是改变了语言生态环境。作为人类生态的有机组成部分,语言系统的嬗变不是漫无目的的行为,而是随时代而变、随技术而变、随思维而变的动态变迁过程。要研究网络语言生态,势必要了解网络空间语言的基本形态、内容与生产方式。作为虚拟的人类生态环境,虚拟空间把真实的人与物理社会、网络人与虚拟社会的主客体关系建构在了网络语言的生产、扩散、流动和控制之上。网络语言丰富了语言样态的多样性、包容性和开放性。本章回顾了国内外网络语言的基本成果,特别是基于生态语言学、系统功能语言学开展网络语言研究的成果、研究意义及其对本书的启发。《中国互联网络发展状况统计报告》《中国语言生活状况报告》的数据说明网络语言正全面走进现实语言生活。面对参差不齐、良莠难辨、鱼龙混杂

---

[1] 参见耿雯雯、谢朝群《网络语言暴力的(不)礼貌研究》,《中国外语》2020年第3期。
[2] 参见曹进《维护网络纯净空间的他律与自律》,《中国社会科学报》2019年12月10日第9版。
[3] 参见柳思思《网络语言暴力问题研究——欧盟治理经验及对我国的启示》,人民日报出版社2018年版。
[4] 参见汪晓东《徐州立法禁止"人肉搜索"?》,《人民日报》2009年1月20日第11版。

的网络语言巨流，亟须净化网络空间，建构网络文明新形态，打造积极、健康、阳光的网络语言生态环境。因此，生态语言学就成为研究网络语言、助力构建良好网络语言生态的利器。积极的语言传播生态环境的构建与语言文明建设关乎个体与个体、个体与群体、个体与社会、社会与社会、国家与国家之间语言交往的和谐情形，关乎民族的精神文明建设水平。良好的语言生态环境是考量一个民族文明的不可或缺的尺度，也是一个国家文明建设成果的衡量标尺。良好的语言生态环境既要在"和谐原则"指导下开展生态环境的构建，更要服从社会的生态文明建设的需要，进而为国家的语言生态文明建设战略服务。

第三章 理论基础

网络语言生态既是秩序的工具也是失序的动因，既是一个进行的因素也是一个永恒的因素。依据生态语言学理论，网络语言既体现了语言的灵动与顽强的生命力，同时也扰动了语言原有的生态平衡；它既丰富了语言的生态系统，也为语言生态文明建设带来了困扰；它既体现了语言强大的生命力和多样性，又为语言的健康生态发展带来了诸多挑战。有鉴于生态语言学的跨学科属性，本章将从生态语言学的豪根模式、韩礼德模式入手，围绕生态话语分析，结合系统功能语言学、传播学，探讨网络空间语言、网络生态、网络传播的互动关系，进而构建一个基于生态、语言与传播的综合研究框架。

第一节 生态语言学的研究范式

生态语言学认为保持语言生态系统平衡的必要条件是多样性和开放性。如果说语言生态是生态文明的一部分，那么网言网语自然也是语言生态的有机构成，同样隶属于生态语言学研究的范畴。生态语言学既涉及生态更关涉语言，它主要进行"语言交互和语言多样性的研究"[1]，进而揭示语言与环境的相互作用。从生态语言学的视角来看待和解读网络语言使用现象，有益于综合开展网络语言生态文明建设的

---

[1] 杨阳：《系统功能视角下新闻报道的生态话语分析》，《北京第二外国语学院学报》2018年第1期。

研究与实践。

一 豪根模式

生态语言学的范式之一是豪根模式。豪根（Haugen）使用的术语为"语言生态学"，他把语言和言语社团的关系比喻为生物和自然环境的关系，认为生态语言学要研究的是"任何特定的语言与其环境的相互作用"，此外，豪根也指出他所说的"环境"指的是"使用某一语言作为语码的社会"[①]。"豪根模式"认为语言有自己的生态环境，所用语言社会以及所用语言之人的态度决定了语言的生存环境。此研究范式密切关注语言的生存发展状态、语言多样性、语言世界系统，语言的生存、发展与消亡，语言进化、语言规划，语言与现实世界的互动关系，语言多样性与生物多样性的关系，生态系统与文化系统的关系等。生态环境是语言发展的基本条件，有了良好的生态环境，语言发展和语言保护就有了基本的保障，语言生态的平衡就会保证文化生态的平衡，人类社会的可持续发展就有了保障[②]。因此，此研究范式通常被理解为"语言的生态学"。

二 韩礼德模式

生态语言学的另一个范式是韩礼德模式。韩礼德（Halliday）模式作为"批评生态语言学"亦被理解为"环境语言学"[③]，该范式将语言当作社会乃至整个生态系统的一个组成部分，研究语言在整个生态系统中的作用[④]。人类是自然世界的重要组成部分，不能"离开自然环境而生存。语言是人类生存的一个重要部分，我们用语言来描述

---

① 黄国文：《生态语言学的兴起与发展》，《中国外语》2016 年第 1 期。
② 参见黄国文《生态语言学的兴起与发展》，《中国外语》2016 年第 1 期。
③ 孙永春：《生态话语多维度多层面分析模式建构》，《山东外语教学》2019 年第 1 期。
④ 参见黄国文、赵蕊华《生态话语分析的缘起、目标、原则与方法》，《现代外语》2017 年第 5 期。

世界，建立人际关系，组织话语；语言使我们能够沟通，传递信息，继承文化"①。韩礼德认为，人类的"'现实'并非是现成的、等待被赋予意义的东西——它需要被积极地构建；而语言正是在构建现实的过程中进化而来，并作为构建现实的媒介。"② 相比于豪根研究范式，韩礼德研究范式更强调语言在各种生态问题中的重要作用，突出语言的社会"功能"和语言学家的"社会责任"。采用韩礼德研究范式开展的生态语言学的研究主要包括两个方面：一是对语言系统内部各种生态因素和非生态因素进行分析，继而针对其存在的非生态因素进行揭露与批评；二是通过语篇分析，对不利于生态环境的非有益性话语进行批判与抵制。

第二节　生态话语分析

生态话语分析（Ecological Discourse Analysis——EDA）属于生态语言学研究范畴③，是一种新兴的话语分析范式。生态话语分析构建了生态语言学框架下的及物性系统、评价系统、语气系统、主位系统、衔接系统、逻辑关系系统等，为生态话语分析提供了可操作性的理论框架。何伟等的研究更是积极推进了生态语言学的系统性研究。④ 何伟等指出，生态话语分析范式

> 是在生态哲学观指导下的，基于功能取向的语言学理论，对话语的生态性——生态有益性、生态破坏性、生态模糊性/中性——进行分析的一种模式，目的是通过揭示语言对自然及社会环境的影响，提高人们的生态意识，改善人们的生态行为，促进

---

① 黄国文：《生态语言学的兴起与发展》，《中国外语》2016 年第 1 期。
② Halliday, M. A. K., "New Ways of Meaning: the Challenge to Applied Linguistics", in *On Lamnguage and Linguistics*, London: Continuum, 2003, p. 145.
③ 参见黄国文、赵蕊华《生态话语分析的缘起、目标、原则与方法》，《现代外语》2017 年第 5 期。
④ 参见何伟、高然、刘佳欢《生态话语分析新发展研究》，清华大学出版社 2021 年版。

生态系统的良性发展，达到人与自然、人与社会及人与自身的和谐共生。①

批评性话语分析主要关注权力语篇，积极话语分析主要关注的是积极语篇，而生态话语分析则覆盖到了各种话语。生态话语分析遵循"理论—分析—行动"三步走的研究步骤，在揭示语言特征层面的基础上，最终聚焦于社会实践，为语言生态研究提供积极的学理支撑。无论是生态话语分析还是话语的生态分析，斯提比、斯蒂芬森（Steffensen）与菲尔（Fill）、黄国文、何伟等均主张话语分析者在进行话语分析时需要生态哲学观的宏观指导②。

一　生态哲学观

生态语言学研究无论采取何种视角和途径，都离不开生态批评，而任何层面的批评都必然基于一定的思想理念和行为准则③。1973年，奈斯（Naess）提出了"生态哲学观"④，用于指代涵盖一系列规则、预设、价值推崇等有关生态和谐的思想。斯提比提出的"生活"（living）生态哲学观包含重视生活、福祉、现在和未来、关怀、环境极限、社会公正、恢复七大要素⑤，旨在促进对人类赖以生存的生态系统的保护。一个人的生态哲学观是其在生活中逐渐形成的，与其出生的环境、成长氛围、所在的特定社会体制、受教育情况、个

---

①　何伟、高然、刘佳欢：《生态话语分析新发展研究》，清华大学出版社2021年版，第ⅷ页。
②　Stibbe, A., *Ecolinguistics: Language, Ecology and the Stories We Live By*, London: Routledge, 2015: 24-30; Steffensen, S. and Fill, A., "Ecolinguistics: The State of the Art and Future Horizons", *Language Sciences*, Vol. 41, 2014, pp. 6-25；黄国文《论生态话语和行为分析的假定和原则》，《外语教学与研究》2017年第6期；何伟、魏榕《生态语言学：发展历程与学科属性》，《国外社会科学》2018年第4期。
③　参见何伟、张瑞杰《生态话语分析模式构建》，《中国外语》2017年第5期。
④　Naess, A., "The Shallow and the Deep, Long-range Ecology Movement: A Summary", *Inquiry*, Vol. 16, 1973.
⑤　参见［英］阿伦·斯提比《生态语言学：语言、生态与我们信奉和践行的故事》，陈旸、黄国文、吴学进译，外语教学与研究出版社2019年版，第15—16页。

人信念、意识形态等有着不可分割的关系①。因此"在中国语境下讨论生态语言学问题,首先就是要找到自己的'生态位'和生态哲学观的根源"②。"生态位"(niche)是生物学中的一个术语,常常被借用到商务、经济、教育、文化等领域。中国传统哲学"绝不是离开自然而谈论,更不是在人与自然的对立中形成所谓的人文传统,恰恰相反,中国哲学是在人与自然的和谐统一中发展出人文精神"③。何伟、魏榕针对国际生态话语提出了"多元和谐,交互共生"生态哲学观。④ 在儒家生态观的基础上,黄国文提出了符合中国语境的一个基本假定——以人为本,三条原则——良知原则、亲近原则、制约原则的生态哲学观。

(一) 基本假定——以人为本

春秋时期,管仲在《管子·霸言》中提出"夫霸王之所始也,以人为本。本理则国固,本乱则国危"⑤。该典故意思是霸王之业的开始,是以人民为本。本治则国家巩固,本乱则国家危亡。管仲所说的"以人为本",就是以人民为本。中华人民共和国成立后,"以人为本"也成为中国共产党坚持全心全意为人民服务的根本宗旨。因此,进行生态话语和行为分析,首先就要理解"以人为本"这个基本假定⑥。

(二) 三条原则

"良知"概念源于《孟子·尽心上》,根据阳明学的观点,心是一切知识和体验的起源,包括道德意识,道德原则与规范,孝悌忠信、仁义礼智和伦理准则都起源于心,对周围一切的反应和一切行为也是起源于心。"良知"成为衡量一切是非善恶的内在标准。"生态良知是

---

① 参见何伟、魏榕《多元和谐,交互共生——国际生态话语分析之生态哲学观建构》,《外语学刊》2018 年第 6 期。
② 黄国文:《从生态批评话语分析到和谐话语分析》,《中国外语》2018 年第 4 期。
③ 蒙培元:《人与自然——中国哲学生态观》,人民出版社 2004 年版,第 2 页。
④ 参见何伟、高然、刘佳欢《生态话语分析新发展研究》,清华大学出版社 2021 年版,第 39 页。
⑤ 古诗文网:《管子·霸言》,https://so.gushiwen.cn/mingju/juv_e1552e9ea453.aspx,2022 年 7 月 15 日。
⑥ 参见黄国文《论生态话语和行为分析的假定和原则》,《外语教学与研究》2017 年第 6 期。

由于人类逐渐意识到人与自然之间的生存论意义上的关联而产生的一种关爱、保护自然的自然、自觉、自愿的'善'的观念。"①

"和谐"是中国文化的核心，也是中国文化建设的基本精神和价值取向②。儒家的生态观认为，人要追求自然的和谐和人与自然的和谐，天人合一、天地以生物为心。自然界中的种种生命形式，包括自身、亲朋好友、陌生路人、飞禽走兽、草木森林、河流山川等都被理解为一个由近及远、从亲到疏的序列。当某一物种同人产生关联时，人就会对它有感觉、有感情，亲密度就越高，对发生在该物种身上的事情产生的反应越强；反之，亲密度越低，对发生在这一物种身上的事情产生的反应越弱。

"制约"意味着三个方面：个人的良知和修养给自己的制约、社会"公序良俗"的制约以及社会、机构的法度制约。就立规而言，首先要遵循"以人为本"的假定，制定的规则要有可操作性，保证权力的公平规范。形成个人服从社区、社区服从社会、社会服从国家的良性规则链，讲道义讲情感、有等级有组织、有行为有约束。这样"才能达到社会安定、人与人和人与自然的和谐相处"③。

二 话语的生态性分类

从生态语言学视角来看，话语可以分为有益性话语、破坏性话语以及中性话语。斯提比认为，决定某一话语属于哪一种类型，主要的衡量标准是分析者的生态哲学。④ 如果某一话语所传递的世界观和意识形态与分析者的生态哲学相矛盾或者相对抗，那它就会被认为是破坏性话语；某一话语所传递的世界观和意识形态与分析者的生态哲学一致，那它就会被认为是有益性话语；某一话语介于这两类之间，一

---

① 黄国文：《论生态话语和行为分析的假定和原则》，《外语教学与研究》2017 年第 6 期。
② 参见何伟、魏榕《国际生态话语的内涵及研究路向》，《外语研究》2017 年第 5 期。
③ 黄国文：《论生态话语和行为分析的假定和原则》，《外语教学与研究》2017 年第 6 期。
④ Stibbe, A., *Ecolinguistics: Language, Ecology and the Stories We Live By*, London: Routledge, 2015.

方面所传递的世界观和意识形态与分析者的生态哲学一致,另一方面又有不一致或者冲突,那它就是中性话语[①]。破坏性话语不利于和谐生态的构建,要予以揭露抵制;有益性话语有利于和谐生态和谐社会的构建,要给予鼓励与宣传;而中性话语因话语本身的生态取向混合重叠,既要肯定其有益的积极的一面,也要看到其破坏性的需改进的方面。

三 生态话语分析的方法

生态话语分析方法"是对话语进行多维度、多层次的分析,包括话语背后的世界观、价值观、意识形态、话语的语义、话语的谋篇、话语的语境、话语的表述、语言的格局、语法的特点,语言与环境和语境的关系"[②]。话语的生态分析可以从不同的理论模式寻找哲学根源、理论支撑、分析方法、研究范式,只要能说明问题就可以拿来应用[③]。斯提比采用了框架理论、隐喻、评价模式、身份识别、及物性、情态系统等理论讨论了不同的语言与生态问题。针对生态话语分析,有三条进路可供选择:第一,认可生态语言学的应用语言学学科性质和特点,采用任何可用的语言学理论、方法和原则,重点放在生态视角的语言学探索;第二,在某一理论框架中分析和解决问题,通过实践,为扩展、修正和完善所偏好的语言学模式服务;第三,严格在某一理论框架中分析和解决问题,通过实践去扩展、修正和完善所偏好的语言学模式。[④] 韩礼德多次提出"语言并不是被动地反映现实,语言主动构建现实"[⑤],他多次强调语言具有"做事"功能和"干预"功能,即立足社会实际问题,解决现实中存在的生态问题。

---

① 参见黄国文、陈旸《生态话语分类的不确定性》,《北京第二外国语学院学报》2018年第1期。
② 黄国文、赵蕊华:《生态话语分析的缘起、目标、原则与方法》,《现代外语》2017年第5期。
③ 参见黄国文《从系统功能语言学到生态语言学》,《外语教学》2017年第5期。
④ 参见黄国文《从系统功能语言学到生态语言学》,《外语教学》2017年第5期。
⑤ Halliday, M. A. K., "New Ways of Meaning: the Challenge to Applied Linguistics", in *On Lamnguage and Linguistics*, London: Continuum, 2003, p. 145.

第三节 系统功能语法

系统功能语法为本研究分析网络语言特征提供了分析框架。语言是人类社会活动的产物，作为人类交际的基本工具，语言承担起种种功能。出于总体思考，韩礼德将语言的功能抽象凝练成了若干个易于探寻规律的"纯理功能"或"元功能"①，包括概念功能、人际功能和语篇功能②。本节根据网络语言的生态表现特征以及研究的总目标，围绕系统功能语法的及物性系统、介入系统与衔接系统做简要回顾。

一 概念功能与及物性系统

韩礼德"所说的概念功能指的是语言对人们在现实世界（包括内心世界）中的各种经历的表达"③。概念功能包括"及物性""语态"和"归一度"。及物性是语言表现概念功能的一个语义系统，其功能在于把人们在现实世界中的所见所闻、所作所为分成若干种"过程"，并指明与各种过程有关的"参与者"和"环境成分"。

（一）六大过程与参与者

及物系统包括物质过程、心理过程、关系过程、行为过程、言语过程以及存在过程。物质过程可以用来表示做某件事的过程。该过程通常依靠动态动词表示，"动作者"与动作的"目标"则由名词或代词来表示。心理过程用于表示人的"感觉""感知""反应""认知"等心理活动，用诸如感觉的动词 see, look, watch 等；表示情感反应的动词有 like, dislike, please 等；表示认知的动词包括 know, believe

---

① Halliday, M. A. K., *A Course in Spoken English: Intonation*, London: OUP, 1970; Halliday, M. A. K., *Explorations in the Functions of Language*, London: Edward Arnold, 1973.
② 参见胡壮麟、朱永生、张德禄等《系统功能语言学概论》（修订版），北京大学出版社 2005 年版；朱永生、严世清、苗兴伟编著《功能语言学导论》，上海外语教育出版社 2004 年版。
③ 朱永生、严世清、苗兴伟编著：《功能语言学导论》，上海外语教育出版社 2004 年版，第 137 页。

等动词。关系过程反映了事物之间是什么关系的过程，通常分成"归属类"和"识别类"。归属类指向某一个实体属于何种类型，简化的表达式——"是×的一个属性"，参与者则是"载体"和"属性"。识别类意味着一个实体与另一个实体是统一的，其本质在于缩小归属类的范畴，进而达到认同或识别的程度。参与者一般包括"识别者"和"被识别者"。而两个关系过程可进一步细分为"内包式""环境式"以及"所有式"。行为过程通常指呼吸、咳嗽、叹息、做梦、哭笑等生理活动的过程。行为过程会出现"行为者"，而且行为者通常是人类。言语过程意味着发话受话交流传递信息的过程。常见动词一般有say，tell，talk，describe 等。言语过程经常涉及三个参与者："发话人""受话人"以及"说话内容"。存在过程表示了某物存在的过程。在所有存在过程中，都需要有一个参与者，即"存在物"，其他两个参与者则是"受益者"与"范围"。受益者包括：领受他给予之物的"领受者""委托者"，即服务的对象。范围则具体指小句中说明某个过程涉及面的成分，范围可以出现在物质过程、心理过程、言语过程或行为过程中。[1]

（二）环境成分

胡壮麟等学者将环境成划分为时间、空间、方式、程度、比较、伴随、因果、身份八类。[2] 韩礼德则将环境成分划分为跨度、处所、方式、原因、或然、伴随、角色、内容和角度九类（见表3.1）。

表3.1　　　　　　　　环境成分类型表[3]

	Type	Specific categories (subtypes)
1	Extent	distance, duration
2	Location	place, time
3	Manner	means, quality, comparison

---

[1] 参见胡壮麟、朱永生、张德禄等《系统功能语言学概论》，北京大学出版社2005年版，第71—82页。

[2] 参见胡壮麟、朱永生、张德禄等《系统功能语言学概论》，北京大学出版社2005年版。

[3] Halliday, M. A. K., *An Introduction to Functional Grammar*, FLTRP, Edward Arnold (Publishers) Limited, 2000 (2nd ed.), p.151.

续表

	Type	Specific categories (subtypes)
4	Cause	reason, purpose, behalf
5	Contingency	condition, concession, default
6	Accompaniment	the comitative, the additive
7	Role	guise, product
8	Matter	
9	Angle	

环境成分虽然有时也能由动词来表示，但常见的表现形式是副词词组与介词短语。"时间"可以指一段时间，也可以指具体的时间。一段时间用"how long…"提问，具体时间用"when…"提问。频率也可以表达时间，用"how often…"提问。"空间"既可以是一段距离，也可能是某个点，一段空间用"how far…"提问，空间的某个点则用"where…"提问。方向也属于空间范畴，用"where…""which way…"提问。出发点与目的地也可归于空间概念。"方式"指一个过程发生的途径，常用 by 或 with 等介词短语来引导，对这类成分，可以用"how…""what with…"来发问。"程度"通常由副词词组表示，这类成分可以用"how…""how + 副词词组"的形式提问。"比较"意义通常由表示异同的词或词组表示，通常可以用"how""what like"提问。"伴随"意义由含 with 的短语或副词词组表达，用"with whom""with what"提问。"因果"意义常常由介词短语或小句来表示，这类成分常用"why…""what for…"等形式提问。"身份"常由含 as 的短语表示，对这类成分常用"what as"提问。

二 人际功能与介入系统

在系统功能语言学中，人际功能指语言能够表达讲话者的身份、地位、动机，并建立和维持一定的社会关系[①]。评价系统关注语篇中可以

[①] 参见胡壮麟、朱永生、张德禄等《系统功能语言学概论》，北京大学出版社 2017 年第 3 版，第 110 页。

协商的各种态度，主要研究个人如何运用语言去对事物做出评价，采取立场，从而调节主体间立场乃至意识形态立场。因此，它对于揭示叙事语篇中作者的态度尤其有效，是传统功能语法的新发展。20世纪90年代，以马丁为主的系统功能语言学家开始对系统功能语言学的人际意义研究进行扩展，发展出了评价理论（Appraisal Theory）[①]。2003年，马丁和露丝（Rose）在《使用语篇：小句之外的意义》（*Working with Discourse: Meaning Beyond the Clause*）中完整提出了评价系统。2005年，马丁和怀特（White）在《评估语言：英语评价系统》（*The Language of Evaluation: Appraisal in English*）具体解释了评价系统的三个子系统：态度、介入和级差。根据网络语言语篇的具体特征和人际交往特征，本书的聚焦点之一落在介入系统上。

介入系统描述的是说话人用来展示语篇中的各种命题和建议的来源，调节自己对话语所承担的责任，表明自己是否愿意与不同立场的多声进行协商，与不同的言辞来源展开对话的系列词汇语法资源。[②] 介入是表明语篇或作者的声音来源的一系列语言资源，它关注的是利用言语进行人际或概念意义协商的方式。介入资源在词汇语法具体表现为：表示可能性的情态，perhaps, it may..., I think...；表示观点来源，he alleged, some have found evidence suggesting that...；声称 actually, I am compelled to conclude...；期待，predictably, of course...；出乎意料，amazingly。介入系统的主要目标在于衡量发话人或者作者的观点和语篇中种种命题的彼此关系：发话人要么承认要么忽略不同观点，在多样化的观点中为自己的观点争取可能的人际空间。介入系统的各子系统则可以用来表明发话人或作者与他者的对话性、协商性抑或主体间性，调整各种态度，关注对涉及话语的介入程度。例如，收缩性介入包含否认和公告，根据进一步次分类，否认又分为否定与对立。否定表达对某个观点的否定或拒绝，对立则是用某个观点替代可能存在的意见或看法。公告则次分为认

[①] Martin, J. R. and White, P. R. R., *The Language of Evaluation: Appraisal in English*, New York: Palgrave Macmillan, 2005, Reprinted by Foreign Language Teaching and Research Press, 2008.

[②] Martin, J. R. and Rose, D., *Working with Discourse: Meaning Beyond the Clause*, London/New York: Continuum, 2003.

同、断言和引证。认同说明公开同意潜在受话人的观点，断言表示发话人或作者明显干预或强调某个观点的意图，引证是发话人认为外部声源的意见是正当和可靠的。扩展性介入资源包含接纳和归属。接纳表示话语主体承认其他观点抑或可能性的存在。归属可以次分为宣称和疏离。宣称意味着没有公开表明发话人对相关命题的态度，而疏离则明确表达发话人对引用命题的反对。[1]

三 语篇功能与衔接系统

语篇功能涉及某个语篇的完整、一致和衔接性，也关涉主位结构、信息结构和衔接手段等。衔接系统主要涵盖语法衔接和词汇衔接两方面内容。语法衔接手段涉及照应、省略、替代与连接等具体手段的使用。"照应是语篇中一个成分作为另一个成分的参照点。[2]"照应又次分为外指与内指。外指是语篇中某个成分的参照点不在语篇本身内部，而在语境"外部"环境之中[3]，如 Who is that woman？这里 that woman 指语境中除发话者和听话者外的第三方。内指是语篇中某个成分的参照点在语篇中。照应主要包括：（1）人称照应，如 I，you，she，they，his 等；（2）指示照应，如 this，those，here，then 等；（3）比较照应，如 more，other 等。[4] 省略指的是省去语篇中的某个成分。[5] 被省略的成分通常包括在上下文中。

省略通常指名词性、动词性和小句性的省略。替代是衔接常用手

---

[1] Martin, J. R. and White, P. R. R., *The Language of Evaluation: Appraisal in English*, New York: Palgrave Macmillan, 2005. Reprinted by Foreign Language Teaching and Research Press, 2008, pp. 92 – 127.

[2] 胡壮麟、朱永生、张德禄等：《系统功能语言学概论》，北京大学出版社 2017 年版，第 180 页。

[3] 参见胡壮麟、朱永生、张德禄等《系统功能语言学概论》，北京大学出版社 2017 年版，第 180 页。

[4] 参见朱永生、严世清、苗兴伟编著《功能语言学导论》，上海外语教育出版社 2004 年版，第 158 页。

[5] 参见胡壮麟、朱永生、张德禄等《系统功能语言学概论》，北京大学出版社 2017 年版，第 181 页。

段，即用某个替代词取代句子或语篇的某个成分，其具体意义需要从替代的成分中间去挖掘。替代一般分成名词性、动词性以及小句性替代三类。使用替代词取代名词词组或者词组中心词被统称为名词性替代。动词性替代是用某个或某些替代词取代动词词组或词组中心词、替代谓语动词与宾语、替代谓语动词与状语等情形。小句性替代则是发话人用替代词取代在前文出现过的名词性小句，用来替代肯定或否定陈述小句。此时，衔接手段通过各种衔接，体现语篇中的种种逻辑关系，其成分通常是某些表示时间、因果、条件等逻辑上关系的过渡性的语汇。词汇衔接手段比较丰富，通常采用重复、同义词、反义词、上义词、下义词、各种词汇搭配等。重复手段是词汇衔接最直接的一种手段，通常指关键词语的重现。需要说明的是，重复出现的词汇在单复数上可以不一致。同义词和反义词也具有衔接作用，但此处同义词和反义词是指两个泛指概念，不受词性的限制。词的上义下义关系也同样具备衔接功能，这种现象往往是一个上义词和若干个下义词。属于同一个上义词之下、表达意义的词被称作共同下义词。而上义词的意义概括性抽象性较强，下义词的意义通常比较具体明确。搭配是语言词汇共同出现的某种倾向，在某个话题或语篇中，发话人往往会同时使用一些词汇，此时，词汇搭配关系就会使句子之间的衔接增加流畅连贯。

第四节　网络传播生态中的语言

以上的系统功能语言学关注"语言是在人类形成的过程中同步出现的，随着人类的发展而发展，是人类之所以成为人类的主要条件"[①]。语言不仅可以用来反映语言主体对客观世界的认识，也可以反映主观世界，同时还具有概念功能、人际功能以及语篇功能，网络语言也同样具备此类功能。在网民使用网络语言进行人际交往时，

---

① 胡壮麟、朱永生、张德禄等：《系统功能语言学概论》，北京大学出版社2017年版，第1页。

作为"社会信息的传递或社会信息系统的运行"① 的传播起着不可忽略的作用。

一 网络语言传播

语言作为人类最基本的交流手段，是使用互联网最广的社会元素，同时，"网络语言的发展也展现出超乎寻常的势头，表现出远超'领域语言'的巨大影响力，对社会生活产生深刻反作用力"②。我们可以将洪堡特对语言的比喻用来解释网络语言难以把握的特性："语言就像是一块笼罩着山顶的云彩，若从远处观望，它有明晰确定的形象，但你尚不了解它的细节，而一旦登上峰顶，身置云中，它就化作了一团弥散的雾气，你虽已掌握了它的细节，却失去了它的完整形象。"③ 网络传播"给网民以匿名方式参与交际活动提供了空前广阔的自由"④，但正是这种语言自由给语言生态带来了不容小觑的影响。"网络新型话语不断衍生……促使语言发生急剧的演化和发展，这与当今社会的语用生态特别是网络语用生态有密切的关系。"⑤ 网民经常使用符号化手法对传统语言进行再创造，赋予其新的意义和内涵，进而被广泛传播。网络语言以其文化多样性消弭了网络传播隔阂，打破了自然语言千篇一律的固有交流方式。网络语言传播在当下的生活中"无处不在，无时不在，无所不在"，网民不仅仅是网络语言的生产者，更是网络语言的传播者，网络语言与传播相融共生，形成了"你中有我，我中有你"的依赖关系。瞬间产生、迅速蔓延、普遍认同、即时消失也给语言传播生态带来了巨大变革，语言形式、功能、内容、意义等在网络语境下随着传播而膨胀，并被赋予社会大众特有的文化内

---

① 郭庆光：《传播学教程》（第二版），中国人民大学出版社 2011 年版，第 4 页。
② 李煜、李玮：《网络传播杂志社》，《网络传播》2021 年第 1 期。
③ ［德］威廉·冯·洪堡特：《论人类语言结构的差异及其对人类精神发展的影响》，姚小平译，商务印书馆 1999 年版，译序第 39 页。
④ 索燕华、纪秀生：《传播语言学》，北京师范大学出版社 2010 年版，第 222 页。
⑤ 冯广艺：《语言生态研究》，光明日报出版社 2020 年版，第 190 页。

涵，构成了人类语言传播的新生态。

二　网络人际传播

网络人际传播"是人与人之间借助计算机和互联网进行非面对面的信息传递、感情交流等传播活动"[①]。网络人际传播打破了时空、地域与血缘的限制，其虚拟性使得人与人之间的交流成为一种可扩散的"对话"。网络人际传播打破了文字符号的单一表达方式，网民用短视频、直播、抖音来"晒心情""刷存在""求认同"等的可视化话语表达，纷纷加入人际传播大家族中。因此，探究网络人际传播中的意见表达、人际关系、公众参与的变化，有助于构筑和谐的网络语言生态。而"网络意见领袖"代表着网络时代一个新的话语阶层，该阶层是媒介发展和网络技术赋权下公众话语权的重构，对网络语言传播生态的建构发挥着重要作用。网络意见领袖通过各种通信平台设置热门话题，引发广大受众参与议题建构，进而成为某一话题的引领者。网络意见领袖使用网络语言进行话语建构的同时，影响着诸多个体对社会信息的认知，"导致情绪逐渐由私人领域走向公共领域，使个体情绪负载的社会信息也日益明确地彰显出来，人类社会正在由后现代社会步入'后情绪社会'"[②]。网络意见领袖发挥了"头羊效应"，一方面引领着线上网民的"言行"，另一方面也推动了网络舆论向线下社会语境行动的"转化"。网络意见领袖往往通过发言提供传播源，其他网民推波助澜，使之成为网络流行语或焦点议题。在网络语境下，传播主体的自主性和能动性得到了提升，"只要传播者不触碰法律、法规的底线，普通个体信息生产就不受任何表达规范、价值准则和意识形态的强制性约束"[③]。因此，在网络环境中要考虑网络传播中意见领袖的言行及影响，发挥"网络意见领袖"的积极作用，有效引导网络舆论，

[①] 薛可、余明阳主编：《人际传播学》，同济大学出版社2007年版，第482—483页。
[②] 尹弘飚：《情绪的社会学解读》，《当代教育与文化》2013年第4期。
[③] 隋岩、罗瑜：《网络语言：舆论场博弈的策略选择》，《中国社会科学报》2016年4月29日第5版。

对建构和谐的网络语言生态意义重大。

三　网络群体传播

网络频密的人际互动形成了网络群体传播，人类"已经进入一个以互联网为传播介质的传播主体极端多元化的时代，即互联网群体传播时代"[1]。网众彼此影响、互相融合，群体的共同特质加速了"圈层"的形成。"圈层"的认同使大众在不同类型的圈子里形成了不同的传播逻辑和话语体系，"当以某一个体为联系点的人际圈相互交叉时，身份壁垒逐渐打破，圈层专属的网络语言也随之渗透"[2]。网络圈层是"通过认同、使用、传播某些共同的网络语言而确证彼此联系的一群网民。它是移动互联时代通过语言建构的新的组织形式"[3]。网民对现实社会的态度通过语言符号投射到虚拟世界中，进而形成某圈层共有的情绪态度和话语体系。在网络语言传播过程中，需要专业化负责任的机构对网络传播的信息进行"甄别"。"移动互联网时代争夺的是场景"[4]，网络传播内容叠加具体"场景"扮演，给受众带来了全新的语言体验，这种体验与话语刺激往往会延伸到网民特别是青少年的线下行为。场景化的特性让散落在各个角落的不同群体通过寻找"认同"而找到"归属"，如果"我们对特定的受众传输特定的话语类型和特定的意义，就会帮助他们建构特定的事实或特定的场景"[5]，进而更为广泛地使用网络语言来表达需求，也可以说这是群体传播模式发展下语言形态的一种新诉求。因此，需要以辩证的眼光看待网络语言传播，以"取其精华，去其糟粕"为原则，努力使网络语言传播有益于建构和谐的、文明的语言生态环境。

---

[1] 隋岩：《群体传播时代：信息生产方式的变革与影响》，《中国社会科学》2018年第1期。
[2] 赵呈晨、郑欣：《共享式传播：青年同辈群体中网络语言流动研究》，《山西大学学报》（哲学社会科学版）2018年第4期。
[3] 程润峰、谢晓明：《论网络语言的社群化》，《语言战略研究》2022年第3期。
[4] 彭兰：《场景：移动时代媒体的新要素》，《新闻记者》2015年第3期。
[5] 黄国文、肖家燕：《"人类世"概念与生态语言学研究》，《外语研究》2017年第5期。

四　网络生态话语场的构建

凯瑞（Carey）提出"传播的起源及其最高境界，并不是指智力信息的传递，而是建构并维系一个有秩序、有意义、能够用来支配和容纳人类行为的文化世界"[①]。随着网络技术新形态的出现，诸如新浪微博、搜狐新闻、天涯论坛等虚拟空间中信息流动也愈加频繁，网众之间的影响结构更加复杂。福柯（Foucault）将"话语"从语言学中引入传播学学术范畴中，将其定义为"隶属于同一的形成系统的陈述整体"[②]。话语其实就是意义、符号和语言表达的形式，是一套认知世界的共享方式，其目的就是致力于使语言传播合情合理合法。在构建人与人、人与自然、人与网络和谐共生方面，媒介发挥着重要的引领作用。在网络语言信息的传播过程中，权威媒体话语占据举足轻重的地位，权威媒体可以通过传达国家声音，唤醒公众的语言生态意识。同时，民间声音也通过在自媒体平台发声，构建了别样的民间"话语"体系。这说明官方话语、媒体话语、民间话语借助网络媒介，在丰富了网民话语表达、沟通交流、身份认同的同时，既满足了网络社会交往个性化、多元化、圈层化的需求，也丰富了现代汉语的语汇体系，共同建构起了网络语言传播生态话语场。因此，和谐积极的网络生态应通过多种声音传播正能量，树立正确的网络语言价值观，规范网络语言使用，引导广大网民传播好生态文明故事。在网络空间中，要传播好生态文明故事，其目标就是要营造一种共享的信念，即网络语言的生产者、传播者、接收者、管理者切实树立社会主义核心价值观，共同构建清朗的网络语言生态。

第五节　生态、语言与传播的互动

现代科学、哲学、人文社科发展的一个重要特征就是学科与学科

---

① ［美］詹姆斯·W. 凯瑞：《作为文化的传播》，丁未译，华夏出版社2005年版，第7页。
② ［法］米歇尔·福柯：《知识考古学》，谢强、马月译，生活·读书·新知三联书店2003年版，第118页。

之间的交叉与融合，为解决诸多社会现实问题提供可能的方案或理论。生态语言学是从语言学和生态学的学科理论的汇合中孕育成长起来的。系统功能语言学为生态语言学研究打下了坚实的理论基础，提供了行之有效的研究方法，生态学的研究则为生态语言学的发展提供了生态理论养分，传播中的网络语言又为生态语言学的研究提供了新的进路与丰富语料。在这样一个互动框架里，语言、生态、传播研究的交汇与碰撞，使网络语言生态文明研究具备了一个较独特的理论构架。

一 语言与传播相辅共生

"人类所感的世界的一切，实际上就是语言世界。"[①] 语言是表达知识的有力工具，更是知识的传播手段及人类传播的重要载体，"传播媒介不仅仅是某种意愿与目的的工具，还是一种明确的生活方式：它是一种有机体，是我们的思想、行动和社会关系中矛盾的真实缩影"[②]。语言和媒介通过密切的学术联系使其在语言主体、语境、编码解码、语言效果、语用规则、语言意义等方面形成了共同的研究旨趣，构成了彼此依赖的关系。

（一）语言与传播共具社会性

人类一旦使用语言进入交流范畴，也就意味着进入了信息传播活动序列。"语言是一种社会制度"[③]，是一种表达观念的符号系统，也是一种社会的集体公约，无论个人语言多么丰富，都应服从这种社会制度。语言的重要功能是传递信息与建立社会联系，语言是一种社会的客观存在，包蕴词汇、句法、语法、惯用法等语言个体不能任意更改的材料和规则组合。传播是借助于语言来表达情感、交流思想、协

---

① 余志鸿：《传播符号学》，上海交通大学出版社2007年版，第30页。
② [美] 詹姆斯·W. 凯瑞：《作为文化的传播》，丁未译，华夏出版社2005年版，序言第7页。
③ [瑞士] 费尔迪南·德·索绪尔：《普通语言学教程》，高名凯译，商务印书馆1980年版，第37页。

调关系的社会活动。"研究传播就是为了考察各种有意义的符号形态被创造、理解和使用这一实实在在的过程。"① 同时,传播又是"透过信息的社会互动"②,语言主体参与社会的语言传播活动,言说者共用相应的语码解析信息并加以反馈,由此,语言成为传播的核心基础。

(二)语言与传播共建关系

语言"反映的不是主观心理波动,而是讲话者之间持久的相互社会关系。不同语种,不同时期,不同社会集团,在不同语境间的影响之下,这些相互关系在语言中表现出来的各种形式和它们的各种变形会占上风"③。特里·甘布尔(Gamble)和迈克尔·甘布尔(M. Gamble)认为"在进行网络或者机器辅助的传播时,你是在运用电脑间进行对话、研究、交换意见以及和其他使用计算机网络的人建立关系"④。传播的五项公理包括:人不可能不进行传播、谈话都包含内容信息和关系信息、交流者将相互作用融入有意义的模式之中、人使用数码类比两种代码进行传播、相互作用中的讯息配对与讯息捕捉。⑤ 可见,传播关系就是构建社会关系,人类"建立传播关系是因为我们要同环境、特别是我们周围的人类环境相联系"⑥。因此,传播与语言建立关系的共同点使彼此有了更多的理论与方法借鉴。

(三)语言与传播共具媒介依赖性

语言促使传播内容不断变更,而传播又进一步提升了语言量与质的增殖。自从人类拥有了记录思想的载体后,传播的时空便得到了延伸和拓展,验证了麦克卢汉的"媒介延伸论"⑦,人类已在全球范

---

① [美]詹姆斯·W. 凯瑞:《作为文化的传播》,丁未译,华夏出版社2005年版,第16页。
② 陈卫星:《传播的观念》(修订版),人民出版社2008年,第153页。
③ 赵毅衡编选:《符号学文学论文集》,百花文艺出版社2004年版,第33—34页。
④ [美]特里·K. 甘布尔、迈克尔·甘布尔:《有效传播》(第七版),熊婷婷译,清华大学出版社2005年第7版,第8页。
⑤ 参见[美]斯蒂文·小约翰《传播理论》,陈德民、叶晓辉译,中国社会科学出版社1999年版,第452—457页。
⑥ [美]威尔伯·施拉姆、威廉·波特:《传播学概论》,陈亮等译,新华出版社1984年版,第20页。
⑦ [加]马歇尔·麦克卢汉:《理解媒介——论人的延伸》,何道宽译,商务印书馆2000年版。

围延伸了自己的中枢神经系统并进一步在全球范围内取消了时空。①依赖传播媒介,人们利用语言记忆、传送、接收和理解信息,使人类传播的容量、复杂性和准确性得到空前提高。媒介承载语言进入传播,促进了语言的发展和传播手段的多样化,传播的进步又带来语言功能的进一步扩张和语言内容的扩大。在网络传播语境下,语言功能随着传播的不断发展与演进,记录下了传播的革命性成果与媒介日新月异的变革。

(四)语言与传播共具界面动态性

信息传播中的语言交换不是单向的发送与接受的关系,该交换需要有一个触发社会关系搭接的界面。传播界面的变化使语言传播出现了新的语言行为与语言表征,网络传播使听说读写的界面发生了革命性的变革。网络传播"对媒介系统的表意功能发生了重大影响,改变了传统的语言结构"②。网络使语言读写进入了一个全新的界面,倚重听觉的语言越来越偏向视觉传播,网民不仅要说,还要展示;不仅要使人知道,而且要让人看到。在网络传播的支撑下,语言形式已超越了传统的定义,它汇聚言语、图片、图标、表情包、音视频于一身,成为人类传播史上从未有过的超级语言,由此构成人类传播与语言生态的新界面。

(五)语言与传播关注文化权力博弈

"语言交换也是一种象征性权力的关系,言说者之间或者其各自的群体之间的权力关系正是通过它才得以实现。"③ 在网络文化语境中,传播学面临着集合了多样态的文化传播问题,而语言同样也面临着来自不同民族、不同地域、不同言语文化的影响。网络文化传播的便利性使后现代文化表征在传播语言中得到了空前的释放。网络时代的传播权与话语权的争夺愈加激烈,网络传播进入当代传播制度与传

---

① McLuhan, Marshall, *Understanding Media The extension of man*, New York: McGraw-Hill Book Company, 1964 (2nd edition), p.19.

② 陈卫星:《传播的观念》(修订版),人民出版社2008年,第167页。

③ [法]皮埃尔·布尔迪厄:《言语意味着什么——语言交换的经济》,褚思真、刘晖译,商务印书馆2005年版,第4页。

播权利关系中。"传播是权力"并不是简单的直接操纵，而是针对隐藏在文化和语言中的博弈关系，人人都要依靠这种语言权力形成的意识形态方可认识世界或形成自己对世界的解释，每个人都是话语权力体系中的一部分。网络传播为网民提供了一个解构自然语言与挑战传统语言规范的平台。

二 生态、语言与传播的逻辑关联

生态语言学、系统功能语言学、传播学均关注社会现实与环境、关注社会发展、关注话语实践与信息传播。"生态语言学就是研究我们赖以生存的一切话语。"① 生态语言学"对破坏生态的语言形式展开批评，同时有助于我们发现激发人类保护自然世界的新的语言形式"②。语言学为研究日常生活中的各类语篇提供了分析工具，并塑造了我们所属的社会，这些工具能帮助我们揭示蕴含在语篇字里行间的故事。③ 传播中的语言生态在语言呈现方式、符号转换方式、传播技巧与策略等方面表现出了种种新样态，语言生态意识、语言生态政策、语言传播等各要素促使生态语言学大发展。语言作为思维工具、交际工具、生态表征工具，更是语言生态链不可或缺的一部分。新闻与传播、报道与纪实、故事与记录、赞扬与批评、讴歌与谴责、提倡与禁止、合作与反对、保护与破坏、热爱与漠视，无一不在发挥生态、语言与传播的综合功能。

（一）共具跨学科性质

生态、语言、传播享有共同的理念基础、理论体系与实践活动。在传播学"断面"理念的集合下，开展跨学科的生态语言学研究可

---

① Stibbe, A., *Ecolinguistics: Language, Ecology and the Stories We Live By*, London: Routledge, 2015.
② ［英］阿伦·斯提比:《生态语言学:语言、生态与我们信奉和践行的故事》，陈旸、黄国文、吴学进译，外语教学与研究出版社2019年版，第1页。
③ 参见［英］阿伦·斯提比《生态语言学:语言、生态与我们信奉和践行的故事》，陈旸、黄国文、吴学进译，外语教学与研究出版社2019年版，第2页。

以对网络语言的生发、演变、规律、传播途径、传播方式、传播行为以及传播生态保持足够的透视性。生态语言学"与这些语言学流派紧密联系：话语分析、系统功能语言学、语用学和认知语言学等"①。可见，现代语言学为生态语言学的建立提供了坚实的理论基础和行之有效的研究方法。同时，依据生态哲学观的生态语言学采用批评话语分析、积极话语分析、生态话语分析、和谐话语分析，有益性话语、破坏性话语、中性话语分析等又丰富了生态语言学交叉性的学术视野：

> 生态语言学研究可能出现生态学、语言学、人类学、心理学、社会学、认识论、传播学的交叉……生态语言学的研究对象是语言的生态属性和社会性，研究目标是揭示语言在包含人类社会系统在内的生态系统中的功能和影响；它视语言为生态系统的组成部分，是一种社会文化现象。②

黄国文、赵蕊华提出："语言所构建的话语和'故事'影响着人类的行为，也影响了整个生态系统。"③ 斯提比也表达了一种期待："我希望生态语言学不要成为一门独立的学科，而是变成一种致力于达成重要目标的生态运动：基于人与人、人与其他生物、人与环境、其他生物与环境等多种生命可持续性的互动，研究人类活动。"④

（二）共同关注语言研究

伴随着人类文化的生态转向，语言研究也相应地发生了生态转向，在"第六届全国生态语言学研讨会"上，专家们提出的主要观点为：

---

① 黄国文、赵蕊华：《什么是生态语言学》，上海外语教育出版社 2019 年版，第 25 页。
② 黄国文、赵蕊华：《什么是生态语言学》，上海外语教育出版社 2019 年版，第 15—16 页。
③ 黄国文、赵蕊华：《生态话语分析的缘起、目标、原则与方法》，《现代外语》2017 年第 5 期。
④ 何伟、魏榕、Arran Stibbe：《生态语言学的超学科发展——阿伦·斯提布教授访谈录》，《外语研究》2018 年第 2 期。

第一，以语言研究为根基。虽然生态语言学是一门超学科，但其发展始终离不开语言，不仅需要关注语言与人、自然、社会等关系的研究，还需要关注语言的音、形、义等本体研究。第二，加强生态语言学学科发展。第三，生态文明是当今时代大潮，生态文明建设是中华民族永续发展的千年大计，不仅需要生产生活方式的变革，也亟须思维方式、语言模式的变革。①

生态语言学"既包括影响全球性生态与环境的人类活动，也包括人类的一切行为和言语"。② 目前，生态语言学研究的一个新动向是随着网络通信方式的多样化，许多学者"将目光投向网络语言，讨论其发展和规范，以期治理语言污染，建立健康的网络生态环境，通过保障网络语言的生态性来保障人和社会的生态性"③。在进行生态话语分析实践中，可以把握一个基本路向——语言创造意义、构建现实、传递经验，因为语言"体现了我们的所思所想，语言的表述强化甚至重塑我们对世界的认识，语言指导和影响我们的行为"④。传播学关注的是语言的价值不仅在于静态结构，更在于动态传播的意义生产。

（三）共同关注社会现实

生态世界的建构离不开语言的描述与解释、故事的构建与讲述以及传播的理念与行动。生态语言学要求研究工作者用生态的观点审视社会现实中的语言问题，用生态语言学的方法解决语言使用中的问题。救助弱小、拒食鱼翅、森林保护、低碳消费、光盘行动、垃圾分类、水源保护等传播行动，均反映出语言是"怎样影响生态的，这就是我们信奉和践行的故事是怎样影响我们的行为和言语的"⑤。实际上，

---

① 孙美娟、高然：《生态语言学助推生态文明建设》，《中国社会科学报》2021年10月22日第2版。

② 黄国文、肖家燕：《"人类世"概念与生态语言学研究》，《外语研究》2017年第5期。

③ 黄国文、赵蕊华：《什么是生态语言学》，上海外语教育出版社2019年版，第111页。

④ 黄国文、赵蕊华：《生态话语分析的缘起、目标、原则与方法》，《现代外语》2017年第5期。

⑤ 黄国文、肖家燕：《"人类世"概念与生态语言学研究》，《外语研究》2017年第5期。

"话语永远都充满着意识形态或生活的内容和意义"①。黄国文等指出:"分析者的意识形态决定了他对世界一切事物、事件、实践和愿景的态度和评估。"② 日常生活的言行举止"都被我们的意识形态、价值观、伦理准则、判断力和认知能力左右着。一定的理念、做法、习惯慢慢就会成为我们信奉和践行的'故事',就会指导着、影响着我们的生活"③。网络信息化极大地影响了语言生态,网络化的语言表达,网络传播对语言生活、语言研究、语言价值的正负面影响成为生态语言学的重要研究议题。

(四) 共同关注语言生态

生态语言学、语言学、传播学均以动态的视角观察语言演变与发展,生态语言学的观点说明,任何语言都存在于一个有机的、密不可分的生态环境之中,语言的"产生和发展都与生态系统中的自然、社会、文化、人群等环境因素密切相关"④。为了构建良好语言生态,用语言描述生态问题、呈现生态现实,有利于帮助树立生态意识,培养敬畏自然的生态人,讲好生态故事。在维护良好网络语言生态、构建和谐话语、开展生态语言学研究的时候,作为生态语言的扩散介质,网络传播生态环境同样需要引起关注。"在人与信息技术的互动过程中,传播生态环境逐渐形成,而一旦这种环境成为另一种'实在',它就对现实环境产生影响。"⑤ 传播生态指向的是充满符号互动的意义环境,此意义包含传播过程中积极的、消极的、中性的意义,也包含和谐与不和谐、有益与破坏性话语。众多"线上线下"言语行为都经由媒介加工,个体或集体经验变得高度雷同,人人生产信息、人人分

---

① [苏] 巴赫金:《巴赫金全集》(第二卷),李辉凡等译,河北教育出版社1998年版,第408页。
② 黄国文、赵蕊华:《生态话语分析的缘起、目标、原则与方法》,《现代外语》2017年第5期。
③ 黄国文、肖家燕:《"人类世"概念与生态语言学研究》,《外语研究》2017年第5期。
④ 沈映梅:《生态语言学视野中的外语教学》,《河北师范大学学报》(教育科学版)2008年第4期。
⑤ 邵志择:《传播范式与传播生态——评大卫·阿什德的〈传播生态学〉》,《新闻记者》2003年第12期。

享信息、人人传播信息，语言生活被媒介技术加工后形成的文化成为大众文化的重要元素，此种文化引导着大众的社会生活，形成了传播生态环境。

（五）共具跨方法研究属性

生态语言学的提出与发展借鉴了多种理论与范式。黄国文、何伟等积极构建与中华优秀传统文化相契合的生态哲学观并建立相应的生态语言学研究路径。中国学者提出了"和谐话语分析"的概念和分析框架[1]，深入探讨了"和谐话语分析"的哲学根源、研究目标与原则、研究方法与研究对象。生态语言学在中国的发展主要呈现出两大特点：第一，一些研究以系统功能语言学的理论作为框架与方法；第二，以具体的生态哲学观为指导。开展网络语言生态文明研究，因为"保持语言规范和纯洁、消除语言污染也是生态语言学家的责任"[2]。治理网络语言暴力、改善语言传播生态，建构积极和谐人际关系，讲述和谐发展故事，提出网络语言文明和谐生态策略，既是生态语言学研究的重要任务，也是本书的核心主旨。

三 本书的理论框架

我们"实际上最好把生态语言学看作一个超越学科的研究范式"[3]。本书以生态语言学为理论基础，以系统功能语言学为分析方法，描写积极网络语言的话语特征及话语策略，挖掘消极网络语言存在的问题，从语言生态文明视角开展研究，为网络语言生态文明研究提供新的见解。当代语言学研究正走向一个高度交叉的时代。所谓交叉，特指某学科在两门或多门学科的融汇、交叉、渗透、结合、撞击中，产生一个"综合界面"，带给语言研究工作者一个新的意识。生态语言学是语言学和生态学的交叉学科，研究语言在人与自然和谐共生互动中的

---

[1] 参见黄国文、赵蕊华《什么是生态语言学》，上海外语教育出版社2019年版，第95—110页。

[2] 黄国文、赵蕊华：《生态话语分析的缘起、目标、原则与方法》，《现代外语》2017年第5期。

[3] 辛志英、黄国文：《系统功能语言学与生态话语分析》，《外语教学》2013年第3期。

作用。那么生态语言学的理论自然可以应用到网络语言生态建设领域。本书结合何伟等提出的"多元和谐,交互共生"生态哲学观[①],黄国文首创的"和谐话语分析"生态话语分析路径,遵循"以人为本"的前提假定和良知、亲近、制约三原则,探究意指方式如何左右人对语言生态环境的影响,其哲学基础是中国哲学中的"和谐"思想,研究方法为系统功能语言学,建构微观语篇和宏观实践互为参证的分析框架。通过研究,提高大众的网络生态意识、指导大众的网络语言生态实践,促进自然语言生态系统和网络语言生态系统的和谐共振。寻找建构网络语言生态文明的路径并建构网络语言文明和谐生态策略是本书的终极目标。

本书从韩礼德、斯提比、施拉姆、黄国文、何伟等学者的理论出发,立足于生态语言学、系统功能语言学、传播学的开放性与跨学科属性建构研究理论框架。生态语言学、系统功能语言学与传播学在研究范畴、研究范式、研究对象、实践探究等方面具有诸多交叉,三者无论在宏观、中观还是微观上都存在着密切的必然联系。可以说,三个学科之间具有一种天然的亲缘关系。当下,科学发展的一个典型特征就是学科与学科间的交叉,交叉学科为解决诸多社会现实问题提供了新的思考和可能。系统功能语言学关注现实问题,也强调了语言的"做事"功能和"干预"功能。在网络传播的大背景下,新兴的生态语言学为分析网络语言现象提供了新利器,成为消除语言污染,保障语言健康发展,建设和谐的生态语言环境的有力武器。而传播学则为语言学理论研究、现象分析、解决语言问题与应对策略搭建了一座学术桥梁。本书以问题为导向,借鉴生态语言学、系统功能语言学和传播学的基本要素,吸收三个学科的理论与研究方法,形成一个综合性跨学科的研究理论框架(见图3.1)。

图3.1中三角中心圆的"语言生态文明"是本书的核心,建构"网络语言生态文明语言学路径"乃研究要旨,因此,围绕此要旨,

---

① 何伟、高然、刘佳欢:《生态话语分析新发展研究》,清华大学出版社2021年版,第39页。

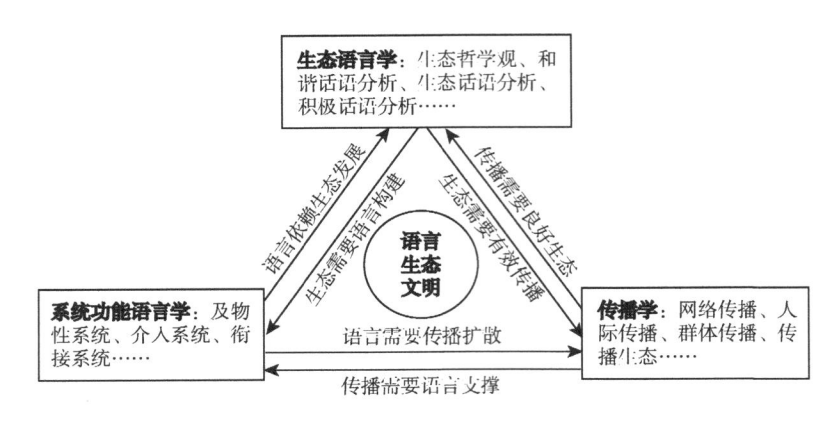

图 3.1 理论框架图示

构架一个生态语言学、系统功能语言学、传播学的互动理论框架。三组"单向箭头"说明了三个理论的互动关系：互相支撑、彼此兼顾、协调发展。语言是传播的内容，传播是语言的载体，二者合力架构语言生态，良好的语言生态可以净化传播环境，三者相互影响，成为彼此的生态位。需要说明的是，三组"单向箭头"并不存在"顺时针""逆时针"的顺序指向循环关系，而在于研究者紧密围绕"网络语言生态文明"开展研究的要旨所在。研究者可以在"系统功能语言学"理论指导下，结合生态语言学和传播学理论，开展网络语言生态文明研究；也可以在"生态语言学"理论指导下，结合系统功能语言学与传播学理论开展网络语言生态文明研究；当然，也可以在"传播学"理论指导下，同时结合"系统功能语言学""生态语言学"理论与方法开展网络语言生态文明研究。三个"文本框"里面是生态语言学、语言学、传播学包含的涉及网络空间的核心研究内容。"省略号"意味着本书使用但不仅限于这些理论，随着生态语言学的蓬勃发展，新理论、新方法、新范式不断涌现，同理，在网络传播时代，系统功能语言学与传播学的新理论与方法、对象与目标也在持续出现，故而，图中"省略号"的使用并非意味着"省略"或"忽略"其他理论，"省略号"反而意味着本理论框架的开放性，为生态语言学的跨学科纵深研究预留了延展与衍生空间。

第三章 理论基础

  本理论框架可全面清晰地指导本书研究的开展。具体而言，动态发展的生态语言学中的生态哲学观、生态话语分析以及积极话语分析方法可以从宏观上对积极及消极网络语言的总体特征及形成原因等进行客观阐释，发掘网络话语中的积极因子，揭示消极网络语言与语言暴力的社会心理动因；依据网络语言表现的具体特征，以问题为导向的系统功能语言学为本书网络语料研究提供了有利的分析与阐释框架；与此同时，跨学科的传播学理论有利于分析传播主体、内容渠道、受众、效果，挖掘积极网络语言的传播策略，对阐释积极与消极网络话语的传播路径、特点、应对策略提供理论与实践参考。最终，在该框架内，三者合力建构网络语言生态文明的语言学路径。

  本书的理论框架构建具有以下特点：第一，提升网络语言生态研究的高度。本书结合生态语言学思想、系统功能语言学和传播学的基本理论，开展依托语料库的生态语言学研究，宏观上关注网络语言的生态文明建构，微观上描写网络语言特征，为语言生态文明研究提供语言学路径，不拘囿于单一的生态学路径。第二，扩展网络语言生态研究的深度。本书从生态语言学视角出发，以系统功能语法为语言分析框架，开展网络语言生态文明的实证性研究，基于实证研究的结果从理论上建构网络语言生态文明的语言学进路，为网络语言生态研究提供新理论和新范式。第三，拓展网络语言生态研究的广度。本书运用定性和定量结合的实证研究方法解读和诠释网络语言生态现象。采用生态语言学、语言学、传播学研究方法，深入分析网络语言传播生态的本质，深度探索网络语言传播轨迹与传播规律。第四，延展网络语言生态研究的长度。生态语言学研究链条延展到一切与生态有关的话语……研究与生命可持续关系的话语。[①] 本书使用生态话语分析方法，针对网络话语开展多维度多层级的分析与阐释，探究"话语背后的世界观、价值观、意识形态、话语的语义、话语的谋篇、话语的语境、话语的表述、语言的格局、语法的特点，语言与环境和语

[①] Alexander, R. and Stibbe, A., "From the Analysis of Ecological Discourse to the Ecological Analysis of Discourse", *Language Sciences*, Vol. 41, 2014, pp. 104–110.

境的关系"①。第五，挖掘网络语言生态文明策略。本书深度解析网络语言生态的现实状况、语言使用与意义建构的缘由，从网络传播的积极话语、消极话语入手，挖掘网络话语生态的特色，努力发掘构建网络语言生态文明的有效策略。

本章小结

语言要发展，就必须要传播，缺少传播，语言就失去了生命力与活力，在传播的过程中，语言会出现变化、变体、变异，出现积极、消极或中性的种种语言现象，有必要对语言生态，特别是动态的传播语言生态开展跟踪研究，研究随时代变迁而演化的语言，了解语言功能的扩展，把握语言符号的演变，熟悉语言传播规律，推进健康语言生态发展。语言传播的效果取决于是否有良好的语言生态，语言生态体系及其内在因素决定了语言传播与交流的广度、深度与厚度。本章主要阐述了本书的理论基础与理论框架。依据生态语言学的基本脉络，从生态话语分析的视角入手，讨论生态哲学观、话语的生态性以及生态话语分析的具体方法。功能语言学的三大功能不仅适用于一般语言学的研究，同样适用于网络语言生态的研究。生态语言学、语言学、传播学的有机互动绘就了一幅生动的网络语言生态人网互动图景，语言通过网络传播造就了网络语言生态，网络语言生态的优劣又依据传播来调节，语言则通过生态与传播的助力，抑或产生网络话语"雾霾"，抑或构筑清朗的网络空间，因此，处理好语言、生态、传播的关系，构建良好的网络语言生态，是为本书理论框架的逻辑起点。

---

① 黄国文、赵蕊华：《生态话语分析的缘起、目标、原则与方法》，《现代外语》2017年第5期。

第四章 研究方法

本书以自建的可比语料库——积极网络语言语料库和消极网络语言语料库为基础,以生态语言学为理论指导,以系统功能语言学为分析框架,对比分析积极网络语言和消极网络语言的具体差异,从生态语言学、语言学、传播学的综观视角总结归纳积极网络语言的具体特征及话语策略,深入探讨消极网络语言存在的具体问题和应对策略,在此基础上建构网络语言生态文明的语言学路径,提出可操作性的网络语言生态文明建构策略。本章主要介绍研究问题和研究过程,并从语料来源、语料处理和语料库搭建三方面介绍语料库技术路线。

第一节 研究方法

本节依据研究目标、研究范式、研究对象以及研究语料提出研究问题,使研究核心聚焦于语言生态文明建设问题。

一 研究问题

本书依据理论框架和分析框架、整体设计与研究目标,从不同侧面分析积极网络语言与消极网络语言的语言表征、意义表达与传播路径,探究网络语言生态文明建设的方法与路径,主要研究问题涵盖以下几个方面:

1. 积极网络语言和消极网络语言在话语特征上存在何种差异？
（1）两类话语在利用及物性系统构建概念意义中存在何种差异？
（2）两类话语在利用评价系统构建人际意义中存在何种差异？
（3）两类话语在利用衔接系统构建语篇意义中存在何种差异？
2. 何种话语策略有助于建构网络语言生态文明？
3. 何种话语策略有助于应对消极网络语言？
4. 基于研究成果，如何建构网络语言生态文明的语言学路径？

二　研究手段与方法

本书搭建了积极网络语言和消极网络语言可比语料库，以生态语言学为理论视角，以系统功能语言学作为具体的语言分析框架，深入探讨网络语言的特点以及网络语言生态文明建构的语言学路径及相应策略。本书的语料以自建的语料库为来源，客观把握网络语言的生态特征。具体采用以下方法：第一，社会科学定量分析方法。开展卡方检验和调整残差，探究积极和消极网络语言在意义建构中是否存在显著差异；第二，质性研究方法。对网络话语策略进行参与观察、抽象化和分类，了解并阐释网络话语特点与问题；第三，对比分析研究。对比积极和消极网络语言在概念意义、人际意义和语篇意义建构中的差异，为提出网络生态文明建设策略奠定理论基础；第四，语料库方法。自建积极和消极网络语言可比语料库、网络语言语料库，为研究提供真实、客观的语料来源；第五，理论结合实践研究。以语料库为基础，开展实证研究，依据研究结果，从理论上建构网络语言生态文明的语言学路径，提出语言生态文明建构的具体策略。

第二节　研究过程

本书以自建的可比语料库——积极网络语言语料库和消极网络语言语料库中的语料为研究对象。"网络语言生态文明语料库"是开展研究的基础，经过多次咨询、研讨与实验，成功搭建了"网络语言生态文明语料库"。

第一步，本书依据 2018 年 11 月"站长之家"（https：//www.chinaz.com/）① 的数据，以不同类型的网络平台访问量排名为依据选取语料，依次选择搜狐新闻为网络语言新闻语篇代表，新浪微博为社交类网络语言语篇代表，天涯社区为虚拟社区类语言语篇代表。

第二步，使用"八爪鱼采集器"定时抓取搜狐官网、新浪微博、天涯社区的内容。抓取搜狐新闻语料 69443 篇，新浪微博语料 31047 篇，天涯论坛语料 313935 篇，经过降噪处理后的语料库总字数计 173958347 字。

第三步，参考马丁和怀特评价系统中态度系统对积极和消极话语的判定标准②，依据"网络语言生态文明语料库"语料的典型特征，制作成包含积极意义和消极意义的网络语言词汇表（附录2）。

第四步，使用第三方中文分词工具 Jieba Word Segmenter 进行分词，并统计语篇中积极词汇和消极词汇的使用频率，根据积极词汇和消极词汇使用频率的差异，判断语篇态度的积极倾向和消极倾向。当一个语篇中使用的积极词汇数量大于消极词汇数量时，此语篇被判断为积极语篇，并且数量之差越大，语篇的积极倾向越明显。按此方法，提取出积极倾向最明显的积极语篇和消极倾向最明显的消极语篇，分别建成积极网络语言语料子库和消极网络语言语料子库，每个子语料库各 100 万字，为了保证可操作性，各随机抽取 20 万字予以进行及物性系统、介入系统和衔接手段的标注。

第五步，由于搜狐新闻、新浪微博和天涯论坛的话语特征表现形式各异，本书在积极网络语言语料子库下分别建立了搜狐、新浪微博和天涯积极子库，在消极网络语言语料子库下分别建立了搜狐、新浪微博和天涯消极子库。为了便于识别、统计分析语料，我们在每一条

---

① 网站排行榜是站长之家旗下专业提供中文网站排名服务的栏目，收集了国内各行业排名前列的众多知名网站，站长之家综合统计集成了全球最具影响力的 Alexa 排名、百度权重、PR 值等多项指标，是国内专业、领先的中文网站排行榜。
② Martin, J. R. and White, P. R. R., *The Language of Evaluation：Appraisal in English*, New York：Palgrave Macmillan, 2005.

语料示例之后做了识别标志，例如，XL_ POS 代表新浪积极语料，SH_ POS 代表搜狐积极语料，TY_ POS 代表天涯积极语料；XL_ NEG 代表新浪消极语料，SH_ NEG 代表搜狐消极语料，TY_ NEG 代表天涯消极语料。其后的阿拉伯数字是语料的原库编码。

第六步，采用人工清洗的方式，清除语料库所有语篇中的特殊网络符号，便于语料后期的各类语言学标注和分析。

本书利用 AntConc 和 Wordsmith 软件对语料进行宏观分析，包括词频分析、关键词分析、词汇搭配等对比分析；利用 UAM 软件，对语料进行系统功能语言学分析，包括及物性分析、介入方式分析和衔接手段分析。在利用 UAM 软件进行标注时，建立了相应的标注系统，之后对语料中的所用词汇进行分析和标注。借鉴韩礼德、马丁和怀特、胡壮麟、龙日金等学者的理论与观点，分别建立了及物性标注系统（见图 4.1）、介入方式标注系统和衔接手段标注系统。

为了更加直观地呈现介入手段，更有效标注介入手段，利用 UAM 软件生成了介入手段标注系统图（见图 4.2）。

汉语介入资源词汇语法判定参照梁海英的《医患会话中诊疗话语的个体化意义建构研究》进行（附录 3）。

为了更加直观地呈现衔接系统各要素，利用 UAM 软件绘制了衔接手段标注系统图（见图 4.3）。

基于以上分析系统，本书对积极和消极网络语言的及物性系统、介入系统和衔接系统进行了标注。标注结束后，通过定性定量分析，对积极及消极网络语言在利用及物性系统、介入系统和衔接系统建构的意义进行了语言学分析，对比分析了积极和消极网络语言的异同。在对网络语言的及物性系统对比分析中，本书分析了积极和消极网络语言的及物性使用特点及异同，并分别从过程、参与者和环境成分三方面展开了搜狐、新浪、天涯三个子库之间的对比研究。在对网络语言的评价系统对比分析中，本书分别从介入资源、收缩资源和扩展资源三方面展开对比分析积极和消极网络语言的介入资源使用特点及异同。在对网络语言的衔接方式对比分析中，本书分析了积极和消极网络语言的衔接手段使用特点及异同，并分别从衔接手段、语法

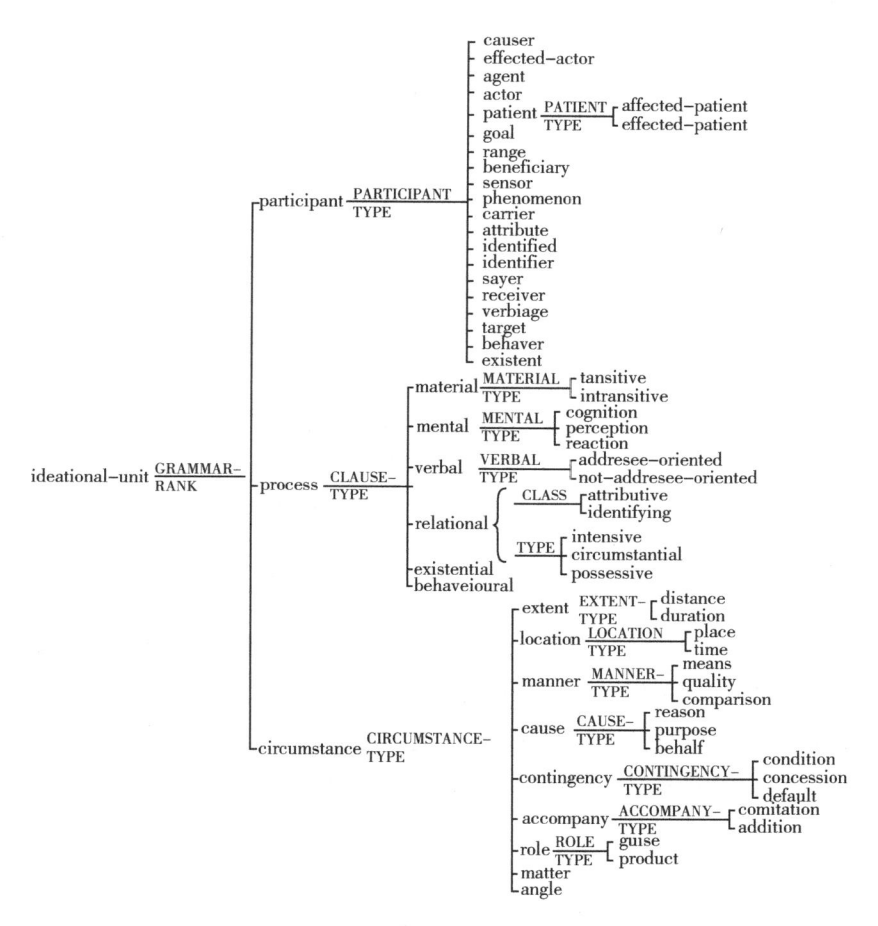

```
                                            ┌ causer
                                            ├ effected-actor
                                            ├ agent
                                            ├ actor
                                            ├ patient  PATIENT ┌ affected-patient
                                            │          TYPE    └ effected-patient
                                            ├ goal
                                            ├ range
                                            ├ beneficiary
                                            ├ sensor
                            participant ─ PARTICIPANT ─┤ phenomenon
                                            TYPE      ├ carrier
                                            ├ attribute
                                            ├ identified
                                            ├ identifier
                                            ├ sayer
                                            ├ receiver
                                            ├ verbiage
                                            ├ target
                                            ├ behaver
                                            └ existent
                                      ┌ material  MATERIAL ┌ tansitive
                                      │           TYPE     └ intransitive
                                      │           MENTAL   ┌ cognition
                                      ├ mental ── TYPE   ──┤ perception
                                      │                    └ reaction
                                      │           VERBAL   ┌ addresee-oriented
                                      ├ verbal ── TYPE   ──┤ not-addresee-oriented
                                      │
ideational-unit GRAMMAR- ─ process ── CLAUSE-         CLASS ┌ attributive
                RANK                  TYPE                  └ identifying
                                      ├ relational ┤
                                      │            TYPE  ┌ intensive
                                      │                  ├ circumstantial
                                      │                  └ possessive
                                      ├ existential
                                      └ behaveioural
                                            ┌ extent    EXTENT-   ┌ distance
                                            │           TYPE      └ duration
                                            ├ location  LOCATION  ┌ place
                                            │           TYPE      └ time
                                            │           MANNER-   ┌ means
                                            ├ manner ── TYPE    ──┤ quality
                                            │                     └ comparison
                                            │           CAUSE-    ┌ reason
                            circumstance ── CIRCUMSTANCE- ┤ cause── TYPE ──┤ purpose
                                            TYPE                          └ behalf
                                            │                     ┌ condition
                                            ├ contingency CONTINGENCY- ┤ concession
                                            │             TYPE         └ default
                                            ├ accompany ACCOMPANY- ┌ comitation
                                            │          TYPE       └ addition
                                            ├ role  ROLE ┌ guise
                                            │      TYPE  └ product
                                            ├ matter
                                            └ angle
```

图 4.1 及物性标注系统图示[1]

衔接和词汇衔接三方面展开对新浪、搜狐、天涯三个子库语料进行对比分析。

之后，本书综合分析了积极网络语言的生态文明特征，从批评话

---

[1] Halliday, M. A. K. and Matthiessen, C. M. I. M., *An Introduction to Functional Grammar*, Beijing: Foreign Language Teaching and Research Press, 2004, 3rd ed; Matthiessen, C. and Halliday, M. A. K., *Systemic Functional Grammar: A First Step Into the Theory*, Beijing: Higher Education Press, 2009，龙日金、彭宣维《现代汉语及物性研究》，北京大学出版社 2012 年版；胡壮麟、朱永生、张德禄编著《系统功能语法概论》，湖南教育出版社 1989 年版；胡壮麟、朱永生、张德禄等《系统功能语言学概论》，北京大学出版社 2005 年版。采用 UAM Corpus Tool 3.0 综合绘制。

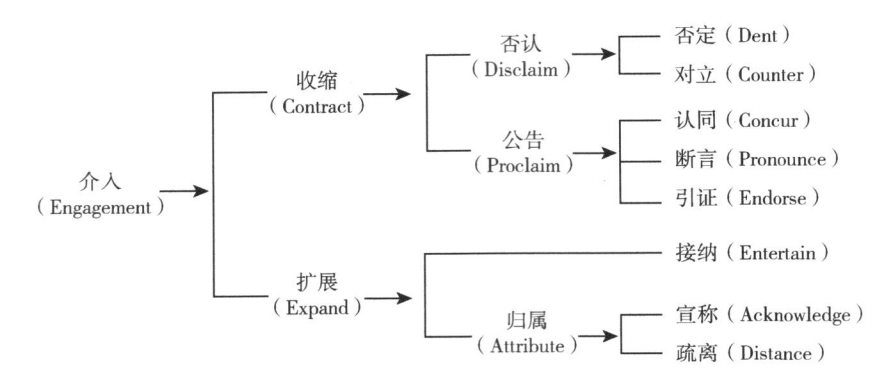

```
                                    ┌─ 否认      ┌─ 否定(Dent)
                                    │ (Disclaim)─┤
                    ┌─ 收缩─────────┤            └─ 对立(Counter)
                    │  (Contract)   │            ┌─ 认同(Concur)
                    │               └─ 公告──────┼─ 断言(Pronounce)
  介入─────────────┤                 (Proclaim)  └─ 引证(Endorse)
 (Engagement)       │                             ┌─ 接纳(Entertain)
                    │               ┌────────────┤
                    └─ 扩展─────────┤            
                       (Expand)     │            ┌─ 宣称(Acknowledge)
                                    └─ 归属──────┤
                                      (Attribute)└─ 疏离(Distance)
```

图 4.2　介入标注系统图示[①]

语分析、积极话语分析、礼貌语用策略、模因学及人际传播五个视角总结和凝练了有利于网络语言文明的话语策略及传播策略。另外，本书基于消极网络语言的表现特征，分析了消极网络语言的具体特点，社会成因，从网络语言生态环境建设、网络媒介素养教育、网络语言生态文明教育、关键节点监测与治理、网络空间管理以及消弭消极网络语言的技术强化六个方面提出治理网络暴力的对策，提出了网络语言暴力综合治理模式。最后，本书提出了具有可操作性的网络语言生态文明建构语言学路径。

第三节　语料库技术路线

本书以自建的可比语料库——"网络语言生态文明语料库"为基础，以生态语言学为理论视角，以系统功能语言学为分析框架，对此库内的网络话语进行了研究与分析。作为一个较大规模的网络语言语料库，此库所囊括的语料具有显著的网络语言特征，主要来自网络平台，包括新闻网站、社交平台、论坛社区等。

语料库严格按照图 4.4 所示流程逐步建立。根据研究需要，将语

[①] 根据 Martin, J. R. and White, P. R. R., *The Language of Evaluation*: *Appraisal in English*, New York: Palgrave Macmillan, 2005, p.134, 综合绘制。

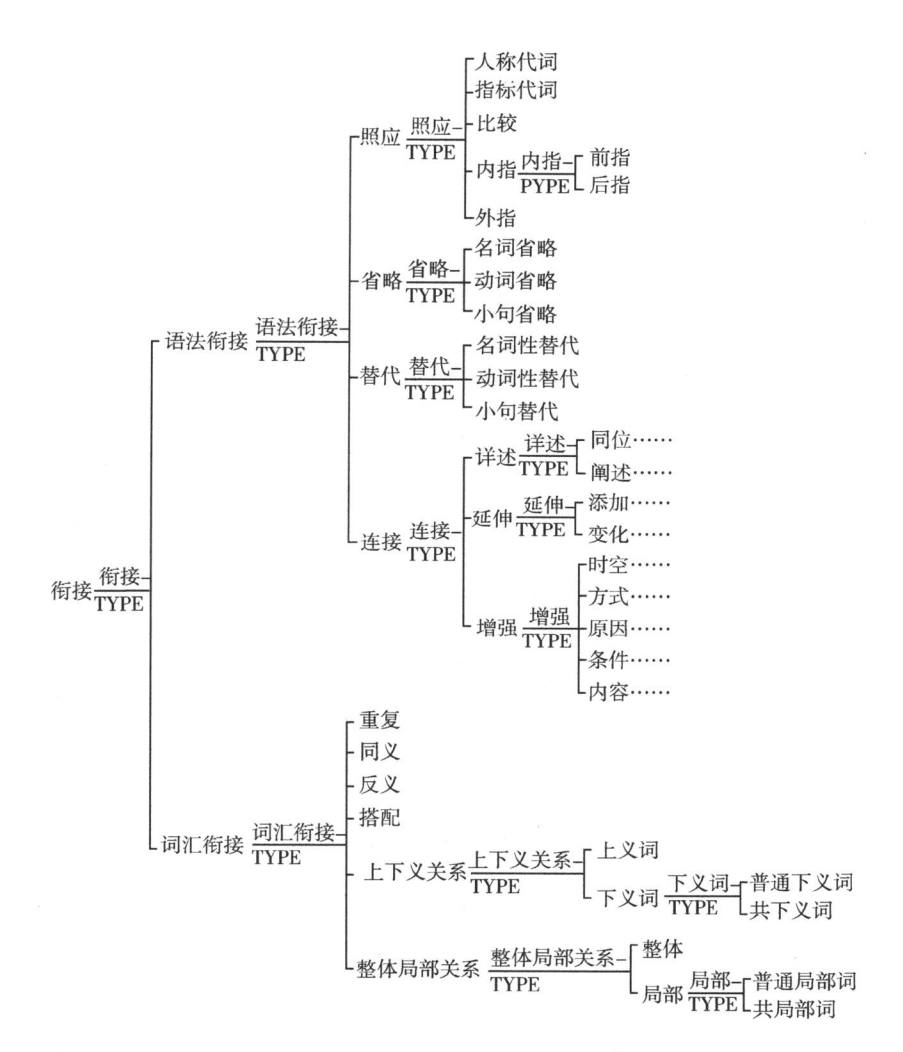

图 4.3 衔接手段标注系统图示[①]

料库分为积极网络语言语料库和消极网络语言语料库，建设总容量为 200 万字，各子库容量分别为 100 万字。

---

① 根据 Halliday, M. A. K.《功能语法导论》，彭宣维等译，外语教学与研究出版社 2010 年版；Halliday, M. A. K., *An Introductionto Functional Grammar*, London: Hodder Arnold, 2004（3rd ed.）；胡壮麟、朱永生、张德禄等《系统功能语言学概论》，北京大学出版社 2005 年版，综合绘制。

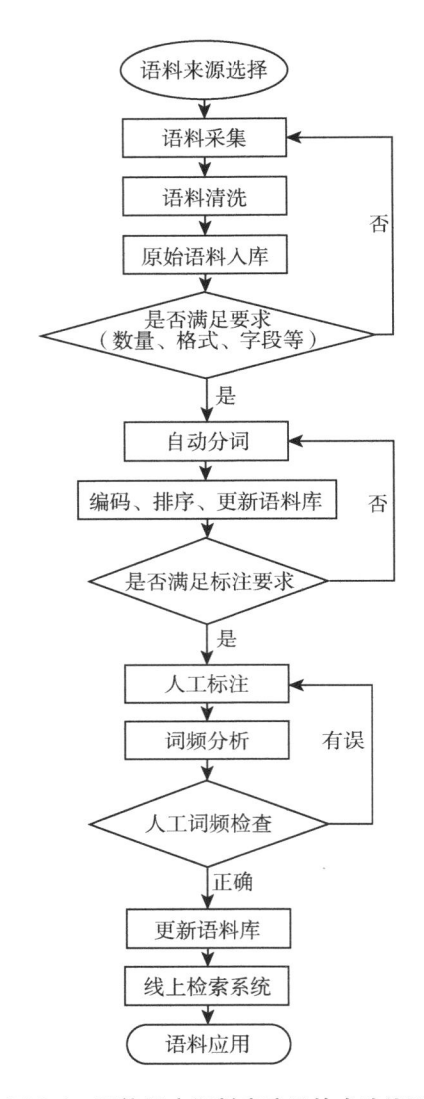

图 4.4 网络语言语料库建设技术路线图

一 语料来源

"网络语言生态文明语料库"是开展网络语言实证研究的基础，其建设的首要技术因素便是网络语料的收集。依据项目研究对网络语言语料的分类需求，以 2018 年 11 月"站长之家"的排名，对不同类型的网络平台访问量排名为依据选取语料（见表 4.1），依次选择搜狐新闻为网络语言新闻语篇代表，新浪微博为社交类网络语言语篇代表，天涯论坛为论坛社区类语言语篇代表，最终爬取到搜狐新闻语料69443 篇，新浪微博语料 31047 篇，天涯社区语料 313935 篇。采集周期为两个月，每天 8 小时。在语料采集技术方面，采用了混合式采集方式："购买成熟采集器服务+自建爬虫"的方案，通过筛选最终选择的采集方式为"八爪鱼+神箭手+自建爬虫"的组合。"八爪鱼采集器"是专业水平、采集效率和自动化水平都得到普遍认可的技术服务平台，能够代替人力浏览各种网络页面，并按照设定的时间和链接抓取网络语言文字信息，可随时将语料导出，单次可实现百万级数据的导出。

表 4.1　　　　　　　　语料采集来源及内容

搜狐新闻	新浪微博	天涯论坛
采集时间	采集时间	采集时间
新闻 url	微博 url	帖子 url
新闻标题	用户 id 与昵称	帖子标题
新闻内容	关注数	帖子内容
作者	是否长微博	发帖时间
发布时间	发布时间	发帖作者
新闻分类	微博内容	帖子主题
标签	话题	回帖用户

二　语料清洗

语料清洗主要包括两部分工作。第一，去掉语料中包含的 html 标签和一些网页解析的特殊符号及标点符号；第二，去掉中英文停顿词，因为停顿词携带的信息量极为有限。为提高语料清洗的精确度，语料经机器清洗后，又逐一进行人工清洗。最终获得积极网络语言和消极网络语言研究的语料，具体数据如表 4.2 所示。

表 4.2　　　　　　　　网络语言生态文明语料库信息表

| 网络语言生态文明语料库 |||||
网站	积极语料子库（篇）	字数（万）	消极语料子库（篇）	字数（万）
新浪微博	45		279	
天涯论坛	258	100	372	100
搜狐新闻	388		600	

三　标注语料统计

为了保证研究进度、可操作性和严谨性，根据研究需要，从 100 万字积极语料和 100 万字消极语料的大库中各随机抽取 20 万字，使用 UAM Corpus Tool 3.0 对语料进行及物性系统、介入系统和衔接手段的标注。

表 4.3　　　　　　　　标注语料统计信息表

网站	积极语料子库（篇/条）	字数（万）	总字数（万）	消极语料子库（篇/条）	字数（万）	总字数（万）
新浪微博	45	5		279	5	
天涯论坛	55	7.5	20	58	7.5	20
搜狐新闻	52	7.5		83	7.5	

四　语料库搭建

语料库搭建包括语料分词、语料存储、语料分类与标注、提取数据、语料库线上检索系统研发以及语料库软件著作权申请等。

（一）语料分词

自然语言处理技术的日臻成熟，分词工具越来越多，如 Ansj、盘古分词等。本语料库建设中采用 Jieba 分词，Jieba 分词是目前最流行的中文开源分词工具之一，在 Github（面向开源及私有软件项目的托管平台）上已经有 2.4K 个 star，社区活跃度高，提供了分词、关键词提取、词性标注等功能，支持 Python、C++、R 等多平台多语言。

1. Jieba 分词的算法

Jieba 分词是一个开源项目，主要是为了解决新词的分词问题，Jieba 分词基于 HMM 算法可以自动识别新词、关键词提取、词性标注等。

第一，根据每个词语和它出现的词数，生成句子中汉字所有可能成词情况所构成的有向无环图（DAG）；第二，采用动态规划查找最大概率路径，找出基于词频的最大切分组合；第三，将文本切分为一个个语句，之后对语句进行分词；第四，对未登录词，采用基于汉字成词 HMM 模型，使用 Viterbi 算法。

2. Jieba 分词支持四种分词模式

第一，精确模式。句子精确切分句子，较适合文本分析；第二，全模式。把句子中所有的、可以构成词的词语均扫描出来，速度很快，但缺陷是不能很好解决歧义问题；第三，搜索引擎模式。根据精确模式，再次切分长词，更适合搜索引擎分词；第四，paddle 模式。利用 paddle 深度学习框架，训练序列标注（双向 GRU）网络模型实现分词，支持词性标注。paddle 模式词性标注对应参见表 4.4，其中词性标签 24 个（小写字母标注），专名类别标签 4 个（大写字母标注）。

表 4.4　　　　　　　paddle 模式词性标注对应表

标签	含义	标签	含义	标签	含义	标签	含义
n	普通名词	f	方位名词	s	处所名词	t	时间
nr	人名	ns	地名	nt	机构名	nw	作品名
nz	其他专名	v	普通动词	vd	动副词	vn	名动词
a	形容词	ad	副形词	an	名形词	d	副词
m	数量词	q	量词	r	代词	p	介词
c	连词	u	助词	xc	其他虚词	w	标点符号
PER	人名	LOC	地名	ORG	机构名	TIME	时间

本书中采用 paddle 模式下并行分词，就是说，将目标文本按行加以分隔，再将各行文本分配到多个 Python 进程中，而后开展并行分词，最后归并结果。示例见表 4.5。

表4.5　　　　　　　　　　并行分词示例表

迄今为止/l	街头/s
发生/v	暴力/n
大规模/b	图卢兹/nrt
骚乱/v	抗议/nz
本周/t	游行/v
抗议/nz	不到/v
游行/v	小时.n
首都/d	抗议者/n
图卢兹/nrt	警察/v
市内/s	

（二）语料存储

用 MySQL 数据库存储语料。MySQL 是目前最流行的关系型数据库管理系统之一。持久化存储是保存和利用语料库的基础。本书采用 MySQL 数据库存储语料。MySQL 关系型数据库管理系统之一，该系统具有以下特点：第一，MySQL 是开源的，不需要支付额外的费用；第二，MySQL 支持大容量数据库，可以处理上千万条记录；第三，MySQL 使用标准的 SQL 数据语言，便于操作；第四，MySQL 可以运行于多个系统上，并且支持 C、Python、Java 等多种编程语言。

（三）语料分类与标注

1. 语料分类

"网络语言生态文明语料库"是一个较大规模的可比语料库，应用于积极网络语言和消极网络语言的对比研究，包含积极语料子库和消极语料子库，分别收录积极语篇消极语篇。积极语篇和消极语篇的区分主要依据马丁与怀特的评价理论。评价理论的态度系统主要关注语篇的态度倾向，提供了情感类、判断类和鉴赏类的词汇资源，并按积极词汇和消极词汇进行了区分，适用于统计语篇中的积极词汇和消极词汇，进而判断语篇态度的积极倾向和消极倾向（详见附录2）。

2. 语料标注

对可比语料子库中的网络语言进行系统功能语法及物性标注。第一，对语料进行试标注，对个别存在分歧的标注开展讨论，制订及物系统各语法范畴的判断标准，确保人工标注标准的恒定一致。第二，使用 UAM Corpus Tool 3.0 软件对文本文件进行正式标注。使用 UAM Corpus Tool 3.0 进行正式标注的步骤：（1）创建一个新的"Project"，在"Layer"界面下制作及物系统的标注方案；（2）在"Files"界面下，点击"incorporate All"按钮，再点击"Extend Corpus"按钮，导入包含语料库的文件夹，并对每个文件逐一进行及物系统标注；（3）UAM Corpus Tool 3.0 内置统计和检索功能，可以统计功能语法及物系统各成分的出现频率和百分比；（4）UAM Corpus Tool 3.0 可以实现词汇统计，可以得到该语法成分中所有词汇的词频统计结果；（5）UAM Corpus Tool 3.0 可以显示词汇的语境信息。在结果中点击的"查找"图标，可以显示该词汇所在的语境信息。

（四）语料库线上检索系统

对采集到的语料通过上述处理后，根据研究需要研发线上检索系统（2021年获得软著权）。该系统采用 Java 语言开发，基于 SpringBoot 开发框架，实现网络语言语料库系统的网页化呈现与查询，为语料库的利用提供方便。[①]

本章小结

研究方法是"从事研究的计划、策略、手段、工具、步骤以及过程的总和，是研究的思维方式、行为方式以及程序和准则的集合"。[②] 本章阐述了研究问题，细致描述了研究过程，以自建的可比语料库——积极和消极网络语言语料库的语料为研究对象，此库所囊括的语料主要来自网络平台，包括新闻网站、社交平台、论坛社区等，具有显著的网络语言特征。此库严格按照相应的流程逐步推进建设。为满足研究需

---

① 本书从第五章至第九章的语料分析例证均来自依据搜狐新闻、新浪微博、天涯论坛网络语言加工而成的《网络语言生态文明语料库》。
② 陈向明：《质的研究方法与社会科学研究》，教育科学出版社2000年版，第5页。

要，本语料库主要分为积极语料库和消极语料库，建设总容量为 200 万字，各子库容量分别为 100 万字。根据韩礼德、马丁、怀特、中国学者理论与方法，分别建立了及物性标注系统、介入方式标注系统和衔接手段标注系统。参照马丁和怀特理论，研制出了汉语积极语言和消极语言判定标准。基于搭建好的语料库，依据韩礼德模式逐步开展语料的宏观分析和系统功能语言学分析，之后探讨积极网络语言话语策略、消极网络语言应对策略，并提出建构网络语言生态文明的语言学路径。

第五章　网络语言的及物性系统对比分析

斯提比（Stibbe）指出，生态话语分析可以借鉴系统功能语言学等语言学理论。① 系统功能语言学的观点是人类社会活动促使语言诞生。语言的纯理功能包括概念元功能、人际元功能和语篇元功能。② 语篇元功能又包括逻辑功能和经验功能。逻辑功能是语言对两个或以上意义单位之间逻辑关系的表达，经验功能反映客观世界和主观世界中发生的事、涉及的人和物以及与之相关的时间、地点、原因等环境背景；经验功能主要是通过"及物性"（transitivity）和"语态"（voice）得到体现的。③ 及物性系统把经验世界识解为一组可以操作的过程类别，作为一个语义系统，它把语言主体对外部世界和内心世界的经验用具体过程加以描述和解释，说明这些过程涉猎的参与者与环境成分。及物系统表达发话人或受话人选择各种过程，进而组成或解释句子的语义系统，成为外界与语言的联结体。及物性系统体现了语言的概念功能，它可以反映外部世界的事物所处种种过程、状态与关系，从而构成句子的不同类型与结构。韩礼德把及物性系统的语言分析定位在小句范畴，因为它体现了经验模式化的一个普遍原则，即现实是由过程构成的。经验包含各种"事件"——做、感知、言说、是、存在以

---

① Stibbe, A., *Ecolinguistics: Language, Ecology, and the Stories We Live by*, London and New York: Routledge, 2015.
② Halliday, M. A. R., *An Introduction to Functional Grammar*, London: Edward Arnold, 1994, 2nd ed.
③ 参见胡壮麟、朱永生、张德禄等《系统功能语言学概论》，北京大学出版社2005年版，第71页。

及生理行为，所有事件都通过小句得以体现，实现该目标的语法系统便是及物性。网络语言是新兴的语言形式。由于其使用场景广泛、使用人数众多，成为研究的热点话题之一。本章从及物性系统出发，研究搜狐新闻、新浪微博、天涯社区三个网络平台中积极和消极网络语言的及物性分布特征及差异，旨在尝试印证"生态话语分析应以功能为取向，即着重对使用中的语言及其潜在的运作系统进行描写建构，同时也聚焦意义驱动资源——词汇—语法的使用"[1]。

第一节　积极网络语言的及物性分析

胡壮麟等指出："就现有的材料看，功能语法有关概念功能及其表现形式的论述也可用于描写汉语的语义功能。[2]"在对积极网络语料从过程类型、参与者和环境成分三个方面进行标注后，我们得到了三个积极子库的及物性分布。以下是对三个积极子库语料的及物性数据的具体分析与阐释。

一　积极网络语言及物性使用特点

（一）及物性过程对比分析

对新浪、搜狐和天涯的积极语料库的六大过程分别进行标注和统计后，我们得到了积极网络语言各子库的不同过程使用频次对比图（见图5.1）。

如图5.1所示，在三个积极子库的过程类型中，搜狐、天涯积极子库出现频次依次为物质、关系、心理、言语和存在过程，出现频次最少的是行为过程。新浪积极子库的出现频次依次为关系、物质、心理、言语和行为过程，出现频次最低的是存在过程。为了准确了解过程

---

[1] 何伟、高然、刘佳欢：《生态话语分析新发展研究》，清华大学出版社2021年版，第54页。

[2] 胡壮麟、朱永生、张德禄等：《系统功能语言学概论》，北京大学出版社2005年版，第102页。

第五章　网络语言的及物性系统对比分析

	物质过程	心理过程	言语过程	关系过程	存在过程	行为过程
■新浪积极	1474	970	284	1556	48	49
搜狐积极	2581	433	327	1167	27	7
■天涯积极	1941	1025	237	1565	41	29

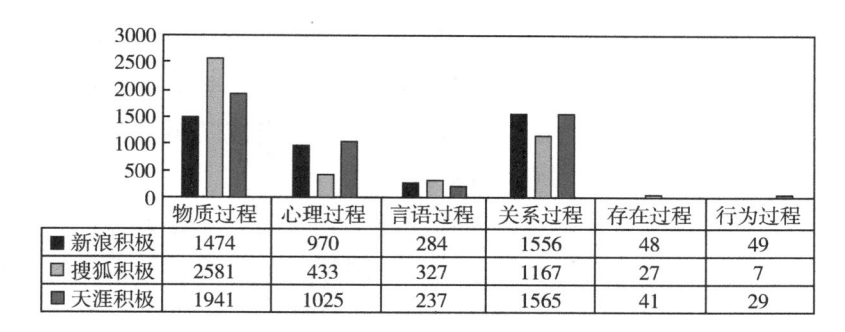

图 5.1　积极网络语言各子库过程对比图

（卡方检验后，p=0.000，p<0.05，过程类型选择存在显著差异）

类型的选择差异，本书对各积极子库的过程类型进行了卡方检验和调整残差，以便更清楚地呈现各积极子库在过程资源上是否存在显著差异，以及差异的大小。调整残差的正值表示标准化频率大于预期值，负值表示标准化频率小于预期值。当调整后标化残差的绝对值大于 1.96 时，表明标准化频率与预期值之间的差异具有统计学意义。

表 5.1　　　　积极网络语言各子库过程调整残差数据表

类型		频次计数	过程类型调整残差						总计
			存在	关系	物质	心理	行为	言语	
积极子库类型	搜狐积极	计数	27	1167	2581	433	7	327	4542
		调整后残差	-2.2	-9.7	22.0	-17.5	-4.9	3.6	
	天涯积极	计数	41	1565	1941	1025	29	237	4838
		调整后残差	0.0	2.2	-6.0	8.0	-0.2	-4.5	
	新浪积极	计数	48	1556	1474	970	49	284	4381
		调整后残差	2.2	7.5	-16.1	9.5	5.1	1.1	
总计			116	4288	5996	2428	85	848	13761

调整残差统计表明，标准化残差绝对值大于 1.96 时，说明数据间存在显著差异。表 5.1 显示，三个积极子库在关系、物质和心理过程的选择上均存在显著差异；就存在和行为过程而言，搜狐和新浪积极子库存在显著差异；在言语过程的选择上，搜狐和天涯积极子库存在显著差异。以下通过具体示例，分析存在显著差异的过程类型。

(1) 信任**是**什么？信任**就是**一场赌博。（XL_ POS 00014730）

(2) 过了很久之后，才**明白**，那时的眼睛当真是被**加上**了厚厚的滤镜，一颗心被喜欢蒙蔽了，把垃圾**当成**了英雄，也许青春**就是**那样的。（XL_ POS 00004037）

(3) ＊＊中学的老师**是**每个学生的严父，又**是**良师，还**是**益友，学生对老师**崇拜**、**敬佩**并充分**理解**，师生关系和谐美好也**成为**教与学的一大动力。（SH_ POS 00062095）

(4) 国家医保局相关负责人今天（3月25日）表示，2019年底前我国将**实现**生育保险基金并入职工基本医疗保险基金，统一征缴。（SH_ POS 00067238）

例（1）—例（2）选自新浪积极语料库，其中，"是""就是""当成"为关系过程，"明白"为心理过程，"加上"为物质过程。例（1）用"是""就是"表达了关系过程，表达了发话人对信任的看法。例（2）的"明白"表达心理过程。例（3）—例（4）选自搜狐积极语料库，其中，"是""成为"是关系过程，"实现"为物质过程，"崇拜""敬佩""理解"为心理过程。以上四例说明新浪、搜狐语料侧重使用关系过程、心理过程和物质过程。

(5) 在一次次的精神洗礼中，＊中的学生真正**做到**了从"让我学"到"我要学"的转变。（SH_ POS 00062095）

(6) 为**培养**敢于面对挑战、勇于变革、引领教育创新的基础教育领域高层次管理人才与教育改革创新践行者，**培养**"教育家型"校长，**打造**"未来学校"，**畅想**"未来教育"，校长智库教育研究院决定**开办**第三届"卓越校长"（基础教育）高级研修班。（SH_ POS 00055142）

(7) 实实在在的**帮助**每一位学员更好更快的**提高**艺术修养与专业水平，**激发**学员对艺术的更高追求与向往。（TY_ POS 00024527）

(8) 康师傅也衷心**期待**通过本比赛激发年轻人的创新意识、**鼓**

励他们实践自己的创新想法、勇于追逐梦想。(TY_ POS 00243301)

例(5)—例(6)选自搜狐积极语料库。语料使用"做到""培养""打造""开办""畅想"等表达积极情感的词汇体现了物质过程和心理过程。例(7)和例(8)选自天涯积极语料库。例(7)"帮助""提高""激发"表达了物质过程。例(8)使用"鼓励"表述物质过程,"期待"表达心理过程。以上四例显示,搜狐语料描写了言语主体发表的概念性讲话,体现了新闻的时效性,较多使用物质过程和心理过程,而天涯语料通过记录生活中的点点滴滴,满足了网民人际沟通、表达、创造等多重需求,较多使用物质过程及心理过程词汇。

(9)归属与爱的需要这**是**一种社会需要,包括同人往来,**进行**社会交际,**获得**伙伴之间、朋友之间的关系融洽或保持友谊和忠诚,人人都希望**获得**别人的爱,**给予**别人爱。(TY_ POS 00074405)

(10)要不断地**请教**成功者,**询问**他们成功的方法和意见。(TY_ POS 0022008)

(11)很多时候,适当的紧迫感**是**有利于人生的成功的,你**计划**在某个年龄**达到**人生目标的某一个阶段,这样逐步**进行**。(XL_ POS 0011269)

(12)要**告诉**孩子:"你感到嫉妒和伤心,因为你**认为**别人**得到**的比你多。你希望自己能够**得到**同样的对待。"(XL_ POS 00001449)

例(9)和例(10)选自天涯积极语料库。例(9)中"获得""给予"这类物质小句说明了朋友之间进行社会交际,归属与爱是双向的给予与获得。例(10)使用"询问"这一言语小句描述了要不断向成功者请教方法和建议。例(11)和例(12)来自新浪积极语料,其中的"计划""达到""告诉""认为""得到"表达了物质过程,说明人要有适当的紧迫感,为每个阶段设定目标和计划,然后逐步实施。例(12)的是言语小句,强调父母要及时教导孩子,引领孩子向正确的道路发展。上述 2 例中的"是"表现了关系过程,而"进行""获得""给予""询问""得到""计划""达到""告诉"等词语则表现了物质过程。可见,天涯和新浪使用关系过程和物质过程居多。

及物系统的过程类型分析对语言生态建设具有重要意义。无论是网络话语构成,还是人际话语表达,乃至话语监测或治理,过程类型分布特征可以为网络语言生态建设提供基本的实例依据和样本,便于寻找话语规律与相关话语策略。

(二)参与者对比分析

本书统计了不同小句中参与者角色的分布情况。在及物性小句配置中,参与者是一个重要的功能成分,可以帮助我们了解每个过程的参与主体是什么,通过参与者分析,有助于了解网民使用不同类别网络语言的特征。图 5.2 是积极网络语言各子库的参与者对比数据。

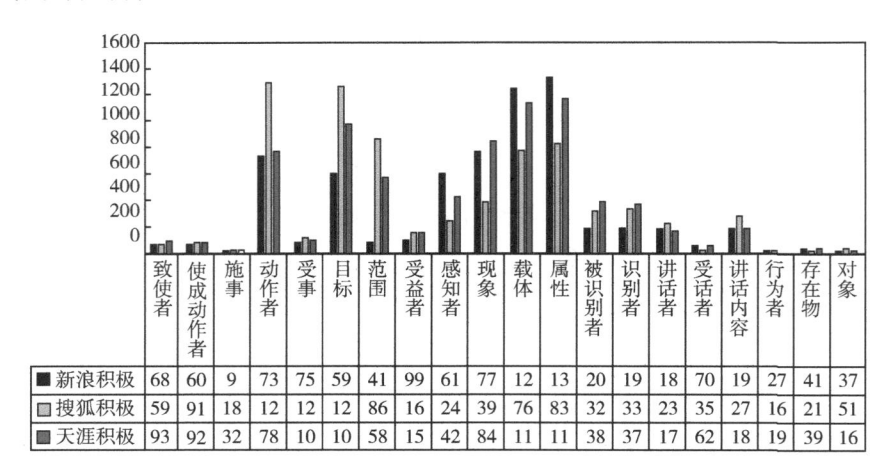

	致使者	使成动作者	施事	动作者	受事	目标	范围	受益者	感知者	现象	载体	属性	被识别者	识别者	讲话者	受话者	讲话内容	行为者	存在物	对象
新浪积极	68	60	9	73	75	59	41	99	61	77	12	13	20	19	18	70	19	27	41	37
搜狐积极	59	91	18	12	12	12	86	16	24	39	76	83	32	33	23	35	27	16	21	51
天涯积极	93	92	32	78	10	10	58	15	42	84	11	11	38	37	17	62	18	19	39	16

图 5.2 积极网络语言各子库参与者对比图

(卡方检验后,$p = 0.000$,$p < 0.05$,参与者类型选择存在显著差异)

如图 5.2 所示,新浪微博语料的参与者使用频次最高的是心理过程的"现象",排第二位的是物质过程的"动作者",排第三位的是心理过程的"感知者",排第四、第五的是物质过程的"目标"和"范围",第六是"被识别者",第七、第八是关系过程的"识别者"与言语过程的"讲话内容"。搜狐语篇中参与者出现频次最多的首先是物质过程的"范围",其次是关系过程的"属性",再次是关系过程的"载体",最后为心理过程的"现象"。天涯语篇中物质过程使用"目标"最多,紧随其后的是心理过程的"现象",而后为物质过程的"动作者"和"范围"。

调整残差表 5.2 显示了积极网络语言各子库参与者调整残差数据。

表 5.2　　积极网络语言各子库参与者调整残差数据表

类型 \ 频次	搜狐积极 计数	搜狐积极 调整后残差	天涯积极 计数	天涯积极 调整后残差	新浪积极 计数	新浪积极 调整后残差	总计 计数
被识别者	320	1.1	385	5.0	201	-6.3	906
存在物	21	-2.7	39	0.8	41	1.9	101
动作者	1299	15.0	785	-8.2	733	-6.9	2817
对象	51	3.3	16	-4.2	37	0.9	104
范围	869	12.5	582	-3.3	411	-9.3	1862
感知者	241	-11.6	429	-1.0	613	12.8	1283
讲话内容	277	4.7	184	-3.7	197	-1.0	658
讲话者	233	3.0	174	-2.8	186	-0.2	593
目标	1269	13.3	985	-0.1	590	-13.4	2844
施事	18	-0.5	32	3.1	9	-2.7	59
使成动作者	91	1.3	92	1.0	60	-2.3	243
识别者	332	2.0	375	4.3	198	-6.5	905
受话者	35	-3.5	62	0.6	70	2.9	167
受事	127	2.9	104	-0.3	75	-2.7	306
受益者	164	2.4	156	1.1	99	-3.6	419
属性	832	-11.8	1178	0.5	1347	11.5	3357
现象	395	-13.9	840	7.0	773	6.9	2008
行为者	16	-1.3	19	-0.7	27	2.0	62
载体	768	-11.9	1137	1.7	1250	10.4	3155
致使者	59	-2.1	93	2.4	68	-0.2	220
总计	7417		7667		6985		22069

根据调整残差的统计方法,当标准化残差绝对值大于 1.96 时,说明数据间存在显著差异。表 5.2 显示,三个积极子库在参与者大部分的类型选择上均存在显著差异。天涯和新浪积极语料库在"被识别者""施事"两类参与者的选择上均存在显著差异;搜狐和天涯积极语料库在"对象""讲话内容""讲话者""致使者"的选择上均存在显著差异;搜狐和新浪积极语料库在"感知者""目标""受话者""受事""受益者""属性""载体"七类参与者的选择上均存在显著差异。数据说明,天涯社区使用的参与者频次最高,次之是搜狐新闻,新浪微博使用参与者的频次最少。以下是差异明显的参与者类型的示例与分析。

(13) 赞扬小孩很细心,当一块儿出游时,**小孩**会协助**父母**忘记物品的件数、怎样放置在哪里等事儿,**父母**要立即赞扬**小孩**很仔细,会把家中的物件安顿好,并协助**爸爸妈妈**忘记路程中必须照顾的物品。(SH_ POS 00056757)

(14) **高校**可以通过成立招生委员会,对申请者提交的论文、专利加强审核,并在面试时组织相应答辩来评价遴选。(SH_ POS 00056532)

(15) **她**会发一些**她自己**种的花草,各种各样的绿植盆栽迎着阳光长得盎然,有时候闲来无事就插个花,摆在客厅里,清新又雅趣。(XL_ POS 00023190)

(16) **你**喜欢在职场上拼出自己的一席之地那就去努力,**你**喜欢在小城市安安静静地过点与世无争的生活,就不要在意别人的看法。(XL_ POS 00013391)

例(13)—例(14)选自新浪积极语料库。在搜狐积极语料库中,例(13)用"小孩""父母""爸爸妈妈"等既作为动作者,又作为目标,建议父母如何实施家庭教育,例(14)使用"高校"作为动作者,建议高校招生时应该采取怎样的措施。例(15)中发帖人发布了她人的日常生活,用"她""自己"作为动作者。例(16)用第二人称代词"你"作为泛指的动作者,建议每个人都拥有自己的生活方式,不要在意他人对自己的看法。以上例子显示,搜狐新闻的语句具有说服力,符合新闻的特点。通过叙述某地发生了某事,以及描述事件事物等的特征性质,体现了搜狐新闻较多使用参与者的次类"动作者""目标""载体"和"属性"。新浪微博大多抒发个人的情感,记录个人的日常生活,表达自己的想法与他人分享交流,较多地使用了参与者的"载体"和"属性"。

(17)每一位**校长**都应当把好教育思想"总开关",补好教育信念之"钙",做一名教育观、人才观、质量观、人文观、幸福观"五观端正"的好**校长**。(SH_ POS 00056757)

(18)**全院**科研诚信建设的责任**主体**是院科研道德委员会,**院机关有关部门**是分管学科领域和科研计划等科研活动诚信建设的责任**主体**。(SH_ POS 00044319)

(19)保守的 IT 架构中,**网络**往往是经受平安挑战最大,问题最严峻的一环。(TY_ POS 00183827)

(20)请大家一起关注并呼吁,恳求**鼓楼区教育局**关注小柳幼儿园!(TY_ POS 00240681)

例(17)—例(18)选自搜狐积极语料库,例(17)中"校长"作为动作者,也作为目标,陈述了每一位好校长都应该做表率。例(18)中的"全院""主体""院机关有关部门"作为被识别者,叙述了各部门与责任主体之间的关系。例(19)—例(20)选自天涯积极语料库。例(19)中"网络"为被识别者,说明了网络在 IT 架构中是挑战最大,问题最严峻的一环。例(20)中"鼓楼区教育局"为感知者,民众要求其关注小柳幼儿园。

搜狐新闻通常报道好人好事、鞭挞不良风气与现象,有利于引领网民的思想,促进网络社会生态的良性发展。天涯社区一般是网民进行交流探讨的平台,网民合力使得信息传播十分迅速。网民往往将求助信息发表在天涯社区,很快会被大范围转发,从而及时解决问题,但需格外警惕信息的真实性及引发舆情的可能性。

（21）＊＊云专注于互联网/物联网领域的技术开发及技术服务，为用户和企业客户提供**一体化健康解决方案**。（TY_ POS 00268736）

（22）**创新**是一个民族进步的灵魂，是国家兴旺发达的不竭动力。（TY_ POS 00243301）

（23）但没有关系，这个时代给了年轻人很多**机会**，只要愿意一起努力，我相信你们一定会有好的未来。（XL_ POS 00026732）

（24）**更重要的**是**你**是什么样的人，**我们**可以在无数的生活琐碎面前决定后来婚姻的走向。（XL_ POS 00024145）

例（21）中"一体化健康解决方案"作为参与者"目标"，说明了＊＊云为用户和企业客户提供优质服务。例（22）使用"创新"作为"目标"，表达了一个国家要发展，就必须要创新。例（23）使用"机会"作为"目标"，说明了给年轻人很多发展机会，只要肯努力，就会有美好的未来。例（24）中"更重要的是"作为"被识别者"，强调了"你"是什么样的人，"我们"则作为泛指意义的动作者。

以上实例说明，小句中的"参与者"角色起着非常重要的作用。参与者分析可以反映出网络发话人与受话人的语言特征。在网络语言传播过程中，对网络语言及物性"参与者"的分辨和判定，有利于把握网络言论的走向与态势、摸清传播过程，调节人际关系。

（三）环境成分对比分析

在对新浪、搜狐和天涯的积极语料库的环境成分进行标注和统计之后，根据统计数据绘制了积极网络语言三个子库的环境成分对比图（图5.3）。

如图5.3所示，在三个积极子库中，新浪积极子库的"方式"使用频次最多，第二位是"处所"，第三位是"跨度"，第四位是"或然"，第五位是"原因"，第六位是"伴随"，第七位是"内容"，第

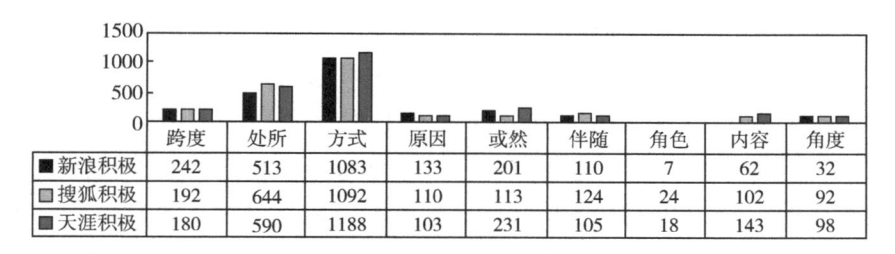

第五章 网络语言的及物性系统对比分析

	跨度	处所	方式	原因	或然	伴随	角色	内容	角度
新浪积极	242	513	1083	133	201	110	7	62	32
搜狐积极	192	644	1092	110	113	124	24	102	92
天涯积极	180	590	1188	103	231	105	18	143	98

图5.3　积极网络语言各子库环境成分对比图

（卡方检验后，$p=0.000$，$p<0.05$，环境成分类型选择存在显著差异）

八位是"角度"，使用频次最少的环境成分类型是"角色"。搜狐积极子库的"方式"使用频次最多，第二位是"处所"，第三位是"跨度"，第四位是"伴随"，第五位是"或然"，第六位是"原因"，第七位是"内容"，第八位是"角度"，使用频次最少的环境成分类型是"角色"。天涯积极子库的"方式"使用频次最多，第二位是"处所"，第三位是"或然"，第四位是"跨度"，第五位是"内容"，第六位是"伴随"，第七位是"原因"，第八位是"角度"，使用频次最少的环境成分类型是"角色"。调整残差表5.3显示了积极网络语言各子库环境成分调整残差数据。

表5.3　积极网络语言各子库环境成分调整残差数据表

类型		频次计数	环境成分类型使用频次与调整残差								总计
			伴随	处所	方式	或然	角度	角色	跨度	内容	原因	
积极子库类型	搜狐积极	计数	124	644	1090	113	92	24	190	102	110	2489
		调整后残差	1.4	3.9	-1.0	-6.4	2.7	2.4	-1.1	0.1	-0.5	
	天涯积极	计数	105	590	1188	231	98	18	180	143	103	2656
		调整后残差	-1.7	-1.5	0.1	3.6	2.8	0.2	-3.2	4.2	-2.2	
	新浪积极	计数	110	513	1083	201	32	7	242	62	133	2383
		调整后残差	0.3	-2.3	1.0	2.7	-5.6	-2.6	4.4	-4.4	2.8	
总计			339	1747	3361	545	222	49	612	307	346	7528

表5.3显示，三个积极子库在"或然"与"角度"两类环境成分的选择上均存在显著差异，在"伴随""方式"两类环境成分的选择

上无显著差异。搜狐和新浪积极语料库在"处所""角色"两类环境成分的选择上存在显著差异；新浪和天涯积极语料库在"跨度""内容"与"原因"三类环境成分的选择上均存在显著差异。表5.3说明，环境成分的分布与过程和参与者的分布不尽相同。新浪微博语料使用环境成分最少，这是由于新浪微博语料偏重用非正式文体，口语化表达较多，句式结构简单、背景铺垫较少。天涯的环境成分频次高于搜狐新闻的环境成分频次，这是由于天涯社区的板块较多，语境较杂，众多网民在讨论天涯杂谈、娱乐八卦、情感天地等时较多使用副词，表达个人情感；而搜狐新闻通过推送实时新闻，较多使用表示"处所"的环境成分。以下是存在显著差异的环境成分类型的示例。

（25）**如果**在确认志愿后发现信息有误，可以这样操作：**如果**在学校的报名时间内，**可以**先取消志愿然后重报。（SH_ POS 00056415）

（26）**对于**每天在实验室工作的师生**而言**，除了日常的例行检查、排查和报备，**更要**加强对于水电火气等设施的安全排查，绷紧实验室安全这根弦不放松，贯彻各项安全操作规程，清除实验室安全隐患，为自己与他人的安全负责。（SH_ POS 00068593）

（27）而**在**我**看来**，青春的确很短，所以我不想浪费在不一样的人身上，我想把它都留给我很喜欢很喜欢的那个人。（XL_ POS 00004037）

（28）不合适的鞋子，就不要硬塞进去了。**就算**一时塞进去，走几步路还是会疼的流血。（XL_ POS 00025620）

例（25）—例（26）使用"如果……可以""对于……而言，更要……"等词汇，表现了环境成分的"或然"，为网民提供解决问题的可能性建议。例（27）—例（28）的新浪微博语料使用"在……看来""就算……"从环境成分的"角度"发布观点，供他人参考，且发布的内容一般较短。搜狐新闻使用方式比其他环境成分多，这是因为新闻必备五个基本因素，分别为何时、何地、何事、何因、何人。

其中，介绍何时、何地常常使用方式。在新浪微博语料中，"方式"出现比例较高，因为网民既浏览信息并发表看法，也发布内容供他人浏览，口语化表达多，网民在发表观点时，通常会用大量程度副词来表达情感。

（29）江苏省苏州市金阊实验教育集团金阊实验小学校社团成果展近日在**该校工匠坊**举行，吸引了众多学生和家长前来参观。（SH_ POS 00060128）

（30）**如果**能量不足，它就会出现头晕、注意力不集中的现象，**因此**，给大脑提供充足的营养和新鲜的空气，是保持良好的学习状态不可缺少的条件。（SH_ POS 00065903）

（31）美国著名的人本主义心理学家马斯洛认为，人的一切行为都是由需要引起的，他在1943**年**出版的《调动人的积极性的理论》一书中提出了著名的需要层次论。（TY_ POS 00074405）

（32）**只有**崇尚自然，才能在当今高科技快节奏的社会生活中获取生理与心理的平衡。（TY_ POS 00244447）

例（29）"该校工匠坊"是环境成分的"处所"，告知社团成果展举行的地点。例（30）的"如果"是环境成分的"或然"，"因此"是环境成分的"原因"，说明能量不足可能出现的问题，强调给大脑提供营养和新鲜空气的重要性。例（31）中"1943年"是环境成分的"处所"，说明了书籍出版的时间。例（32）的"只有……"是环境成分的"或然"，条件句说明了崇尚自然的重要性。上述例子显示，搜狐积极语料库较多使用"处所""或然"和"原因"；天涯积极语料库同样较多使用"处所"和"或然"。两个语料库在使用"或然"环境成分时显著性差异最大，搜狐新闻给大众普及常识，而天涯社区则是个人看法。

（33）为了给病人提供最好的护理，医生必须**在**基础营养科学和准则**方面**加快步伐。（TY_ POS 00247525）

（34）水瓶座**在**爱情**方面**令人捉摸不透，她的选择常常出人意料的。（TY_ POS 00175937）

（35）与人开诚布公、以诚相见的人，才能得到别人的信任和理解，才能受到别人的欢迎，**轻松愉快地**生活。（XL_ POS 00007919）

（36）而**对于**人来说，婚姻和爱情可以说是最简单的幸福，不需要语言，平平淡淡、平平安安就是最大的幸福。（XL_ POS 00030073）

例（33）—例（34）选自天涯积极语料库。例（33）的"在……方面"是环境成分的"方式"，说明医生需要努力的方向。例（34）的"在……方面"同样是环境成分的"方式"，说明了水瓶座在爱情方面的特点。例（35）和例（36）选自新浪积极语料库。例（35）的"轻松愉快地"是环境成分的"方式"，这是一个程度副词，表达了与他人打交道，需要坦诚的态度。例（36）的"对于"是环境成分的"或然"，说明了生活中某些可能的情况，对于人来讲，最简单的幸福是婚姻和爱情。可见，天涯和新浪积极语料使用的环境成分的"方式""或然"特征较明显。

二 积极网络语言及物性使用概括

首先，搜狐和天涯积极子库的六大过程分布特征相似，均为物质过程出现频次最高，接下来分别是关系过程、心理过程、言语过程、存在过程和行为过程。物质过程和参与者大多数是同时出现的，小句中有某种过程就会有其对应的参与者出现。因此，在搜狐和天涯积极子库中，物质过程的参与者出现频次最高，接下来是关系过程的参与者，然后分别是心理、言语和存在过程的参与者，行为过程的参与者出现频次最低。之所以有这样的分布规律，原因是搜狐新闻作为门户新闻平台，遵循新闻的严谨性和严肃性，使用物质过程最多。搜狐新闻中的关系过程用于向大众传达、发布和解释信息，而天涯社区作为网民发表观点的社交平台，多在此分享记录身边发生的事情，使用物质过程占比较高。天涯社区中的关系过程往往用于网民表达看法或情感情绪等。

其次，新浪微博的过程和参与者分布特征与搜狐新闻、天涯社区不同，其关系过程出现的频次最高，随后是物质、心理、言语与行为过程，出现频次最低的是存在过程。同理，新浪微博关系过程的参与者出现频次最高，接下来是物质过程的参与者，然后分别是心理、言语和行为过程的参与者，存在过程的参与者出现频次最低。这是由于新浪微博的大多数博主往往与他人分享观点、图片、视频等内容，同时向他人说明其中传达的信息，因此关系过程出现频次最高。新浪微博作为社交媒体，博主常常传播身边发生的新鲜事，物质过程的使用仅次于关系过程。

最后，从三个积极子库环境成分的总体分布特征来看，出现频次最高的前两个环境成分均为"方式"和"处所"。"方式"在新浪微博和天涯社区积极子库语料中被用于描述网民对某事的看法，用了大量副词表达个人情感，使用了较多的"方式"。在搜狐新闻中，"方式"常用于表达人文情感与人文关怀，也通过副词来体现。搜狐新闻语料往往较细致地说明新闻的时间地点人物三要素，所以使用了较多"处所"；新浪博主在发微博时，大多数写明了事件发生的时间与地点，使用了大量的"处所"；在天涯社区中，网民在发帖时，同样会说明自己所描述事件的时间和地点，所以"处所"的使用占比也较高。

第二节 消极网络语言的及物性分析

本书对消极网络语言从过程类型、参与者和环境成分三个方面进行标注后，得到了三个消极子库的及物性分布。以下将对消极网络语言的过程类型、参与者、环境成分使用频次与特点进行分析和解释。

一 消极网络语言及物性使用特点

搜狐新闻为人们提供 24 小时不间断的实时资讯，新浪微博是

2009年上线的社交平台，用户通过发布简短的文字来表达观点、记录生活，随着技术的成熟，个人也可以发数千字的长微博。天涯社区创建时间较早，曾经是互联网最大的中文社区，许多网络语言出自天涯社区。与天涯社区相比，新浪微博创立时间晚、形式新、语言杂，因为用户量庞大，信息传播速度快，因此其中也夹杂了不少不实信息，不利于构建积极的网络语言生态。通过对三个消极网络语言子库的及物性过程统计数据，本书绘制了三个子库的及物性资源分布图（图5.4）。

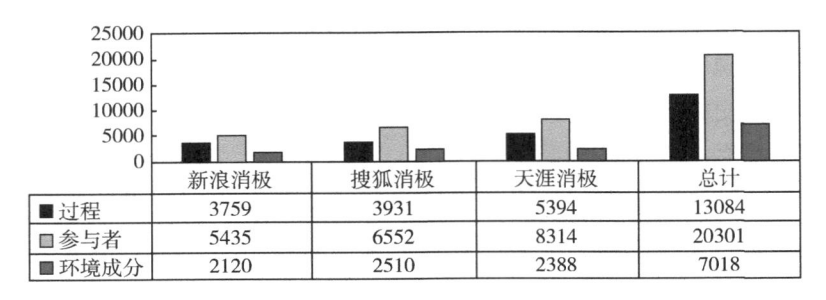

	新浪消极	搜狐消极	天涯消极	总计
过程	3759	3931	5394	13084
参与者	5435	6552	8314	20301
环境成分	2120	2510	2388	7018

图 5.4　消极网络语言各子库及物性资源分布图

图5.4显示，就及物性过程而言，天涯社区使用频次最多，其次是搜狐新闻，新浪微博最少。就参与者而言，天涯社区频次最多，其次是搜狐新闻，新浪微博使用频率最低。及物性系统以小句分析为主，根据句法结构要求，小句的构成要素"参与者""过程""环境成分"分别对应主语、谓语及状语，且小句的最简单形式为主语加谓语，故参与者的分布特点与过程类似。环境成分的分布与过程、参与者的分布不尽相同。搜狐新闻中环境成分频次使用最多，其次是天涯论坛，新浪微博语料中的环境成分使用频率最低。以下结合三个子库语料的及物性过程、参与者和环境成分的使用特点进行具体分析。

（一）及物性过程对比分析

图5.5展示了搜狐新闻、新浪微博和天涯论坛子库消极语料的及物性过程的分布特征。

图5.5数据及卡方检验结果显示，三个子库在及物性过程资源使用方面存在显著差异。首先，三个消极子库的相似之处在于，语料使

第五章 网络语言的及物性系统对比分析

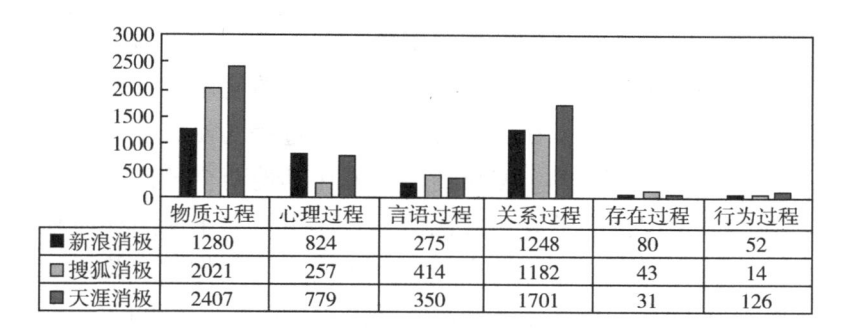

	物质过程	心理过程	言语过程	关系过程	存在过程	行为过程
■ 新浪消极	1280	824	275	1248	80	52
搜狐消极	2021	257	414	1182	43	14
■ 天涯消极	2407	779	350	1701	31	126

图 5.5　消极网络语言各子库过程对比图

（卡方检验后，$p=0.000$，$p<0.05$，过程类型的选择存在显著差异）

用的及物性过程类型可依据使用频次划分为三个等级：第一等级为物质和关系过程，第二等级为心理与言语过程，第三等级为存在及行为过程。三个子库均是物质过程频次居首，关系过程次之。其次，三个子库的不同之处在于心理与言语过程、存在与行为过程之间存在差异：新浪子库与天涯子库的心理过程较言语过程使用频率更高，而搜狐子库与之相反；新浪子库与搜狐子库的存在过程与行为过程相比使用频次更多，而天涯子库则与之相反，行为过程频次大于存在过程。调整残差表 5.4 详尽呈现了各消极子库在过程资源上是否存在显著差异，以及差异的大小。

表 5.4　　消极网络语言各子库过程调整残差数据表

类型	频次	搜狐 计数	搜狐 调整后残差	天涯 计数	天涯 调整后残差	新浪 计数	新浪 调整后残差	总计 计数
过程类型	存在过程	43	-0.6	31	-5.4	80	6.4	154
	关系过程	1182	-2.4	1701	-0.1	1248	2.5	4131
	物质过程	2021	11.8	2407	1.9	1280	-14.0	5708
	心理过程	257	-16.5	779	0.6	824	16.0	1860
	行为过程	14	-6.9	126	6.9	52	-0.5	192
	言语过程	414	7.2	350	-5.1	275	-1.7	1039
总计		3931		5394		3759		13084

如表 5.4 所示，在存在过程的使用上，天涯和新浪消极子库存在显著差异；在关系过程、心理过程和物质过程的使用上，搜狐和新浪消极子库存在显著差异；在行为过程及言语过程的使用上，搜狐和天涯消极子库存在显著差异。搜狐消极子库比其他两个子库更倾向于使用言语过程；新浪消极子库比其他两个子库更倾向于使用存在和心理过程；天涯消极子库比另外两个子库更倾向于使用物质、关系及行为过程。以下示例是差异最显著的物质过程和心理过程的语料分析。

（37）我**抓住**每个人，试图**寻找**和我一样的脸。（XL_ NEG 00029212）

（38）上个礼拜丢的 AirPods 到现在还没**找到**？前天刚**买了**个新耳机今天又给它**丢**在教室了？？不知道明天能不能**找回来**？？？（XL_ NEG 00016081）

新浪消极子库的物质过程多使用与日常生活和情感有关的"失去""跌撞""揭开""伤害""欺骗""沦陷""离开""拒绝""甩开"等动词。结构分析发现新浪消极子库语料的小句长度较短、句式结构简单，表达较为口语化。上述例证使用的物质过程由"抓住""寻找""找到""买了""丢""找回来"等动词体现，表达的意义多为消极的。例（37）表达了博主感到迷失自我，处于迷茫的情绪之中。例（38）几个动词表达了博主常丢东西，伴有焦虑、暴躁、无奈的情绪。

（39）2018 年 7 月 10 日，昆明市西山区市场监督管理局执法人员在接到全国 12315 互联网平台的举报单后依法对西仪股份进行了**检查**，发现当事人在其官方网站**使用了**绝对化广告用语，其行为**涉嫌违反**了《中华人民共和国行政广告法》的相关规定。（SH_ NEG 00002052）

例（39）摘自搜狐消极子库。小句结构分析发现搜狐消极子库新闻语料的小句长度较长，并且句式结构复杂，措辞严谨，表达较为书面化。例（39）主要内容为打击违法行为的新闻报道，使用了"检查""使用""涉嫌""违反"等表示物质过程的动词，其中"检查""使用"等属于中性词汇，但"涉嫌""违反"过程动词均带有消极意义。

（40）此骗子会**搞**虚假、**搞**歪邪、**搞**罪恶、**搞**黑钱，还会**搞**阴谋、**搞**无赖、**搞**笑柄、**搞**恶心……（TY_ NEG 00250702）

（41）您别在这**做戏**了，如不是＊＊单位**包庇袒护**，您这骗子早就被刑事**起诉**了。（TY_ NEG 00183291）

例（40）—例（41）语料属于物质过程，主要通过"搞""做戏""包庇袒护""起诉"等动词实现。上述动词属于贬义词汇，并且使用了许多具有消极情感语义的参与者及环境成分来同过程动词搭配，如"虚假""歪邪""罪恶""黑钱""阴谋""无赖""笑柄""恶心"等，增强了语料的消极色彩。不同成分的搭配表现了发帖者的愤怒，传递了负能量，不利于构建网络和谐生态。

（42）有时候，突然**觉得**心情烦躁，看什么都**觉得**不舒服，拼命**想**寻找一个出口。（XL_ NEG 00012717）

（43）其二，是从功利角度、实用角度**看待**科学，一说"科学"就**想成**"科技""技术""生产力"。（XL_ NEG 00023646）

在新浪消极子库中，心理过程多为"颓废""烦恼""难过""珍惜""忽略"等动词。同物质过程相似，其过程动词大多数具有负面、消极的含义。例（42）的"觉得"是中性动词，但结合"心情烦躁""不舒服"等语汇，表达了郁结、心绪不宁消极情绪，这种情绪被网民称为"负能量"，过度消极会影响身体与心理健康，甚至会影响社会安定。例（43）的心理过程是由"看待""想成"实现的。如果仅仅看过程动词，难以判断其消极性，结合位于过程动词之前的"从功利、实用角度""一……就……"等环境成分便能够判断例（43）中的消极意义。

（44）恐怖分子可能**以为**俄罗斯的军队大部分都在外作战，内部防守力量薄弱，但是却没有**料到**俄罗斯的内部防守力量同样十分强大。（SH_ NEG 00065833）

（45）重污染预警期间，请广大市民朋友及时**关注**空气质量发布及预报信息，做好自身健康防护。（SH_ NEG 00027834）

（46）**搞不明白**为什么那么多垃圾网站广告帖？**搞不明白**为什么那么多垃圾网站广告贴？（TY_ NEG 00198842）

上述例证显示，在搜狐消极子库中，心理过程使用的词汇多带有消极感情色彩，但也存在一些中性动词，如例（44）中的"以为""料到"，从字面意思上看是中性的，但是整个句子体现了作者对恐怖分子的仇视态度，情感表达消极，但整体语义偏向积极。例（45）中的"关注"来自搜狐消极语料库，但属于中性词汇，目的是倡导人们关注空气质量，爱护环境，所以该语料属于生态的网络话语。例（46）选自天涯消极子库，属于心理过程中的认知子类，表述了对于天涯社区打广告的愤怒与排斥，其内容也暗含着不满、吐槽的情感语义。该语篇由"搞不明白"重复若干次组成，表现出网络语言的口语性、重复性特征。

综上，由于三个子库所涉及的表达主体差异与内容差异，新浪子库的消极性主要体现在生活情感中；搜狐消极子库中并非所有的内容都是消极的，也存在少数中性语篇；天涯语料形式多样，内容各异，消极程度居中。

（二）参与者对比分析

图 5.6 直观呈现了三个消极网络语言子库的参与者使用特征。

图 5.6 数据及卡方检验显示，三个子库的参与者使用频率存在显著差异。总体而言，搜狐新闻及天涯论坛的物质过程的参与者类型相较于其他过程参与者类型频次最高，而新浪微博则是关系过程参与者类型使用频次最高。在新浪微博语料中，参与者成分排名第一的是

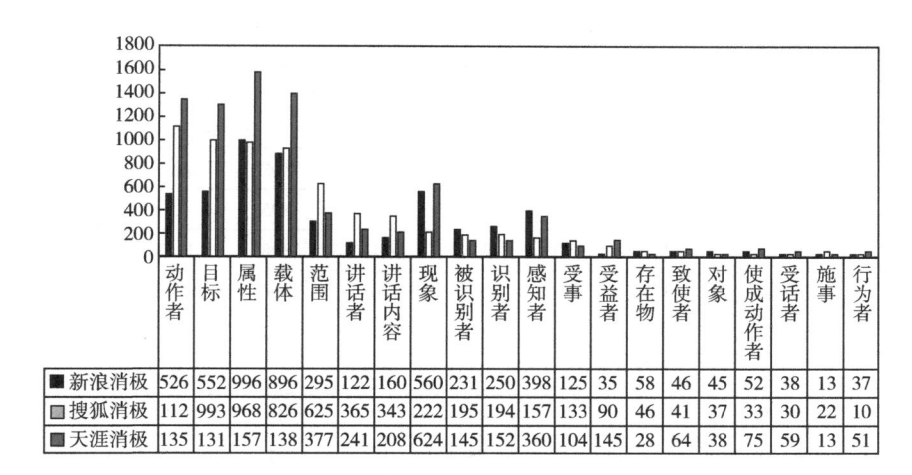

第五章 网络语言的及物性系统对比分析

	动作者	目标	属性	载体	范围	讲话者	讲话内容	现象	被识别者	识别者	感知者	受事	受益者	存在物	致使者	对象	使成动作者	受话者	施事	行为者
新浪消极	526	552	996	896	295	122	160	560	231	250	398	125	35	58	46	45	52	38	13	37
搜狐消极	112	993	968	826	625	365	343	222	195	194	157	133	90	46	41	37	33	30	22	10
天涯消极	135	131	157	138	377	241	208	624	145	152	360	104	145	28	64	38	75	59	13	51

图 5.6　消极网络语言各子库参与者对比图

（卡方检验后，p＝0.000，p＜0.05，参与者类型选择存在显著差异）

"属性""载体"排名第二，排第三位的是心理过程的"现象"，物质过程的"目标"排名第四，"动作者"排名第五，第六是"范围"，第七、第八是关系过程识别式的"识别者"与"被识别者"。搜狐新闻中参与者出现频次最多的类型是"动作者"，其次是"目标"，二者同属物质过程，紧随其后的是关系过程的"属性"与"载体"，第五位是"范围"。天涯社区的语篇中使用"属性"与"载体"最多，紧随其后的是物质过程的"动作者"和"目标"，最后是参与者心理过程的"现象"。调整残差表 5.5 展示了各消极子库在参与者资源上是否存在显著差异以及差异的大小。

表 5.5　　消极网络语言子库参与者调整残差数据表

类型	频次	消极子库参与者次类型频次与调整残差						总计
		搜狐消极		天涯消极		新浪消极		
		计数	调整后残差	计数	调整后残差	计数	调整后残差	计数
参与者类型	被识别者	195	1.0	145	－7.7	231	7.5	571
	存在物	46	0.6	28	－4.6	58	4.5	132
	动作者	1122	6.5	1353	5.0	526	－12.4	3001
	对象	37	－0.3	38	－2.1	45	2.7	120

续表

类型 \ 频次	消极子库参与者次类型频次与调整残差						总计
	搜狐消极		天涯消极		新浪消极		
	计数	调整后残差	计数	调整后残差	计数	调整后残差	计数
范围	625	12.7	377	-9.0	295	-3.4	1297
感知者	157	-10.0	360	-1.0	398	11.7	915
讲话内容	343	9.3	208	-6.5	160	-2.6	711
讲话者	365	10.5	241	-4.4	122	-6.2	728
目标	993	3.0	1314	5.9	552	-9.7	2859
施事	22	2.0	13	-2.0	13	0.0	48
使成动作者	33	-3.2	75	1.5	52	1.6	160
识别者	194	0.2	150	-7.9	250	8.6	594
受话者	30	-2.1	59	1.3	38	0.8	127
受事	133	1.8	104	-4.8	125	3.4	362
受益者	90	0.4	145	4.3	35	-5.2	270
属性	968	-6.9	1579	4.8	996	2.0	3543
现象	222	-13.7	624	2.7	560	11.5	1406
行为者	10	-4.7	51	2.2	37	2.5	98
载体	926	-4.5	1386	2.8	896	1.6	3208
致使者	41	-1.4	64	0.4	46	1.0	151
总计	6552		8314		5435		20301

如表5.5所示，在20类参与者中，有8类参与者存在显著性差异，包括"动作者""范围""讲话内容""讲话者""目标""属性""现象"及"行为者"。剩余12类非完全显著的参与者包括"被识别者""存在物""对象""感知者""施事""使成动作者""识别者""受话者""受事""受益者""载体"及"致使者"。调整残差后的数据显示，在8类完全显著的参与者中，搜狐消极子库相较于另外两个子库更倾向于使用"范围""讲话内容"及"讲话者"；天涯消极子库相较于另两个子库更倾向于使用"动作者""目标""现象""属性"及"行为者"；在非完全显著的参与者中，新浪消极子库倾向于使用"被识别者""识别者""感知者""对象"及"存在物"。

（47）每天早上，还没起床就开始一天的**焦虑**，在脑袋里**构思**好了今天**可能会经历的各种灾难事件**。（XL_ NEG 00015132）

（48）**政府**对**暴力性犯罪**必须**零容忍**，加强对犯罪的打击和处罚力度。（SH_ NEG 00056689）

（49）但**他宁愿**自欺欺人的相信这种**拙劣的"表演"**能够**描白**自己，其实反而欲盖弥彰露出了马脚。（SH_ NEG 00056689）

（50）**王＊＊侵吞**别人钱财时不讲德行、不嫌**丢人**，而当**丑行**败露时却非常怕**丑**，极尽**遮羞**之能事。（TY_ NEG 00029618）

例（47）选自新浪消极子库，"我"作为"感知者"被省略了，"构思"属于心理过程，其现象为"焦虑""今天可能会经历的各种灾难事件"。过程动词与感知者的搭配，体现出消极的语义，表达了现代年轻人生活工作压力大，态度消极。经常使用这种表达，会使网络社交空间充斥消极内容，不利于其构建积极的网络语言生态。例（48）的"政府"为动作者，"打击""处罚"则是目标。虽然划归"消极类"，但从整体语义判断，该句又表达了积极的含义。例（49）的"他"作为感觉者，"自欺欺人"是"现象"。"宁愿"属于心理过程，"描白"则是物质过程，"拙劣的'表演'""描白"等词汇传递消极意义，与此同时，例（48）和例（49）在过程动词"容忍"及"相信"之前使用了修饰词"零""宁愿"，增强了小句的消极色彩。在例（49）的现象资源中，使用了一个特殊的表达方式——引号。原本没有消极含义的"表演"，加上引号之后使原本中性的词汇具备了消极含义。例（50）的"王＊＊"是动作者，"侵吞"属于物质过程，其现象为"丢人""丑行""丑"，目标是"遮羞"，四个资源词汇均带有消极含义，表达了发帖人的厌恶与愤怒。

（三）环境成分对比分析

本书统计了三个消极子库的环境成分使用频次后，发现三个消极子库使用的"方式"类型最多，其次是"处所"，使用最少的类型为"角色"。在其余的六种环境成分的使用频次上，三个消极子库的排序呈现差异性（见图5.7）。

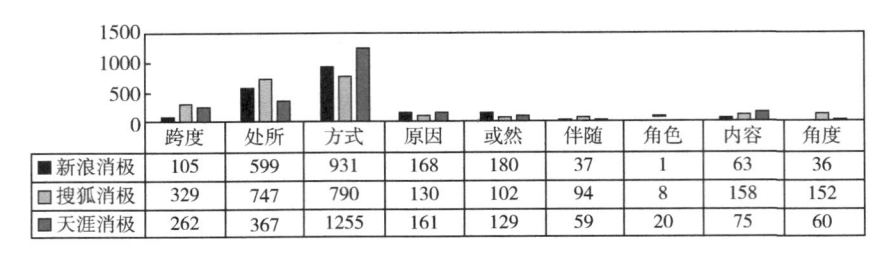

	跨度	处所	方式	原因	或然	伴随	角色	内容	角度
新浪消极	105	599	931	168	180	37	1	63	36
搜狐消极	329	747	790	130	102	94	8	158	152
天涯消极	262	367	1255	161	129	59	20	75	60

图 5.7 消极网络语言各子库环境成分对比图

（卡方检验后，$p=0.000$，$p<0.05$，环境成分选择存在显著差异）

图 5.7 数据及卡方检验结果显示，三个子库在环境成分的资源配置方面存在显著差异。

在新浪消极子库环境成分的次类中，"方式"的使用频次最多，第二位是"处所"，第三位是"或然"，第四位是"原因"，第五位是"跨度"，第六位是"内容"，第七位是"伴随"，第八位是"角度"，使用频次最少的环境成分类型是"角色"。在搜狐消极子库环境成分的次类中，"方式"的使用频次最多，第二位是"处所"，第三位是"跨度"，第四位是"内容"，第五位是"角度"，第六位是"原因"，第七位是"或然"，第八位是"伴随"，使用频次最少的环境成分类型是"角色"。在天涯消极子库环境成分的次类中，"方式"使用频次最多，第二位是"处所"，同搜狐子库相同，第三位是"跨度"，同新浪子库相同，第四位是"原因"，第五位是"或然"，同新浪子库相同，第六位是"内容"，第七位是"角度"，同搜狐子库相同，第八位是"伴随"，使用频次最少的环境成分类型是"角色"。

通过对各消极子库环境成分数据进行降序排列，对比三个消极子库的环境成分配置，在频次前三的环境成分类别中，新浪与天涯子库下降趋势较陡，但搜狐子库趋势较缓，而三个子库中排名后六种环境成分的趋势均平缓下降。调整残差表 5.6 数据展示了各消极子库在环境成分的使用上是否存在显著差异以及差异的大小。

表 5.6 显示，三个消极子库的四类环境成分不完全显著，包括"伴随""或然""方式"和"原因"，三个子库的环境成分次类型"处

表 5.6　　消极网络语言各子库环境成分调整残差数据表

类型		频次计数	环境成分类型频次与调整残差									总计
			伴随	处所	方式	或然	角度	角色	跨度	内容	原因	
消极子库类型	搜狐消极	计数	94	747	790	102	152	8	329	158	130	2510
		调整后残差	4.0	7.8	-13.8	-4.8	8.5	-0.9	6.7	6.5	-3.4	
	天涯消极	计数	59	367	1255	129	60	20	262	75	161	2388
		调整后残差	-0.9	-12.7	12.4	-1.2	-3.3	4.0	2.1	-3.2	0.5	
	新浪消极	计数	37	599	931	180	36	1	105	63	168	2120
		调整后残差	-3.3	4.9	1.7	6.2	-5.5	-3.1	-9.2	-3.4	3.1	
总计		计数	190	1713	2976	411	248	29	696	296	459	7018

所""角度""角色""跨度"和"内容",存在显著性差异。调整残差表的数据显示,在九类环境成分中,搜狐消极子库相较于另外两个子库更倾向于使用"处所""角度""跨度"及"内容";天涯消极子库相较于另外两个子库更倾向于使用"方式"和"角色";新浪消极子库相较于另外两个子库更倾向于使用"或然"及"原因"。

(51)**不断用他们的丑陋**颠覆三观,每天在攻击他们生活中根本接触不到的人和事,自得其乐,寻找存在感。(XL_NEG 00016955)

(52)也可以**通过信件举报**,**直接**寄送至亳州市教育局安全科即可。(SH_NEG 00060162)

例(51)—例(52)选自新浪消极子库和搜狐消极子库。两个示例均使用了"方式"之中的"手段"和"品质",但二者的手段内容存在差异,例(51)的手段由"用他们的丑陋"充当,主要使用消极的词汇如"丑陋"来抨击生活中的人或事;例(52)的手段由"通过信件举报"充当,属于中性环境成分。就小句来看,国家扫黑除恶是积极的举措,故这篇语料虽存在消极词汇,但传播的是积极含义,有益于构建积极语言生态。新浪语料使用"方式"多于搜狐是因为情感语篇中出现大量品质词,以此表达个人愤怒、不解、失望等具体感受,渲染语篇感情，使读者产生共鸣。搜狐新闻语篇为了保持新闻的客观态度，较少使用品质词汇，使用环境成分的"方式"类型也随之减少。

（53）垃圾量**明显**减少，处理垃圾成本**明显**降低，对土壤、环境和水体的污染**明显**减少。（SH_ NEG 00033628）

（54）许诺不能兑现会**极大地**损害自己的信誉；而一旦**轻率地**泄露了自己的经营秘密，别人就会乘虚而人（入）。（TY_ NEG 00086784）

上述两个示例均使用了"方式"中的品质词。例（53）连续使用了三个"明显"来体现垃圾分类的成效，虽然出现了"垃圾""污染"等消极词汇，但是本身的概念意义是积极的，并且使用了积极的品质词，帮助人们坚定垃圾分类积极的信念，有利于促进生态文明建设。例（54）的目标读者为创业或商界人士，使用"极大地""轻率地"等品质词来体现言而无信的危害。纵观两个子库中充当"方式"的词汇，可以看到搜狐的措辞更加严谨和书面化，而天涯语料不仅口语化，而且存在错别字，如例（54）中的"乘虚而人"的"入"，有损于语言生态的健康发展。

（55）**贵州贵阳**，一个 9 岁男童手脚麻利的帮环卫工妈妈，清收街道边垃圾桶内的垃圾：收、搬、举桶，动作一气呵成。（XL_ NEG 00030767）

（56）2009 **年** 5 **月** 18 **日**，**在吉林省白山市江源区湾沟镇（鹤大线** 961 **公里** +700 **米处）**，发生了一起重大的交通事故。（TY_ NEG 00289060）

例（55）选自新浪消极子库的社会新闻，例（56）选自天涯消极子库的交通事故报道，二者均属于新闻体裁，但"处所"的使用差异较大。例（55）的地点"贵州贵阳"较为模糊，具体位置不详。例（56）的文字清晰描述了时间地点，括弧内使用文字和数字"＊＊线＋

公里+米"的表达，对位置做出了详细说明。

（57）2018年12月，最高法、最高检、公安部、司法部、生态环境部在北京召开联合座谈会，形成《纪要》稿。（SH_ NEG 00000710）

（58）又过了半年后，年三十，女主说分手，原因就是异地太累……（TY-NEG 00034444）

搜狐与天涯的处所差异和搜狐与新浪的相似，搜狐作为新闻话语的典型特征，其处所多为相对准确的时间地点，如例（57）中的"2018年12月""在北京"等。天涯使用的处所大多为泛指、模糊的地点和时间，如例（58）中的"半年后""年三十""异地"等。类似新浪语料，天涯的语料中大量使用品质词，表达个人情绪和态度；搜狐新闻语篇为保障新闻的客观性，较少使用品质词汇，因此使用的"方式"类型也比天涯语料少。

二 消极网络语言及物性使用概括

从以上对消极网络语言子库的分析可以看出，在总体过程和参与者的使用频次上，天涯社区最多，其次是搜狐新闻，新浪微博最少。环境成分的分布有所差异：由于搜狐语料中多为新闻报道，为了保持新闻的精确严谨，需要使用不同的状语成分为报道添加细节，增强新闻说服力，因此，搜狐使用环境成分最多，其次为天涯，新浪微博语料使用环境成分最少。

三类消极子库的相同之处在于三者均倾向于使用物质过程和关系过程，其余过程的使用频次相对较少。搜狐消极子库使用言语过程多于心理过程，而新浪及天涯消极子库使用心理过程占比较高，原因在于新闻语料会涉及采访、访谈、会议讲话等，而微博与社区语料中的描述性话语较少，大多是将直接话语转为物质过程等其他过程。通常搜狐新闻使用的心理描述较少，大多使用客观、较少带感情色彩的表达，而微博与虚拟社区的网民经常使用网络记录日常，抒发个人情感情绪，心理过程远多于言语过程。在及物性系统中，每种过程都具有固定的参与者配置，故不同过程参与者的分布同过程本身的分布相同。在环境成分的使用上，三个子库存在明显差异，搜狐子库相较于另两个子库更倾向于使用"处所""角度""跨度"及"内容"，天涯子库更倾向于使用"方式"和"角色"，新浪子库则更倾向于使用"或然"及"原因"。

从整体语料观察，搜狐子库的正式程度最高，其参与者多为具体的人或事，且过程动词措辞更加严谨，中性或褒义词汇居多；环境成分的平均长度比另外两个子库更长，句式结构更加复杂；有时使用的词汇从字面上看是消极的，但结合语境和语义分析，表达的意义是积极的，有益于构建积极语言生态。天涯子库的内容呈两极分化，既有正式程度较高的新闻，也有正式程度较低的网民日志，参与者使用人称代词较多，存在部分指代不明现象，过程动词更加口语化，使用消极词汇较多；环境成分的平均长度适中，表达方式较为消极。新浪微博消极子库消极程度最高，既体现在过程动词的选择上，还存在部分指代不明的参与者，正式程度最低；环境成分的词汇使用最少，平均长度最短，且指代模糊；内容多为日常心情记录，传递消极的个人情绪或态度，不利于构建积极的网络语言生态。

第三节 积极与消极网络语言使用及物性的异同

前两节结合实例，分别探讨了积极网络语言和消极网络语言的及物性使用特征，本节对比分析积极与消极网络语言使用及物性的异同，深入分析积极与消极网络语言子库的及物性对比数据。

一 积极与消极网络语言总库及物性使用异同

在积极与消极网络语言总库中，本书结合具体例证对所标注的40万字积极和消极语料从过程类型、参与者、环境成分三个方面，就及物性数据的分布特征开展对比分析和阐释。

(一)及物性过程对比分析

图5.8详细呈现了积极网络语言总库与消极网络语言总库的及物性过程数据。

	物质过程	心理过程	言语过程	关系过程	存在过程	行为过程
积极总库	5996	2428	848	4288	116	85
消极总库	5708	1860	1039	4131	154	192

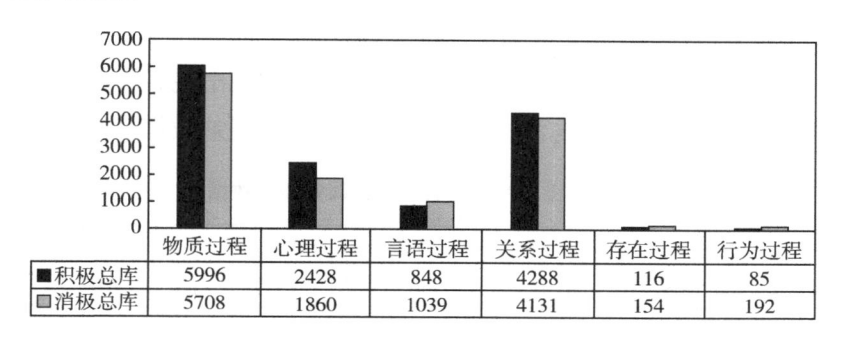

图5.8 积极与消极网络语言总库及物性过程对比图

(卡方检验后,$p = 0.000$,$p < 0.05$,过程类型的选择存在显著差异)

图5.8数据及卡方检验结果显示,积极与消极网络语言总库的过程资源使用存在显著差异。在积极与消极网络语言总库及物性的六大过程中,物质过程都居于首位,关系过程在总库中均位居第二,排在第三位的是心理过程,存在过程和行为过程在积极与消极网络语言总库中出现次数均较少。消极总库中的存在过程和行为过程相比积极网络语言总库中出现的频次多。总体来看,积极与消极网络语言总库的过程类型分布情况均存在异同。

语料使用的过程类型可依据使用频次划分为三个等级:第一等级为物质过程和关系过程,第二等级为心理过程及言语过程,第三等级为存在过程及行为过程。在积极与消极网络总库中,均是物质过程频次居首,关系过程次之。每个过程的使用频次存在差别——在物质过程、心理过程和关系过程上,积极总库使用过程成分的频次高于消极总库的频次;在言语过程、存在过程和行为过程上,消极总库使用过程成分的频次高于积极总库的频次。

在过程的及物性体现上,物质过程的广泛使用传达了网络新闻话语对事物的客观描述。积极总库频繁使用对网络有积极影响的表示行为的动词，说明人们的语言生态意识在日益增强，积极的网络新闻生态话语也在借助互联网平台向人们传达积极的社会意义，符合以人为本的生态哲学观。例如："中国职业教育为经济社会发展培养了大批技能人才，有力支撑了经济社会发展、有力促进了人的发展、有力提供了人人出彩的机会。"而在消极总库中，网民多使用物质过程发泄个人情绪、负面评价社会事件，抱怨、抵触、敷衍等消极词汇出现频率较高。

表5.7显示了积极与消极网络语言总库调整残差数据。

表5.7　　　　积极与消极网络语言总库过程调整残差数据表

类型		频次计数	过程类型使用频次与调整残差						总计
			存在	关系	物质	心理	行为	言语	
总库类型	积极总库	计数	116	4288	5996	2428	85	848	13761
		调整后残差	-0.1	-6.9	-2.7	7.7	-0.7	-5.7	
	消极总库	计数	154	4131	5708	1860	192	1039	13084
		调整后残差	0.1	6.9	2.7	-7.7	0.7	5.7	
总计		计数	270	8419	11704	4288	277	1887	26845

表5.7显示，除关系过程和物质过程不完全显著外，其余积极与消极网络语言总库的4类过程成分均存在显著性差异，包括：物质过程、心理过程、关系过程和言语过程。以下选择了使用频次最多、差异最显著的物质过程及关系过程进行定性分析阐释。

（59）新时代的校长必须**坚守**教育初心和良心，**坚守**教育责任，**坚守**正确办学方向。（SH_ POS 00058577）

（60）噩梦般的一年，她几度想要用**自杀**来**报复**同学，以求**解脱**。（SH_ NEG 00055116）

例（59）—例（60）均为物质过程，分别选取自积极总库和消极总库。物质过程客观表述事实，情感色彩较淡。例（59）反复使用"坚守"，表现了某种倡议倡导的坚定决心和意志。例（60）使用"自杀""报复""解脱"等叙述了事件发生的经过、性质和结果。在语言运用中，物质过程可以使叙事结构完整、表达内容清晰，体现出了网络新闻大量使用动词来呈现叙事性强的特点。两个总库存在的鲜明差异体现在词汇的选择和使用上，在积极总库中，多用"坚守""引领""坚持"等表达积极意义的动词，而在消极总库中，动词大多为"报复""毒打""追究"等带有消极色彩的词语。

（61）这样的人在一起生活感情**会觉得富足**，情感**会快乐顺畅**，与这样的人生活一辈子都**会幸福快乐**。（XL_ POS 00024569）

（62）怎奈**佳人怪**，木讷像白菜；二意又三心，怎能**感情深**。（XL_ NEG 00016826）

例（61）—例（62）分别选自积极和消极总库。关系过程反映了两个独立实体之间建立的关系，通常不表明一个参与者以任何方式影响另一个。例（61）中的新浪博主使用"感情富足""快乐顺畅""幸福快乐"等词语表达找到合适人的喜悦心情及对爱情的憧憬。消极网络语言子库中多表现消极情绪，例（62）中的"佳人怪""怎能感情深"表达了博主对恋人的指责，体现消极情绪，具有明显的个人感情色彩。

积极与消极网络语言总库的及物性资源统计数据显示，积极总库过程成分的使用总频次高于消极网络语言总库，这反映了网络空间语言总体上在向积极的态势发展，有利于构建和谐的网络语言生态环境。其次，积极网络语料的语篇大多结构紧密，内容严谨，复合句多，语句较长，小句数量少，多为正能量的宣传报道；而消极网络语料语篇的语句简短、结构松散，小句数量多，个人情绪表达明显。

（二）参与者对比分析

图 5.9 数据清晰反映了积极与消极网络语言总库的参与者各个次类的使用频次对比。

图 5.9 数据与卡方检验结果显示，积极与消极网络语言总库的参与者使用存在显著差异。在积极与消极总库及物性的参与者中，"属性"都居于首位，排名第二的是"载体"，"目标"在积极总库中位居第三，而在消极总库中，"动作者"排第三。"行为者"和"施事"在

· 119 ·

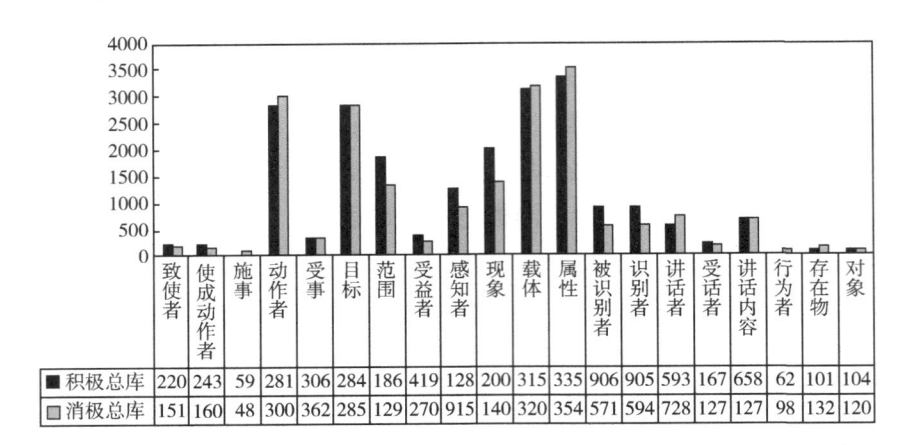

图 5.9　积极与消极网络语言总库参与者对比图

（卡方检验后，p = 0.000，p < 0.05，参与者次类选择存在显著差异）

积极与消极网络语言总库中出现频次较低。表 5.8 显示了积极与消极网络语言总库参与者调整残差数据。

表 5.8　积极与消极网络语言总库参与者调整残差数据表

类型	频次	子库种类频次与调整残差				总计
		积极总库		消极总库		
		计数	调整后残差	计数	调整后残差	计数
参与者类型	被识别者	906	7.2	571	−7.2	1477
	存在物	101	−2.7	132	2.7	233
	动作者	2817	−6.0	3001	6.0	5818
	对象	104	−1.7	120	1.7	224
	范围	1862	8.0	1297	−8.0	3159
	感知者	1283	6.1	915	−6.1	2198
	讲话内容	658	−3.0	711	3.0	1369
	讲话者	593	−5.3	728	5.3	1321
	目标	2844	−3.6	2859	3.6	5703
	施事	59	0.6	48	−0.6	107
	使成动作者	243	3.3	160	−3.3	403
	识别者	905	6.5	594	−6.5	1499

续表

类型 \ 频次		子库种类频次与调整残差				总计
		积极总库		消极总库		
		计数	调整后残差	计数	调整后残差	计数
参与者类型	受话者	167	1.6	127	-1.6	294
	受事	306	-3.3	362	3.3	668
	受益者	419	4.6	270	-4.6	689
	属性	3357	-6.2	3543	6.2	6900
	现象	2008	8.2	1406	-8.2	3414
	行为者	62	-3.4	98	3.4	160
	载体	3155	-4.3	3208	4.3	6363
	致使者	220	2.8	151	-2.8	371
总计		22069		20301		42370

表5.8显示，积极与消极网络语言总库的十七类参与者存在显著性差异，这十七类包括动"作者""范围""讲话内容""讲话者""目标""属性""现象""行为者""被识别者""存在物""感知者""使成动作者""识别者""受事""受益者""载体"及"致使者"。不完全显著的参与者包括"对象""施事"和"受话者"。由于参与者类型较多，本书选择显著性差异较大的参与者类型"受事"进行分析。

（63）青春的确很短，所以我不想浪费在不一样的人身上，**我**想**把**它都留给我很喜欢很喜欢的那个人。（XL_ POS 00004037）

（64）我们走错过很多路，也绕过不少弯，被**谎言**欺骗过，也**被**真相伤害过。（XL_ NEG 00019196）

"受事"主要是物质过程的参与者，经常出现在"把字结构""被字结构"中，表示参与者经历了某种状态变化，或通过它行使某种动作或行为。在例（63）中，博主表达了对青春的珍惜和热爱，而例（64）的"受事"则传递了所遭遇不公正之后心中的郁结。语料反映出积极和消极网络语言总库参与者多使用心绪情感类词汇，两个总库均使用了较多心理过程的参与者来描述事件，使用心理过程表达个人琐碎思想或情感的特点。不同之处在于,积极总库中的参与者多为表达积极意义的词汇,而消极总库中的语料多为情感语篇,负面的情绪词占比较高,网民使用较多的品质词来表达愤怒、不解、失望等具体感受,渲染内心情绪。

通过对积极与消极网络语言总库及物性资源的统计与分析,可以看出积极与消极总库参与者及物性资源的分布特点:就参与者而言,积极网络语言总库使用参与者的频次高于消极网络语言总库。小句的句法结构显示,参与者、过程、环境成分作为其构成要素,分别对应主语、谓语及状语,且小句的最常用形式为主语加谓语,参与者的分布特点与过程类似。

(三)环境成分对比分析

图 5.10 是积极与消极网络语言总库的环境各个成分的使用频次分布图。

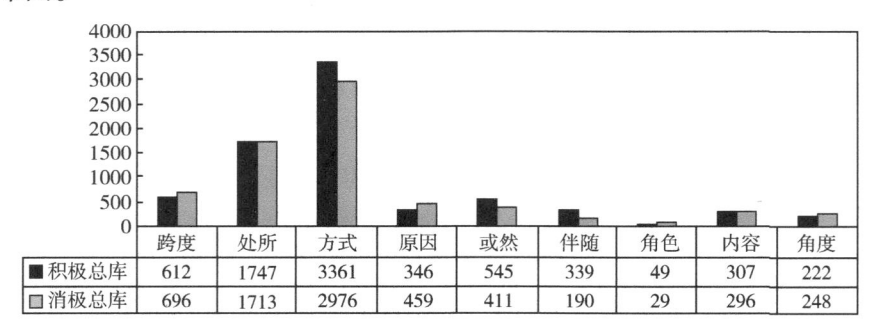

	跨度	处所	方式	原因	或然	伴随	角色	内容	角度
积极总库	612	1747	3361	346	545	339	49	307	222
消极总库	696	1713	2976	459	411	190	29	296	248

图 5.10　积极与消极网络语言总库环境成分对比图

(卡方检验后,$p=0.000$,$p<0.05$,环境成分选择存在显著差异)

图 5.10 数据及卡方检验结果显示,积极与消极总库的环境成分使用存在显著差异。在积极与消极总库的及物性环境成分中,"方式"均居首位,排名第二的是"处所",第三的是"跨度","角色"在积极与消极总库中出现频次较低。表 5.9 显示了积极与消极网络语言总库环境成分调整残差数据。

表 5.9 显示,"角色"和"内容"两类环境成分差异不显著,其余积极与消极总库的七类环境成分均存在显著性差异,这七类包括

"伴随""方式""或然""角度""处所""跨度"和"原因"。根据以下语料实例,选择差异最显著的"处所"和"方式"进行分析。

表5.9　积极与消极网络语言总库环境成分调整残差数据表

类型		频次计数	环境成分分类型频次与调整残差								总计
			伴随	处所	方式	或然	角度	角色	跨度	内容	原因	
子库种类	积极总库	计数	339	1747	3361	545	222	49	612	307	346	7528
		调整后残差	5.8	-2.0	2.7	3.4	-2.0	1.7	-3.8	-0.4	-5.1	
	消极总库	计数	190	1713	2976	411	248	29	696	296	459	7018
		调整后残差	-5.8	2.0	-2.7	-3.4	2.0	-1.7	3.8	0.4	5.1	
总计		计数	529	3460	6337	956	470	78	1308	603	805	14546

（65）**清晨**，**午后**，**深夜里**。（XL_ POS 00008841）

（66）**早春**，**夏日**，**暮秋中**。（XL_ POS 00008841）

（67）**有时候**，真想就这样从这个世界上消失。（XL_ NEG 00008717）

在"处所"的使用频率上,消极网络语言总库高于积极网络语言总库。两者共同之处是语篇中的大多数"处所"词是泛指和模糊的。如:例（65）中"清晨""午后""深夜里",例（66）中的"早春""夏日""暮秋"和例（67）中"有时候",这些都是没有明确时间的词语,体现出网络语言句子结构简单,句法结构松散,语言支离破碎的特征。

（68）以众多企业家校友**热烈**回馈、**慷慨**捐助到师生校友**积极**书写南开故事,**踊跃**捐献教育资料。（SH_ POS 00069405）

（69）这**恐怕**也是降低此次事故严重性的重要原因。（SH_ NEG 00064262）

例（68）—例（69）分别选自积极网络语言和消极网络语言总库。两者在"方式"资源的使用上大多都运用形容词或副词,积极网络语言语料选用的形容词均为积极形容词，如"热烈""慷慨""积极"和"踊跃"等，体现出了积极网络语言具有激励网民正面向上的特点。而在消极网络语言子库中，多用"恐怕""彻底"等形容词或副词表达愤怒、不解、失望等具体感受。

通过对积极与消极网络语言总库的环境成分及物性资源的统计分析，发现积极与消极网络语言总库的分布特点为：环境成分的分布与过程、参与者的分布不尽相同。消极网络语言总库的环境成分频次少于积极网络语言总库中的环境成分频次，原因是网络积极新闻语料中需要使用大量环境成分进行信息的介绍与铺垫。

二 新浪积极与消极网络语言及物性使用异同

语料统计数据显示，新浪积极语料的及物性资源普遍比新浪消极语料的及物性资源多。为了实现精细化研究，本部分结合语料自身特征，从新浪内部的积极与消极语料的过程、参与者和环境成分出发，结合卡方检验以及调整残差，进一步分析新浪积极与消极语料的及物性分布及使用异同，分析其内在原因。

（一）及物性过程分析

图 5.11 数据显示新浪积极语料的过程频次比新浪消极语料的过程频次要高。本部分将从新浪积极与消极网络语言语料的过程分布出发，对积极与消极语言语料及物性过程使用的异同进行分析和阐释。

图 5.11 数据及卡方检验结果显示，新浪积极与消极网络语言语料在过程资源使用上存在显著差异。在及物性的六大过程中，关系过程在新浪积极网络语言居首位，物质过程位居第二，而新浪消极网络语言的物质过程出现的频次最高，关系过程位居第二；排在第三的均是心理过程。存在过程和行为过程在新浪积极与消极网络语料中出现频次较低，这是两个库的相似之处。

新浪积极和新浪消极网络语料中六个过程分布的相似性表明，新浪积极和消极语料的物质过程使用频次较高。在新浪消极网络语料中，物质过程、言语过程出现的频次较高，对事件的陈述和叙述较多；新

第五章 网络语言的及物性系统对比分析

	物质过程	心理过程	言语过程	关系过程	存在过程	行为过程
新浪积极	1474	970	284	1556	48	49
新浪消极	1280	824	275	1248	80	52

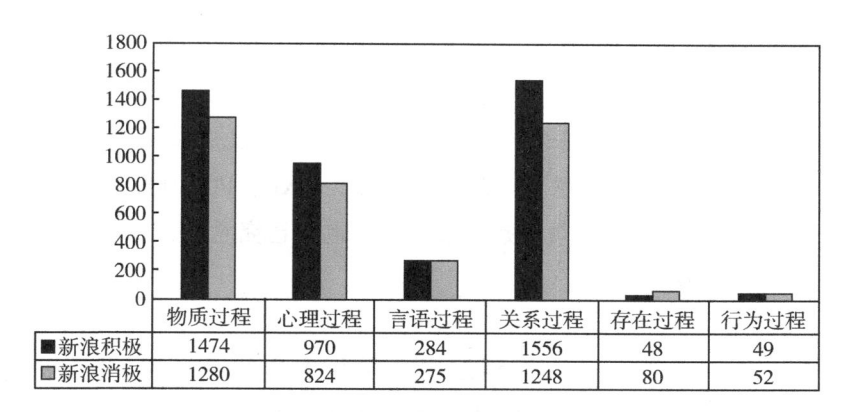

图 5.11　新浪积极/消极网络语言语料过程对比图

（卡方检验后，p = 0.000，p < 0.05，过程类型选择存在显著差异）

浪积极网络语料更多地使用关系过程和心理过程。新浪积极网络语料心理过程的焦点是人们对某一事件的感受和反应；而消极网络语料的心理过程则更多的是关于感觉、情绪或态度的表达。可以说，新浪积极网络语料更倾向于表达情感、反映认知和感知，而消极网络语料更倾向于通过言语过程陈述现实或宣泄情感。

表 5.10 显示了新浪积极与消极语料在过程资源上是否存在显著差异及差异的大小。

表 5.10　　新浪积极/消极网络语料过程使用调整残差数据表

类型		频次计数	过程类型频次与调整残差						总计
			存在	关系	物质	心理	行为	言语	
子库种类	新浪积极	计数	48	1556	1474	970	49	284	4381
		调整后残差	−3.7	2.2	−0.4	0.2	−1.1	−1.5	
	新浪消极	计数	80	1248	1280	824	52	275	3759
		调整后残差	3.7	−2.2	0.4	−0.2	1.1	1.5	
总计		计数	128	2804	2754	1794	101	559	8140

表 5.10 显示，新浪积极与消极网络语言子库的存在过程和关系过程存在显著性差异，而物质过程、心理过程、行为过程和言语过程不存在显著差异。下面将结合实例，选择差异最显著的关系过程进行定

性分析。

(70) 因此他们认为谈恋爱，就**是**为了以后结婚而考虑，既然要结婚就必须要规划好你们的未来。(XL_ POS 00016681)

(71) 最闹心的烦躁**是**你根本不知道自己究竟在烦什么。(XL_ NEG 00030629)

例(70)—例(71)分别使用"是"表现关系过程，"谈恋爱""烦躁"则是两个名词作为载体。因为新浪微博主要是传递个人生活境遇、工作状态、情感经历、思想起伏等，大多都具有较强的个人感情色彩。经过小句结构分析，可以看到新浪网络语言语料句式结构简单，表达较为口语化。例(70)表达了博主审慎的恋爱观和婚姻观。而例(71)中"烦躁"则是载体，表达了博主纠结郁闷的心情，话语具有明显的消极色彩。

(二)参与者对比分析

本部分从参与者出发，详细分析新浪积极与消极网络语言子库参与者的分布异同。图5.12是新浪积极与消极网络语言子库参与者频次分布状况。

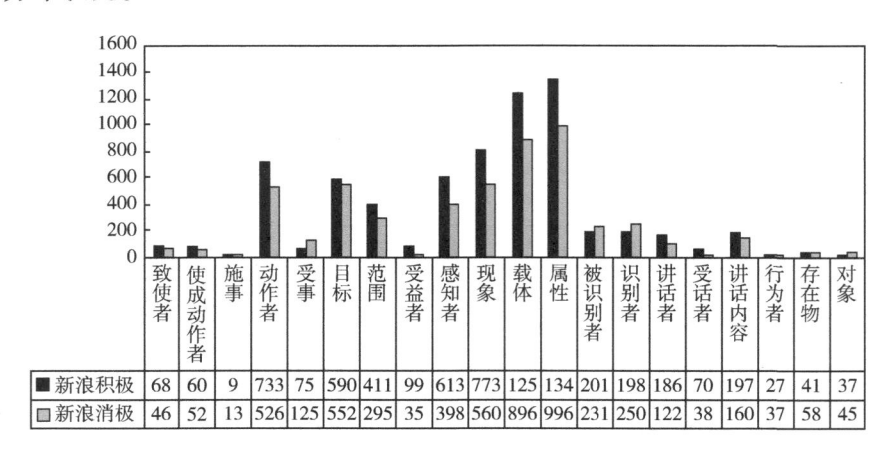

	致使者	使成动作者	施事	动作者	受事	目标	范围	受益者	感知者	现象	载体	属性	被识别者	识别者	讲话者	受话者	讲话内容	行为者	存在物	对象
新浪积极	68	60	9	733	75	590	411	99	613	773	125	134	201	198	186	70	197	27	41	37
新浪消极	46	52	13	526	125	552	295	35	398	560	896	996	231	250	122	38	160	37	58	45

图5.12 新浪积极/消极网络语言子库参与者对比图

(卡方检验后，$p = 0.000$，$p < 0.05$，参与者类型选择存在显著差异)

图 5.12 数据及卡方检验结果显示,新浪积极与消极网络语言子库的参与者资源使用存在显著差异。在新浪积极与消极网络语言子库及物性的参与者中,"属性"频次均居首位,排名第二的是"载体","现象"在两个子库中均位居第三,"行为者"和"施事"在两个子库中出现次数较少。

参与者的差异与过程有关。首先,新浪积极网络语言子库包含更多的关系过程,使用属性频次较高;其次,新浪消极网络语言子库包含更多的言语过程,使用讲话者和讲话内容频次较高。新浪积极与消极网络语言子库中的"受话者"不存在显著差异,说明大多数言语过程并非面向受话人。图 5.12 显示,新浪积极与消极网络语言子库中的两种受益者存在差异。与新浪消极网络语言子库相比,新浪积极网络语言子库使用"目标"和"感知者"频次更高。

表 5.11 显示了新浪积极消极网络语言子库参与者调整残差数据。

表 5.11　　新浪积极消极网络语言子库参与者调整残差数据表

类型	频次	新浪积极 计数	新浪积极 调整后残差	新浪消极 计数	新浪消极 调整后残差	总计 计数
参与者类型	被识别者	201	-4.1	231	4.1	432
	存在物	41	-3.0	58	3.0	99
	动作者	733	1.5	526	-1.5	1259
	对象	37	-2.0	45	2.0	82
	范围	411	1.1	295	-1.1	706
	感知者	613	2.9	398	-2.9	1011
	讲话内容	197	-0.4	160	0.4	357
	讲话者	186	1.5	122	-1.5	308
	目标	590	-3.3	552	3.3	1142
	施事	9	-1.5	13	1.5	22
	使成动作者	60	-0.6	52	0.6	112
	识别者	198	-5.2	250	5.2	448
	受话者	70	1.8	38	-1.8	108
	受事	75	-5.4	125	5.4	200

续表

频次 类型		参与者类型使用频次与调整残差				总计
		新浪积极		新浪消极		
		计数	调整后残差	计数	调整后残差	计数
参与者 类型	受益者	99	4.1	35	-4.1	134
	属性	1347	1.4	996	-1.4	2343
	现象	773	1.4	560	-1.4	1333
	行为者	27	-2.3	37	2.3	64
	载体	1250	2.1	896	-2.1	2146
	致使者	68	0.7	46	-0.7	114
总计		6985		5435		12420

依据调整残差的统计方法，当标准化残差的绝对值大于 1.96 时，证明两组数据存在较大差异。表 5.11 显示，在参与者的 20 个次类型中，有 10 类参与者差异不完全显著，其余 10 类参与者存在显著性差异，包括"被识别者""存在物""对象""感知者""目标""识别者""受事""受益者""行为者"及"载体"。

（72）**我**就是**喜欢**这种**情怀**。她不是青春系列书的说教，也不是偶尔听歌的多愁善感，对于我来说，**我**所有的**情怀**都离不开乡土。（XL_POS 00003559）

（73）**我不会喜欢**一个**东西**很久 所以我的网名头像一直在变 **我**对**事物厌倦**的很快 **心情好**会做很多很幼稚的**事情** 发起脾气吓死人破坏力极强 **心里**真正**接纳**的没有多少**人** 看到**不喜欢**的**事情**容易抱怨 整天**想些**乱七八糟的**事** 敷衍浮躁任性幼稚双重性格自**我偏激** 从心里**抵触**任何陌生**人** 可这就是我啊（XL_NEG 00009835）

例（72）—例（73）分别选自新浪积极与消极子库。这两个例子都是典型的心理过程，例（72）的"感知者"是"我"，"过程"是"喜欢"，"现象"则是"情怀"，表现了发话人对"乡土"的眷恋和对生活的积极态度。例（73）的"感知者"也是"我"，"过程"是"不会喜欢""厌倦""接纳""不喜欢""想些""抵触"，"现象"则是"东西""事物""事情""人""事"，加之发话人对自己性格的描写"敷衍浮躁任性幼稚双重性格自我偏激"，更体现了其消极、暴躁的个性和消极情绪。本例也显示新浪微博社交媒体的特点，语句结构松散，情绪宣泄随意，整段未见任何标点符号。消极网络语言的特征提醒我们网络语言生态文明建设，不仅要防范网络暴力，也要防止网络语言对自然语言规范的侵蚀。

（三）环境成分对比分析

本部分从环境成分入手，详细分析新浪积极与消极网络语言子库环境成分的分布异同（见图5.13）。

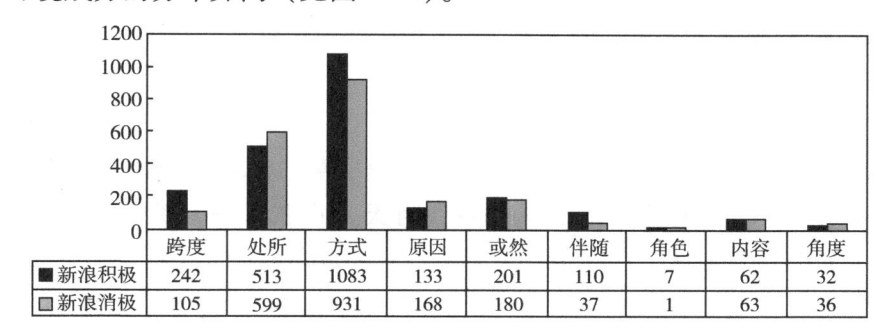

	跨度	处所	方式	原因	或然	伴随	角色	内容	角度
新浪积极	242	513	1083	133	201	110	7	62	32
新浪消极	105	599	931	168	180	37	1	63	36

图5.13 新浪积极/消极网络语言子库环境成分对比图

（卡方检验后，p=0.000，p<0.05，环境类型选择存在显著差异）

卡方检验结果表显示 p 值为 0.000，小于 0.05，说明新浪积极与消极网络语言子库的环境成分资源使用存在显著差异。图5.13显示，在新浪积极与消极网络语言子库及物性的环境成分中，"方式"均居首位；出现次数第二多的是"处所"，在两个子库中均占比较高；在新浪积极网络语言子库中，排在第三的是"跨度"，而在消极子库中"或然"出现的频次排在第三。"角度"和"角色"在两个子库中出现频次明显偏低。"角色"是所有环境成分中出现次数最少的。

表5.12显示了新浪积极与消极网络语言子库环境成分调整残差数据。

表 5.12　　新浪积极/消极网络语言子库环境成分调整残差数据表

类型		频次计数	环境成分类型频次与调整残差									总计
			伴随	处所	方式	或然	角度	角色	跨度	内容	原因	
子库种类型	新浪积极	计数	110	513	1083	201	32	7	242	62	133	2383
		调整后残差	5.4	−5.2	1.0	−0.1	−1.0	2.0	6.5	−0.8	−3.1	
	新浪消极	计数	37	599	931	180	36	1	105	63	168	2120
		调整后残差	−5.4	5.2	−1.0	0.1	1.0	−2.0	−6.5	0.8	3.1	
总计		计数	147	1112	2014	381	68	8	347	125	301	4503

依据调整残差的统计方法，当标准化残差的绝对值大于 1.96 时，证明两组数据存在较大差异。表 5.12 显示，除"方式""或然"及"内容"三类环境成分差异不完全显著外，其余六类环境成分均存在显著性差异。接下来将结合实例，选择差异最显著的"处所"进行定性分析。

（74）爸爸也希望你**一辈子**都能这么笑。（XL_ POS 00026732）

（75）**今天**你口袋里的钱，**明天**变成孩子手里的纸。（XL_ NEG 00000531）

例（74）的"一辈子"是环境成分的"处所"，表达了积极向上的情感，例（75）的"今天""明天"同样是环境成分的"处所"，通过处所的对比隐含发话人的忧虑。数据统计显示，新浪消极网络语言子库"处所"的使用频次高于积极网络语言子库。二者的共同之处是新浪语篇口语化特征明显，含混、省略或指代不详的"处所"词占比较高，体现了新浪语篇小句结构简单，语言碎片化特征。

需要注意的是，新浪微博作为社交媒体，使用人数多、人群覆盖面广、社会影响较大。虽然社交媒体在一定意义上丰富了自然语言的形式与内容，但因其使用语言的随意性、口语化甚至低俗性，不利于网络语言生态文明建设，需要全社会努力，高度重视社交媒体使用语言的科学性、文明性和规范性。

三 搜狐积极与消极网络语言子库及物性使用异同

搜狐新闻作为新闻发布者,其语篇文体正式、用词正式,多为比较客观的记叙类、描述类新闻。对比积极与消极两组数据,发现搜狐积极语料的及物性系统各类配置成分使用频次普遍高于消极语料的及物性系统各类配置成分。

本部分从搜狐积极与消极网络语言子库的过程、参与者和环境成分入手,结合卡方检验以及调整残差统计方法,详细分析搜狐积极与消极网络语言子库的及物性分布及使用异同,并结合语料自身表现特征,分析其内在因素。

(一) 及物性过程分析

本部分针对及物性6个过程使用的分布情况,对搜狐积极与消极网络语言子库使用及物性的异同进行定性定量分析(见图5.14)。

	物质过程	心理过程	言语过程	关系过程	存在过程	行为过程
搜狐积极	2581	433	327	1167	27	7
搜狐消极	2021	257	414	1182	43	14

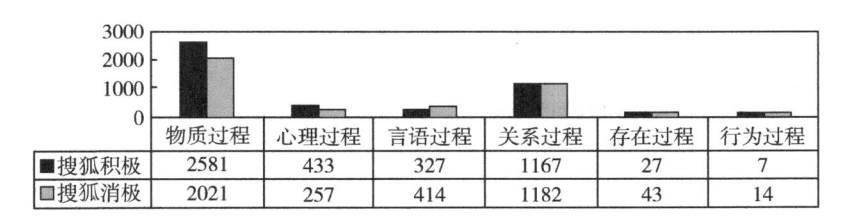

图 5.14 搜狐积极/消极网络语言子库过程对比图

(卡方检验后,p=0.000,p<0.05,过程类型选择存在显著差异)

图 5.14 中数据及卡方检验结果显示,搜狐积极与消极网络语言子库的过程资源使用存在显著差异。在及物性的六大过程中,两个子库物质过程均居首位,关系过程均位居第二。心理过程在积极网络语言子库中排名第三,但在消极网络语言子库中排名第三的是言语过程。存在过程和行为过程在两个子库中出现频次较低。消极子库中的存在过程和行为过程频次高于积极子库。

表 5.13 显示了搜狐积极/消极网络语言子库过程类型调整残差数据。

表 5.13　搜狐积极/消极网络语言子库过程类型调整残差数据表

类型		频次计数	过程类型频次与调整残差						总计
			存在	关系	物质	心理	行为	言语	
子库类型	搜狐积极	计数	7	27	2581	433	1167	327	4542
		调整后残差	-1.9	-2.5	5.0	5.0	-4.5	-5.4	
	搜狐消极	计数	14	43	2021	257	1182	414	3931
		调整后残差	1.9	2.5	-5.0	-5.0	4.5	5.4	
总计		计数	21	70	4602	690	2349	741	8473

表5.13显示，除存在过程不完全显著外，其余五类过程成分均存在显著性差异，包括关系过程、物质过程、心理过程、行为过程和言语过程。以下结合实例，选择差异最显著的言语过程进行定性分析。

（76）中科院党组**强调**，科研诚信是科技创新的基石。（SH_POS 00044319）

（77）他**坦言**自己特别讨厌小孩，这辈子都不会生小孩。原因是他在小学遭遇过欺凌，当时性格有点孤僻，班上的同学欺负他。（SH_NEG 00055116）

例（76）的"强调"表现了言语过程，发话人是"中科院党组"，讲话内容是"科研诚信是科技创新的基石"。例（77）的"坦言"表现言语过程，发话人是"他"，讲话内容是"自己特别讨厌小孩，这辈子都不会生小孩"。两个例子的共同之处是在言语过程的使用上，多用"强调""坦言"等词语来表达发话人的看法。两者的不同为积极子库中，大多数语篇是新闻类语篇，用来报道社会正能量，体现出搜狐新闻对大众的正向引导作用。而消极新闻中多是一些负面报道，如例（77）中采访者因为校园暴力而讨厌小孩，提醒读者关注校园霸凌问题。

（二）参与者对比分析

本部分针对参与者20个子类型使用的分布情况，对搜狐积极与消极网络语言子库使用参与者的异同进行定性定量分析（图5.15）。

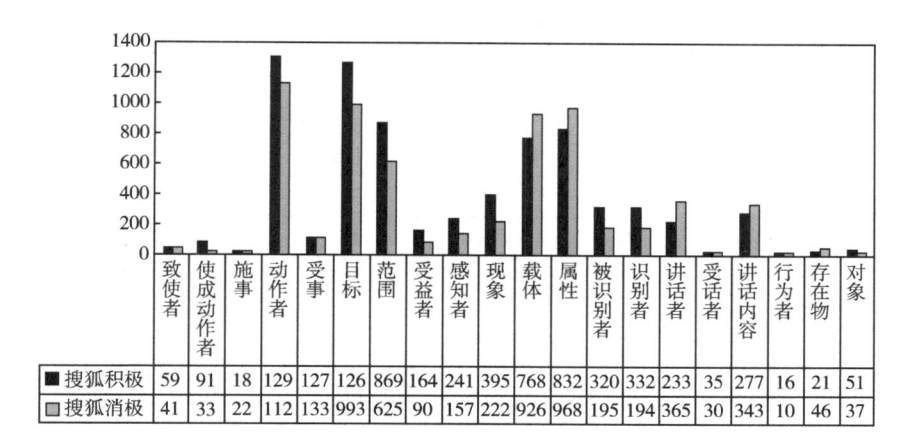

第五章 网络语言的及物性系统对比分析

图 5.15 搜狐积极/消极网络语言子库参与者对比图

	致使者	使成动作者	施事	动作者	受事	目标	范围	受益者	感知者	现象	载体	属性	被识别者	识别者	讲话者	受话者	讲话内容	行为者	存在物	对象
搜狐积极	59	91	18	129	127	126	869	164	241	395	768	832	320	332	233	35	277	16	21	51
搜狐消极	41	33	22	112	133	993	625	90	157	222	926	968	195	194	365	30	343	10	46	37

（卡方检验后，p=0.000，p<0.05，过程类型选择存在显著差异）

图 5.15 数据及卡方检验结果显示：搜狐积极与消极网络语言子库的参与者资源使用存在显著差异。在两个子库及物性的参与者中，"动作者"都居于首位，排名第二的是"目标"。"范围"在积极子库中位居第三，而在消极言子库中"属性"排第三。"行为者"和"施事"在两个子库中出现次数较少。"行为者"是所有参与者中出现频次最低的。

表 5.14 显示了搜狐积极/消极网络语言子库参与者调整残差数据。

表 5.14　搜狐积极/消极网络语言子库参与者调整残差数据表

类型	频次	搜狐积极 计数	搜狐积极 调整后残差	搜狐消极 计数	搜狐消极 调整后残差	总计 计数
参与者类型	被识别者	1299	0.6	1122	-0.6	2421
	存在物	18	-1.0	22	1.0	40
	动作者	832	-6.3	968	6.3	1800
	对象	16	0.9	10	-0.9	26
	范围	164	3.7	90	-3.7	254
	感知者	768	-6.8	926	6.8	1694
	讲话内容	59	1.2	41	-1.2	100

· 133 ·

续表

频次 类型		参与者子库类型频次与调整残差				总计
		搜狐积极		搜狐消极		
		计数	调整后残差	计数	调整后残差	计数
参与者类型	讲话者	91	4.5	33	-4.5	124
	目标	21	-3.6	46	3.6	67
	施事	1269	3.1	993	-3.1	2262
	使成动作者	320	4.2	195	-4.2	515
	识别者	332	4.7	194	-4.7	526
	受话者	127	-1.4	133	1.4	260
	受事	395	5.6	222	-5.6	617
	受益者	869	4.2	625	-4.2	1494
	属性	35	0.1	30	-0.1	65
	现象	233	-7.1	365	7.1	598
	行为者	241	3.0	157	-3.0	398
	载体	51	0.9	37	-0.9	88
	致使者	277	-4.3	343	4.3	620
总计		7417		6552		13969

表5.14的调整残差数据显示，七类参与者差异不完全显著，其余十三类参与者均存在显著性差异，包括"动作者""范围""讲话者""目标""现象""行为者""被识别者""感知者""使成动作者""识别者""受事""受益者"及"致使者"。

以下结合实例，选择差异最显著的"感知者"和"现象"进行分析和阐释。

（78）**校长**应**懂得**加强幸福教育，引领师生树立正确的幸福观，**感知**校园幸福。（SH_POS 00058577）

（79）需要**教育工作者**立足于教育实际和学生发展需求来**思考**"如何培养人"的问题。（SH_POS 00060258）

（80）**叙利亚**认为**这是一种侵略**，他们在被挑衅，他们的主权在威胁。（SH_NEG 00053566）

（81）**军事观察员杜文龙认为**，极端组织"伊斯兰国"在叙利亚溃败并不意味着极端主义思想在全球范围内的消失，**世界各国**对极端主义和恐怖主义的防范仍不能**掉以轻心**。（SH_NEG 00064913）

例（78）—例（79）选自搜狐积极网络语言子库，例（80）—例（81）选自搜狐消极网络语言子库，以上四个例子均属于心理过程。心理过程的基础配置为"感知者+过程动词+现象"。在搜狐积极网络语言子库中，"感知者"和"现象"都是对读者进行积极的价值观引导，如例（78）中"感知者"是"新时代的校长"，"现象"为"幸福教育""正确幸福观"和"校园幸福"，例（79）"教育工作者"是"感知者"，"过程"是"思考"，"现象"是"如何培养人的问题"，这两例的话语对推动教育发展具有积极作用，有利于读者树立正确的价值观，提升自身幸福感。在搜狐消极网络语言子库中，"现象"多为负面新闻，如例（80）中的"叙利亚"是感知者，"认为"是"过程"，"侵略"是"现象"。例（81）"军事观察员杜文龙""世界各国"是"感知者"，"认为""意味""掉以轻心"是"过程"，"极端组织""极端主义""恐怖主义"则是"现象"。这些词语来自消极语言语料库，但在具体语境中，发话人传递了要防范和打击极端组织、恐怖组织的积极意义。

（三）环境成分对比分析

从搜狐积极和消极网络语言子库的使用环境成分的总体情况来看，不同环境成分类型的使用特点存在一定差异性。本部分从环境成分出发，详细分析搜狐积极与消极网络语言子库环境成分的分布异同。

图5.16及卡方检验结果显示，搜狐积极与消极网络语言子库的环境成分资源使用存在显著差异。两个子库及物性环境成分中，"方式"均居首位，排名第二的是"处所"，排在第三的是"跨度"。"角色"在两个子库中使用频次最低。

表5.15显示了搜狐积极/消极网络语言子库环境成分调整残差数据。

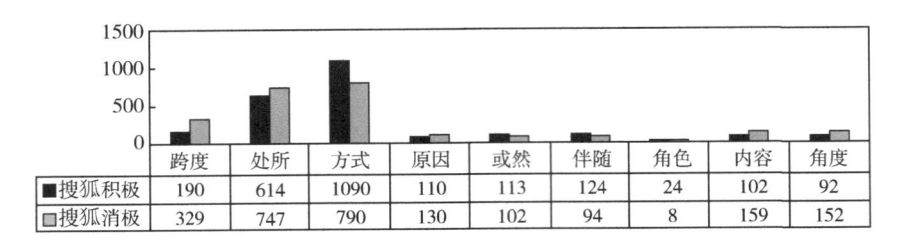

		跨度	处所	方式	原因	或然	伴随	角色	内容	角度
■	搜狐积极	190	614	1090	110	113	124	24	102	92
□	搜狐消极	329	747	790	130	102	94	8	159	152

图5.16 搜狐积极/消极网络语言子库环境成分对比图

（卡方检验后，p=0.000，p<0.05，环境成分选择存在显著差异）

表5.15 搜狐积极/消极网络语言子库环境成分调整残差数据表

类型		频次计数	环境成分类型频次与调整残差								总计
			伴随	处所	方式	或然	角度	角色	跨度	内容	原因	
子库类型	搜狐积极	计数	124	644	1090	113	92	24	190	102	110	2489
		调整后残差	2.1	-3.1	9.0	0.8	-3.9	2.9	-6.3	-3.5	-1.3	
	搜狐消极	计数	94	747	790	102	152	8	329	158	130	2510
		调整后残差	-2.1	3.1	-9.0	-0.8	3.9	-2.9	6.3	3.5	1.3	
总计		计数	218	1391	1880	215	244	32	519	260	240	4999

依据调整残差的统计方法，当标准化残差的绝对值大于1.96时，证明两组数据存在较大差异。表5.15显示，除"或然"和"原因"两类环境成分不完全显著外，其余七类成分均存在显著性差异，包括"伴随""方式""处所""角度""角色""跨度"和"内容"。

（82）财政安排校车奖补资金500万元，每个学生每月只需要交费80元，实现了"家长打工一天，学生**乘车**一月"，有效解决了全县农村学生的乘车需求。（SH_ POS 00063292）

（83）近日，一名女子在火车上**越席乘车**，辱骂工作人员不听劝阻，阻碍民警执行工作，被**铁路警方处以行政拘留6日处罚。（SH_ NEG 00051526）

例（82）的"乘车"为环境成分的"方式"，表达了解决学生上学交通工具的积极意义。例（83）的"越席乘车"也是环境成分的

"方式",但传递了个别乘客不守乘车规矩被处罚的信息。

四 天涯积极与消极网络语言子库及物性使用异同

语料统计显示,天涯积极语料的及物性资源总体上少于天涯消极语料的及物性系统配置成分,但环境成分比天涯消极语料多。本部分从天涯积极与消极网络语言子库的过程、参与者和环境成分入手,结合卡方检验以及调整残差统计方法,分析天涯积极与消极网络语言子库的及物性分布与使用异同,结合语料自身特点,分析其内在因素。

(一) 及物性过程分析

本部分将从过程分布情况出发,对天涯积极与消极网络语言子库及物性过程使用的异同进行定性定量分析。图5.17是两个子库的及物性过程使用频次分布。

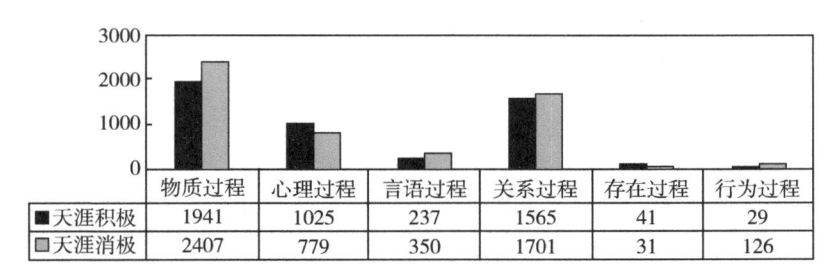

	物质过程	心理过程	言语过程	关系过程	存在过程	行为过程
天涯积极	1941	1025	237	1565	41	29
天涯消极	2407	779	350	1701	31	126

图5.17 天涯积极/消极网络语言子库及物性过程对比图

(卡方检验后,p=0.000,p<0.05,过程类型选择存在显著差异)

图5.17数据及卡方检验结果显示,天涯积极与消极网络语言子库的过程资源使用存在显著差异。在天涯两个子库及物性的六大过程中,物质过程均居首位,关系过程位居第二,排在第三的是心理过程。存在过程和行为过程在两个子库中出现频次均较低。

表5.16显示了天涯积极/消极网络语言子库过程调整残差数据。

当标准化残差的绝对值大于1.96时,证明两组数据存在较大差异。表5.16显示,关系过程和行为过程的差异不完全显著外,其余过程成分均存在显著性差异,包括存在过程、心理过程、物质过程和言语过程。以下结合实例，选择差异最显著的心理过程进行分析和阐释。

表 5.16　天涯积极/消极网络语言子库过程调整残差数据表

类型		频次计数	存在	关系	物质	心理	行为	言语	总计
子库类型	天涯积极	计数	29	41	1941	1025	1565	237	4838
		调整后残差	-7.2	1.6	-4.6	8.9	0.9	-3.5	
	天涯消极	计数	126	31	2407	779	1701	350	5394
		调整后残差	7.2	-1.6	4.6	-8.9	-0.9	3.5	
总计		计数	155	72	4348	1804	3266	587	10232

（84）这山水画社始终**坚持**"重素质、厚基础"的教学方式。（TY_ POS 00024527）

（85）一个人**要想**生活得愉快、健康、长寿，不妨多点幽默。（TY_ POS 00008853）

（86）举报人竟然不识时务、也**不顾**众人是否接受。（TY_ NEG 00129198）

（87）刻意**回避**及**无视**其非法持用废章公开签约/无证照违法经营/用文化洗钱/造假偷税/演出诈骗/巨额收入的犯罪事实。（TY_ NEG 00286004）

天涯论坛以满足个人沟通、表达、创造等多重需求为目标，所以在天涯网络语言子库中，均使用了大量的心理过程来描述作者的态度、意见和情绪。在天涯积极网络语言子库中，所用动词都是表达积极意义的，如例（84）中"山水画社"是"感知者"，"教学方式"是"现象"，"坚持"表达了心理过程；例（85）中的"一个人"是"感知者"，"生活得愉快、健康、长寿"是"现象"，"要想"表达了心理过程，表现了积极的生活态度。而在消极网络语料中，例（86）中"举报人"是"感知者"，"众人是否接受"是"现象"，"不顾"则是心理过程，表达了举报人一意孤行的"态度"；例（87）中的"感知者"被省略了,"现象"是"其非法持用废章公开签约/无证照违法经营/用文化洗钱/造假偷税/演出诈骗/巨额收入的犯罪事实","回避""无视"则是心理过程,批判了嫌疑人蔑视法律的行为。

(二) 参与者对比分析

本部分从参与者入手,详细分析天涯积极与消极网络语言子库参与者分布的异同。两个子库的参与者使用频次如图5.18所示。图中数据及卡方检验结果显示,天涯积极与消极网络语言子库的过程资源使用存在显著差异。在天涯两个子库及物性的参与者中,"属性"均居首位,排名第二的是"载体","目标"位居第三。在天涯积极网络语言子库中,出现次数较少的是"行为者"和"对象";而消极网络语言子库中,出现次数较少的是"施事"和"存在物"。

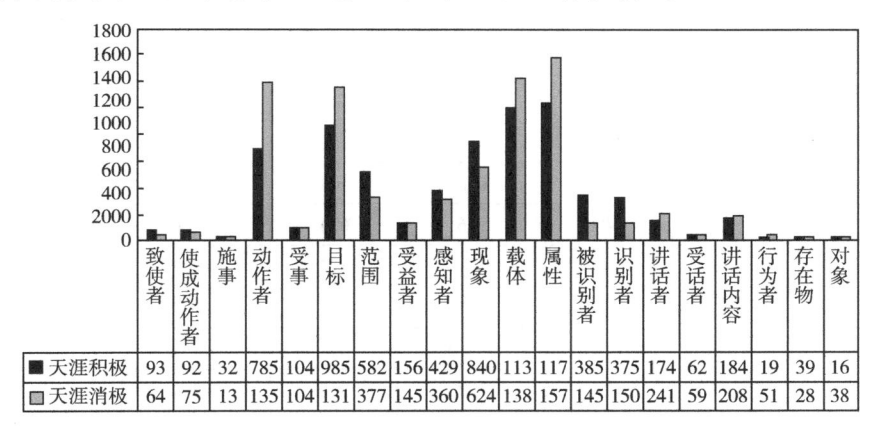

	致使者	使成动作者	施事	动作者	受事	目标	范围	受益者	感知者	现象	载体	属性	被识别者	识别者	讲话者	讲话内容	行为者	存在物	对象
天涯积极	93	92	32	785	104	985	582	156	429	840	113	117	385	375	174	62	184	19	39	16
天涯消极	64	75	13	135	104	131	377	145	360	624	138	157	145	150	241	59	208	51	28	38

图 5.18 天涯积极/消极网络语言子库参与者对比图

(卡方检验后,$p = 0.000$,$p < 0.05$,参与者类型选择存在显著差异)

表5.17显示了天涯积极消极网络语言子库参与者调整残差数据。

表中数据显示,除七类参与者差异不完全显著外,其余的十三类参与者均存在显著性差异,这十三类参与者包括:"动作者""讲话内容""现象""行为者""被识别者""存在物""感知者""使成动作者""识别者""受事""受益者""载体"及"致使者"。其中存在差异最大的参与者是"使成动作者"。以下结合实例,选择差异最显著的"使成动作者"进行定性分析。

表 5.17 天涯积极消极网络语言子库参与者调整残差数据表

类型\频次		积极子库类型频次与调整残差				总计
		天涯积极		天涯消极		
		计数	调整后残差	计数	调整后残差	计数
参与者类型	被识别者	785	-11.2	1353	11.2	2138
	存在物	32	3.1	13	-3.1	45
	动作者	1178	-6.1	1579	6.1	2757
	对象	19	-3.5	51	3.5	70
	范围	156	1.4	145	-1.4	301
	感知者	1137	-3.2	1386	3.2	2523
	讲话内容	93	2.8	64	-2.8	157
	讲话者	92	1.8	75	-1.8	167
	目标	39	1.7	28	-1.7	67
	施事	985	-5.3	1314	5.3	2299
	使成动作者	385	11.6	145	-11.6	530
	识别者	375	10.9	150	-10.9	525
	受话者	104	0.6	104	-0.6	208
	受事	840	7.6	624	-7.6	1464
	受益者	582	8.1	377	-8.1	959
	属性	62	0.7	59	-0.7	121
	现象	174	-2.5	241	2.5	415
	行为者	429	3.7	360	-3.7	789
	载体	16	-2.7	38	2.7	54
	致使者	184	-0.4	208	0.4	392
总计		7667		8314		15981

(88) **让创新型人才**学以致用，遍地开花。(TY_ POS 00243301)

(89) 不理想的结果会**让他们**很不安、很抓狂、很恐慌、很不知所措。(TY_ NEG 00305270)

例（88）—例（89）的"让"是参与者的"使成动作者"的重要成分，"创新型人才""他们"作为"使成动作者"。两者的不同之处在于积极网络语言子库中所选用的"使成动作者"均为积极正面的形象，体现了天涯积极网络语言是面向积极向上读者的特点，而在消极网络语言子库中，多用消极迷茫的"使成动作者"表达不安恐慌等负面情绪。

（三）环境成分对比分析

本部分详细分析天涯积极与消极网络语言子库环境成分的使用频次，图 5.19 显示了两个子库的环境成分使用频次分布。图中数据及卡方检验结果显示，天涯积极与消极网络语言子库的环境成分资源使用存在显著差异。在两个子库及物性环境成分中，"方式"均居首位，排名第二的是"处所"；"或然"在积极网络语言子库中排名第三，而在消极网络语言子库中排名第三的是"跨度"。"角色"在两个子库中出现频次最低。

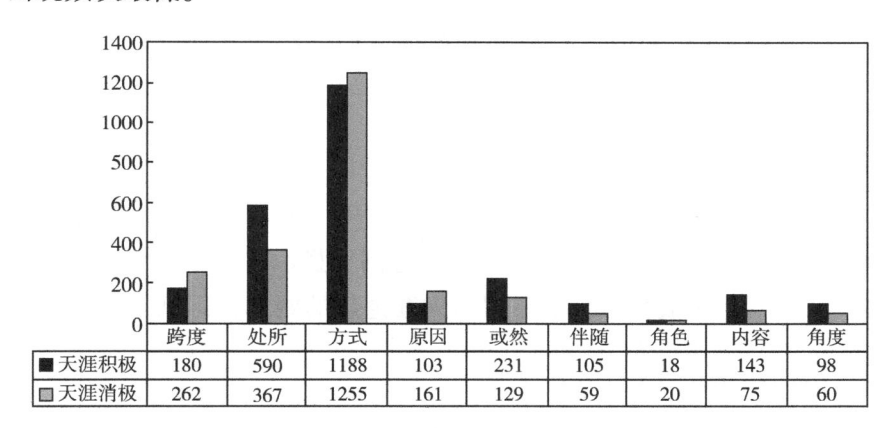

	跨度	处所	方式	原因	或然	伴随	角色	内容	角度
天涯积极	180	590	1188	103	231	105	18	143	98
天涯消极	262	367	1255	161	129	59	20	75	60

图 5.19　天涯积极/消极网络语言子库环境成分对比图

（卡方检验后，p=0.000，p<0.05，环境成分类型选择存在显著差异）

表 5.18 显示了天涯积极/消极网络语言子库环境成分调整残差数据。表中数据显示，环境成分的"角色"差异不完全显著，其余八类环境成分均存在显著性差异，包括"伴随""方式""或然""角度""跨度""原因""处所"和"内容"。

以下结合实例，选择差异最显著的"处所"进行定性分析和阐释。

表 5.18　　天涯积极消极网络语言子库环境成分调整残差数据表

类型		频次计数	环境成分类型频次与调整残差									总计
			伴随	处所	方式	或然	角度	角色	跨度	内容	原因	
子库类型	天涯积极	计数	105	590	1188	231	98	18	180	143	103	2656
		调整后残差	3.0	6.2	-5.6	4.5	2.4	-0.7	-5.3	3.9	-4.6	
	天涯消极	计数	59	367	1255	129	60	20	262	75	161	2388
		调整后残差	-3.0	-6.2	5.6	-4.5	-2.4	0.7	5.3	-3.9	4.6	
总计		计数	164	957	2443	360	158	38	442	218	264	5044

（90）一位男子十分爱慕一位少女，他们住在同一栋**楼房里**，每当听到少女说话的声音时，小伙子就会感到一阵激动。（TY_POS 00188396）

（91）**在违约方不履行合同时**，由法院强制违约方继续履行合同。（TY_NEG 00164753）

例（90）—例（91）均是环境成分中的"处所"，例（90）中的"楼房里"是"处所"中的地点，而例（91）中的"在违约方不履行合同时"属于"处所"中的时间。上述例子显示，天涯网络语言子库的"处所"环境成分较精确。因为天涯论坛的网民交际话题更倾向于新奇和社会热点话题。

五　积极与消极网络语言及物性使用异同概括

总体上看，积极与消极网络语言总库的过程类型分布大致相同，物质过程使用频次居首，关系过程次之。二者之间的差异在于：首先积极网络语言总库的物质过程、心理过程和关系过程的使用频次高于消极网络语言总库；而消极网络语言总库的言语过程、存在过程和行为过程的使用频次高于积极网络语言总库。积极网络语料频繁使用对网民有积极影响的、正面的、表示人类行为的词汇；而在消极网络语料中，网民常使用负面词汇谩骂他人、恶意评价社会事件，通过网络发泄负面情绪，所以消极网络语言言语过程偏多。

其次，积极与消极网络语言总库参与者分布特征与及物性过程分布大致相同，关系过程的参与者"属性"和"载体"是最多的，物质过程的参与者"动作者"和"目标"位居第二。这是因为网络语言大部分为网民的生活记录，是现实世界的真实反映。在积极网络语言语料库中，心理过程的参与者"感知者"和"现象"使用频次明显高于消极网络语言语料库，网民大多会运用社交媒体向别人分享自己的喜悦之情，表现出对社会进步的赞许，原因在于国家有关规定的约束、网民素质的提高及技术手段的进步，促进了网络语言生态文明建设。

最后，从积极与消极网络语言总库及物性的环境成分分布特征来看，"方式"居于首位，"处所"排在第二，排在第三的是"跨度"。一方面，网络语言使用了许多情感生活类语篇使用了大量品质词，用以表达网民的主观感受，因此"方式"的使用频次最高。另一方面，网民大多谈论的是自己的生活、工作和经历，多用"处所"和"跨度"这类环境成分来佐证其信息的真实性。数据对比显示，在积极网络语言语料库中，搜狐新闻的"处所"和"方式"比消极网络语言库中出现的频次高，原因是积极网络新闻语料需要使用具体时间地点和方法等对信息进行介绍与铺垫。在消极网络语言库中，"跨度""原因"和"角度"这三类环境成分相较积极网络语言多，原因是网民在表达消极情绪时，需要使用不同的状语成分描述产生负面情绪的具体原因。

第四节　三库及物性对比讨论

在系统功能语言学中，及物性是一个综合语义系统，其功能在于将语言主体对外部世界的所见所闻、所作所为、所思所得分成若干"过程"，通过语法手段，范畴化个人或集体经验，关涉与每一个过程联系的"参与者"或"环境成分"。本节根据上述内容，就积极网络语言和消极网络语言使用的及物性的过程、参与者与环境成分展开综合讨论。

一 积极网络语言的及物性特征

对积极网络语言语料库中的及物性使用频次的数据分析显示,在天涯、搜狐和新浪三个积极子库的过程类型中,搜狐、天涯积极子库的物质过程出现的频次最高,占第二位的是关系过程,第三位是心理过程,随后是言语过程和存在过程,出现频次最低的是行为过程。

三个积极子库的过程类型选择。搜狐新闻用词严谨,较多使用中性词汇,体现了新闻的客观性和真实性,使用物质过程较多。天涯积极语料库往往记录生活中的点滴小事,表达自己的成就、喜悦、满足和快乐,表现了网民个人沟通、表达、创造等多重需求,较多使用物质过程、行为过程以及心理过程。新浪积极子库的关系过程出现频次最高,其次是物质和心理过程,排名第四的是言语过程,随后是行为过程,频次最低的则是存在过程。新浪积极语料库中,关系过程和物质过程使用较多,这是由于人们在使用新浪微博的时候,通常发表自己的观点,说明自己的是非观,以此实现信息的即时分享、传播互动。

三个积极子库的参与者类型选择。新浪微博的语料中参与者成分频数最高的是心理过程的"现象",排名第二的是物质过程的"动作者",排第三位的是心理过程的"感知者",排名第四、第五的分别是物质过程的"目标"和"范围",第六位是"被识别者",第七、第八分别是关系过程的"识别者"与言语过程的"讲话内容"。新浪微博的语句大多抒发个人的情感,记录个人的日常生活,表达自己的想法与他人分享交流。所以使用较多的是参与者的"载体"和"属性"。在搜狐新闻中,参与者出现频次排在前两位的是物质过程的"动作者"和"目标",其次是关系过程的"属性"与"载体",接下来是关系过程的"识别者"与"被识别者",紧随其后的是言语过程的"讲话内容",而后是心理过程的"感知者"。就搜狐新闻而言,大多数参与者为国家、政府、高校等部门,具有权威性和说服力,符合新闻的特点,较多使用"动作者""目标""载体""属性"等。搜狐新闻的参与者为具有权威性的主体,通过报道好人好事,有利于促进语言生态良性发展。天涯社区是网民交流探讨的平台，传播信息十分迅速。天涯社区的语篇中物质过程的"目标"最多，紧随其后的是心理过程的"现象"，接下来的为物质过程的"动作者"和"范围"。

三个积极子库的环境成分类型选择。新浪积极子库使用"方式"的频次最高，接下来分别是"处所""跨度""或然""原因""伴随""内容""角度""角色"。在新浪微博中，人们浏览感兴趣的信息并发表看法，也可以发布信息供他人浏览。网民在发表观点时，会使用大量表现主观看法的程度副词，如"非常"等表达情感，"方式"使用频次较高。搜狐积极子库使用环境成分的频次依次为"方式""处所""跨度""伴随""或然""原因""内容""角度""角色"。天涯积极子库使用"方式"频次最高，第二位是"处所"，接下来分别是"或然""跨度""内容""伴随""原因""角度""角色"。天涯社区语篇以人文情感为核心，人文情感主要通过副词来体现，使用"方式"居多。

二 消极网络语言的及物性特征

对天涯、搜狐和新浪子库消极网络语言语料使用及物性的分析显示，就"过程"而言，新浪微博消极子库使用过程资源频次最低，搜狐居中，天涯最高。新浪微博语料口语化、碎片化的言语表达居多，使用过程资源最少。搜狐消极子库的语料体裁多为新闻，结构紧密，大部分为复合句式，句子冗长、小句数量少。天涯社区多由网民发帖，非正式的评述、吐槽、抒发个人情感多，网民往往快速使用有限的篇幅表达较多信息，物性小句的数量较多，使用过程资源较多。

三个消极子库的过程类型选择。依据六大过程类型数据，三个子库使用"过程"类型的排名依次为物质、关系、心理、言语、存在以及行为过程。首先，由于新闻语料中会涉及采访、访谈、会议讲话等，因此，搜狐消极子库使用言语过程多于心理过程。新浪微博与天涯社区语料更多反映个人情绪情感，使用心理过程频次较高。其次，搜狐新闻多使用不带主观感情色彩的言语，描述感觉知觉等心理活动较少，而新浪和天涯常用于记录心情、情感等，故心理过程远多于言语过程。最后，新浪微博语料使用心理过程和存在过程频次高于天涯和搜狐消极子库。新浪微博使用生活情感类型的语篇频次高于天涯，多使用心理过程实现概念意义。在选择过程动词时，新浪和天涯消极子库使用消极词汇比例更大，搜狐消极子库消极词汇占比相对较小，还存在部分中性过程动词。网络语言的不规范性也体现在新浪微博和天涯社区中，网民随意使用语言符号、非语言符号或自创符号、错别字、重复符号、滥用标点符号、反复粘贴同一个内容，成为天涯社区语言的一大特色。

三个消极子库的参与者类型选择。搜狐消极子库相较于另两个子库更倾向于使用"动作者""范围""讲话内容"及"讲话者"，由于新闻主要客观反映人、事、物，大量使用物质过程，使用"动作者"和"范围"频次较高。另外，新闻往往引用不同身份的主体话语佐证新闻的真实性，更加频繁使用"讲话内容"和"讲话者"。天涯与新浪消极子库更倾向于使用"属性"和"载体"。天涯子库常使用关系过程表达某个事物的性质，相对应的属性和载体资源更丰富，使用频次高于搜狐。由于新浪博文多为生活情感类，网民在这个平台上经常抒发心中的所感所想，新浪消极子库更倾向于使用"现象"与"感知者"。新浪微博信息的参与者主体较为单一，主语多为代词，宾语多为表达心情和情绪类的词汇，如"我""我们""你""他们"以及"压力""不容易""遗憾""悲哀"等。天涯消极子库也包含一些新闻语篇，其参与者明确清晰。搜狐消极子库的参与者较丰富多样，多数具有明确的身份指向，主语多为短语或从句，宾语多为从句，名物化词语较多，行文更加正式，词汇更加书面化。

三个消极子库的环境成分类型选择。新浪消极子库使用环境成分资源最少，天涯居中，搜狐最多。新浪微博中的语料采用非正式文体，句式结构简单，背景铺垫较少，口语化特征明显。天涯使用的环境成分频次低于搜狐新闻。搜狐新闻语料需要使用大量环境成分进行信息介绍与背景铺垫。在九类环境成分中，三个子库使用"处所"和"方式"频次最高，因为语料需要使用大量的时间地点来佐证语篇内容，提供背景信息。天涯和新浪语料使用品质词的频次频繁，表达个人愤懑、郁结、不解以及失望等具体感受，渲染语篇感情，引发读者产生共鸣。搜狐新闻语篇为保障新闻的客观严谨的态度，较少使用品质词汇，"方式"的使用频次也随之降低。

值得注意的是，在解析网络积极话语或消极话语时，一方面要遵循词汇、小句的判定标准；另一方面也要特别注意词汇、小句或语篇的在具体语境中的意义。网络语言语料反映出，有的语料属于"正话正说"类型，表示褒奖、激励和赞扬；有的则属于"正话反说"类，虽然语篇中使用了制止、告诫、警示、揭露、披露、打击等消极词汇，但语篇的意义则是积极的；还有的语篇则属于"正话+反话"类型，同一个语篇既使用激励和赞扬词汇，也使用揭露和警示词汇，具有宣传加警示的功能。

本章小结

本章依据搜狐、天涯、新浪三大类网络语言的具体表现，对及物性的过程、参与者、环境成分展开综合对比分析，以挖掘积极与消极网络语言的总体使用特征异同。数据统计与例证分析显示，积极与消极网络语言在使用过程、参与者和环境成分方面的相似性说明，网络语言在不同的网络话语平台的表达方式上具有相似性。但是，使用频次分布的差异证明，积极和消极的网络话语在使用过程、参与者和环境成分的次类型上各有侧重。积极网络语言表达内容客观、真实，努力陈述事实，传递正能量，引导公众走向积极阳光的生活，传播正确的价值观和人生观，有益于建构积极网络语言生态。而消极网络语言侧重于宣泄情感、表达不满，甚至使用语言暴力攻击他人与社会，不利于构建良好的语言生态。但也要注意具体情况具体分析，在分析消极网络语言时，也要结合语境分析其意义内涵。

对三个子库内部使用积极与消极语言的具体现象分析显示：新浪语料库以物质过程和关系过程为主，用词随意、语句短小、结构简单。新浪微博博主为了凸显个性、亲近读者，竭力使用新奇特的表达方式以吸引他人注意，拉近彼此距离。搜狐网络新闻体现出了新闻语言的规范性、庄重性和严肃性，保持了新闻语言客观、中立的报道立场，以物质过程为主。而在天涯语料库中，心理过程差异最大。天涯论坛的用语往往更加主观犀利，但虚拟社区也充斥着庸俗、直白的暴力用语。需要警惕的是，由于受众面广、信息来源杂，天涯社区网民传播的社会热点事件会迅速传播和扩大，甚至会导致舆情发生。

此外，积极网络话语主要关注社会的积极发展态势，虽然积极网络话语会在一定程度上涉及某些消极事件，但其主旨依然是鞭挞不良现象，提倡宣传正能量，引导网民以积极的态度思考和行动，呼吁和谐与和平，向公众展示美好的愿景。但是，消极网络语言往往是不良情绪的发泄与表达，个别信息经过网络的"口耳相传"和跟帖评论，酿成网络热点事件、制造网络攻击、损害语言生态以及污染语言环境。要构建、维护网络语言生态和清朗的网络空间，需要网络平台积极引导人们树立良好的网络生态意识，发布正能量的网络信息；对于网民而言，要树立健康的语言生态观，学会分辨网络上的虚假有害信息，积极参与到构建和谐的网络生态活动中来。

第六章　网络语言的评价系统对比分析

第五章对比分析了积极与消极网络语言在新浪微博、搜狐新闻、天涯社区三个网络平台中的及物性分布特征及其建构概念意义中的异同，本章则聚焦人际意义的建构。"语言的人际功能是讲话者作为参与者的'意义潜势'，是语言的参与功能。通过这一功能，讲话者使自己参与到某一情景语境中，来表达他的态度和推断，并试图影响别人的态度和行为。"[①] 人际意义主要关注的是语篇作者和语篇意图中读者的互动、商榷和取得一致的方式，主要是通过语气系统和评价系统加以体现的。评价理论是马丁与怀特在人际功能理论基础上创立并发展而来，重点关注语篇中互动协商的人际功能，语言使用者如何通过言语词汇来表达个人立场、情感、态度，从而与受话者之间形成联盟、疏远或排斥的关系，最终达到交际目的[②]。更重要的是，评价系统"透过对语言的分析，评价语言使用者对事态的立场、观点和态度……评价不只停留在语言的表层意义上，而是通过表层意义看深层的意义取向"[③]。

根据网络语言的表现特征和人际意义，本章主要聚焦评价理论介入系统的具体使用。受巴赫金对话理论的影响，介入系统成为评价理

---

① 胡壮麟、朱永生、张德禄编著：《系统功能语法概论》，湖南教育出版社1989年版，第105页。

② Martin, J. R. and P. R. R. White, *The Language of Evaluation*, Beijing: Foreign Language Teaching and Research Press & Palgrave Macmillan, 2008.

③ 王振华：《评价系统及其运作——系统功能语言学的新发展》，《外国语（上海外国语大学学报）》2001年第6期。

论的重要功能之一。"介入就是话语使用者在表达自己对人、事、物的观点时介入他人的态度,直接影响或控制对话者的不同声音"①,介入系统的核心功能在于语言使用者"利用介入手段调节其对所说或写内容所承担的责任和义务。语言使用者是否'介入'责任,主要通过投射、模糊词语和情态等的手段来评判"②。马丁和怀特在《评估语言:英语评价系统》中指出:"多声资源可以根据它们在主体间功能上是'对话式扩张'还是'对话式收缩'而分为两大类。区别在于话语在何种程度上通过这些语言中的一种或多种,积极地允许对话替代位置和声音(对话扩展),或者采取行动挑战、抵挡或限制这种对话的范围(对话收缩)。"③他们用图示清晰地表明了该观点(见图6.1)。

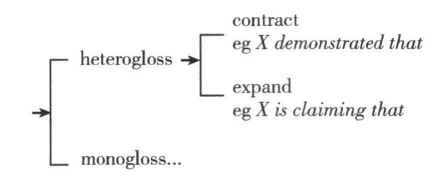

```
         ┌─ heterogloss ┬─ contract
         │              │  eg X demonstrated that
→        │              └─ expand
         │                 eg X is claiming that
         └─ monogloss...
```

图 6.1 介入:收缩与扩展④

图 6.1 显示了多声介入的两个大类。彭宣维将之简要概括为:"收缩性介入指发话人或作者直接介入话语过程而陈述的价值或观点,对不同状况、观点及其范围的挑战、抵制或限制,如否认或公告;扩展性介入指发话人或作者在一定程度上对不同观点或声音的容忍态度,包括接纳和归属两个子类。"⑤以下我们将依据语料分析数据,对比分析积极网络语言与消极网络语言选择使用介入资源的异同并

---

① Martin, J. and Rose, R. D., *Working with Discourse: Meaning Beyond the Clause*, London: Continuum, 2003, p. 89.
② 王振华:《评价系统及其运作——系统功能语言学的新发展》,《外国语(上海外国语大学学报)》2001 年第 6 期。
③ Martin, J. R. and White, P. R. R., *The Language of Evaluation: Appraisal in English*, New York: Palgrave Macmillan, 2005, p. 102.
④ Martin, J. R. and White, P. R. R., *The Language of Evaluation: Appraisal in English*, New York: Palgrave Macmillan, 2005, p. 104.
⑤ 彭宣维:《汉语的介入与级差现象》,《当代外语研究》2010 年第 10 期。

探讨存造成差异的原因。

第一节　积极网络语言的介入资源使用

为了解新浪、天涯、搜狐三个语料库中积极网络语言介入资源的总体使用情况，本节对积极网络语言总库进行了整体统计，表 6.1 显示了积极总库中介入资源的使用频次与所占比例分布。

表 6.1　　　　积极网络语言总库介入资源使用总计表

网站 类别		新浪		天涯		搜狐	
介入	子类	频次	比例（%）	频次	比例（%）	频次	比例（%）
收缩 资源	否定	1356	24.0	908	19.7	481	16.7
	对立	1019	18.1	763	16.5	526	18.3
	认同	395	7.0	274	5.9	196	6.8
	断言	487	8.6	350	7.6	234	8.1
	引证	12	0.2	28	0.6	13	0.5
	小计	3269	57.9	2323	50.4	1450	50.4
扩展 资源	接纳	2193	38.9	2163	46.9	1369	47.6
	宣称	138	2.4	102	2.2	49	1.7
	疏离	44	0.8	23	0.5	7	0.2
	小计	2375	42.1	2288	49.6	1425	49.6

表 6.1 显示了介入资源在三个积极语料库中的总使用频次以及所占比例。在三类不同的网络语篇中，介入资源的使用具有以下特点：第一，收缩资源在三类积极语篇中的使用比例均高于扩展资源的使用比例。积极语篇更倾向于使用收缩资源，直接传递作者观点，在交流中与潜在读者的对话空间较小。第二，新浪微博语篇的收缩资源使用远高于扩展资源，天涯论坛语篇和搜狐新闻语篇的收缩资源与扩展资源的使用比较平衡，虽然收缩资源多于扩展资源，但是比例相差不大。第三，收缩资源的使用占比最大的为"否定"，占比最小的为"引证"。在扩展资源的使用方面，使用占比最大的为"接纳"，"疏离"频次占比较少。

一 积极网络语言总库的介入资源使用

本部分对搜狐新闻,新浪微博和天涯论坛三个语料库的收缩资源和扩展资源的具体使用频次进行了对比,结果如图6.1所示。

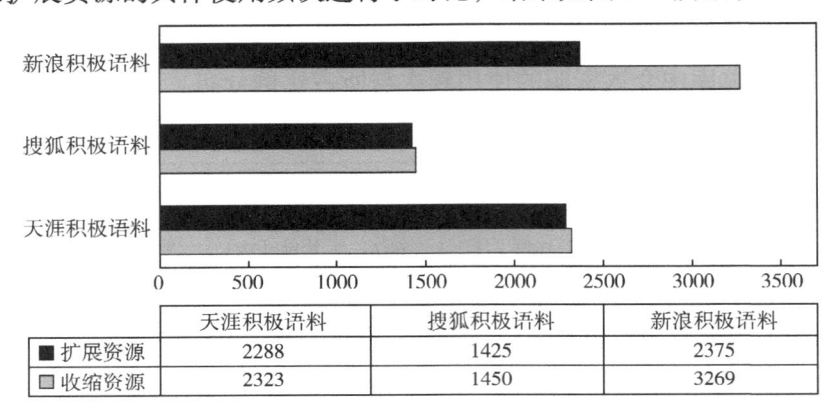

	天涯积极语料	搜狐积极语料	新浪积极语料
■ 扩展资源	2288	1425	2375
▨ 收缩资源	2323	1450	3269

图 6.2 积极网络语篇使用收缩资源和扩展资源频次对比图

(*卡方检验后 $p=0.000$,$P<0.005$,介入资源使用存在显著差异)

图6.2频次数据与卡方检验结果显示,三个积极网络语言子库在介入资源的使用上存在显著差异。从收缩资源与扩展资源的使用频次来看,总体上收缩资源多于扩展资源。在搜狐新闻、新浪微博和天涯论坛三个积极语料库中,收缩资源使用频次都大于扩展资源使用频次,新浪微博语料库中的收缩资源频次最高,而搜狐的积极语料中的收缩资源频次最低。

收缩性资源是"发话者在表达自己的观点、立场和态度时直接或间接地否定、反对或拒绝对话人不同的观点、立场和态度,缩小或压缩对话者的会话空间,主要通过否认和声明实现"[1]。作为新闻类语篇,搜狐新闻的文体都比较正式。收缩资源强调新闻或者政策的可靠性,压缩了对话空间,不允许反驳与质疑。扩展资源的使用表明新闻

---

[1] 牛均均、牛桂玲:《基于介入系统的"云南象群迁徙事件"国际生态话语分析》,《湖北科技学院学报》2022年第4期。

观点仅是多种可能之一,意味着包容其他看法。

天涯论坛语料主题较杂,既有新闻,也有个人情感抒发和经验分享,因此天涯论坛语料库介入资源的使用频次处于新浪与搜狐之间,天涯积极语篇既利用收缩资源强调语篇内容的合理性与可靠性,旨在获得读者的认同,以排斥其他潜在观点,也使用扩展资源,承认其他观点的存在,扩大对话空间,语篇包容性更强、开放度更高,有利于与读者建立和谐的网络人际关系。

新浪微博作为社交媒体或"私人日志",赋予了网民较大的个人话语空间,"互不相识的网民通过在网络空间围绕公共事件进行闲话式'交谈',行使媒介赋予他的权力,标榜自己的主体身份,进而获得一种存在感和公平感"①。因此,微博中反映自己内心情感、情绪类的词语较多,主观色彩浓重并压缩了对话空间,往往使用收缩资源,排斥他人的否定与反驳。新浪微博语篇内容比较主观,使用更多的收缩资源强调作者的看法。作者往往使用诸如"否定""对立"和"断言"等收缩资源来陈述自己的情绪。

(1)**不过**最近几年企业市场**不**但没有成长,反而有逐渐萎缩的情况。其实大家都明白问题的症结,那就是公司大老板的战略决策总是好高骛远,**不**接地气。可是大家都**不**敢言语。因为有一个元老级的部门经理就是因为几次对决策有异议,被老板扫地出门。(XL_POS 1051)

例(1)使用了表达否定意义的词"不",用于否认潜在的其他可能,表明这样一个事实:公司没有发展,大家都不发表意见;也使用了对立意义的词"不过",公司本该有发展,却没有发展,与员工的期待相反。

天涯论坛语篇内容较为综合,既有口语化语篇,也有时事新闻;

---

① 石晋阳:《网络闲话与群际偏见生产:微博话题的批评话语分析》,《现代传播(中国传媒大学学报)》2020年第9期。

既使用收缩资源强调命题的可靠性，体现自己意见的权威性，也使用扩展资源表明其他可能性的存在，开启发话人与受话人之间的会话协商空间。天涯论坛网民通过使用诸如"否定""对立"和"断言"收缩资源陈述个人情绪，间接表示愿意纠正自己的问题。

（2）主任说话的语速较慢，**不**管别人的语速如何快，他总是慢条斯理，这是我**不能**做好的。我的语速会受到他人的影响，别人说的快，我答的快；别人说的慢，我也答的慢。其实，这是很**不**好的习惯，容易受到他人的牵制。（TY_ POS 30287）

例（2）使用了表达否定意义的词"不""不能""不好"，作者默认做事慢条斯理、有板有眼是好习惯，提示读者"语速"忽快忽慢并不是好习惯。

（3）薄薄的隔热膜**不仅**能抵挡热辣辣的太阳，还能防紫外线。隔热效果是消费者选择贴膜的重要原因之一，隔热膜的透光率、防紫外线指数等都是消费者必须关心的内容。**但是**，**不少**消费者对于隔热膜存在**不少**选购误区。（TY_ POS 195220）

例（3）使用转折连词"不仅""但是"提供一个新的命题，用"如何挑选隔热膜"调整读者预期，并与读者达成观点上的一致。两处使用了表达否定的"不少"来充当收缩资源。

（4）网站空间市场很乱，有的价格虚高，有的价格又非常低，并不是说价格高的**就**好，价格低的**就**不好，最好的办法是适用一下，价格300M正常市场价格是200元/年，太贵了不划算，太便宜了，空间商**就会**通过服务器多开网站空间来弥补利润，太多了就导致速度慢，不稳定等等问题，所以价格在市场价格上下浮动不大就可以考虑。（TY_ POS 264143）

例（4）中语料运用了收缩介入中的"断言"，通过"就""就会"等词汇表达断言意义，凸显出报道的权威性，强调自身观点的正确性。

新浪微博往往使用否认、对立等较多的收缩资源，缩小会话空间，展现自我观点的正确性，主观性较强。天涯论坛与搜狐新闻同时使用收缩资源与扩展资源，既主张自己的观点，也承认其他观点，开启了发话与受话人的对话空间，有益于构建积极的人与人关系以及良好的网络生态。

二 积极网络语言与收缩资源

本章第一部分对介入资源的总体使用频次差异进行了分析，这一部分聚焦积极语篇内部收缩资源的数据统计与分析。图 6.3 和表 6.2 显示了积极网络语言总库收缩资源内部使用频次及调整残差数据，可以更清晰地反映收缩资源的使用状况。

	否定	对立	认同	断言	引证
搜狐	481	526	196	234	13
新浪	1356	1019	395	487	12
天涯	908	763	274	350	28

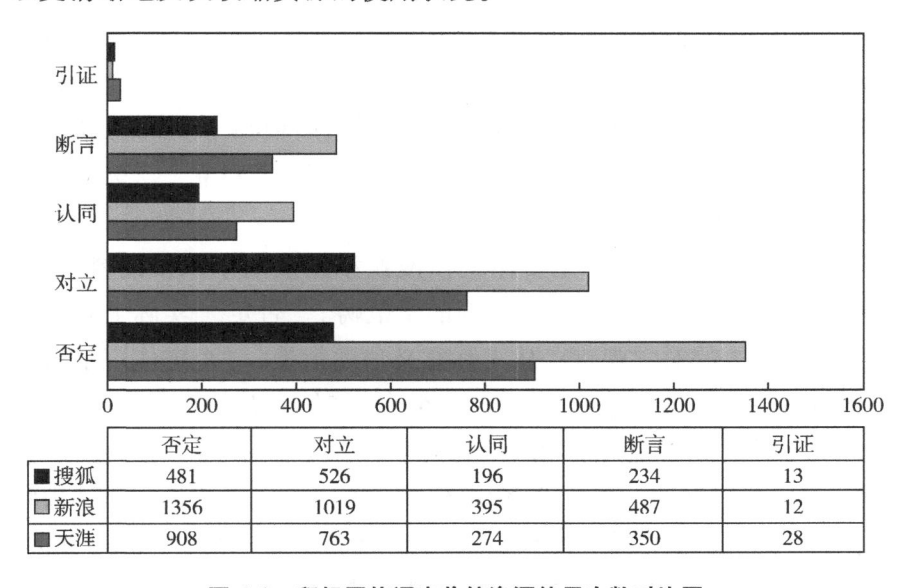

图 6.3 积极网络语言收缩资源使用次数对比图

（*卡方检验后，$p = 0.000$，$p < 0.05$，收缩资源内部使用存在显著差异）

图 6.3 对比了积极网络语言总库介入资源中收缩资源的使用频次。在搜狐、新浪和天涯三个积极语料子库中，新浪、天涯收缩资源使用频次最多的是"否定"，最少的是"引证"。搜狐收缩资源最多的是"对立"，最少的是"引证"。

表 6.2　搜狐积极网络语言与新浪积极网络语言收缩资源调整残差数据表

类型		频次计数	收缩资源					总计
			否定	对立	认同	断言	引证	
语料库	搜狐	计数	481	526	196	234	13	1450
		调整后残差	-5.1	3.2	1.6	1.1	0.7	
	新浪	计数	1356	1019	395	487	12	3269
		调整后残差	4.0	-2.7	-0.5	-0.7	-3.5	
	天涯	计数	908	763	274	350	28	2323
		调整后残差	0.1	0.1	-0.9	-0.2	3.1	
总计		计数	2745	2308	865	1071	53	7042

表 6.2 中数据和卡方检验结果显示，搜狐与新浪积极网络语篇在收缩资源的五个次类中，只有"认同"和"断言"的标准化残差绝对值小于 1.96，而"否定""对立"和"引证"的标准化残差绝对值则全部大于 1.96，这说明搜狐与新浪积极网络语篇在"认同"和"断言"收缩资源中不存在显著性差异，在"否定""对立""引证"收缩资源次类使用中均存在着差异。

"否定"资源的差异主要体现在搜狐和新浪两个积极语料库中。"否定"和"对立"都是否认资源的子范畴。"否定"实际上是针对有关命题引入的对立观点，从人际意义角度衡量，"否定体现了语言交际的互动性，即发话人在否定一个命题时不仅相信该命题为假，而且认为听话人可能相信该命题为真"[①]。马丁从对话的角度强调："否定是一种将替代的积极立场引入对话的资源，先承认它，从而拒绝它。因此，在这些对话式术语中，否定不是肯定的简单逻辑对立面，因为否定必然带有肯定，而肯定不会相互携带否定，或者至少不是典

---

① 苗兴伟：《否定结构的语篇功能》，《外语教学与研究》2011 年第 2 期。

型的"①。

(5) 乡村教师的工资提升**不单单**是增加教师福利，也是……让乡村老师**不再**为生活所迫发愁！（SH_ POS 00052594）

(6) **不必**每日绞尽脑汁想着怎么写。当然，接受这种写作方法需要一定的心理承受，比如你**不要**认为非得结构创新才能写出好文章，也**不能**认为这种根据结构写的文章就没有价值等等。（XL_ POS 00000353）

例（5）—例（6）均使用了表达否定意义的词"不"，其功能是将肯定意蕴投射到读者，然后再以权威或专家的身份给予纠正。如例（5）中"不单单"纠正了受众对政策的认识误差，"不再"则宽慰乡村教师勿为收入发愁。例（6）中"不必""不要""不能"纠正了"只有结构创新才能写出好文章"的误区。搜狐语篇多为新闻，表达客观观点多，使用收缩资源频繁；新浪语篇多为网民发表的言论或情感类的问题，主观性较强，使用否定字眼较多，与他人的观点相悖，压缩了对话空间。

"对立"资源是否认资源的一个类型，它往往用一个命题来反对另一个可能出现而且是受众所预期的命题。在搜狐和新浪积极语料中，"对立"往往包括一些表示让步的和出乎意料的表达，通常"与否定结合使用，否定命题与假设产生于紧接在前或紧接在后的命题的期望直接相反"②。发话人"把人们通常所持的期待与信念投射到读者身上表示与读者享有相同的立场。随着语篇展开，发话人调整读者预期与其达成一致结为联盟。在反对中，有两种相反的声音交织在一起以一方的胜出而告终"③。

---

① Martin, J. R. and White, P. R. R., *The Language of Evaluation: Appraisal in English*, New York: Palgrave Macmillan, 2005, p. 118.

② Martin, J. R. and White, P. R. R., *The Language of Evaluation: Appraisal in English*, New York: Palgrave Macmillan, 2005, p. 120.

③ 岳颖:《学术语篇的介入资源与人际意义构建——基于学习者语篇的个案研究》,《当代外语研究》2011年第7期。

"对立"类似"否定",因为它们向读者投射特定的信念或期望。

(7) 1990 年,当时的黄岛区(现西海岸新区)还是一片遍地村庄的郊区,**但是**一所立志要打造成当地学前教育领航者的幼儿园,正在紧锣密鼓地筹备着。(SH_ POS 00052739)

(8) 你要不顾一切让自己变得漂亮,**即使**是在那些糟糕的日子里。等那段日子熬过去了,剩下的就是好运气。(XL_ POS 00000353)

"对立性否认指对当前命题的替换或取代,进而对抗、制止或抵消相关命题。"① 例(7)—例(8)使用转折连词"但是""即使"等体现对立意义,用一个命题来反对另一个可能命题。例(7)先说到当时的黄岛区还是一片遍地村庄的郊区,然后用"但是"展示对立,打造幼儿园这一新景象代替从前的遍地村庄的模样。例(8)中,作者使用"即使"表达了对立命题"生活总有糟糕的时候",激发了读者对"生活永远美好"的期待。

"引证"资源差异主要体现在新浪和天涯两个积极语料库中。"引证"即将命题或话语归结到语篇之外的声音,运用引证资源与命题来源的外部声音结盟,强调某命题的可靠性,压缩不同观点或相反观点,挤压对话空间。"引证"资源"强调了外部声音的有效性,一旦引用外部声音来支持自己的观点和立场,即拒绝协商"②。

(9) 故事**说明**忠诚与否并不是老板留不留你的因素,留你的决定性因素是你能不能为公司创造价值;也**说明**了大部分老板要的忠诚是顺从听话。(XL_ POS 00001051)

(10) 人民日报发文:国内资本市场渐趋稳定,万宝之争加上新进的恒大,万科人气大增,**说明**投资者对资本市场上具有成长潜

---

① 彭宣维:《汉语的介入与级差现象》,《当代外语研究》2010 年第 10 期。
② 向平、肖德法:《中国大学生英语议论文介入资源研究》,《外语与外语教学》2009 年第 4 期。

力的投资标的的热衷，**表明**一个科学的、健康的、多层次的资本市场在为企业创造良好的直接融资环境。（TY_ POS 00264508）

例（9）—例（10）体现了"引证"介入资源的使用情况。例（9）中的两个"说明"引证了外部资源具体实例。例（10）中的"说明""表明"引证的外部资源为"《人民日报》发文"，作者用《人民日报》的权威性报道作为引证资源，意味着将该命题与外部声音结盟，表明了命题的客观性、合法性与正确性。

三 积极网络语言与扩展资源

本部分对积极网络语料的扩展资源使用进行了分析和解释。图6.4和表6.3分别显示了积极网络语言总库扩展资源的使用频次与调整残差数据。

	接纳	宣称	疏离
搜狐	1369	49	7
新浪	2193	138	44
天涯	2163	102	23

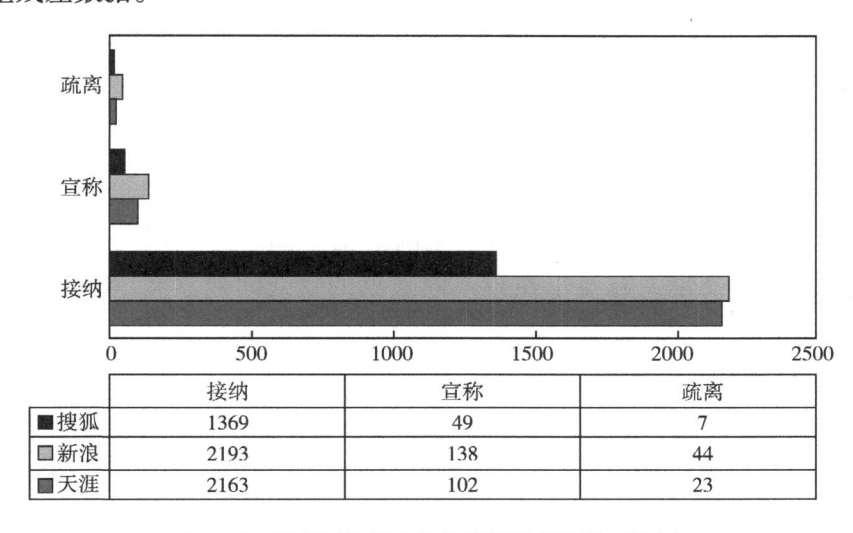

图6.4 积极网络语言收缩资源使用次数对比图

图6.4为积极网络语言总库介入资源中扩展资源的使用频次。搜狐、新浪和天涯三个积极语料库中，扩展资源使用频次最高的是"接纳"，最低的是"疏离"。

表 6.3　　　　积极网络语言总库扩展资源调整残差数据表

类型		频次\计数	扩展资源			总计
			接纳	宣称	疏离	
语料库	搜狐	计数	1369	49	7	1425
		调整后残差	3.7	-2.7	-2.9	
	新浪	计数	2193	138	44	2375
		调整后残差	-4.5	3.1	3.6	
	天涯	计数	2163	102	23	2288
		调整后残差	1.3	-0.8	-1.2	
总计		计数	5725	289	74	6088

（＊卡方检验后，p＝0.000，p＜0.05，扩展资源内部使用存在显著差异）

表 6.3 数据与卡方检验后的结果显示，三个积极语料库在扩展资源内部使用方面存在显著差异。在扩展资源的三个子类中，天涯论坛调整残差数据小于 1.96，不存在显著差异。搜狐和新浪积极语料库的"接纳""宣称"和"疏离"的标准化残差绝对值均大于 1.96，说明这搜狐和新浪网络语料在三类扩展资源子类使用中存在着显著差异，新浪积极语料使用的三类扩展资源远高于搜狐积极语料。

"接纳"属于扩展资源，"表示所传达的命题只是可能立场之一"[①]。发话人或作者表示命题是个人的、主观的抑或具有争议性的，存在其他的可能性，因而拓展了不同意见的对话空间。对不同的意见保持开放包容的态度，有益于在持不同意见的受众间建立和谐友好的人际关系。

（11）××教育为广大考生分享 2019 年省考申论考场五大技巧，考生**可以**在参加考试的时候谨记这五个要点，这样**可以**更好拿到高分。（SH_ POS 00068618）

例（11）使用情态副词"可以"强调相关内容只是个人的建议，

---

① 岳颖：《学术语篇的介入资源与人际意义构建——基于学习者语篇的个案研究》，《当代外语研究》2011 年第 7 期。

承认其他可能性的存在，允许读者有不同看法。"可以"的使用，暗示命题只是众多可能性之一，开启了与读者的对话空间。

（12）现在逢年过节成人口中经常会提到的就是：生活**需要**仪式感。过节日庆祝三五好友大聚会来满足我们的仪式感，那我们的孩子在成长过程中**需要**仪式感吗？是的，**需要**，而且仪式感是我们孩子成长过程中必不可缺的！（XL_ POS 00000082）

在例（12）中，"需要"体现了"接纳"资源的使用，意指存在其他可能性，表明自身的观点仅是众多声音之一，增加了与受众协商与对话的机会，开启了对话空间。作者预测到在读者群中可能会有不同意见，因此将可能持有异议的读者也作为对话的潜在参与者，最大限度地与读者结盟，认同作者的观点。

"宣称"和"疏离"属于扩展介入的子类。发话人把所说命题归于语篇之外的声音，从而表现为众多声音中的一种声音，有故意将自己的观点或者立场含混在众多声音当中之嫌。

（13）有时候你**以为**它走了呢，它却还没散。有时候你**以为**它散了呢，它却还在半空中。（XL_ POS 00001700）
（14）我们观看的电影电视、小说文章以及漫画中都没有**所谓的**"理想"宇航服，因为需要针对不同的太空环境来穿着相应特殊的宇航服。（SL_ POS 00002815）

在例（13）—例（14）中，发话人使用更多的"宣称"和"疏离"资源。例（13）中的"以为"体现了"宣称"扩展资源的使用，表明外部声音的存在，指出命题属于外部资源，没有明确展示来自外部意见的态度。例（14）使用了体现"疏离"扩展资源"所谓的"，与信息来源保持距离或持疑惑态度，文本声音拒绝为转述内容承担相应责任。

· 161 ·

第二节 消极网络语言的介入资源使用

本节统计了新浪、天涯、搜狐三个语料库中消极网络语言介入资源的总体使用情况,分析并解释了介入资源在消极网络语言中的具体使用特征。表6.4呈现了三个消极语料子库使用介入资源的具体数据。

表6.4 消极网络语言介入资源使用总计表

语料库		新浪		天涯		搜狐	
类别	计数	频次	比例（%）	频次	比例（%）	频次	比例（%）
收缩资源	否定	1151	27.69	1165	25.30	526	19.25
	对立	739	17.78	942	20.46	526	19.25
	认同	241	5.80	246	5.34	260	9.51
	断言	320	7.69	368	7.99	259	9.48
	引证	8	0.19	24	0.52	91	3.33
收缩小计		2459	59.15	2745	59.61	1662	60.82
扩展资源	接纳	1585	38.13	1715	37.24	988	36.15
	宣称	92	2.21	137	2.98	69	2.52
	疏离	21	0.51	8	0.17	14	0.51
扩展小计		1698	40.85	1860	40.39	1071	39.18

表6.4显示了新浪、天涯、搜狐三个语料库中消极网络语篇的介入资源总体使用频次与比例。在三个消极语料库中,使用收缩资源占比最大的为"否定"。而在收缩资源中使用频次最低的是"引证";在三个消极语料库中的扩展资源中,使用频次最高的是"接纳",其声音定位只是多种可能的定位之一,从而在不同程度上为会话可能性开启了对话空间。在扩展资源中占比最少的是"疏离"。

一 消极网络语言总库介入资源的使用

此部分主要分析了介入资源内部收缩资源与扩展资源的使用状况,图6.5是三个消极语料库在收缩资源和扩展资源的使用频率数据统计。

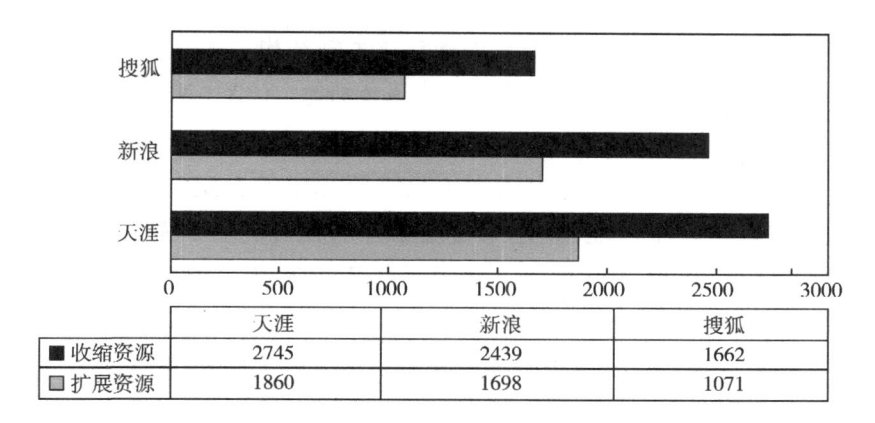

第六章　网络语言的评价系统对比分析

	天涯	新浪	搜狐
■ 收缩资源	2745	2439	1662
▨ 扩展资源	1860	1698	1071

图 6.5　消极语料库收缩资源与扩展资源频次对比

(*卡方检验后 $p=0.380$，$p>0.005$，消极语料介入资源没有显著性差异)

图 6.5 显示，消极网络语言使用介入资源总体是收缩资源多于扩展资源。在搜狐、新浪和天涯三个消极语料库中，收缩资源的使用频次都高于扩展资源，天涯消极语料库中的收缩资源频次最高，而搜狐消极语料中的收缩资源频次最低。天涯语料往往是网民的口语化表达，有时甚至是"喃喃自语"的絮叨和埋怨，过于强调个体困难和问题，主观色彩浓重且压缩对话空间，不接受他人的否定与反驳，因此多使用收缩资源。搜狐新闻类语篇多使用收缩资源来压缩对话空间，强调信息的权威性与可靠性。新浪微博语料包含网民个人交往言语和社会现象评论，使用介入资源频次居搜狐与天涯之间。但总体数据反映出，新浪语料也是收缩资源多于扩展资源，压缩了对话空间。天涯社区的网民通过使用诸如"否定""对立"和"断言"收缩资源陈述自己的观点，倾向于缩小乃至关闭对话空间。

(15) **不要**轻信所谓"水货"。在关税相对较低的情况下，"水货"多系假货。(TY_ NEG 00010407)

(16) 生活中的很多小事都让我**不能**理解大家，就好像我**不**属于这个世界，我**不**知道怎样和陌生人交往和身边的人交往，或许谈恋爱对我来说都是一种障碍，我该怎么办？(TY_ NEG 00012094)

(17) 而房子本身是水泥钢筋或木制结构,本身**不**具备保值功能,更**不可能**升值,只有土地才有保值功能。(TY_ NEG 00012946)

例(15)—例(17)中运用了收缩资源中的否定词语:"不要""不能""不""不可能",用来否定某些潜在可能。如例(15)告诉我们不要轻信销售员的推销,表达了自己的观点。这三个例证说明,"否定一个命题意味着将其肯定的对立面引入对话中,承认它,挑战它,是为了否定此命题,所以否定比肯定负载更多的人际价值"①。

(18) 烦,而且不安全,**但**没人管。**但**也不能这样下去啊,我已经实在没办法了,强烈求助!!!(TY_ NEG 00000327)

(19) 我分析今年除北上广以外其他一线城市**至少**要跌20%以上,让房地产的一部分资金流向股市和实体经济。(TY_ NEG 00004063)

(20) 在经过一轮30%—50%的暴涨后,股价虽然有上升空间,**但是**很可能进入横盘调整期,此时介入机会成本较大。(TY_ NEG 00024650)

例(18)—例(20)的语篇运用了收缩资源中的"对立",通过使用"但""至少""但是"等词汇,调整语篇的某种潜在期待。如例(20)的语料使用了表示对立意义的"但是",反对某种期待其他可能性的出现,如"股价有上升空间",此处强调的意义是"即便有上升空间,但是很可能进入调整期"。

(21) 以上**就是**脑中风后遗症的症状介绍,通过上述症状我们**不难看**出,脑中风后遗症相当危险,**会**严重危害患者的日常生活。如果脑中风早发现、早治疗,是**可以**有效的降低脑中风后遗症发生的,下面我们就来看看脑中风的早期表现。(TY_ NEG 00003661)

---

① 向平、肖德法:《中国大学生英语议论文介入资源研究》,《外语与外语教学》2009年第4期。

第六章　网络语言的评价系统对比分析

（22）目前大股票仓位已上来了，继续加仓动力不足，短期看缺乏增量资金，维持震荡自身就是自我消耗赚钱效应。（TY_NEG 00026777）

例（21）—例（22）语料运用了收缩资源中的"断言"，通过"就是""不难""会""可以"等表达"断言"意义的词语，凸显出语篇作者的权威性，强调自身观点的正确性。

与天涯论坛语料相比，搜狐语料库使用收缩资源与扩展资源方面比较均衡，既通过收缩资源以较高的人际代价强调命题的可靠性和正确性，也使用扩展资源，表示发话人"在表达自己的观点、立场和态度时可被容纳或接受，甚至鼓励听话者表述与自己不同的观点、立场和态度"[①]。搜狐语料更均衡地使用收缩和扩展资源，凸显新闻语料对不同观点的包容度。搜狐语料利用收缩性介入表达命题的正确性，因此运用"否定""对立""引证"及"断言"等收缩资源较多。

（23）报道称说尚不清楚，倘若特朗普对墨西哥打击非法越境行为的举措感到不满意，他会关闭哪些区段的边境。（SH_ NEG 00053156）

（24）但没成想，日本的高兴还刚刚开始，如今就遭到了迎头一棒。（SH_ NEG 00052337）

（25）此前巴基斯坦被击落的无人机虽然在 27 号的空战以后，印巴双方再也没有爆发过空战，但是地面上你来我往好不热闹。（SH_ NEG 00052900）

例（23）中新闻报道通过使用"不"体现"否定"意义的词语来排斥潜在的可能。例（24）—例（25）使用了表现"对立"的词汇和语法资源，用"但""虽然""但是"来替换之前可能存在的情况，如例（24）

[①] 牛均均、牛桂玲：《基于介入系统的"云南象群迁徙事件"国际生态话语分析》，《湖北科技学院学报》2022 年第 4 期。

中的"但"、例（25）中的"虽然""但是"，用于话语转折，表示发话人没想到实际情况与想象的不一致，表达没有预料到，与现实相反的情况。

（26）国际舆论认为，美国将伊朗国家武装列为"恐怖组织"不过是一种国际羞辱，**根本**目的还是要向伊朗施压，强迫后者接受美国在伊核问题上提出的苛刻条件。（SH_ NEG 00053176）

（27）没错，如果说前段时间的俄罗斯黑海舰队海军航空部队演习是在吓唬北约舰队，那这一次的对陆对海打击演习很显然**就是**在威胁乌克兰和格鲁吉亚这两位"前苏联的小兄弟"。（SH_ NEG 00053266）

例（26）—例（27）的语料运用词汇"根本""就是"，体现"断言"意义，强调了对命题的肯定。新闻语料往往使用收缩资源，否定其他命题，用当下命题替代其他命题的存在，或凸显干预命题，强调自己命题的可靠性。

搜狐新闻语料往往通过运用"接纳"资源，说明发话人"在表明个人观点、立场、态度的同时能容纳或允许其他不同观点、立场和态度的存在，从而为对话人留有一定的话语空间"[①]，频繁使用"接纳"资源。

（28）按照北京市新农村建设的环境标准，村内的公共厕所**应该**进行达标改造。（SH_ NEG 00000477）

（29）倘若公司存在违法强制退市情形，股票**可能**被＊＊交易所实施退市风险警示并暂停上市，请投资者注意投资风险。（SH_ NEG 00034314）

（30）同时，他还保证美国仍然非常重视北约的作用，并**建议**盟友们加大对伊斯兰国的打击。（SH_ NEG 00043912）

（31）**建议**超过60岁的女性，有意站起来，尽**可能**多走动，不要一直坐着。（SH_ NEG 00000445）

---

① 李静：《中美有关华为新闻报道的介入资源分析》，《湘南学院学报》2022年第1期。

上述诸例都使用了"接纳"资源,隐含发话人的报道只是众多观点之一,存在与其他可能性协商的空间。如例(28)和例(29)使用"应该""可能"等情态助动词,例(30)—例(31)使用"建议"类词汇。例证中的词汇与语法资源都表示新闻观点只是众多观点之一,有利于使发话人与受话人维持共同立场,使作者与读者最大限度地建立一致关系。

总体来看,天涯论坛语料使用收缩资源压缩对话空间占比较高,常常使用"否认"和"对立"资源,反对其他观点或立场,宣称自己观点的正确性,压缩彼此的对话空间。搜狐语料库既使用收缩资源承担一定的责任,也使用扩展资源,发话人承认其他观点的存在与合理性,扩大了与受话人的对话空间。

二 消极网络语言与收缩资源

本书分析了新浪、天涯、搜狐三个消极语料库收缩和扩展资源的总体使用差异,对消极语料库使用收缩资源的内部差异也进行了统计分析。图6.6是天涯、新浪、搜狐三个消极语料库使用收缩资源的对比数据。

表6.5显示了三个消极语料库使用收缩资源内部标准化频率和调整残差数据。

表6.5　　　　　　　消极与收缩资源调整残差数据表

类型		频次计数	收缩资源使用频次与比例					总计
			否定	对立	认同	断言	引证	
语料库	新浪	计数	1151	739	241	320	8	2459
		调整残差	6.8	-2.8	-2.1	-1.4	-6.8	
	天涯	计数	1165	942	246	368	24	2745
		调整残差	1.4	3.1	-4.2	-0.8	-4.7	
	搜狐	计数	526	526	260	259	91	1662
		调整残差	-9.3	-0.5	7.2	2.4	13.0	

图6.6数据和表6.5收缩资源调整残差数据显示,在搜狐、新浪和天涯三个消极语料库中,收缩资源使用频次最多的是"否定",最少的是"引证"。在天涯消极网络语言中,收缩资源使用最多的是"否定"

	否定	对立	认同	断言	引证
■新浪	1151	729	241	320	8
搜狐	526	526	260	259	91
■天涯	1165	942	246	368	24

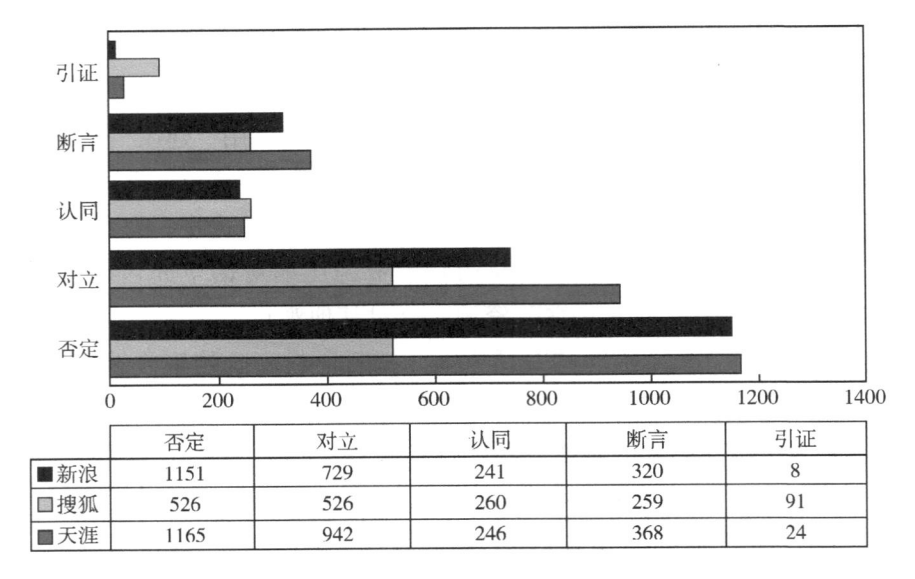

图 6.6 消极语料收缩资源标准化频率对比图

（*卡方检验后，p=0.000，p<0.05，收缩资源内部使用存在显著差异）

资源，最少的是"引证"资源。天涯语料话题杂乱，网络语言特征非常明显，口语和书面语杂糅、正式文体与非正式文体混杂，标点符号随意使用，语法结构混乱，个人情绪化表达明显，个人情绪随时随地向虚拟社区中"扔"去，个人情绪化表达伴有浓厚的主观色彩，收缩了对话空间，他人否定或反对的空间很小。否定功能常常被分为两种："有时发话人把否定指向受众之外的第三方，表明与其观点相悖；有时否定针对潜在的受众，发话人将肯定范式投射到受众身上，然后以权威的身份给予纠正。"[①]

（32）为预防椎管狭窄症复发，**不要**剧烈运动……**避免**长时间保持一个姿势工作。（TY_ NEG 00035102）

（33）**不要**连续长时间内服或注射激素类药物……重者可致股骨头坏死、糖尿病、高血压、胰腺炎等。（TY_ NEG 00035102）

---

① 岳颖：《学术语篇的介入资源与人际意义构建——基于学习者语篇的个案研究》，《当代外语研究》2011 年第 7 期。

（34）**不是**每个女人天生都会化妆，有很多禁忌，**不少**都是日常生活中你**不经意**的化妆习惯，**别**小看这些小习惯……1.**不宜**面部搽香水……2.**不宜**化妆拔眉毛……3.**不宜**多用口红。（TY_NEG 00033294）

例（32）—例（34）使用了表达否定意义的词汇"不要""避免""不宜""不是"等词汇，其功能是将肯定范式投射到受众身上，然后以权威的身份给予纠正。如例（32）和例（33）的语篇频繁使用"不""不要"，将肯定范式投射到患者身上，以权威或专家的身份给予纠正，帮助患者预防此类的疾病。例（34）接连使用"不是""不少""不经意""别""不宜"等否定词语，提醒消费者勿触犯化妆的禁忌，通过否定词加重语气，达到警示效果。

搜狐消极语料使用收缩资源最多的是"否定"资源，最少的是"引证"资源。搜狐新闻通常是原发新闻或转发新闻，新闻的性质决定了话语文体正式、文风严谨、表述谨慎，往往采用收缩资源强化新闻或政策的可靠性，压缩会话空间。

（35）他们表示，IS 女成员**不可能**挥舞巴勒斯坦国旗，因为该组织认为这是世俗的亵渎，**更不用说**哈马斯正在与 IS 的分支开战。（SH_ NEG 00052599）

（36）你很清楚这些女性**不是** IS 成员，但你却传播了这样的信息。（SH_ NEG 00052599）

例（35）和例（36）使用了表达否定意义的词汇"不可能""更不用说""不是"等词语，其功能是否定前者的命题，以权威者的身份给予证据和纠正。例（35）中通过使用"不可能""更不用说"表达对前述内容的极力否定，纠正前者所说内容，表示不同意前者的观点并且用证据来否定前者所说的话。

（37）这**根本**不可理喻。哈马斯正在积极地与加沙一个模仿

IS 的组织作斗争,并且 IS 公开表示不承认任何国家的国旗或组织,包括哈马斯。(SH_ NEG 00052599)

(38) 反对派代表告诉记者,已经推选一个 10 人代表团,向军方提出要求,**最主要**一条是反对军人统治,建立文官过渡政府。(SH_ NEG 00052504)

例(37)和例(38)中搜狐消极语料库中运用了介入资源中收缩的"断言",通过"根本""最主要"等表示断言意义的语汇,凸显新闻对有关命题的干预,进而强化自身观点的正确性。例(37)中,发话人用"根本不可理喻",极力否定哈马斯和 IS 组织有任何关系,强调与 IS 毫无瓜葛。发话人使用收缩资源,压制不同意见,干预其他相关意见,人际代价较高,对话空间被压缩或关闭。

标准化残差数据显示,搜狐语料中的"引证"资源具有显著性差异。马丁和怀特指出,引证"是源自外部来源的主张,作者的声音将其解释为正确、有效、不可否认或以其他方式最大限度地保证"。[①]"引证"通过使用语言过程间接实现,语篇中常常包含动词"显示""证明""发现""指出"等。引证往往与命题之外部资源结盟,用第三方声音抑制不同或相反观点,缩小会话空间。"引证"资源会强调外部资源的有效性与权威性,一旦引用外部声音来支持自己的观点和立场,就表现出了拒绝协商的倾向。

(39) 研究人员**指出**,过去有研究**显示**,长期吸烟会导致与年龄相关性黄斑变性的风险成倍增加,而他们的新研究则**表明**,过量吸烟或长期接触烟草中有害化合物还会严重影响吸烟者辨别颜色和对比度的能力,可能导致其整体色觉丧失,吸烟对视力的全面危害不容忽视。(SH_ NEG 00032184)

(40) **研究**表明**,每天久坐时间减少一小时,患心血管

---

① Martin, J. R. and White, P. R. R., *The Language of Evaluation: Appraisal in English*, New York: Palgrave Macmillan, 2005, p. 126.

疾病的风险会降低12%，久坐会减少流向心脏的血液，从而增加患病风险。（SH_ NEG 00000445）

（41）此次事件还**说明**，媒体或其他机构对他人的指责都要以证据为依据。（SH_ NEG 00050803）

例（39）—例（41）使用的"指出""显示""表明""说明"等词语，都是"引证"了外部资源。例证通过引证外部资源"实事新闻"，运用"引证"资源与此命题来源的外部声音结盟，认为此命题的正确性与可靠性。搜狐多为新闻类或者科普类报道，引证外部资源较多，用事实说话的态度体现了与外部声音结盟，进而证明此命题的正确性，压缩了不同或相反立场，缩小了对话空间。

三　消极网络语言与扩展资源

对新浪、天涯、搜狐三个消极语料库收缩和扩展资源的总体使用差异进行分析后，本书对消极语料库的扩展资源使用差异也进行了统计。图6.7呈现了新浪、天涯、搜狐三个消极语料库的扩展资源使用总量和比例。

	接纳	宣称	疏离
■新浪	1585	92	21
▨搜狐	988	69	14
■天涯	1715	137	8

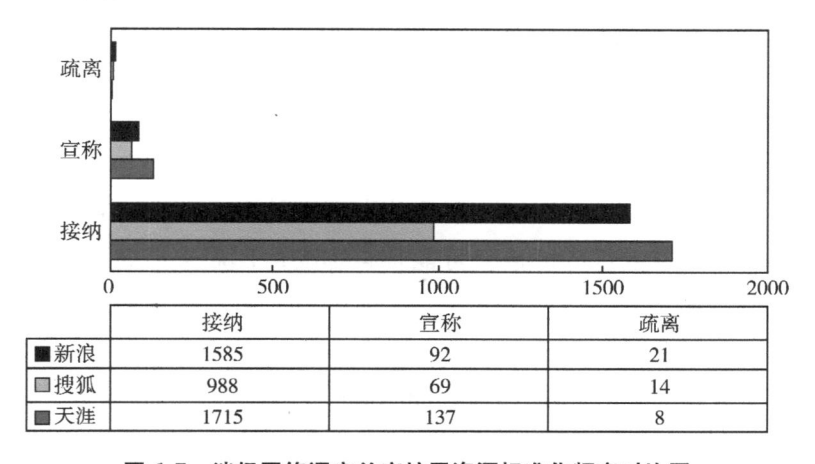

图6.7　消极网络语言总库扩展资源标准化频率对比图

（＊卡方检验后，$p = 0.008$，$p < 0.05$，扩展资源内部使用存在显著差异）

表6.6显示了三个消极网络语言语料库使用扩展资源内部标准化频率和调整残差数据。

表6.6　　　消极网络语言总库与收缩资源调整残差数据表

类型		频次计数	扩展资源使用频次与比例			总计
			接纳	宣称	疏离	
语料库	新浪	计数	1585	92	21	1698
		调整后残差	1.4	-2.2	1.7	
	天涯	计数	1715	137	8	1860
		调整后残差	-0.9	2.1	-2.9	
	搜狐	计数	988	69	14	1071
		调整后残差	-0.5	0.0	1.5	

图6.7和表6.6显示，经卡方检验后，结果为 $p=0.008$，$p<0.05$，三个消极语料库在扩展资源内部的使用存在显著差异。在搜狐、新浪和天涯三个消极语料库中，扩展资源数目最多的子类是"接纳"，最少的是"疏离"。天涯消极网络语言使用扩展资源最多的是"接纳"，最少的是"疏离"。天涯语料抒发情感、分享日常、发表意见的口语化表达充斥在话语之中，网民通过天涯论坛向网友求助，上至社会大事，下到邻里纠纷，大家都在论坛畅所欲言。因此，天涯论坛中使用扩展资源中的"接纳"较多。

（42）由于局部肌肉损伤，血液循环较差，病患部位比其他部位更**容易**受凉。（TY_ NEG 00035102）

（43）因为一个人如果遇到的挫折很多，但又无可奈何的时候如果再有点压力的话就**可能**得抑郁症的，后来回到家里家人都我特别的不好，特别是以前对我最好的父亲现在突然变脸对我最不好，而且他的形象全毁了，一个慈祥的好父亲变成了个骂脏话不讲理的坏人。（TY_ NEG 00015800）

（44）从此我**感觉**她把精力主要放在孩子身上了，而对我却没有那么无微不至的关怀，有这么两个孩子，在我的视线中，我内心整天心乱如麻。（TY_ NEG 00023292）

（45）**建议**＊＊＊应该迅速关闭博客,你可以操作欺诈、敛取黑钱、操控法律、逃避制裁,但我们请你不要再玷污朋友们网上文娱休闲的良好环境了。(TY_ NEG 00129198)

"接纳"一般"通过情态助动词（可能、也许、应该等）或修饰性副词（可能地、确定地等）以及诸如'我认为''我相信'等表达提供可能性观点,以此唤起读者持有的其他可能性观点,愿意接纳其他观点进入对话空间,与读者结盟"①。例（42）和例（43）使用了"容易""可能",表示相关内容只是发话人的一个推测,暗含了其他可能性的存在。例（44）和例（45）中的"感觉""建议"属于建议句,仅仅表达发话人自己的观点看法,暗含存在其他的可能性。

统计数据显示,天涯消极语料库中多使用"接纳",开启了与他人的对话空间,使用"宣称"和"疏离"的比例较低。搜狐消极网络语言使用扩展资源最多的是"接纳",最少的是"疏离"。虽然搜狐新闻类语篇多为正式报道,但也会预留对话空间,与读者进行对话。新浪消极网络语言使用扩展资源最多的是"接纳",最少的是"疏离"。在调整残差数据表中,新浪消极语料库"宣称"资源有显著性差异。

（46）**据**网友爆料,在成都西—雅安的＊＊次动车上,＊＊公司2位领导私自带无票旅客乘车,并且坐到供司机和乘务休息的位置上,当众威胁和辱骂动车司机。(XL_ NEG 00023234)

（47）很多人觉得自己活得太累,实际上他们可能只是太闲了。人是不能闲的,一闲就会想得太多,一闲就会感情泛滥,**所谓**娇情屁事多,空虚寂寞冷,都是因为懒散堕落闲。(XL_ NEG 00029484)

例（46）和例（47）是体现"宣称"意义的语言资源。如例（46）中"据网友爆料",仅仅表示这是网友爆料,没有官方的报道证明该消

---

① 张悦、李红霞:《介入系统视角下"一带一路"对外新闻语篇对话性研究》,《西安航空学院学报》2018年第6期。

息的真伪。例（47）用"所谓"表示宣称意义，隐含第三方作者的影射观点，对外部声源态度模棱两可。"宣称显然是对话式的，因为它们将用文本本身之外的声音和/或位置推进命题，并将作者的声音呈现为与这些声音交互参与。"[①] 新浪消极语料库扩展资源多使用"宣称"资源，表达了个人观点或报道与信息声源保持一定的距离，扩展了对话空间。

第三节　积极与消极网络语言介入资源对比分析

前两节分别从积极网络语言语料库和消极网络语言语料库两个方面，对语料使用介入资源状况开展对比分析，本节综合对比讨论介入资源在积极语料库和消极语料库中使用的异同。

一　积极和消极网络语言与介入资源的使用

本节以新浪、天涯、搜狐三个网络语料子库中的积极和消极语料为研究素材，呈现三个语料库中积极和消极语篇使用介入资源的对比数据，分析并解释差异。

表6.7显示了网络积极语篇和消极语篇使用介入资源的总频次与百分比。下面是积极和消极语篇使用介入资源的具体差异及分析。

表6.7　　　　积极与消极网络语言总库介入资源使用总计表

类别	介入词类	积极总库 频次	积极总库 所占比例（%）	消极总库 频次	消极总库 所占比例（%）
收缩资源	否定	2745	20.91	2842	24.72
	对立	2308	17.58	2207	19.20
	认同	865	6.59	747	6.50
	断言	1071	8.16	947	8.24
	引证	53	0.40	123	1.07

[①] Martin, J. R. and White, P. R. R., *The Language of Evaluation: Appraisal in English*, New York: Palgrave Macmillan, 2005, pp. 112–113.

续表

类别	介入词类	积极总库		消极总库	
		频次	所占比例（%）	频次	所占比例（%）
收缩小计		7042	53.63	6866	59.73
扩展资源	接纳	5725	43.60	4288	37.30
	宣称	289	2.20	298	2.59
	疏离	74	0.56	43	0.37
扩展小计		6088	46.37	4629	40.27

（一）积极/消极网络语言使用介入资源的总体差异

图6.8呈现了积极和消极网络语言在语料总库使用收缩和扩展资源的总体出现频次。

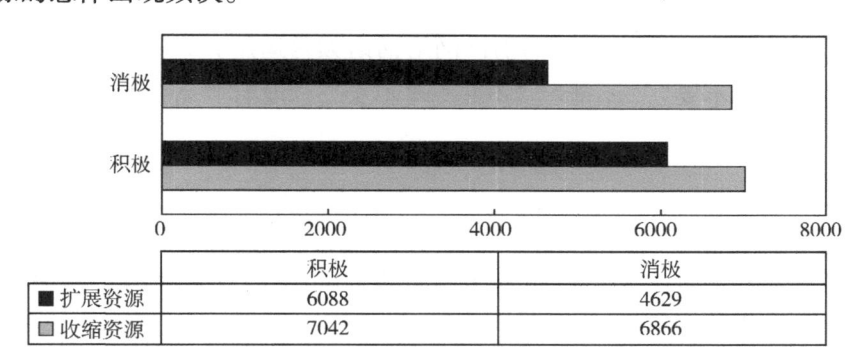

	积极	消极
扩展资源	6088	4629
收缩资源	7042	6866

图6.8 积极/消极网络语言使用收缩资源和扩展资源频次对比图

（*卡方检验后，p=0.000，p<0.05，积极/消极语篇使用介入资源存在显著差异）

图6.8显示积极网络语言和消极网络语言使用收缩资源和扩展资源的频次对比数据。积极和消极语料在收缩与扩展资源的卡方检验结果显示p<0.05，表明积极和消极语篇在收缩与扩展资源的使用上具有显著差异。消极网络语言使用收缩资源更多，强调自身的观点、声音与权威。积极网络语言使用收缩资源和扩展资源的比例较均衡，既利用收缩资源干预其他观点或强调自身观点，也使用扩展资源与其他观点互动协商，承认其他声音或立场的存在，扩大网络对话空间，创造开放包容的网络环境。

语料显示消极网络语言使用更多的收缩资源缩小对话空间，强调命题的可靠性，拒绝进一步的互动协商。消极网络语言通过使用"否定""对立""断言"这样的收缩资源强调命题的可靠性。

（48）当你和恋人之间产生矛盾后**不要**一味地指责对方，也**不能**一直埋怨全是对方的错，这样下去只会激化你们俩的矛盾，让两个人互相厌恶。（XL_ NEG 004560）

（49）病毒休眠**不是**新现象。疱疹病毒通常**不会**从人体内根除，只是被免疫系统抑制。（SH_ NEG 069357）

（50）虽然法国政府过后宣布放弃上调燃油税的计划，但抗议活动**没有**停止。（SH_ NEG 005676）

例（48）—例（50）的消极网络话语频繁运用介入系统的收缩资源，使用"不要""不能""不是""不会""没有"等，用于否定可能存在的潜在意见。

（51）中国此前宣布要在 2020 年全面推行城市居民生活垃圾分类。**但是**，改变长期养成的行为习惯需要很长时间。（SH_ NEG 015154）

（52）我独处时最轻松，因为我**不**觉得自己乏味，**即使**乏味，**也**自己承受，**不**累及他人，**无**需感到**不**安。（XL_ NEG 012412）

（53）**虽然**未来的路途并不明朗，也许坎坷或是平坦，**但**停在原地，永远**都**见**不**到下一站的景色。（XL_ NEG 015811）

例（51）—例（53）中的消极语篇运用了"对立"意义的收缩资源词汇，通过"但是""即使""也""虽然""但""都"等介入资源来调整话语中的潜在声音，用发话人的命题代替或者反对会话中潜在的其他可能性。例（52）的"即使"表示对立意义，借此反驳可能出现的反对声音，如"独处时不觉得乏味"，此处的语料强调"即使乏味了，也不会感到不安"的意义。此外，例（52）和例（53）还频繁使用"不""无"等"否定"资源，说明在同一个语篇中，收缩资源往往共同出现，表示出更加强烈的收缩态度，对话空间被大大压缩。

（54）**最重要的是**，吃多了腌制食品，会促使女人早衰。(SH_NEG 014312)

（55）严重的安全感缺失者，他们甚至**根本**不敢与这种莫名的恐惧有一秒钟的直面相对，他们不允许他人对此进行任何理性的分析……(TY_ NEG 305270)

（56）懂得畏惧的可怕，还能超越它，征服它，最终成为它的主人的人，**就是**英雄。(XL_ NEG 029974)

断言往往"表现为理所当然地认定命题内容的真实性和自明性，上下文均没有对命题观点的补充论证或对相异立场的回应"[①]。例（54）—例（56）中消极网络语篇使用了表达"断言"意义的收缩资源词汇，通过"最重要的是""根本""就是"等收缩性介入资源，凸显消极语篇中发话人或作者强调自身观点的正确性，对所说命题进行干预。通过使用收缩介入资源的词汇，"强调发话人本身对所说命题或自我意见、立场的主观干预，或反驳排斥某种意见、用某种新观点代替之前有可能存在的某种观点，是对对话空间的压缩"[②]。

积极网络语篇在收缩资源和扩展资源的使用上较为均衡，一方面通过收缩资源强调命题的可靠性和正确性，具有较高的人际代价；另一方面也使用扩展资源承认发话人意见或多种声音中的某种观点，认可其他观点或声音的存在。在一定意义上，"对话扩展为对话选择留有余地，开放了对话的空间"[③]。积极网络语篇通常允许多种声音同时存在，具有较强的互动性、包容性和协商性，使用了更多的扩展资源。同时，积极网络语篇也利用诸如"否定""对立""引证""断言"等

---

① 赖良涛、朱熠凝：《基于介入系统的修辞策略分析——以名誉侵权涉诉语篇为例》，《当代修辞学》2019年第6期。

② 梁海英：《医患会话中医生诊疗话语的个体化意义建构研究》，中国社会科学出版社2019年版，第158页。

③ 雷圣春：《2016美国大选新闻语篇的介入资源分析》，《传播力研究》2017年第12期。

收缩资源，表达自身观点，强调命题的正确性和可靠性。

（57）只要有一家一户一个人**没有**解决基本生活，我们就**不能**安之若素。(SH_ POS 032198)

（58）忽视了产品的作用，也是**不**明智的。**没有**良好的产品做为先导，往往会引起别人的疑虑和误会。(TY_ POS 068391)

例（57）—例（58）的积极网络话语使用体现否定意义的词汇"没有""不能""不"等收缩资源来反驳可能存在的潜在反对意见，但整体语篇体现了积极的社会意义。

（59）如今，我们一谈及起5G，首先就会想到华为。**而**华为也用自己的技术征服了世界。**但是**有些国家难免看不下去就对华为大肆封锁。(XL_ POS 001386)

（60）车载空气净化器**果真**有如此神奇的作用吗？带着重重疑问，笔者来到了上海市金山区一家车载空气净化器某生产基地，一探究竟。(TY_ POS 126461)

例（59）—例（60）的积极网络语篇运用了"而""但是""果真"等"对立"介入资源，通过发话人的观点来代替之前可能存在的其他观点。如例（59）使用"而"作为"对立"资源，展示了华为的实力，用"但是"作为"对立"资源，表示对某些国家做法的不屑。例（60）中的"果真"表示发话人对产品预判或宣传效果一致的一种质疑，与预见中的潜在命题形成了一种对立。

（61）**千万**不能迷信"外来的和尚会念经"，用海外人才的数量来给自己镀金，搞形象工程。(SH_ POS 064458)

（62）这世上肯定有某个角落，存在着能**完全**领会我想表达的意思的人。(XL_ POS 012909)

（63）互联网文化决定一个公司运营的成败，互联网文化**实**

质上是公司的扁平化管理。(TY_ POS 155655)

例(61)—例(63)中的"千万""完全""实质上"等词语，采用"断言"资源，表示发话人对命题的明显干预和强调。积极网络话语使用收缩资源，对自身命题表示肯定，用自身所说命题替换其他命题的潜在可能性，强调自己所提命题的可靠性和保证性。

此外，积极网络话语也采用了很多扩展资源中的"接纳"资源，承认其他声音或立场存在的可能性，开启了网络语言传播的对话空间。

(64) 在北京朝阳区＊＊＊中心小学校长＊＊＊看来，**要**顺应在线趋势，粉笔黑板和电子设备**可以**共存。(SH_ POS 068096)

(65) 我**建议**父母分散开练习时间，缩短练习时间，增加练习次数。**一定要**和孩子协调好，**还要**考虑孩子的想法和心情，保证让孩子的练习环境和氛围轻松愉悦。(TY_ POS 209743)

(66) ＊＊本科的教育体制灵活，申请学生第一年不需要确定专业，**可以**让学生**能**有更多的时间考虑**应该**选择什么专业。(TY_ POS 208256)

使用"接纳"资源意味着发话人提出了某种建议，允许他人提出建议或观点，表明发话人打开了会话空间，体现了论述的相对公正性。如例(64)中的"要""可以"，例(65)"我建议""一定要""还要"，例(66)中的表示建议语气的情态动词"可以""能""应该"等词汇。网络积极话语中的词汇和语法资源都表示发话人作为网络话语的传播者，其观点只是众多的可能观点之一，采用"接纳"资源有益于与他人沟通，与其他受话人建立最大限度一致关系。

总体来看，消极网络语篇使用比例较大的收缩资源缩小会话空间，经常使用"对立"与"否认"资源，要么否定某个命题，反对相关观点和立场，要么提出具有主观性的观点，强调自我立场的正确性和可靠性，压缩对话空间，拒绝接受互动协商，以较高的人际代价强调命题的正确性。而积极网络话语既使用收缩资源，表示发话人愿意承担话语责任，也使用扩展资源，表现出发话人的包容性和开放性，打开对话空间，容许其他观点或立场的存在，也就是发话人为听众预留了对话、商议或表达的话语空间。

（二）积极/消极网络语言与收缩资源

本书在分析了积极和消极网络语言使用介入资源的总体差异之后，对积极和消极网络语言总库使用收缩资源的具体情况也进行了分析。图6.9呈现了积极和消极网络语言收缩资源内部使用频次数据对比状况。

	否定	对立	认同	断言	引证
■消极	2842	2207	747	947	123
▢积极	2745	2308	865	1071	53

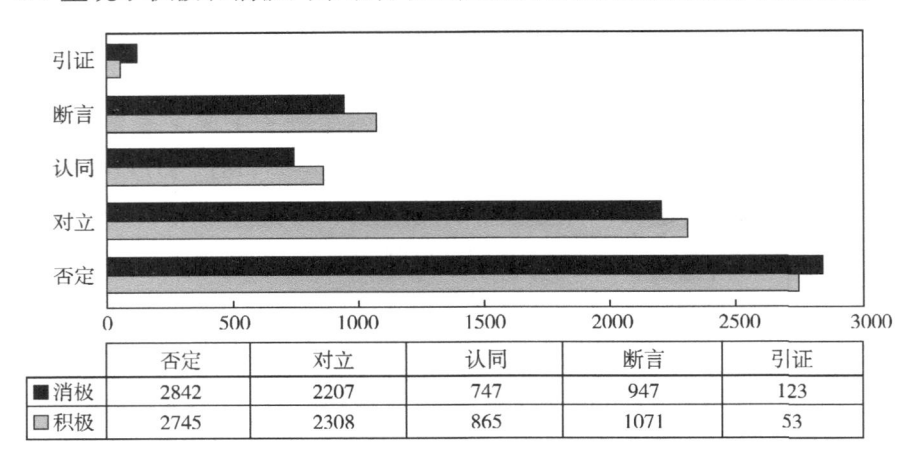

图6.9　积极/消极网络语言使用收缩资源频次对比图

（*卡方检验后，$p=0.000$，$p<0.05$，积极/消极语篇使用收缩资源存在显著差异）

表6.8显示了积极和消极网络语篇使用收缩资源的调整残差数据，进一步印证了图6.9的统计数据。

表6.8　积极/消极网络语言收缩资源调整残差数据表

类别	频次计数	收缩资源					总计
		否定	对立	认同	断言	引证	
积极	计数	2745	2308	865	1071	53	7042
	调整后残差	-2.9	0.8	2.6	2.4	-5.5	
消极	计数	2842	2207	747	947	123	6866
	调整后残差	2.9	-0.8	-2.6	-2.4	5.5	
小计		5587	4515	1612	2018	176	13908

卡方检验结果 p = 0.000、p < 0.05 显示积极和消极语篇在收缩资源内部的选择和使用上存在显著差异。表6.8显示积极和消极语篇在收缩资源的五个子类中，只有"对立"的标准化残差绝对值小于1.96，而"否定""认同""断言"和"引证"的标准化残差绝对值则全部大于1.96，说明积极和消极语篇在收缩资源的"对立"中不存在显著性差异，其他四个子类的使用均存在显著性差异，显著性差异最大的是"引证"，其次为"否定"和"认同"，"断言"的显著性差异最小。

在五类收缩资源中，积极和消极语篇使用显著性差异最大的是"引证"资源。"引证"介入资源往往"通过'指出''显示''证明'等词汇引出间接或权威性的话语来支持己方的观点"[1]。

（67）＊＊＊**说**，布隆迪是非洲大湖地区重要国家，充分**表明**了布隆迪政府和人民完全拥有解决内部政治问题、维护国家和平与稳定的能力和决心。（SH_ POS 001179）

（68）然而，伊朗将美军中央司令部认定为"恐怖组织"并宣布要重启核计划的行为**表明**，伊朗并不会在伊核协议基础上做出让步。（SH_ NEG 053176）

（69）一个东西可买可不买时就不买呗，可买可不买**说明**还没那么需要，买回来还占空间。一个人可嫁可不嫁时就不嫁呗，可嫁可不嫁**说明**还没那么迫切，嫁过去还得凑合。（XL_ NEG 002566）

例（67）—例（69）中积极和消极语篇中分别运用了"说""表明""说明"等词语，体现"引证"意义的介入资源。例（67）中的"说""表明"主要是通过引证外部话语资源验证命题的正确性，此处引证的外部资源说明布隆迪国内局势总体平稳，说话人通过"引证"说明布隆迪人民有能力自主解决问题，与此命题来源的外部声音结盟。例（68）使用"表明"表现了伊朗的强硬态度。例（69）使用两个

---

[1] 柯贤兵、谢睿妍：《基于介入系统的法庭调解话语博弈策略研究》，《外语学刊》2022年第3期。

"说明",表现了发话人通过社会常识表达的一种间接劝服态度。

相比之下,运用消极词汇越多的话语,表达主观愿望的目的性就越强,证明命题正确时付出的代价或努力就越大。发话人运用"引证"资源与该命题来源的外部声音结盟,把某种外部意见说成正确有效的、不可否认的或正当的。尤其在表达坚定的立场或态度时,更多地挤压对话空间,拒绝协商和互动。

"否定"属于收缩资源中的否认。在积极和消极语篇中,使用收缩资源处于第二位的是"否定"策略。

(70)好学校**不是**招来天赋最好的学生,在升学竞争中碾压生源较差的学校,那**不是**学校的优秀,而是学生的优秀。(XL_POS 002566)

(71)什么都可以浮躁,唯独教育**不**可以!(XL_NEG 000845)

例(70)—例(71)使用了表达否定意义的词汇"不""不是"等,其功能是发话人将肯定观点投射到受话人,然后给予纠正。例(70)使用"不是",意指"招收天赋最好的学生从而在升学考试中遥遥领先,并不意味着学校优秀"。例(71)用了表达否定意义词语"不",针对否定潜在受众的观点,将肯定范式投射到受众身上,然后给予肯定。

积极和消极语篇在使用收缩资源"认同"和"断言"时存在明显的差异。"认同"涉及外部声源,预设所引用命题的可靠性是真实可信的[1]。马丁和怀特说明,"'认同'的类别涉及公开宣布讲话者同意或具有与某些预期对话伙伴相同的知识的表述。通常,这个对话伙伴是文本的假定收件人"[2]。"认同"资源往往通过"当然""自然地""毫不奇怪""公认"及"肯定的"等词汇来表达。

---

[1] 王振华、路洋:《"介入系统"嬗变》,《外语学刊》2010年第3期。
[2] Martin, J. R. and White, P. R. R., *The Language of Evaluation: Appraisal in English*, New York: Palgrave Macmillan, 2005, p. 122.

(72) 全家人坐在一起吃饭,母亲为大哥不停地夹菜,时不时地给二哥添一个鸡腿,对＊＊＊不闻不问,**像**对待一团空气**一样**视而不见。(SH_ POS 053753)

(73) 金牛对品位较他还要高出一筹的天秤的来电,是**完全**没有办法拒绝的。(XL_ NEG 011664)

例(72)中的"像……一样"是衔接性认同,在话语中既传递已知信息,又隐含新信息。发话人使用"像对待一团空气一样"所传递的已知信息是"对她视而不见",暗含的新信息是"＊＊＊像空气一样被忽视",发话人和受话人共享已知信息,以此与受话人达成观点或看法的一致。例(73)用了"完全"进一步加深作者对命题的肯定程度,提升自我观点的确定性。

"断言"是发话人直接介入文本,增加反对或质疑话语的人际成本[1],马丁和怀特指出,"断言涵盖了涉及作者强调或明确的作者干预或插补。例如常用'我认为……','事情的事实是……''问题的真相是……''我们只能得出结论……''你必须同意……'等具有从句范围的增强词,'真的''确实'等,并且在演讲中适当地放置了重音"。[2]

(74) 孩子在6岁之前和父母相处的时间更多更集中,也是培养习惯的关键阶段,各位家长**千万**不可掉以轻心,一定要早点帮孩子改掉坏习惯、养成好习惯。(SH_ POS 053152)

(75) **千万**不要乱了阵脚,要让上面觉得事情没有到不可收拾的地步,感到你会与他并肩工作,解决问题。(XL_ NEG 000716)

例(74)—例(75)属于"断言"意义的语言资源。例(74)中发话人使用了程度副词"千万",突出了让受话人相信发话人的命题或

---

[1] 参见王振华、路洋《"介入系统"嬗变》,《外语学刊》2010年第3期。
[2] Martin, J. R. and White, P. R. R., *The Language of Evaluation: Appraisal in English*, New York: Palgrave Macmillan, 2005, p. 127.

所讲事件，也突出了发话人对话题的评价和态度，表达不容置疑或不容挑战性。例（75）中"千万"凸显人际功能，强调命题的可信度，表明发话人态度或者立场的同时，排除了对话性以及与其他声音之间的对话。

总之，在收缩资源的引用上，积极和消极语篇均采用了介入资源的收缩资源子类性来缩小对话空间，差异最明显的是两类语篇"否定"资源的运用。

（三）积极/消极网络语言使用扩展资源对比

图 6.10 和表 6.9 分别显示了积极和消极网络语篇使用扩展资源的总频次和比例，同时呈现了积极和消极语篇扩展资源使用频次对比图和调整残差数据。

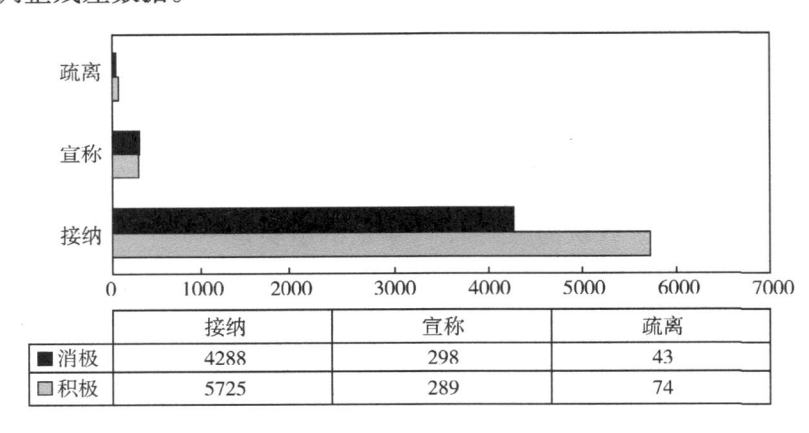

	接纳	宣称	疏离
消极	4288	298	43
积极	5725	289	74

图 6.10　积极/消极网络语言使用扩展资源数据对比图

（*卡方检验后，$p = 0.000$，$p < 0.05$，积极/消极语篇使用扩展资源存在显著差异）

表 6.9　　积极/消极网络语言使用扩展资源调整残差数据表

类别	频次计数	扩展资源			总计
		接纳	宣称	疏离	
积极	计数	5725	289	74	6088
	调整后残差	2.9	-3.8	1.4	
消极	计数	4288	298	43	4629
	调整后残差	-2.9	3.8	-1.4	
	小计	10013	587	117	10717

图6.10数据和卡方检验的结果表明,积极与消极网络语篇在扩展资源的使用上存在明显差异。

表6.9表示积极和消极语篇在"疏离"中使用了相似的扩展资源,但在使用"接纳"和"宣称"资源上存在显著差异。

积极和消极语篇在扩展资源的使用中存在显著性差异的是"宣称"。"宣称"属于归属类资源,即命题源于外部声音,发话人没有明确表明立场。然而,在积极和消极语篇中,作者表达观点或者立场的强烈程度不尽一致。

(76)在这个过程中,学生的主体性未能充分体现,他们只是机械地按照教师的要求操作而已,**所谓**的"实验探究"只不过是"实验验证"。(SH_ POS 063958)

(77)**据**每日邮报2月报道,NASA正在招募执行火星任务的宇航员,最硬核的要求是应试者是幽默搞笑的,这样能够在无聊的火星旅途中鼓舞士气。(SH_ POS 065040)

(78)**所谓**受伤,应该就是投入太多,收益太少,也就是产生了亏损。(XL_ NEG 023871)

"宣称"是对话式的扩展策略,它将作者的观点与他人观点交互掺杂起来,用语篇之外的声音推进命题,进而"通过这种方式,公开地将交际环境解释为借言"[①]。例(76)—例(78)就是体现"宣称"意义的语言资源。例(76)中的"所谓"隐含第三方观点,作者未对这一外部声源明确表明立场,进一步开启了对话空间。例(77)的"据"是典型的新闻表述,表示该观点来自第三方。例(78)使用"所谓"一词,主要是进一步开启对话的空间,留有协商余地。在消极语篇中,作者的观点容易带有主观性和片面性,因此运用"宣称"资源表明外部声音存在,表现出发话人留有余地的话语特征。

[①] Martin, J. R. and White, P. R. R., *The Language of Evaluation: Appraisal in English*, New York: Palgrave Macmillan, 2005, pp. 112–113.

积极和消极语篇在"接纳"资源的使用中也存在较为明显的差异。接纳"是指文本的声音暗示其定位只是多种可能的定位之一,从而在不同程度上为这些可能性开启了对话的空间,也就是表明作者'接纳'这些不同的定位"①。

(79) 说到这,你**大概**就**能**明白为什么小考要小玩了吧,对,就是为了加强动机!(SH_ POS 055705)

(80) 在大键位上摩豹 CK99 使用了也是目前比较主流的卫星轴设计,手感略微有些肉,但是噪音小,前些年的平衡杆方案现在**好像**基本都放弃了,因为一单调校不好敲起空格来稀里哗啦乱响。(SH_ POS 063374)

(81) 眼睛里没有多少光彩,给我的感觉是厌烦和疲惫。**可以**想象到**可能**昨天晚上熬了夜,今天早起的工作也没有那么多的动力。(XL_ NEG 005263)

(82) 越耽于享乐,**一定**越害怕痛苦;越是执着地追求善,就越**容易**被恶困扰;越是一心追求成功,**一定**越害怕失败;越是紧紧地拥抱生命,死亡就变得越可怕。(XL_ NEG 011759)

例(79)—例(82)使用了"大概""能""好像""可以""可能""一定""容易"等词汇体现"接纳"意义的词汇资源。在例(79)—例(80)的积极语篇中,发话人使用"能""大概""好像"等语汇,表示相关内容是作者基于常识或经验进行的推断,隐含存在其他的可能性,自我表达只是其中的一种可能性。例(81)—例(82)消极语篇使用了"可以""可能""一定"等情态助词及"容易"等副词,作者一方面主张一种观点,另一方面"也不排除他人对其所主张观点的支持、援引以及排斥或反对,但所触发的声音来源是无定的"②。运用该

---

① 梁海英:《英汉政府文件介入资源与人际意义构建对比研究——一项基于英汉对比评价语料库的统计分析》,《天津外国语大学学报》2014 年第 4 期。
② 王振华、路洋:《"介入系统"嬗变》,《外语学刊》2010 年第 3 期。

资源暗示命题只是多种可能的定位之一，从而开启了与他人的协商和对话空间。

二 新浪积极与消极网络语言子库介入资源使用对比

本部分主要探讨新浪子库的积极和消极语篇使用介入资源频次的差异与对比情况。

（一）使用介入资源总体对比

图6.11显示，新浪积极语篇和消极语篇在收缩资源和扩展资源的使用上不存在显著性差异（p=0.221，p>0.05）。

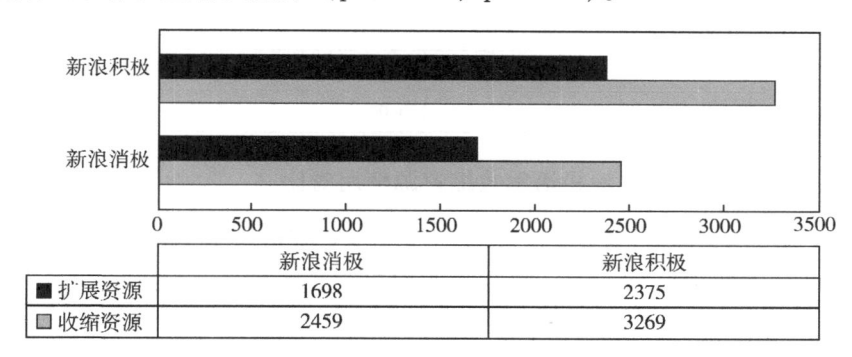

	新浪消极	新浪积极
扩展资源	1698	2375
收缩资源	2459	3269

图6.11 积极/消极网络语言使用收缩与扩展资源频次对比图

（*卡方检验后，p=0.221，p>0.05，新浪积极/消极语篇使用收缩与扩展资源不存在显著差异）

可见，新浪积极和消极语篇均使用介入资源调节对种种命题的态度，两种语篇在收缩和扩展资源的使用上存在共同特征，均使用较大比例的扩展资源开启会话空间，在介入资源的使用上较为相似。

表6.10显示了新浪积极和新浪消极语篇使用介入系统收缩资源和扩展资源总体频次与所占比例。

表6.10列出了新浪积极语篇和消极语篇使用介入资源具体数据。因前面对积极和消极语篇在总库对比中已有分析，此处不再举例加以详析。

表 6.10　　新浪积极与消极网络语言子库使用介入资源总计表

类别	子类	新浪积极 数量	新浪积极 所占比例（%）	新浪消极 数量	新浪消极 所占比例（%）
收缩资源	否定	1356	24.03	1151	27.29
	对立	1019	18.05	739	17.52
	认同	395	7.00	241	5.71
	断言	487	8.63	320	7.59
	引证	12	0.37	8	0.19
小计		3269	57.92	2459	59.15
扩展资源	接纳	2193	38.86	1585	37.59
	宣称	138	2.45	92	2.18
	疏离	44	0.78	21	1.92
小计		2375	42.08	1698	40.85
总计		5644	100.00	4157	100.00

（二）新浪积极/消极语篇收缩资源使用对比

图 6.12 显示了新浪积极语篇和消极语篇使用收缩资源的"引证""断言""认同""对立""否定"资源的频次分布。

	否定	对立	认同	断言	引证
■消极	1151	739	241	320	8
□积极	1356	1019	395	487	12

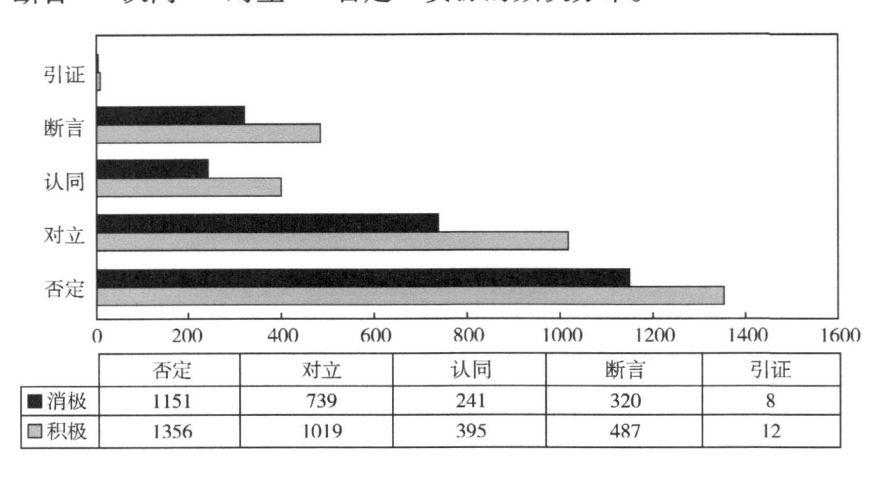

图 6.12　新浪子库积极/消极语篇使用收缩资源频次对比图

（*卡方检验后，p = 0.001，p < 0.05，新浪积极/消极语篇使用收缩资源存在显著差异）

图 6.12 数据和卡方检验结果（p<0.05）显示，新浪积极和新浪消极语篇在收缩介入资源的使用中存在显著性差异。

表 6.11 显示了新浪积极和消极语篇使用收缩资源内部子类资源的频次和调整残差数据。

表 6.11　新浪子库积极/消极语篇收缩资源调整残差数据表

类别	频次\计数	收缩资源					总计
		否定	对立	认同	断言	引证	
积极	计数	1356	1019	395	487	12	3269
	调整后残差	-4	0.9	2.7	2	0.3	
消极	计数	1151	739	241	320	8	2459
	调整后残差	4	-0.9	-2.7	-2	-0.3	
总计	计数	2507	1758	636	807	20	5728

表 6.11 显示，"否定""认同"和"断言"调整残差的绝对值都大于 1.96，说明这两种资源在积极和消极语篇中的使用存在显著差异。两种语篇差异性最显著的是"否定"，其次为"认同"和"断言"，在"对立"和"引证"中不存在显著性差异。

"否定"归属收缩资源中的"否认"。作者多用否定词反驳对方立场或反证己方观点。新浪积极和消极语篇在"否定"资源的使用上存在显著性差异。

（83）爱情**不是**占有、**不是**依赖、**不该是**坐享其成，而是心甘情愿付出，让自己不断的成长和成熟。（XL_ POS 017782）

（84）心不在焉的生活，自然就没有美好瞬间的这种东西——**不能够**享受当下，又哪来的美好回忆？（XL_ POS 023040）

例（83）—例（84）使用"不是""不该是""不能够"等词汇，采纳了收缩资源的否定策略。在积极语篇中，否定不是简单地被判定为肯定的逻辑对立，它还包含着肯定的可能。在这种情形下，否定信息"不是通过否认本身来传达的，而是作者随后以支持否认的方式提供了诸多论证材料这一事实来传达的，从而将假定的读者解释为可能仍然需要被说服，或者在至少还需要有关该主题的更多信息"①。

在新浪消极语篇中，介入资源的"否定"侧重针对潜在的对立受众，作者将肯定范式投射到与自身观点或立场相反的受众身上，更多的是一种纠正或指导。

（85）孩子是天生的冒险家，他们从一出生就在不断地探索冒险尝试！但也有人经常跟他说：那很危险，你**不要**去；你做**不**好的，我来帮你。（XL_ NEG 020104）

例（85）采用"不要""不"的"否定"资源，借用别人观点表达了发话人不赞成这种教育孩子的方式。

积极和消极语篇看似都在借助"否定"资源开启对话空间，但其构建的意义存在一定的差异。虽然积极语篇使用"否定"资源较多，但体现了更强的开放性和包容性。

（三）新浪积极/消极语篇使用扩展资源对比

图 6.13 显示了新浪积极语篇和消极语篇使用扩展资源的"疏离""宣称"和"接纳"策略的频次。

	接纳	宣称	疏离
■消极	1585	92	21
▨积极	2193	138	44

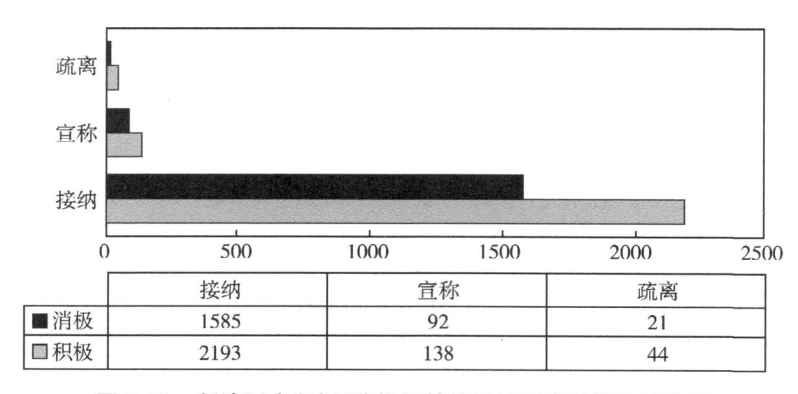

图 6.13　新浪子库积极/消极语篇使用扩展资源频次对比图

（*卡方检验后，$p=0.255$，$p>0.05$，新浪积极/消极语篇使用扩展资源不存在显著差异）

---

① Martin, J. R. and White, P. R. R., *The Language of Evaluation: Appraisal in English*, New York: Palgrave Macmillan, 2005, p. 119.

图 6.13 数据和卡方检验结果显示，新浪积极语篇和消极语篇在使用扩展资源方面不存在显著性差异。表 6.12 显示了新浪积极语篇和消极语篇在扩展资源内部子类资源的使用频数和调整残差数据。

表 6.12　　新浪子库积极/消极语篇扩展资源调整残差数据表

类别	频次\计数	扩展资源			总计
		接纳	宣称	疏离	
积极	计数	2193	138	44	2375
	调整后残差	-1.2	0.5	1.5	
消极	计数	1585	92	21	1698
	调整后残差	1.2	-0.5	-1.5	
小计		3778	230	65	4073

表 6.12 的调整残差数据也说明新浪积极和消极语篇使用了相似的扩展资源，都使用了较多的"接纳"资源，而使用"宣称"和"疏离"较少。因前面已有分析和论述，此处不再举例详加讨论。

三　搜狐积极与消极网络语言子库介入资源使用对比

这一部分将分析搜狐子库中的积极语篇和消极语篇使用介入资源的异同。

（一）搜狐子库使用介入资源总体对比

搜狐新闻语篇文体比较正式、结构规范、客观性较强。积极搜狐语篇多为正面的、积极向上的新闻事件和相关报道，而消极语篇多涉及社会问题、突发事件或民众意见等话题。

为了清晰地了解搜狐积极和消极语言子库使用介入资源的具体情况，我们对所标注的语料做了详细的统计分析。

表 6.13 数据和卡方检验结果（$p=0.000$、$p<0.05$）表明，搜狐积极语篇和消极语篇在介入资源的总体使用上存在显著性差异。虽然搜狐语料中的积极语篇和消极语篇都通过介入资源调节对各种命题的态度，但在使用介入资源上，二者采用了不同的资源策略。

表 6.13　　搜狐积极/消极网络语言子库使用介入资源总计表

类别	子类	搜狐积极 数量	搜狐积极 比例（%）	搜狐消极 数量	搜狐消极 比例（%）
收缩资源	否定	481	16.73	526	19.25
	对立	526	18.30	526	19.25
	认同	196	6.82	260	9.51
	断言	234	8.14	259	9.48
	引证	13	0.45	91	3.33
小计		1450	50.43	1662	60.81
扩展资源	接纳	1369	47.62	988	36.15
	宣称	49	1.70	69	2.52
	疏离	7	0.24	14	0.51
小计		1425	49.57	1071	39.19
总计		2875	100.00	2733	100.00

从介入系统内部的收缩资源和扩展资源使用来看，图6.14呈现了搜狐积极语篇和消极语篇使用收缩资源和消极资源的频次差异。

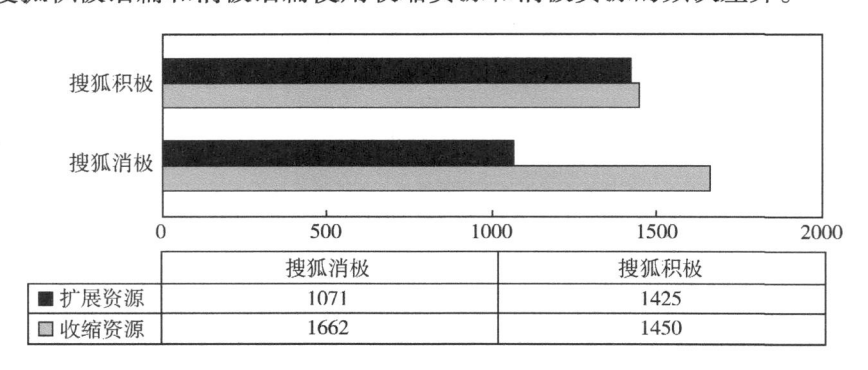

	搜狐消极	搜狐积极
■扩展资源	1071	1425
□收缩资源	1662	1450

图 6.14　搜狐积极/消极网络语言使用收缩与扩展资源频次对比图

（*卡方检验后，$p = 0.000$，$p < 0.05$，搜狐积极和消极语篇使用收缩与扩展资源存在显著差异）

表6.14显示，积极和消极语篇使用收缩资源的卡方检验结果为$p = 0.000$，$p < 0.05$，调整后残差绝对值大于1.96，说明搜狐积极语篇和消极语篇在收缩资源和消极语篇的使用中存在显著差异。

表 6.14　搜狐子库积极/消极语篇介入资源调整残差数据表

类别	频次\计数	介入资源 收缩	介入资源 扩展	总计
积极	计数	1450	1425	2875
	调整后残差	-7.8	7.8	
消极	计数	1662	1071	2733
	调整后残差	7.8	-7.8	
总计	计数	3112	2496	5608

在搜狐子库中，积极语篇使用收缩和扩展资源比较平衡，话语既使用收缩资源强调命题的正确性，承担相应的责任与义务，也使用扩展资源承认其他看法，扩大会话空间，话语更具包容性。同时，消极话语更多使用收缩资源，强调命题的可靠性与权威性，缩小会话空间，扩展资源使用相对较少。搜狐新闻话语在积极话语中更具开放、客观与公正性；但往往在消极话语中设有明确的话语界限，避免负面新闻影响网民情绪或形成不良社会影响。

（86）**如果**你学习成绩佳，**如若**你**不**知道是学习方法出了问题**还是**知识点掌握不牢……**其实**很多孩子并**不是没有**能力取得高分，**而是**从一开始选择的道路**就不对**，**一定要**从根源解决问题！（SH_ POS 068974）

（87）比如孩子放学回家玩了一个小时游戏还不写作业，家长可以这样表达："我**觉得**有点担心，因为你回到家已经一个小时了，**好像还没有**开始写作业，昨天你的作业**就**写到很晚，我希望你**能**更好地安排自己的时间。"（SH_ POS 059029）

例（86）—例（87）使用收缩和扩展资源较为均衡，既使用压缩对话空间的"不""不是""没有""不对"等收缩资源，也使用"如果""如若""其实""而是""一定要""觉得""好像""就""能"词语等扩展资源，承认其他观点，正向激励孩子，增强话语的互动性和协商性，进一步扩大对话空间。

搜狐子库中的消极语篇多用收缩资源来压缩对话空间，强调命题的可靠性，并承担一定的责任和义务，扩展资源相对较少。

（88）**还有**需要厘清的，**就是**实际赡养老人的支出与个税税前扣除赡养老人费用**不完全**是一回事，**不**以纳税人是否实际赡养为必备条件，也**不**以实际赡养支出的多少为税前扣除的金额。（SH_ NEG 014233）

（89）我们**不一定**会拉帮结派对抗小人，**但**我们**一定要**让自己强大起来，这样小人**才不**敢在我们身上作乱。（SH_ NEG 048479）

在例（88）—例（89）中的消极语篇中，作者虽然也使用"还有""就是""一定要"等扩展资源，但更多的是使用收缩资源，例如使用"不完全""不""不一定""但""才不"等收缩资源来压缩对话空间，强调自身命题的可靠性，在一定意义上拒绝协商和互动，强调话语权威性和坚定态度。

（二）搜狐积极/消极语篇使用收缩资源对比

图6.15显示了搜狐积极语篇和消极语篇使用收缩资源内部资源"否定""对立""认同""断言""引证"总体频次。

图6.15和卡方检验结果 $p<0.05$ 显示，搜狐积极语篇和搜狐消极语篇在扩展介入资源的使用中存在明显差异。

表6.15显示了搜狐积极语篇和消极语篇使用收缩资源内部子类资源的频次和调整残差数据。

表6.15显示，搜狐积极语篇和搜狐消极语篇在收缩资源子类"引证"和"对立"资源中残差绝对值都大于1.96，说明二者在收缩资源内部的差异性主要体现在"引证"和"对立"资源上。消极语篇运用"引证"高于积极语篇。引证"表示说话人把某种外部意见当作是正确的、有效的、不可否认的或完全正确的，一般通过言语过程实现"。[1] 搜

---

[1] 邓小华、张大群：《应用语言学学术论文讨论部分的修辞研究：介入视角》，《外语与翻译》2021年第2期。

	否定	对立	认同	断言	引证
■消极	526	526	360	259	91
▨积极	481	526	196	234	13

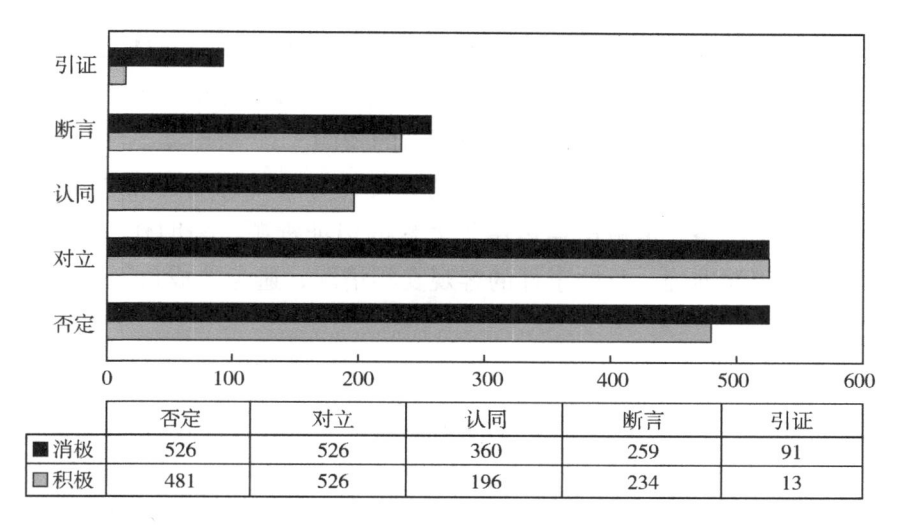

图 6.15　搜狐积极/消极语篇使用收缩资源频次对比图

（卡方检验后，p=0.000，p<0.05，搜狐积极/消极语篇使用收缩资源存在显著差异）

狐新闻语言通常比较客观，使用"引证"资源表示作者引用外部声源，认为某种立场或观点的正当性与可靠性。

表 6.15　搜狐子库积极/消极语篇收缩资源内部调整残差数据表

类别	频次/计数	收缩资源					总计
		否定	对立	认同	断言	引证	
积极	计数	481	526	196	234	13	1450
	调整后残差	0.9	2.7	-1.7	0.4	-7.1	
消极	计数	526	526	260	259	91	1662
	调整后残差	-0.9	-2.7	1.7	-0.4	7.1	
总计		1007	1052	456	493	104	3112

（90）初步报告清楚地**表明**：埃塞俄比亚航空执飞 3 月 10 日 ET 302 航班的飞行员，遵循了经波音公司推荐和美国联邦航空局批准的应急程序，以应对飞机上最困难的紧急情况。（SH_POS 052683）

在例（90）的积极语篇中，发话人运用"表明"这一体现引证意义的收缩资源，说明外部声源"飞行员遵循了飞行规则"的这一意见是有报告支撑的，并非发话人主观臆断的猜测。

相比于积极正面的报道，搜狐消极语篇对语义的范围和事件的真实性要求更严格。消极语篇运用了大量的引证资源，表明作者或新闻报道必须用词准确，反映事件的客观真实情况，避免造成负面影响。

（91）新研究则**表明**，过度吸烟或长期接触烟草中有害化合物会严重影响吸烟者辨别颜色和对比度的能力。（SH_ NEG 032184）

（92）《办法》**规定**一旦被证实学术论文造假，学位申请者的指导教师将受到被解除聘任合同的处分、申请者三年内不能被授予学位。（SH_ NEG 063508）

"引证"意味着"内部声音接管了提议的责任，或者至少与引用的来源分担责任"[①]。例（91）—例（92）消极语篇使用"表明""规定"等词汇，表明作者使用了引证资源来强调外部声源的可靠性，间接证明发话人的观点具有正当性且来源可靠。

（三）搜狐积极/消极语篇使用扩展资源对比

图 6.16 显示了搜狐积极语篇和消极语篇使用扩展资源内部资源"疏离""宣称"和"接纳"的频次数据。

图 6.16 和卡方检验的结果 $p<0.05$ 显示，搜狐积极语篇和消极语篇在扩展资源的使用上同样存在显著性差异。

表 6.16 显示了搜狐积极语篇和消极语篇使用扩展资源内部子类资源的频次和调整残差数据。

表 6.16 调整残差数据说明，二者在使用扩展资源的子类上存在明显差异，积极语篇使用了更多的"接纳"资源，使用"宣称"和"疏离"资源相对较少。而消极语篇使用"宣称"和"疏离"资源频次高

[①] Martin, J. R. and White, P. R. R., *The Language of Evaluation: Appraisal in English*, New York: Palgrave Macmillan, 2005, p. 127.

第六章　网络语言的评价系统对比分析

	接纳	宣称	疏离
■ 消极	988	69	14
▨ 积极	1369	49	7

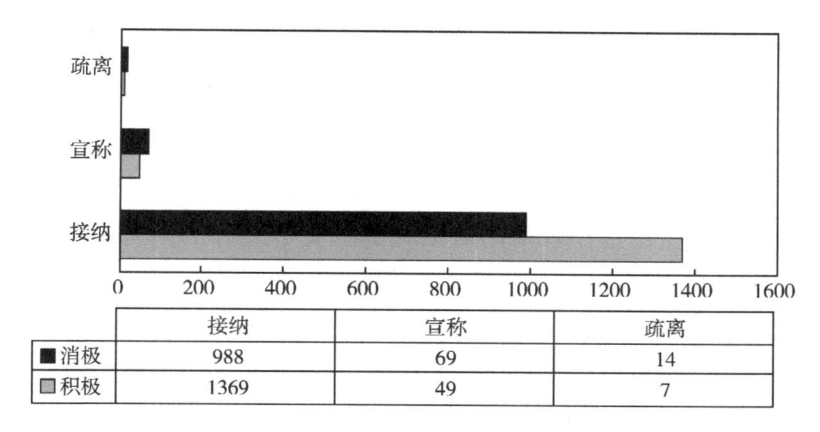

图 6.16　搜狐积极/消极语篇使用扩展资源频次对比图

（*卡方检验后，p=0.000，p<0.05，搜狐积极/消极语篇使用扩展资源存在显著差异）

于积极语篇。

表 6.16　搜狐子库积极/消极语篇扩展资源内部调整残差数据表

类别	频次\计数	扩展资源使用频次与调整残差			总计
		接纳	宣称	疏离	
积极	计数	1369	49	7	1425
	调整后残差	4.1	−3.5	−2.2	
消极	计数	988	69	14	1071
	调整后残差	−4.1	3.5	2.2	
总计	计数	2357	118	21	2496

（93）在生活中，我们都**能**意识到垃圾食品对身体的损害。但是在精神上，却**容易**忽视垃圾信息对精神的伤害。（SH_POS 053823）

（94）没有事情像阅读让我们觉得，迟来的开始，**可以**如此美好。即使爱情，也没法像阅读这样让我们觉得，**可以**如此新奇。（SH_POS 053823）

在例（93）—例（94）的积极语篇中，作者使用"能""容易"

"可以"这些词汇,更多地使用"接纳"资源,隐含其他可能性,说明自身的观点仅为多声之一,增加了与受话人协商与对话的可能,加大了对话空间。

消极语篇开启会话空间的同时,使用较多"宣称"和"疏离"资源。"宣称"往往是作者采用对话式的、文本之外的声音或观点推进命题,同时将自己观点与外部声音交织在一起,作者对相关命题的看法不明确或含混不清。"疏离"则意味着"作者的声音与归属材料有明显的距离"①,是"说话人设法与所引的观点保持距离,或悬而待论,或对立批驳,我们常说的宣称、扬言、声称、吹牛(说)、自夸、吹嘘、造谣、责备等属于这一类"②。

(95) 笔者**以为**,市民文明习惯的养成,一要靠自律,二要靠他律。**所谓**自律,就是每个市民从自身做起,从身边做起,从一点一滴的小事做起,自觉养成良好的文明习惯。(SH_ NEG 056397)

(96) 被告人向其他赌场收取**所谓的**"保护费",形成对周边地区赌场的非法控制。(SH_ NEG 035394)

在例(95)—例(96)的消极语篇中,作者使用了更多的"宣称"和"疏离"资源。例(95)使用了"以为""所谓"等体现"宣称"意义的扩展资源,表明外部声源的中立存在,并未明确表明对相关外部意见的态度。例(96)使用了"所谓的"词语,体现了扩展资源的"疏离"意义,与信息来源保持距离,尤其是在消极语篇中,作者面对消极信息,文本声音拒绝为转述内容承担责任。

积极和消极语篇对扩展资源的使用显示明显的差异,积极语篇使用较大比例接纳资源,承认存在其他观点,而消极语篇使用较大比例宣称和疏离等归属资源。

---

① Martin, J. R. and White, P. R. R., *The Language of Evaluation: Appraisal in English*, New York: Palgrave Macmillan, 2005, p. 113.
② 彭宣维:《汉语的介入与级差现象》,《当代外语研究》2010 年第 10 期。

四 天涯积极与消极网络语言子库介入资源使用对比

最后探讨的是天涯子库中积极和消极语篇的使用介入资源的差异及特点。

（一）介入资源总体对比分析

天涯论坛是一个以人文情感为主的综合虚拟社区和网络社交平台，天涯子库中的网络话语侧重情感类话语，多是网民对日常生活中情感琐事所持的立场观点或参与的讨论，具有较强烈的个人主观色彩。表6.17 统计了天涯积极语篇和消极语篇使用介入资源的总体情况。

表6.17　天涯积极/消极网络语言子库使用介入资源总计表

类别	子类	天涯积极 数量	天涯积极 比例（%）	天涯消极 数量	天涯消极 比例（%）
收缩	否定	908	19.69	1165	25.30
	对立	763	16.55	942	20.46
	认同	274	5.94	246	5.34
	断言	350	7.59	368	7.99
	引证	28	0.61	24	0.52
	小计	2323	50.38	2745	59.61
扩展	接纳	2163	46.91	1715	37.24
	宣称	102	2.21	137	2.98
	疏离	23	0.50	8	0.17
	小计	2288	49.62	1860	40.39
	总计	4611	100.00	4605	100.00

表6.17 数据与卡方检验结果（$p=0.000$，$p<0.05$）显示，天涯积极语篇和消极语篇使用介入资源方面存在显著性差异，天涯语篇中的积极和消极语篇都使用介入资源调节对命题的态度，二者对介入资源的次类使用上采用了不同的资源策略。

图6.17 直观显示了天涯积极语篇和消极语篇使用收缩和扩展资源的频次数据对比。

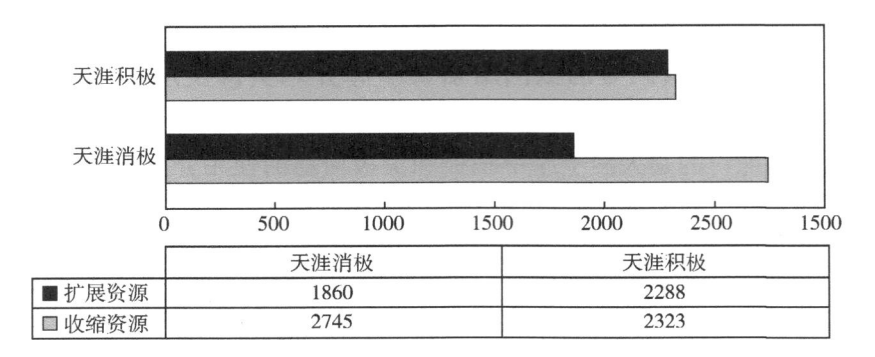

```
        天涯积极  ████████████████████
        天涯消极  ████████████████████
                0    500   1000  1500  2000  2500  1500
```

	天涯消极	天涯积极
■ 扩展资源	1860	2288
□ 收缩资源	2745	2323

图 6.17　天涯积极/消极网络语言使用收缩/扩展资源频次对比图

（*卡方检验后，p=0.000，p<0.05，天涯积极/消极语篇使用收缩与扩展资源存在显著差异）

表 6.18 显示了天涯积极语篇和消极语篇使用收缩与扩展资源的频次和调整残差数据。

表 6.18　天涯子库积极/消极语篇介入资源调整残差数据表

类别	频次\计数	介入资源 收缩	介入资源 扩展	总计
积极	计数	2323	2288	4611
	调整后残差	-8.9	8.9	
消极	计数	2745	1860	4605
	调整后残差	8.9	-8.9	
总计	计数	5068	4148	9216

表 6.18 的调整残差数据显示，天涯积极语篇和消极语篇在使用收缩资源时存在显著差异。天涯子库使用积极语篇收缩和扩展资源较均衡，发话人既使用收缩资源强调命题可靠性与权威性，承担相应责任义务，也使用扩展资源认可其他观点与立场，扩大会话空间。消极语篇则更多地使用收缩资源来强调命题的可靠性，收缩对话空间。

（97）对于每一种壁纸漆我们**都会**拿出一份详细表格，你**可以**做到在考察我们的时候，你**就可以**知道，并**不是**我们跟你说多

少钱一平方**而是**你自己**就可以**判断出来。(TY_ POS 029149)

例(97)天涯积极语篇使用收缩资源和扩展资源较为均衡,既使用了压缩对话空间的"都""就""不是"等收缩资源来压缩对话空间,又使用"会""可以"等扩展资源进一步扩大对话空间,承认其他观点的存在。

天涯子库的消极语篇更多地使用收缩资源来压缩对话空间,表示发话人"根据话语关闭分歧立场的对话空间而引起对话性减弱"①趋势。

(98)**要**学会控制情绪,**不要**因赚了钱而骄傲,**也不用**因损失而沮丧。**要**以冷静的心态面对得失,**要**了解交易人**不是**从获利中学习,**而是**从损失中成长,表示你又向获利之途迈进一步,因为你已找到正确的方向。(TY_ NEG 202674)

(99)追单是一种做单方法,**但是**由于追单是在金价剧烈波动的时候所做的交易,这其中**就**存在很大的风险。(TY_ NEG 047656)

在例(98)—(99)中的消极语篇中,收缩资源的使用明显多于扩展资源,发话人更多地使用"要""不要""也不""不是""而是""但是""就"等一系列词汇,强调自身命题的可靠性,在一定程度表示不容反驳、拒绝协商和互动,层层递进,压缩对话空间。

(二)天涯积极与消极语篇收缩资源使用对比

图 6.18 显示了天涯积极语篇和消极语篇在收缩资源内部的"否定""对立""认同""断言""引证"的使用频数分布。

图 6.18 和卡方检验结果($p<0.05$)显示,天涯积极和消极语篇在使用收缩资源中存在显著性差异。

表 6.19 显示了天涯积极语篇和消极语篇使用收缩资源内部子类资

---

① 刘婷婷、徐加新:《英汉政治社论语篇介入资源对比研究——评价理论视域下的新闻语篇分析》,《外语与翻译》2018 年第 3 期。

	否定	对立	认同	断言	引证
■消极	1165	942	246	368	24
积极	908	763	274	350	28

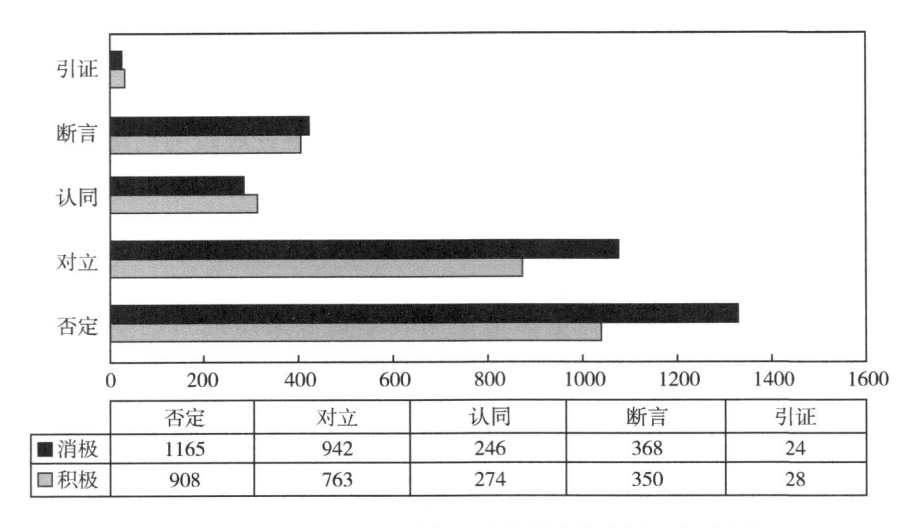

图 6.18　天涯子库积极/消极语篇使用收缩资源频次对比图

（*卡方检验后，p=0.000，p<0.05，天涯积极/消极语篇使用收缩资源存在显著差异）

源的频次和调整残差数据。

表 6.19　天涯子库积极/消极语篇收缩资源内部调整残差数据表

| 类别 | 频次计数 | 收缩资源使用调整残差 ||||| 总计 |
		否定	对立	认同	断言	引证	
积极	计数	908	763	274	350	28	2323
	调整后残差	-2.4	-1.1	3.3	1.7	1.2	
消极	计数	1165	942	246	368	24	2745
	调整后残差	2.4	1.1	-3.3	-1.7	-1.2	
小计		2073	1705	520	718	52	5068

表6.19显示，在收缩资源子类中，"否定"和"认同"的调整残差绝对值大于1.96，而"对立""断言"和"引证"的调整残差绝对值则小于1.96，反映出两类语篇的显著性差异主要体现在"否定"和"认同"中。积极语篇使用了更多的"认同"资源，发话人使用"认同"策略，强化语篇所呈现的价值与信念具备普遍性，交际双方的观点结盟成为理所当然的状态，拥有反对意见者在交际中成为少数派，受到发话人与其他声音的排挤。

（100）搅拌桨为精密模具整体铸造制成，搅拌桨强度、螺旋均匀度及截面一致度**明显**优于传统手工扭曲焊接加工。(TY_ POS 031698)

（101）没有不美丽的女人只有懒女人，一个美丽的女人是从点滴做起的，**当然**不能只看表面。(TY_ POS 167433)

在例（100）—例（101）中的积极语篇中，作者使用了表达认同意义的"明显""当然"等词汇资源，为自己建构一个理想的潜在听者，进而与他人实现协商一致与声音认同。

在消极语篇中，发话人使用"认同"资源，关涉外部声源，并预设所引用的命题的可靠性与真实性。

（102）他们之中**即使**有些人觉得自己知道自己恐惧的是什么，实际上那**也**是虚假的！那么他们**到底**为什么恐惧？**又到底**在恐惧什么？这都是没有答案的！(TY_ NEG 305270)

（103）**何况**隐忍不能感化他人，**只会**让人觉得懦弱无能，更加肆无忌惮欺负你，认定受气是天经地义的事情。(TY_ NEG 227694)

在例（102）—例（103）的消极语篇中，发话人使用了表达让步意义的"即使"、认同意义的"到底""又""何况""只会"等词汇资源进一步解释命题，压缩对话空间，引导听话人对命题持与发话人相同的态度和立场。

（三）天涯积极/消极语篇扩展资源使用对比

图 6.19 显示了天涯积极语篇和消极语篇在扩展资源内部使用"疏离""宣称""接纳"资源的频次分布。

图 6.19 数据和卡方检验结果（$p<0.05$）显示，天涯积极和消极语篇在扩展资源的使用上存在显著性差异。

表 6.20 显示了天涯积极语篇和消极语篇在扩展资源内部子类资源使用频次和调整残差数据。

	接纳	宣称	疏离
消极	1715	137	8
积极	2163	102	23

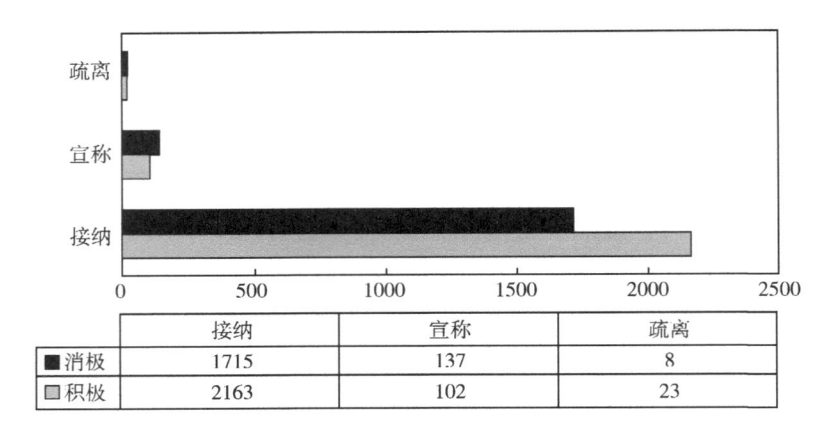

图 6.19　天涯子库积极/消极语篇使用扩展资源频次对比图

（卡方检验后，p=0.000，p<0.05，天涯积极/消极语篇在使用扩展资源存在显著差异）

表 6.20　天涯子库积极/消极语篇扩展资源内部调整残差数据表

类别	频次\计数	扩展资源 接纳	扩展资源 宣称	扩展资源 疏离	总计
积极	计数	2163	102	23	2288
	调整后残差	3	−4	2.1	
消极	计数	1715	137	8	1860
	调整后残差	−3	4	−2.1	
	小计	3878	239	31	4148

表 6.20 调整残差数据表进一步说明，积极和消极语篇在扩展资源的"宣称""接纳"和"疏离"资源使用上均存在显著性差异，但是差异最大的是"宣称"。二者都使用了较多的"接纳"资源和较少的"疏离"资源，但积极语篇使用频次均高于消极语篇。二者相比，积极语篇使用的"宣称"资源低于消极语篇。

（104）**据**对网上正规兼职平台的统计，都有入会费，大家都很关注入会费问题。（TY_POS 002910）

（105）**所谓的**网上兼职就是提供给在家在校，无法出去工作的人，像准妈妈，带宝宝的妈咪，在校生，喜欢自由的工作者，

还有一些想在业余时间有额外收入的人群。(TY_ POS 231797)

例（104）—例（105）的积极语篇使用了"据""所谓的"等体现"宣称"意义的扩展资源，表示外部声音存在的中立性，指出命题属于外部资源，没有明确说明发话人对有关外部声音的态度。

在消极话语中，发话人使用更多的"宣称"资源，目的是与信息来源保持客观距离，面对消极话语信息，发话人不愿意为转述内容承担相应责任。

（106）在不向我家属通报的情况下，把我非法关押并强制进行**所谓的**"精神病治疗"，历时 208 天。(TY_ NEG 158866)

（107）**据**初步统计现时 X 主任的资产最少超过 20 亿元人民币。典型的村官大贪，他的事迹所有村民都是知情。(TY_ NEG 155826)

例（106）—例（107）的消极语篇使用了"所谓的""据"等体现"宣称"意义的扩展资源，旨在与消极信息保持一定的距离，使语篇反映多种观点的同时拒绝为转述内容承担相应责任。

以下例证说明积极语篇和消极语篇在使用"接纳"和"疏离"方面也存在一定的差异。

（108）我们**可以**跟活泼型的女人玩得开心，她们**总是**流露出对生活的积极态度；我们也**可以**严肃地跟完美型的女人相处，她们的眼里揉不进一粒沙子；我们也**能够**和身为领导的力量型女人一起冲锋，**当然**还**可以**与知足常乐的和平型女人无拘无束地一起放松。(TY_ POS 011289)

（109）孩子退缩，**或者**说是缺少勇气**一定**有原因。作为爱孩子的爸爸妈妈，我们**要**耐心的帮助他们找到原因。(TY_ POS 003109)

例（108）—例（109）的积极语篇使用了"可以""总是""能够""当然""或者""一定""要"等一系列体现"接纳"意义的扩

展资源，发话人通过使用大量的"接纳"资源，表露自己观点的主观性和命题的可讨论性，进一步扩展了与不同意见的对话空间。

（110）**当然**，第二类反对者就是与造假者利益相关的人。他们**或者**是同谋者，**或者**是同学、朋友，遵照"为朋友两肋插刀"的哥们义气，**或者**被造假者邀请，很**可能**变成第二类反对者。（TY_NEG 005427）

例（110）的消极语篇使用了"当然""或者""可能"等体现"接纳"意义的扩展资源。发话人通过"接纳"策略暗指命题是多种可能之一，打开了与听话人的会话空间。

在使用扩展资源方面，天涯积极和消极语篇都使用了较高比例的"接纳"资源，承认其他可能性的存在。同时，二者也使用了较多的"宣称"资源，表明外部声源相对中立的存在。但总的来说，积极语篇使用"接纳"资源高于消极语篇，而"宣称"资源低于消极语篇。

第四节 三库使用介入资源对比讨论

介入"指语言学意义上的'态度'介入，即人们使用语言表达态度的时候，要么单刀直入，直陈所思；要么假借他人的观点、思想、立场等，间接表达自己的思想、观点或立场"[①]。介入资源的使用情况在一定程度上是对社会语境的真实反映。无论是代表新闻类网络语言的搜狐语篇、代表社交类网络语言的新浪语篇，还是代表论坛社区类网络语言的天涯语篇，官方声音或者民间声音都是通过不同介入资源的使用，要么对听话人留有商榷的空间，要么强调自身观点的正确性，与听话人的协商度不高。不同类型语篇使用介入资源，表达立场或声音的，反映了不同说话人所处的不同的社会语境。本节就积极网络语言和消极网络语言使用的收缩资源和扩展资源的异同展开综合讨论。

---

① 王振华、路洋：《"介入系统"嬗变》，《外语学刊》2010年第3期。

一 积极与消极网络语言介入资源使用对比

本章在对新浪微博、天涯论坛、搜狐新闻的积极语料综合对比分析后发现：第一，天涯论坛及搜狐新闻使用一定的扩展资源，表明发话人的观点，提高话语的可对话性以及受话人的协商意愿，同时，发话人也使用收缩资源推进语篇信息流，压缩对话空间。新浪微博语料以收缩资源为主、扩展资源为辅的介入方式，直接或间接影响读者对某件事的价值判断与评价立场，引导读者接受作者评价，与读者形成同盟关系，借此压缩对话空间。第二，在新浪微博、天涯论坛、搜狐新闻的八类介入子范畴当中，收缩资源的明显差异主要表现在"否定""对立"和"引证"这三类，扩展资源主要表现在"接纳"资源。究其根本，这种差异或相似性由作者的交际目的而定。除了进行有意义的信息交流，人类对话的另一个重要目的是建立并保持适当的社会联系。

新浪、天涯、搜狐消极语料库在选择介入资源时具有以下特征：首先，搜狐消极语料库使用收缩资源更多，往往以相对较高的人际代价强调话语命题的正确性，不愿意接受其他声音，压缩了与受话人的对话空间。新浪消极语料库使用扩展资源更多，认可话语有其他可能性，人际协商性较高，扩展了与他人会话空间。其次，在使用收缩资源的时候，三个消极语料库都较多地使用了"否定""对立"和"认同"，使用"断言"和"引证"的比例较小。对比新浪与天涯消极语料，"否定""对立"和"引证"存在显著差异；而对比新浪和搜狐消极语料，"否定""认同""断言"和"引证"使用存在显著差异；对比搜狐与天涯消极语料，"否定""认同""断言"和"引证"资源存在显著差异。最后，在扩展资源的具体使用上，三个消极语料库使用"接纳"资源比例较高，而"宣称"和"疏离"的使用比例较低。

概言之，新浪、天涯、搜狐消极语料库在利用介入资源构建人际意义个体化时，差异与共性并存。天涯消极语料通常是网民口语式的话语，网民在网络空间发泄情感、分享日常、发表意见、结交朋友或联络同好。因此，天涯语料大都主观色彩浓厚，以个人看法为主，排斥他人或否定他人观点，压缩彼此对话空间。搜狐新闻语篇文体正式，收缩资源的使用在于强调新闻或政策的可靠性，压缩会话空间。新浪消极语料既有日常网络表达，也有新闻类语篇，因此新浪消极语料使用介入资源的频次处于搜狐与天涯之间。语料库数据显示新浪语料也是收缩资源使用比高于扩展资源，压缩对话空间。从收缩资源和扩展资源内部来看，三个消极语料库都使用了较大比例的"对立""否定"和"认同"，在扩展资源内部较多地使用了"接纳"。

网络语言总库中的积极语篇使用收缩资源和扩展资源的比例较为均衡，既利用收缩资源来表达或强调自身的观点，又使用扩展资源与其他观点互动协商，进一步扩大对话空间，创造开放包容的网络环境。消极语篇更多地使用收缩资源，强调自身观点和声音，扩展资源的使用明显偏低。在具体使用收缩资源内部资源时，积极和消极语篇均采用不同的收缩资源，缩小对话空间，最明显的差异体现在对"否定"资源的运用。积极和消极语篇的扩展资源均使用了较大比例的"接纳"，但两者存在一定的差异。

二 三库介入资源使用的异同

新浪微博是典型的网络社交媒体，网民的话语权得以释放，满足了网民情感抒发、期待关注、发表意见、联络同好、舒缓压力的个人需求，借助网络技术和碎片式的言语表达，人人都成为"话语生产者"。语言表达更加个性化、情绪化，很多情绪只是自我宣泄而无需他人认同，更频繁地使用收缩资源。新浪积极和消极语篇在介入资源的总体使用上较为均衡。二者不存在明显性差异，发话人既使用收缩资源干预或强调自身观点，也使用扩展资源与其他观点互动协商，承认其他观点，创造开放的网络会话环境。在收缩资源内部的使用上，新浪积极和消极语篇也分别采用了不同的收缩资源，积极语篇压缩对话空间的程度要略高于消极语篇，最明显的差异则体现在"否定"资源的运用上。而在扩展资源内部的使用上，新浪积极和消极语篇的扩展资源使用较为相似，二者都使用了大量的"接纳"，而"宣称"和

"疏离"资源使用则相对较少。

　　天涯社区是一个规模较大的虚拟社区。网络社区的交往行为过程包含并传递了重要的语言生态信息。为了维持健康和谐的网络人际关系，网民同时使用扩展介入资源与压缩介入资源。网民使用扩展资源体现发话人开放包容的态度，推进对话互动，开启对话空间，为持续建立和维系人际关系作出铺垫；使用收缩资源体现了发话人的一种自我保护的本能，排斥其他可能性和观点，展示出难以协商的姿态。过高地使用收缩资源来强调个人观点的正确性，排斥他人观点，不利于维护良好的人际关系和建立和谐的网络语言生态。天涯积极和消极语篇介入资源的使用策略不同，显著性差异较明显。消极话语更多地使用收缩资源，强调命题的权威性与可靠性，使用扩展资源比例较低。在收缩资源内部的使用上，积极和消极语篇的使用有共性，但存在明显的不同，消极语篇使用"否定"资源更多。在扩展资源内部的使用上，积极语篇和消极语篇都使用了较多的"接纳"资源，"疏离"资源使用较少，但总体来看，积极语篇使用"接纳"资源和"疏离"资源均多于消极语篇。

　　搜狐新闻作为网络新闻门户网站，语言体现了有别于传统新闻的特点。传统新闻为了使报道具有权威性，使用收缩资源偏多，由此产生了作者与读者的距离感；而网络新闻为了拉近与受众之间的距离，会由较刚性的、权威性的语言特点转变为顺应网络时代的语言风格，形成更接地气、更加包容的语言风格。因此，搜狐新闻使用更多的扩展资源来承认其他可能性的存在，扩大与读者的对话空间，体现了网络新闻的时代与生态特征。搜狐积极和消极语篇在介入资源的使用上有明显的不同。搜狐积极语篇使用收缩资源与扩展资源相对均衡，发话人使用收缩资源强调命题的可靠性，也使用扩展资源承认其他观点，扩展会话空间。消极语篇使用收缩资源比例更高，强调命题的主观性或主观看法。在使用收缩资源内部资源方面，积极和消极语篇都较多地使用"对立"和"否定"资源，但消极语篇使用了更多的"对立"和"引证"，强调外部声源。对比之下，积极语篇使用的"接纳"资源多于消极语篇，而"宣称"和"疏离"资源则明显少于消极语篇。

　　无论是收缩性还是扩展性资源，如果应用得当，会有利于建构积

· 209 ·

极和谐的人际关系，有益于建设良好的网络语言生态文明。如果应用不当，就会冒犯他人，危及网络人际关系，损害语言生态文明建设。

本章小结

介入资源"包括表明语篇和作者的声音来源的语言资源，它关注的是言语进行人际或概念意义的协商方式"。[①] 无论是代表新闻类网络语言的搜狐语篇、代表社交类网络语言的新浪语篇还是代表论坛社区类网络语言的天涯语篇，发话人使用各有差异的介入资源，或为受话预留商议空间，抑或强调自身看法、观点、意见的正确性，与受话人的协商空间较小。不同类型语篇中的立场、观点或声音通过介入资源的使用或调节，反映不同发话人所处的社会语境的具体差异。从积极与消极网络话语使用介入资源总体观察，积极语篇和消极语篇在收缩资源和扩展资源使用中具有显著差异。统计数据显示，新浪、搜狐和天涯的积极语篇与消极语篇在使用介入资源的各子类上也存在差异，说明作者在使用介入资源的扩展和收缩资源时，会受到语料类型的影响，不同语篇类型使用的介入资源各不相同。

网络语言总库中的积极语篇使用收缩资源和扩展资源的比例较为均衡，既利用收缩资源来表达或强调自身的观点，又使用扩展资源与其他观点互动协商，进一步扩大对话空间，创造开放包容的网络环境。消极语篇更多地使用收缩资源，强调自身观点和声音，扩展资源的使用明显偏低。在收缩资源内部的具体使用上，积极和消极语篇采用了不同的收缩资源，缩小对话空间，最明显的差异体现"否定"资源的运用上。积极和消极语篇的扩展资源均使用了较大比例的"接纳"，但两者存在一定的差异。

---

① 胡壮麟、朱永生、张德禄等：《系统功能语言学概论》，北京大学出版社 2005 年版，第 334 页。

第七章 网络语言的衔接手段对比分析

衔接理论是系统功能语法中语篇功能的一个核心部分,是运用一系列衔接手段"把语篇中结构上互不相关,但语义上互相依赖的各个成分联成一体的一种语义关系"[1]。研究衔接关系对话语分析,尤其是对揭示经验意义与人际意义在篇章层面复杂的组合和互涉具有重要价值。[2] 何伟、魏榕指出,生态话语分析应以功能为取向,即着重对使用中的语言及其潜在的运作系统进行描写建构,同时也聚焦意义驱动资源——词汇—语法的使用。[3] 生态语言学视角下的衔接研究可以揭示不同的衔接手段在构建网络语篇意义时所产生的生态意义,从生态语言学的视角研究网络语言使用衔接手段的差异,有利于探究网络语篇的内部语义特征,探索其对构建网络语言生态文明的影响。

第一节 积极网络语言衔接手段的使用

本节围绕积极网络语言中的衔接手段,从整体上分析新浪、搜狐、天涯积极网络语言总库的使用衔接手段的总体差异与特征。

---

[1] 胡壮麟、朱永生、张德禄等:《系统功能语言学概论》,北京大学出版社2005年版,第178页。

[2] 何伟、马宸:《生态语言学视角下的衔接与连贯》,《北京第二外国语学院学报》2020年第2期。

[3] 何伟、魏榕:《话语分析范式与生态话语分析的理论基础》,《当代修辞学》2018年第5期。

一 积极网络语言总库衔接手段使用总结

积极网络语言总库包括新浪积极子库、搜狐积极子库与天涯积极子库。图 7.1 呈现的是不同子库中使用的衔接手段的总频次分布。

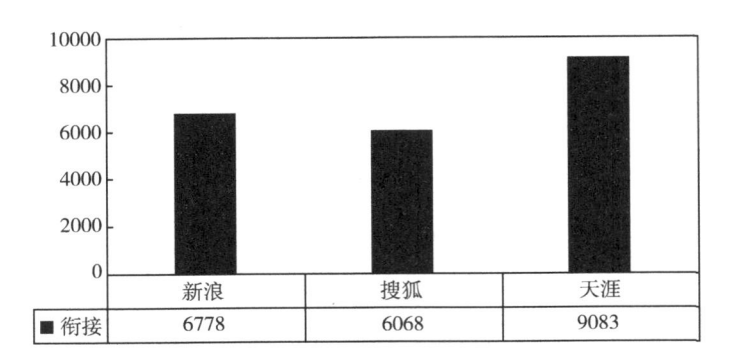

	新浪	搜狐	天涯
■ 衔接	6778	6068	9083

图 7.1 积极子库衔接手段总体频次对比图

图 7.1 显示,天涯积极语料库使用衔接手段频次最高,新浪次之,使用频次最低的是搜狐。衔接手段主要分为词汇衔接和语法衔接,图 7.2 显示了新浪、搜狐和天涯积极子库使用词汇衔接和语法衔接的频次数据分布状况。

图 7.2 显示,语法衔接在新浪积极子库中出现的频次最高,天涯次之,搜狐最少;而词汇衔接在天涯积极子库中出现的频次最多,搜狐次之,新浪最少。卡方检验后的结果为 $p<0.05$,说明新浪、搜狐及天涯积极子库在语法衔接和词汇衔接的使用上存在显著差异。在新浪积极子库中,使用语法衔接更多,达成了语篇意义的连贯,而使用词汇衔接手段要低于搜狐和天涯子库。在搜狐和天涯积极子库中,语篇的连贯性主要通过词汇资源来实现。

话题"决定一个语篇或语篇的一部分中可能使用的概念的范围,因而对词汇插入构成宏观上的限制"[①]。从语篇衔接机制的使用来看,

---

① 陈婷:《词汇衔接在不同文体中的意义》,《辽宁师专学报》(社会科学版)2005 年第 3 期。

第七章　网络语言的衔接手段对比分析

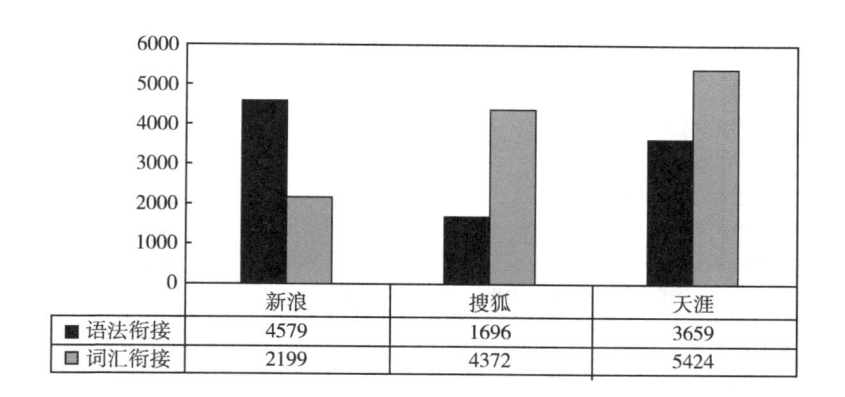

	新浪	搜狐	天涯
■ 语法衔接	4579	1696	3659
▨ 词汇衔接	2199	4372	5424

图 7.2　积极子库语法衔接与词汇衔接频次对比图

（*卡方检验后 $p = 0.000$，$p < 0.05$，新浪/搜狐/天涯在衔接手段的使用上存在显著差异）

不同文体语篇使用词汇衔接的情况不同。词汇衔接是保持新闻统一与连贯的重要手段。搜狐积极子库中主要是新闻语篇，因此其中会出现较多的词汇衔接。天涯积极子库中除了与新浪积极子库中类似的情感类和叙事类语篇，也有许多新闻语篇，因此天涯积极子库使用词汇的衔接手段也多于新浪积极子库。

二　语法衔接与词汇衔接使用对比分析

（一）语法衔接使用对比分析

图 7.3 是新浪、搜狐及天涯积极子库使用不同语法衔接手段的数据统计分布。

卡方检验后的结果为 $p < 0.05$，说明新浪、搜狐及天涯积极子库中不同语法衔接手段的使用存在显著差异。新浪和天涯积极子库中使用最多的是"照应"，而搜狐积极子库中使用最多的是"连接"。

为了印证新浪、搜狐及天涯积极子库使用语法衔接情况，我们对三个库的语法衔接次类做了调整残差（表 7.1）。

表 7.1 显示，除新浪的"省略"、搜狐的"省略"、天涯的"照应"和"省略"外，其余衔接手段调整残差绝对值均大于 1.96，说明

	照应	省略	替代	连接
■ 新浪	2930	154	99	1396
搜狐	495	54	3	1144
■ 天涯	1946	102	34	1577

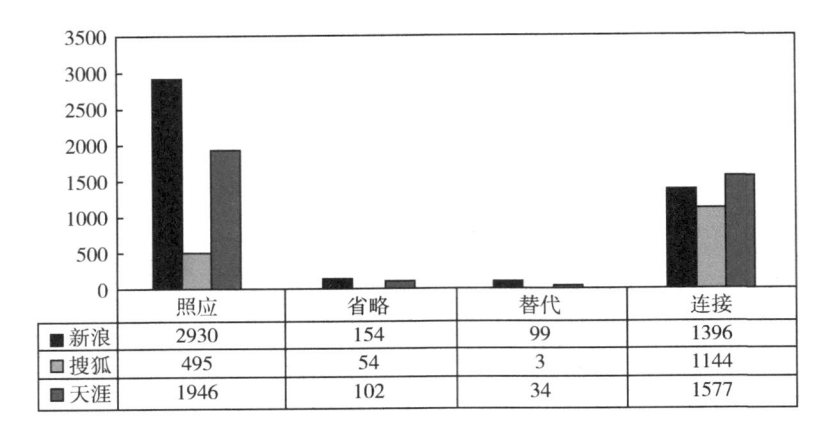

图 7.3　积极子库使用"语法衔接"次类对比图

(＊卡方检验后 p＝0.000，p＜0.05，新浪/搜狐/天涯使用"语法衔接"次类存在显著差异)

表 7.1　积极子库使用"语法衔接"次类调整残差数据表

类型		频次 计数	语法衔接频次与调整残差				合计
			照应	省略	替代	连接	
语料库	新浪	计数	2930	154	99	1396	4579
		调整残差	18.3	1.3	6.3	−20.5	
	搜狐	计数	495	54	3	1144	1696
		调整残差	−22.6	0.2	−4.6	23.9	
	天涯	计数	1946	102	34	1577	3659
		调整残差	−1.3	−1.5	−2.9	2.6	
合计		计数	5371	310	136	4117	9934

语法衔接大多数次类的使用存在显著差异。新浪积极子库使用"照应"调整后的残差值为18.3，其标准化频率明显高于期望频率。新浪微博更倾向于运用"照应"衔接上下文。搜狐积极子库使用"连接"调整后的残差值为23.9，其标准化频率远高于期望频率，其倾向为运用"连接"保持新闻的连贯性。天涯积极子库"连接"调整残差值为2.6，网民们倾向于运用"连接"，使语篇语义更加连贯。

因为"新闻语体信息量丰富,复句的使用率高于单句,因此倾向于使用连接成分"①,搜狐与天涯积极子库都出现了高于预期频数的"连接"。新浪积极子库中出现了最大比例的"照应"。"照应"是语篇中一个成分做另一个成分的参照点,二者之间是可以相互解释的成分关系,使用"照应"可以使发话人指代上下文中已经或即将提到的内容,从而使语篇更加言简意赅②。新浪微博使用大量照应手段符合里奇(Leech)会话修辞理论中的经济原则③。

1. 照应

图7.4呈现了新浪、搜狐以及天涯积极子库使用不同照应手段的具体数据对比表现。

	人称代词	指示代词	比较	内指	外指
新浪	1410	358	98	979	85
搜狐	110	39	36	266	44
天涯	835	164	45	704	97

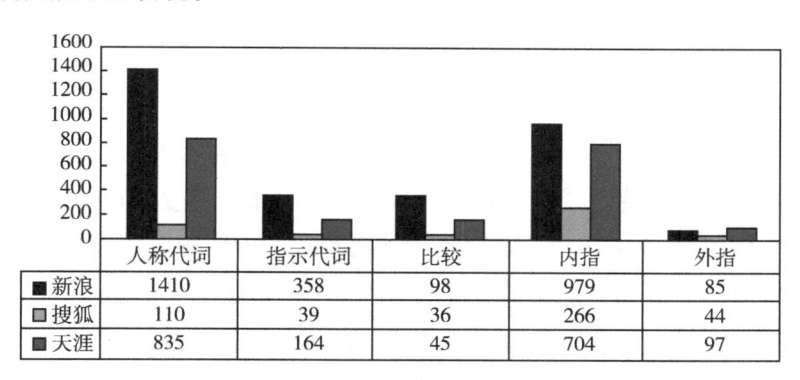

图7.4 积极子库使用"照应"次类频次对比图

(*卡方检验后 $p=0.000$,$p<0.05$,新浪/搜狐/天涯使用"照应"次类存在显著差异)

图7.4数据及卡方检验显示,新浪、搜狐及天涯积极子库中不同"照应"手段的使用存在显著差异。为了印证新浪、搜狐及天涯积极子库使用不同"照应"手段是否存在显著差异,对三个库"照应"次类做了调整残差(表7.2)。

---

① 王肖丹:《汉语语篇衔接手段在不同语体中的差异分析》,硕士学位论文,首都师范大学,2006年。
② 朱永生、郑立信、苗兴伟:《英汉语篇衔接手段对比研究》,上海外语教育出版社2001年版,第14—15页。
③ Leech, G., *Semantics: The Study of Meaning*, Harmondsworth: Penguin, 1981.

表7.2　　　　积极子库"照应"次类调整残差数据表

类型		频次计数	照应频次与调整残差					合计
			人称代词	指示代词	比较	内指	外指	
语料库	新浪	计数	1410	358	98	979	85	2930
		调整残差	6.9	4.7	0.1	-7.9	-5.2	
	搜狐	计数	110	39	36	266	44	495
		调整残差	-10.2	-2.0	5.1	7.5	5.4	
	天涯	计数	835	164	45	805	97	1946
		调整残差	-1.0	-3.6	-3.1	3.6	2.1	
合计		计数	2355	561	179	2050	226	5371

表7.2显示，新浪的"比较"和天涯的"人称代词"调整残差绝对值小于1.96，"照应"其他次类的调整残差绝对值均大于1.96，说明三者在"照应"的大多数次类使用上存在显著差异。新浪积极子库的"人称代词"和"指示代词"调整残差值分别为6.9和4.7，表明网民在新浪微博更倾向于使用"人称代词"和"指示代词"。搜狐积极子库"比较""内指""外指"出现频次高于预期频数。天涯积极子库的"内指"调整残差值为3.6，说明天涯社区网民倾向于使用"内指"。

新浪微博主要是人们讲述自己经历的情感或叙事类语篇，使用人称代词可以体现人物之间的角色关系，而"指示代词"则是"发话者通过指示事物在时间和空间上的远近来确定所指对象"[①]。新浪微博大量使用"人称代词"和"指示代词"，避免重复使用人名与物名，厘清语篇中不同人与物之间的关系。

（1）不久前，国务院总理李克强作政府工作报告时再次提到了乡村振兴战略，由**此**可见"三农"问题的重要性。（SH_POS 00054445）

在搜狐与天涯积极子库的新闻语篇中，除人称代词与指示代词实现

[①] 朱永生、郑立信、苗兴伟：《英汉语篇衔接手段对比研究》，上海外语教育出版社2001年版，第20页。

的"内指"外，还使用"此""这样"等词汇指代讲过的内容，对新闻主题进行总结或评价。如例（1）中"此"指代"总理在作政府工作报告时再次提到乡村振兴战略"一事，引出了新闻的主题"三农"问题。

2. 省略

图7.5呈现了新浪积极子库、搜狐积极子库和天涯积极子库中不同省略手段的数据统计。

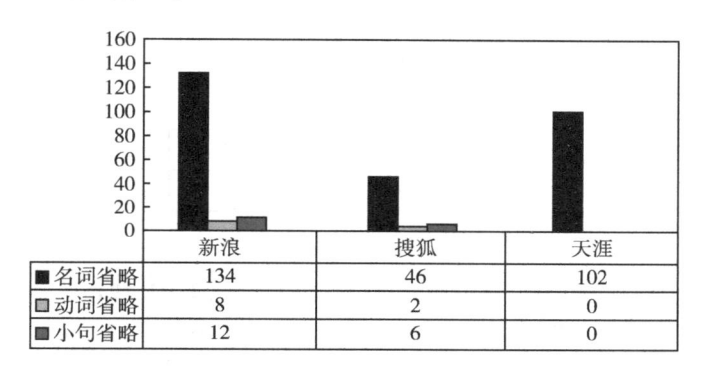

	新浪	搜狐	天涯
名词省略	134	46	102
动词省略	8	2	0
小句省略	12	6	0

图7.5 积极子库使用"省略"次类频次对比图

（＊卡方检验后 p=0.003，p<0.05，新浪/搜狐/天涯使用"省略"次类存在显著差异）

图7.5中数据及卡方检验显示，新浪、搜狐与天涯在"省略"的使用上存在显著差异。新浪积极子库使用"省略"的频次最高，天涯次之，搜狐最低。因为搜狐语料库中的新闻语篇多使用正式语体，以保持新闻的客观性与完整性，较少使用"省略"。而在新浪微博与天涯社区中，网民话语多采用个人的非正式语体，较多使用"省略"。为了证明新浪、搜狐和天涯积极语料库使用"省略"是否存在显著差异，对三个库的省略次类做了调整残差（表7.3）。

表7.3显示，新浪、搜狐和天涯都使用了较多数量的"名词省略"，保持语篇的连贯性。天涯的"名词省略"调整残差绝对值大于1.96，说明天涯使用更多的"名词省略"。新浪积极子库的"名词省略"的值为负值且绝对值大于1.96，说明新浪积极子库使用"名词省略"偏少，搜狐子库使用"省略"比例最低。天涯社区更倾向于使用"名词省略"，因为天涯社区中的新闻与科普类语篇中会出现较多专有

名词，名词省略符合新闻语言简明扼要、言简意赅的要求。

表7.3　　　积极子库使用"省略"次类调整残差数据表

类型		频次 计数	省略使用频次与调整残差			合计
			名词省略	动词省略	小句省略	
语料库	新浪	计数	134	8	12	154
		调整残差	-2.4	1.9	1.5	
	搜狐	计数	46	2	6	54
		调整残差	-1.6	0.2	1.8	
	天涯	计数	102	0	0	102
		调整残差	3.9	-2.3	-3.1	
合计		计数	282	10	18	310

（2）如果有灰尘进入肩部安全带的**绞接处**，安全带反应缓慢，**及时用清洁的干布擦干净**。（TY_ POS 00162294）

例（2）语句来自有关汽车配置与保养的科普语篇，小句"及时用清洁的干布擦干净"后省略的是名词"绞接处"。

3. 替代

图7.6显示了新浪、搜狐和天涯三个积极语料库使用"替代"手段的数据统计状况。

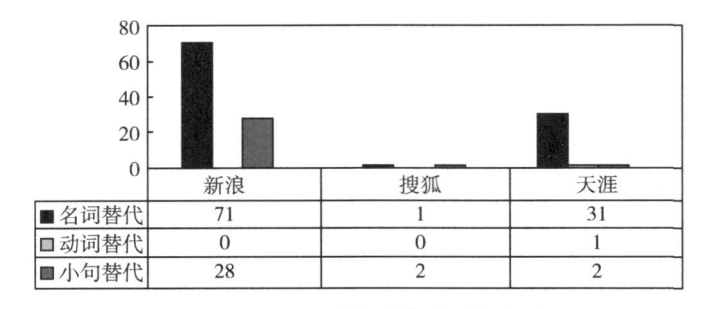

	新浪	搜狐	天涯
■名词替代	71	1	31
□动词替代	0	0	1
■小句替代	28	2	2

图7.6　积极子库使用"替代"次类频次对比图

（*卡方检验后 $p=0.012$，$p<0.05$，新浪/搜狐/天涯使用"替代"次类存在显著差异）

图7.6数据及卡方检验说明，新浪、搜狐和天涯在"替代"的使

用上存在显著差异。与"省略"的使用情况相似,"替代"在新浪积极子库中出现的频次最高,天涯次之,搜狐最低。为了验证新浪、搜狐和天涯积极子库使用"替代"是否存在显著差异,对三个库的"替代"次类做了调整残差(表7.4)。

表7.4 积极子库使用"替代"次类调整残差数据表

类型		频次计数	替代使用频次与调整残差			合计
			名词替代	动词替代	小句替代	
语料库	新浪	计数	71	0	28	99
		调整残差	-1.8	-1.6	2.1	
	搜狐	计数	1	0	2	3
		调整残差	-1.7	-0.2	1.8	
	天涯	计数	31	1	2	34
		调整残差	2.4	1.7	-2.8	
合计		计数	103	1	32	136

表7.4显示新浪和天涯积极子库出现了更多数量的"名词替代",网民使用该手段使语篇更简洁连贯。新浪积极子库的"小句替代"调整残差绝对值大于1.96,新浪微博更倾向于使用"小句替代"。天涯积极子库的"小句替代"调整残差值为-2.8,"名词替代"的调整残差绝对值大于1.96,说明天涯社区中的网民选择使用更多的"名词替代"而不是"小句替代"。"替代"与"省略"类似,都是为了避免重复。"小句替代"则是替代手段中最为简洁的一种形式,指用某字或某词指代一个句子,频繁出现于非正式语篇。

(3)如果有人影响到了你的情绪,焦点应该放在控制自己的情绪上,而不是影响你情绪的人身上。只有<u>这样</u>,才能真正自信起来。(SL_POS 00028420)

新浪微博的情感类语篇多属更具口语特色的非正式文体,因此会出现较多的小句"替代"。在例(3)中,"这样"一词用来替代前一个完整的句子。

4. 连接

图 7.7 呈现了连接手段的不同次类在新浪、搜狐和天涯积极子库中的分布频数。

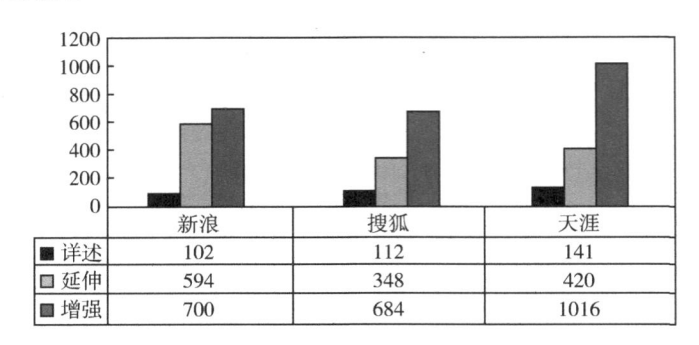

	新浪	搜狐	天涯
详述	102	112	141
延伸	594	348	420
增强	700	684	1016

图 7.7 积极子库使用"连接"次类频次对比图

（*卡方检验后 p = 0.000，p < 0.05，新浪/搜狐/天涯使用"连接"次类存在显著差异）

从图 7.7 可以看出，在三个语料库中出现频数最高的"连接"均是"增强"，"延伸"次之，"详述"最少。卡方检验结果为 p < 0.05，即新浪、搜狐和天涯使用"连接"不同次类上存在显著差异。

为了说明三个语积极料库使用"连接"不同次类是否存在显著性差异，对三个库的连接手段次类做了调整残差，表 7.5 是三个语料库中连接手段不同次类的调整残差数据表。

表 7.5 积极子库使用"连接"次类调整残差数据表

类型		频次 计数	连接手段频次与调整残差			合计
			详述	延伸	增强	
语料库	新浪	计数	102	594	700	1396
		调整残差	-2.2	9.2	-7.6	
	搜狐	计数	112	348	684	1144
		调整残差	1.7	-2.3	1.2	
	天涯	计数	141	420	1016	1577
		调整残差	0.6	-6.9	6.3	
合计		计数	355	1362	2400	4117

表 7.5 显示三个语料库中出现频次最多的"连接"手段均是"增

强",说明在搜狐新闻、新浪微博或天涯社区中,"增强"均为语篇连接的主要手段。在三类连接手段中,"增强"包含次类最多。在新浪积极子库中,"延伸"的调整残差值为正值且绝对值大于1.96,说明新浪网民更倾向于使用"延伸"手段。"延伸是表达在前句或基本小句的语义之外,从正面或反面增加新的陈述,或交代其例外情况。"①新浪积极子库使用"延伸",从不同的角度说明如何应对生活中的不同情况,引导网民保持积极的心态。

(4) 说真话办实事会让人心里踏实**而**感到轻松愉快,**而**弄虚作假、相信迷信则易使人惴惴不安。(XL_ POS 00007919)

(5) 生活中美好的事情,能做的要积极参与,不能做的要尽力支持。**而**面对邪恶,**则**要挺起胸膛,敢于正视**和**斗争。(XL_ POS 0007919)

(6) 穷怎么了,谁不是穷过来的,**但**不能年轻的时候就有了浑噩度日的想法。(XL_ POS 00026732)

例(4)的第一个"而"属于肯定,第二个"而"属于转折,两个"延伸"的使用,揭示了"说真话"与"弄虚作假"两种选择分别会产生的结果。例(5)中"而""则""和"延伸手段的使用进一步说明人们在生活中面对不同的情况保持不同的生活态度。例(6)中表示转折的"但"是对前一小句进行补充说明,反对消极生活态度。

(二)词汇衔接对比分析

图7.8是新浪、搜狐与天涯积极子库中使用不同的具体词汇衔接手段的频次分布图。

图7.8数据及卡方检验结果显示,新浪、搜狐、天涯在词汇衔接的使用上存在显著差异。在三个库中,"重复"手段出现的频次均是最高的且远远高于其他词汇衔接手段。

---

① 胡壮麟编著:《语篇的衔接与连贯》,上海外语教育出版社1994年版,第107页。

	重复	同义	反义	搭配	上下义关系	整体局部关系
新浪	1766	137	90	142	31	33
搜狐	4216	41	28	26	35	26
天涯	4706	251	35	90	63	279

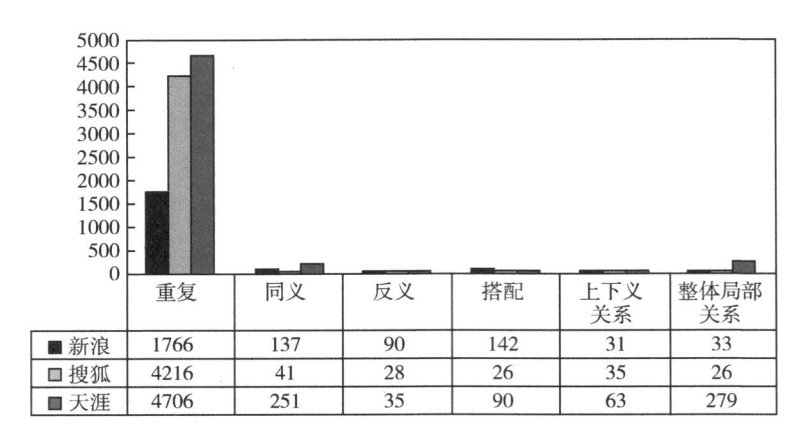

图7.8 积极子库使用"词汇衔接"次类频次对比图

(*卡方检验后 $p=0.000$，$p<0.05$，新浪/搜狐/天涯使用"词汇衔接"次类存在显著差异)

为了了解三个积极子库中使用词汇衔接手段的差异问题，对使用词汇衔接手段数据做了调整残差（见表7.6）。

表7.6 积极子库使用"词汇衔接"次类调整残差数据表

类型		频次计数	重复	同义	反义	搭配	上下义关系	整体局部关系	合计
语料库	新浪	计数	1766	137	90	142	31	33	2199
		调整残差	-14.6	7.4	13.0	15.4	-1.7	-4.1	
	搜狐	计数	4216	41	28	26	35	26	4372
		调整残差	19.5	-11.8	-4.7	-8.9	-2.2	-11.1	
	天涯	计数	4706	251	35	90	63	279	5424
		调整残差	-7.5	5.6	-5.6	-3.4	0.8	14.0	
合计		计数	10688	429	153	258	129	338	11995

表7.6数据显示，"重复"是三个语料库中出现频次最高的，词汇衔接的大多数次类的使用存在差异。新浪积极子库使用"搭配"手段的调整残差值为正值且绝对值最大，"反义"次之，接下来是"同义"，新浪微博更倾向于使用"搭配""同义"和"反义"的词汇衔接手段。搜狐积极子库的"重复"调整残差值为正值且绝对值大于

1.96，说明搜狐新闻使用了较多的"重复"。天涯积极子库的"整体与局部"调整残差值为正值且绝对值大于1.96，说明天涯社区使用了较多的整体与局部关系的衔接手段。

"重复"指同样的词汇或结构在不同小句中多次出现，其目的是强调语篇的"中心思想或主题"①，"这种精确的重复可以使读者认识到，下文用的术语就是前文所提术语，使意义脉络清晰，不会出现模糊和混淆的现象，一般在论证和逻辑推理性强的语篇中经常使用"。②

（7）各个高校应当加强**实验室安全**管理，切实做好**实验室安全**事故预防工作，将**实验室安全**问题消灭在萌芽状态。（SH_POS 00068593）

网络新闻会使用大量的重复手段引导读者理解或重视中心思想或主题，如例（7）所在的新闻语篇的主题是实验室安全，因此"实验室安全"重复了三次。

（8）所谓创造条件，本身就是**一种进取**，**一种求索**，**一种**心向即定目标的执着，**一种**坚忍不拔的**追求**。（XL_POS 00011269）

（9）要相信，这个世界里**美好总要**多过**阴暗**，**欢乐总要**多过**苦难**。（XL_POS 00024386）

语篇也会同时使用不同的衔接手段。有时人们使用同义词用以"取得多样性和变异性来增加色彩和欣赏价值"，一般出现于文学作品或特殊文体中③。相比于搜狐新闻，新浪微博的语篇更具有主观性和非正式性，因此会使用较多的同义词来增强语篇的多样性，如例（8）

---

① 胡壮麟编著：《语篇的衔接与连贯》，上海外语教育出版社1994年版，第86页。
② 张德禄、刘汝山：《语篇连贯与衔接理论的发展及应用》（第二版），上海外语教育出版社2018年版，第171页。
③ 张德禄、刘汝山：《语篇连贯与衔接理论的发展及应用》（第二版），上海外语教育出版社2018年版，第171页。

既使用四个"一种"表现重复,也使用三个同义词"进取""求索"和"追求"来强调"创造条件"的重要性,为语篇的话语增加了积极色彩。例(9)使用两个"总要"表达重复,也使用"美好"与"阴暗""欢乐"与"苦难"构成了反义关系,向读者传递了积极向上的思想。

第二节　消极网络语言衔接手段的使用

本节主要从整体上分析天涯、搜狐和新浪消极子库中的消极网络语言使用衔接手段的差异。

一　消极网络语言总库衔接手段使用总结

图7.9显示是三类消极网络语言在衔接手段的使用上的对比,其中,天涯消极子库使用的衔接手段总频次最高,其次是搜狐消极子库,新浪消极子库最少。

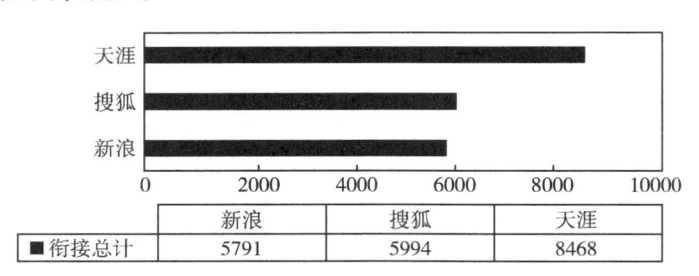

	新浪	搜狐	天涯
衔接总计	5791	5994	8468

图7.9　消极子库使用"衔接"总体频次对比图

图7.9显示,天涯消极子库衔接手段的频次最高,且远多于新浪和搜狐消极子库,为了更清晰地了解天涯消极子库具体在哪种衔接手段上使用频次更高,本书结合卡方检验P值和调整残差表进行细致研究。三个消极子库的使用"词汇衔接"和"语法衔接"频次如图7.10所示。

图7.10显示,天涯消极子库使用"语法衔接"和"词汇衔接"总体上均多于搜狐和新浪消极子库,且"语法衔接"的使用远高于搜

狐消极子库。卡方检验后的 P 值也说明三个消极子库在语法和词汇衔接使用上存在差异。

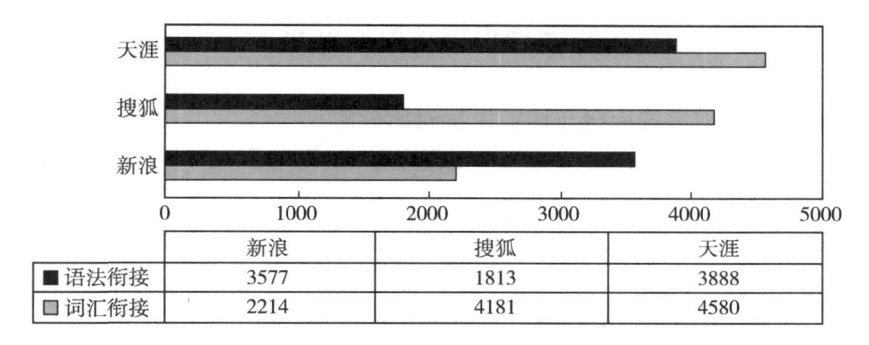

	新浪	搜狐	天涯
■ 语法衔接	3577	1813	3888
▨ 词汇衔接	2214	4181	4580

图 7.10　消极子库使用"语法衔接"与"词汇衔接"频次对比图

（＊卡方检验后，p＝0.000，p＜0.05，消极子库使用"语法衔接""词汇衔接"存在显著差异）

为了发现是否存在显著性差异，对数据进行了调整残差处理。

表 7.7　消极子库"语法衔接"与"词汇衔接"调整残差数据表

类型		频次\计数	衔接手段频次与调整残差		合计
			语法衔接	词汇衔接	
语料库	新浪	计数	3577	2214	5791
		调整残差	28.8	－28.8	
	搜狐	计数	1813	4181	5994
		调整残差	－28.8	28.8	
	天涯	计数	3888	4580	8468
		调整残差	0.3	－0.3	
合计		计数	9278	10975	20253

表 7.7 显示，"语法衔接"和"词汇衔接"在不同类别语料库中存在显著差异。新浪消极子库使用"语法衔接"更加显著，调整残差值为 28.8；搜狐消极子库使用"词汇衔接"更为显著，调整残差值也为 28.8。天涯消极子库的调整残差绝对值为 0.3，说明在"语法衔接"和"词汇衔接"使用上不存在显著差异。与新浪和搜狐对比，天涯消极子库使用"语法衔接"和"词汇衔接"最多。天涯子库中运用大量

"衔接"使语篇更加连贯,注重语篇中语言成分之间的语义衔接。

二 使用语法衔接与词汇衔接对比分析

(一) 使用语法衔接与词汇衔接对比分析

语法衔接按照功能划分为"照应""省略""替代"和"连接"四种。① 图7.11是新浪、搜狐和天涯消极子库使用语法衔接次类的频次分布图。

	照应	省略	替代	连接
■天涯	2163	53	105	1567
□搜狐	444	79	36	1254
■新浪	2292	43	64	1178

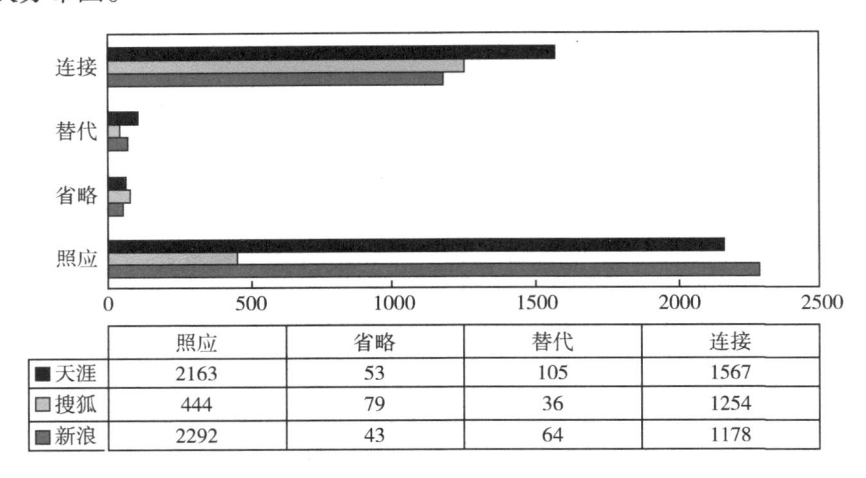

图7.11 消极子库使用"语法衔接"次类频次对比图

(*卡方检验后,p=0.000,p<0.05,消极子库使用"语法衔接"次类存在显著差异)

图7.11数据和P值显示,新浪和天涯消极子库使用"照应"和"连接"手段均大于"省略"和"替代"。"照应"使用频次最高,其功能是在语篇某处引入的参与者或环境成分可以作为下文的参照点,意味着同一事物再次出现②。网民使用大量"照应",反复说明自己要

---

① 参见胡壮麟、朱永生、张德禄等《系统功能语言学概论》,北京大学出版社2005年版,第179页。
② [英]韩礼德:《功能语法导论》(第二版),彭宣维等译,外语教学与研究出版社2010年版,第353页。

表达的内容。搜狐子库使用"连接"频次最高，说明搜狐新闻语篇更注重逻辑关系，使读者很快就能理解语篇逻辑进而快速获取信息。为了更清楚地说明三个消极子库使用语法衔接是否存在显著差异，对三个消极子库语法衔接次类做了调整残差（表7.8）。

表7.8　消极子库使用"语法衔接"次类调整残差数据表

类型		频次计数	语法衔接频次与调整残差				合计
			照应	省略	替代	连接	
语料库	新浪	计数	2292	43	64	1178	3577
		调整残差	17.2	-3.8	-2.2	-15.7	
	搜狐	计数	444	79	36	1254	1813
		调整残差	-26.9	8.6	-0.7	25.0	
	天涯	计数	2163	53	105	1567	3888
		调整残差	4.6	-3.1	2.7	-4.6	
合计		计数	4899	175	205	3999	9278

表7.8显示，新浪与天涯消极子库在"照应"的使用上存在显著差异，调整残差值分别为17.2和4.6，新浪子库使用"照应"更加显著。新浪和天涯消极子库中的语篇多是网民以第一人称发表的语篇，语篇会频繁使用"照应"手段来联结前后文。搜狐消极子库使用"连接"存在显著差异，其调整残差值为25.0，"连接"属于逻辑衔接，是语篇中相邻句子之间存在的一种"连接关系"[①]。语篇需要借助连接词语实现逻辑关联，有助于人们理解句子之间存在的语义关系，通过前句就可以在逻辑上预判后一句要表达的具体语义。搜狐新闻语篇基本都是从客观角度出发，主观色彩较淡，使用"照应"比例较低。以下对"照应""省略""替代"和"连接"内部使用的次类进行分析，进一步说明新浪、天涯、搜狐使用"照应"次类间的差异。

1. 照应

韩礼德和韩茹凯将照应分为人称照应、指示照应和对比照应，也可以根据语篇中某个成分的参照点和连接外部环境中的人和物划分为

---

① 胡壮麟编著：《语篇的衔接与连贯》，上海外语教育出版社1994年版，第92页。

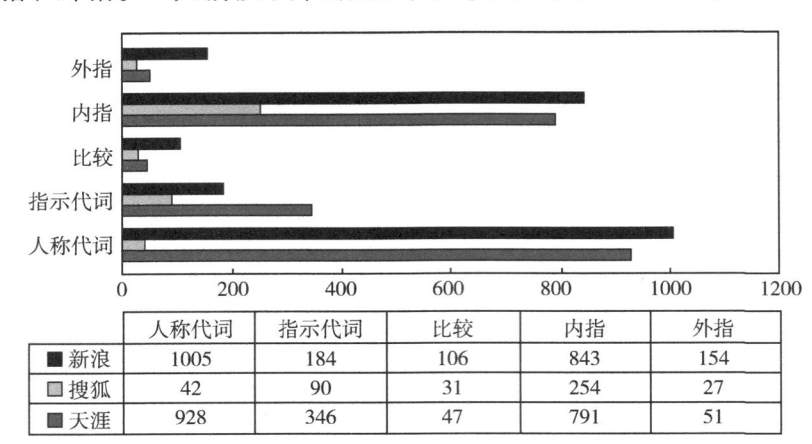

内指和外指。三大消极子库的照应次类使用频次如图7.12所示：

	人称代词	指示代词	比较	内指	外指
■ 新浪	1005	184	106	843	154
▨ 搜狐	42	90	31	254	27
■ 天涯	928	346	47	791	51

图7.12　消极子库使用"照应"次类频次对比图

（＊卡方检验后，p＝0.000，p＜0.05，消极子库使用"照应"次类存在显著差异）

图7.12数据和P值显示，三个子库在"照应"次类使用上有差异，新浪和天涯子库使用"人称代词"频次最高，其次是"内指"，这是因为新浪和天涯子库中的语篇类型相似，所以在照应次类衔接的使用上也相似。搜狐子库使用"内指"数量最多。为了更准确发现三个子库间的差异显著性问题，对三个消极子库"照应"次类做了调整残差（表7.9）。

表7.9　　消极子库使用"照应"次类调整残差数据表

类型		频次 计数	照应使用频次与调整残差					合计
			人称代词	指示代词	比较	内指	外指	
语料库	新浪	计数	1005	184	106	843	154	2292
		调整残差	4.7	－9.1	3.0	－2.4	6.1	
	搜狐	计数	42	90	31	254	27	444
		调整残差	－13.9	5.1	3.7	8.5	1.4	
	天涯	计数	928	346	47	791	51	2163
		调整残差	3.3	6.3	－5.2	－2.5	－7.0	
合计		计数	1975	620	184	1888	232	4899

表7.9显示，三个消极子库使用"照应"次类上存在差异。新浪子库更倾向使用"人称代词"，其次是"外指"，调整参差值分别为4.7和6.1。这是因为新浪子库中的语篇大多是表达个人思想和情感语篇，会频繁使用各类人称代词，甚至会出现指代不清的情况。搜狐语篇更倾向于使用"内指"和"指示代词"，其调整残差值分别为8.5和5.1。与其他两个库对比，搜狐使用"比较"更多，其调整残差值为3.7。搜狐新闻常常使用"这个""这些"等指示代词来指代前文中已经提及或后文中将要出现的人或事，指示代词的使用与新闻语篇避免频繁重复的目标达成一致。天涯子库比搜狐子库更倾向于使用"指示代词"，其调整残差值为6.3。

(10) **他们**追随偶像到天南地北，处心积虑得与偶像见面得机会。（XL_ NEG.00002902）

(11) **你**在内心深处很清楚：即使**你**身在人群之中，**你**也是跟一群陌生人在一起。（XL_ NEG.00021571）

(12) 北京市2月22日启动空气重污染橙色预警……昨日零时至24日24时，**本市**启动今年首个空气重污染橙色预警。（SH_ NEG.00050890）

(13) 最高人民检察院20日上午召开新闻发布会，发布《最高人民法院、最高人民检察院、公安部、司法部、生态环境部关于办理环境污染刑事案件有关问题座谈会纪要》……"**两高三部**"多次联合召开座谈会，研究磋商形成了《纪要》稿。（SH_ NEG.00001245）

(14) 交易不能只靠运气和直觉，如果您没有固定的交易方式，那么你的获利很可能是很随机，即靠运气，**这种**获利是不能长久的。（TY_ NEG.00202674）

(15) 相信大家玩网络游戏都或多或少有账号被盗现象很是不爽，辛辛苦苦的劳动被洗劫一空，**那种**心情是无语言表的。（TY_ NEG.00151577）

例（10）和例（11）均使用了"外指"，分别是例（10）中的"他们"和例（11）中的"你"，它们不仅属于人称代词，也属于外指。"他们"指存在于该语篇之外的对象，即偶像的粉丝，"你"外指现实生活中的每个人，并非具体指某人。例（12）和例（13）使用了"本市"和"两部三高"，"本市"指代前文中出现过的"北京市"，而"两部三高"指代前面已提到的"最高人民法院、最高人民检察院、公安部、司法部、生态环境部"这五个相应的部门。例（14）和例（15）分别使用了指示代词"这种"和"那种"。"这种"指代"只靠运气和直觉"的交易，而"那种"指代辛辛苦苦经营的网络游戏账号被盗后的难过心情。新浪消极子库更倾向于使用外指衔接手段，因为新浪微博中的个人用户在发表言论时，更注重隐去个人信息，往往使用可以泛指的人称代词作为语篇中的主要人物，从而将事件中的主体外化成现实生活中有着共同相似经历的任何人。搜狐消极子库更倾向于使用内指，结合例子来看，内指中以前指居多，前指内容也以事物居多，新闻语篇很少出现其他与新闻内容无关的个人。

为了进一步分析三个子库的"内指"在次类"前指"和"后指"的使用上是否存在显著性差异，对其进行卡方检验（图7.13）。

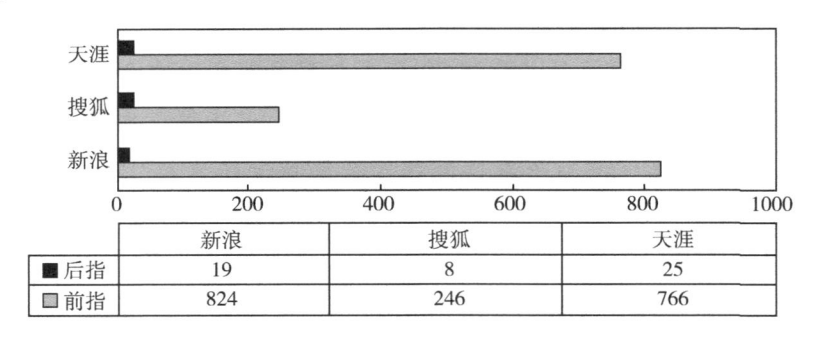

	新浪	搜狐	天涯
■后指	19	8	25
□前指	824	246	766

图7.13 消极子库使用"内指"次类频次对比图

（*卡方检验后，p=0.491，p>0.05，消极子库使用"内指"次类不存在显著差异）

图7.13数据和P值显示，"前指"与"后指"的使用不存在显著性差异，在三个子库中，"前指"的使用均大于"后指"。这与人对信息传递和接受的习惯有关，从信息结构的角度来解释，就是信息单位

由"已知信息+新信息"或"新信息+已知信息"构成①，但人们倾向使用和接受"已知信息+新信息"的模式，倾向于使用前指来指代前文中已经出现过的已知信息，再在其后附加新信息。

2. 省略

以下将结合数据，讨论天涯、搜狐和新浪三个消极子库使用"省略"次类的使用状况。

	名词省略	动词省略	小句省略
天涯	52	0	1
搜狐	57	4	18
新浪	35	0	8

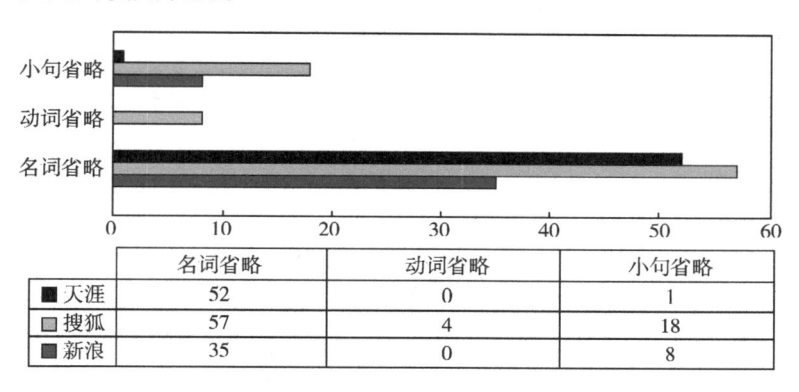

图 7.14 消极子库使用"省略"次类频次对比图

（*卡方检验后，$p=0.002$，$p<0.05$，消极子库使用"省略"次类存在显著差异）

图 7.14 显示，三个消极子库更倾向使用"名词省略"，如果从三个库"省略"次类的使用频次看，它们之间不存在显著差异，但卡方检验后 P 值小于 0.05，说明其内部存在显著差异，因此需要用调整残差值作进一步分析（表 7.10）。

表 7.10 调整残差数据显示，三个消极子库在"省略"大多数次类使用上存在差异。搜狐消极子库比其他两个子库更倾向于使用"小句省略"。一般小句的省略和语气有关，具体与对话中的问—答过程相关，有是—否省略和WH—省略②。搜狐子库更倾向于使用"动词省略"，而天涯消极子库更倾向于使用"名词省略"。

---

① 参见胡壮麟、朱永生、张德禄等《系统功能语言学概论》，北京大学出版社 2005 年版，第 174 页。

② 参见［英］韩礼德《功能语法导论》（第二版），彭宣维等译，外语教学与研究出版社 2010 年版，第 363 页。

表7.10　　　消极子库使用"省略"次类调整残差数据表

类型		频次计数	省略衔接频次与调整残差			合计
			名词省略	动词省略	小句省略	
语料库	新浪	计数	35	0	8	43
		调整残差	-0.2	-1.2	0.7	
	搜狐	计数	57	4	18	79
		调整残差	-3.2	2.2	2.4	
	天涯	计数	52	0	1	53
		调整残差	3.6	-1.3	-3.3	
合计		计数	144	4	27	175

（16）如果您的孩子在校园遇到敲诈勒索、收取"保护费"，或者校园发生了欺凌学生、肆意辱骂教师**等**违法犯罪行为，可以让孩子拨打12345、0558-5556053举报。(SH_ NEG.00060162)

（17）当遭受学业失败与人际危机时，就会引起强烈的焦虑与恐惧，害怕再度遭受失败而拒绝上学。(TY_ NEG.00237318)

例（16）中"等"在此处属于"小句省略"，省略了前文中出现的"遇到敲诈勒索"违法犯罪行为。例（17）中没有明显的表示"衔接"的词汇，实际上是每个小句都省略了主语，省略主语和宾语都属于"名词省略"。搜狐消极子库中的新闻语篇常常会举例说明前文事件，为了语言简洁，常用"等"这一词实现"小句省略"。天涯消极子库中的语篇不如搜狐新闻语篇表达准确严谨，经常省略小句中已知的主语或宾语，偏向使用"名词省略"。

3. 替代

图7.15是天涯、搜狐与新浪三个消极子库使用"替代"手段的频次分布图。

图7.15显示，三个消极子库在"替代"使用上存在差异。天涯子库使用"名词替代"最多，其次是新浪，搜狐最少。而搜狐使用"小句替代"频次最高，新浪次之，天涯最少。"替代"是一种占位手

第七章 网络语言的衔接手段对比分析

段，表明某处有东西被省略掉了。① 三个子库均未使用"动词替代"，说明动词作为小句的核心部分，一般情况下不能被随意替代，动词替代不当会引起读者误解。

	名词省略	动词省略	小句省略
天涯	89	0	16
搜狐	8	0	28
新浪	39	0	25

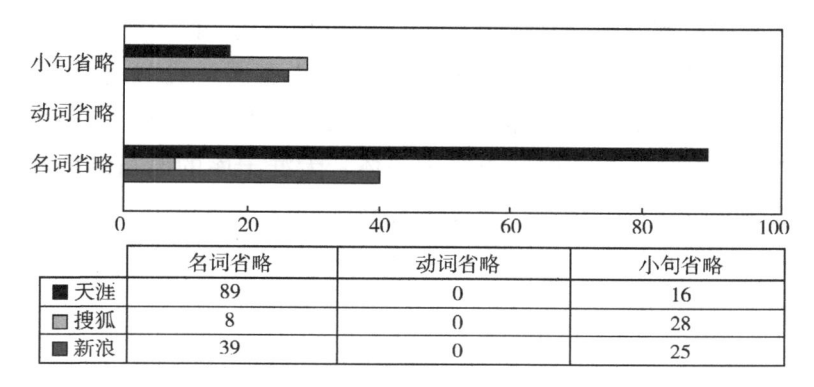

图 7.15　消极子库使用"替代"次类频次对比图

（*卡方检验后，p=0.000，p<0.05，消极子库使用"替代"次类存在显著差异）

为了厘清三个消极子库使用"替代"是否存在显著差异，对"替代"做了调整残差（表7.11）。

表 7.11　　消极子库使用"替代"次类调整残差数据表

类型		频次计数	替代频次与调整残差			合计
			名词替代	动词替代	小句替代	
语料库	新浪	计数	39	0	25	64
		调整残差	-1.1	0	1.1	
	搜狐	计数	8	0	28	36
		调整残差	-6.2	0	6.2	
	天涯	计数	89	0	16	105
		调整残差	5.7	0	-5.7	
合计		计数	136	0	69	205

---

① 参见［英］韩礼德《功能语法导论》（第二版），彭宣维等译，外语教学与研究出版社2010年版，第363页。

表 7.11 显示，与新浪和天涯消极子库相比，搜狐更倾向于使用"小句替代"，替代小句要求听话人"填补缺失的词"，搜狐新闻语篇的文体特点使每一个小句的各个成分要尽量保持完整性[1]，一旦某个成分有缺失，都直接会用成分完整的小句来替代，而不是由单独的名词或动词来替代。天涯子库更倾向于使用"名词替代"。替代是一种词汇—语法层面的关系，即需要"回去恢复缺失的次词"[2]。很多情况下，"名词替代"会和修饰语合为一体，天涯子库的语篇结构和逻辑松散，使用非正式文体多，只要天涯社区的网友能明白大概意思并和发帖人进行互动即可，因此，天涯网民常常有意简化或替换掉带有修饰语的名词词组。

（18）他在小学遭遇过欺凌，当时性格有点孤僻，班上的同学欺负他。比如趁他下课不在座位的时候，把饮料倒进他的饭盒，然后合起盖子摇匀。……时隔多年黄执中也未能化解掉这段不幸的经历，依然充满愤怒。黄执中用控诉的语气说出**这些**，声音和身体都在颤抖。（SH_ NEG.00055116）

（19）黄金投资的风险是相对于投资者旳选择而言的，投资现货和期货的结果截然不同。**前者**风险小，收益低；**后者**风险大，收益很高。（TY_ NEG.00251452）

例（18）源于搜狐消极子库，使用的"这些"不能绝对地将它归类为某一种衔接手段，因为在这句话的语境之中，"这些"既是典型的指示代词之一，在此处又是指代前文中主人公在小学时所遭遇的一系列不幸经历，因此，"这些"在此处又属于小句替代，用一个词替代了前文表达主人公遭遇何种不幸经历的小句。例（19）来自天涯消极子库，其中的"前者"和"后者"分别替代了前文中出现过的"投

---

[1] 参见［英］韩礼德《功能语法导论》（第二版），彭宣维等译，外语教学与研究出版社 2010 年版，第 367 页。

[2] ［英］韩礼德：《功能语法导论》（第二版），彭宣维等译，外语教学与研究出版社 2010 年版，第 369 页。

资黄金现货"和投资"期货","名词替代"使语言表达更加简洁。

4. 连接

"连接"通过连接成分体现语篇内部各种逻辑关系,是衔接的重要手段之一。图 7.16 呈现了三个消极子库使用"详述""延伸""增强"的频次数据。

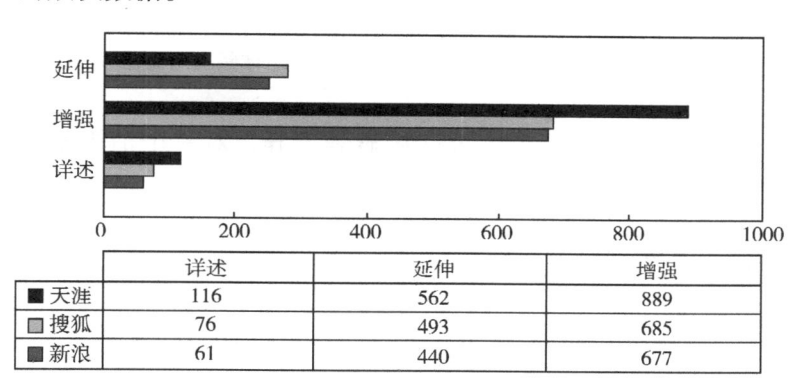

	详述	延伸	增强
天涯	116	562	889
搜狐	76	493	685
新浪	61	440	677

图 7.16　消极子库使用"连接"次类频次对比图

(＊卡方检验后,p＝0.071,p＞0.05,消极子库使用"连接"次类不存在显著差异)

图 7.16 显示,三个子库使用"增强"最多,"延伸"居中,使用"详述"最少。数据反映了三类子库在连接次类使用上的频次分布,经过卡方检验,其 P 值也大于 0.05,说明三个子库在"连接"次类的使用上基本均衡,未见显著差异。

(二) 词汇衔接使用对比分析

图 7.17 清晰地呈现了天涯、搜狐、新浪三个消极子库使用"词汇衔接"的使用频次。图中数据显示,天涯子库使用"词汇衔接"大于搜狐和新浪,同时,天涯和搜狐子库使用"词汇衔接"的频次远高于新浪。该差异表现在"词汇衔接"的何种次类上,还需要做进一步具体分析。

图 7.18 展示了三个消极子库使用"词汇衔接"次类的频次对比,从该图中可以看到,三个子库使用"重复"频次最高,其次是"同义"。新浪子库使用"整体局部关系"最少,搜狐子库使用最少的是"上下义关系",天涯子库使用最少的是"反义"。为了更清晰了解三

· 235 ·

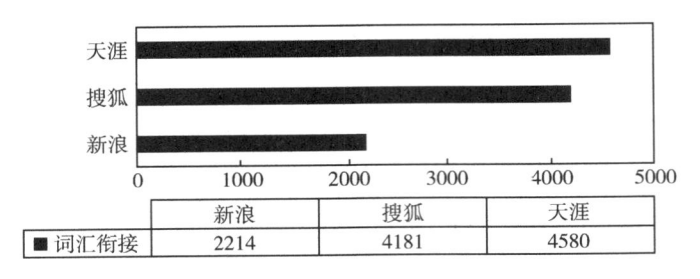

	新浪	搜狐	天涯
词汇衔接	2214	4181	4580

图 7.17 消极子库使用"词汇衔接"总体频次对比图

个消极子库使用"替代"是否存在显著差异，对三个消极子库使用"词汇衔接"次类数据做了调整残差（表 7.12）。

	重复	同义	反义	搭配	上下义关系	整体局部关系
天涯	3794	382	56	109	85	154
搜狐	4101	27	21	9	4	19
新浪	1819	154	88	88	39	26

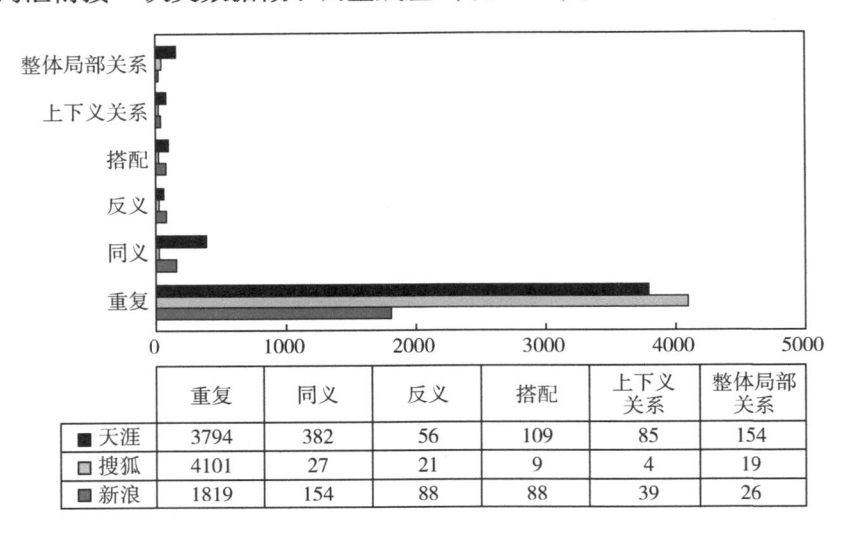

图 7.18 消极子库使用"词汇衔接"次类频次对比图

（*卡方检验后，p=0.000，p<0.05，消极子库使用"词汇衔接"次类存在显著差异）

表 7.12 显示，与搜狐和天涯子库相比，新浪子库更倾向于使用"反义"，其调整残差值为 10.7。天涯子库更倾向于使用"整体局部关系"，其调整残差值为 10.3。搜狐子库更倾向于使用"重复"，其调整残差值为 24.7。需要强调的是，虽然重复是最直接的词汇衔接方式[①]，

---

① 参见 [英] 韩礼德《功能语法导论》（第二版），彭宣维等译，外语教学与研究出版社 2010 年版，第 380 页。

但词汇重复与新闻讲求言简意赅并不矛盾,因为再简洁的新闻语言其最终目的都是向读者传达信息,而关键词或主题词的一次或几次重复都能加深读者理解和记忆,进而使读者在浏览或阅读新闻时快速抓取其关键词,提高阅读效率。

表7.12　　消极子库使用"词汇衔接"次类调整残差数据表

类型		频次计数	词汇衔接与调整残差数据						合计
			重复	同义	反义	搭配	上下义关系	整体局部关系	
语料库	新浪	计数	1819	154	88	88	39	26	2214
		调整残差	-10.5	4.4	10.7	8.1	2.9	-2.5	
	搜狐	计数	4101	27	21	4	4	19	4181
		调整残差	24.7	-16.7	-6.8	-10.1	-8.2	-8.4	
	天涯	计数	3794	382	56	109	85	154	4580
		调整残差	-15.8	12.9	-2.0	3.3	5.7	10.3	
合计		计数	9714	563	165	206	128	199	10975

(20) 奶爸带娃相对论:买玩具是**容易的**,陪伴是**困难的**。(XL_ NEG.00010212)

(21) 尽管亚马逊公开表示,它对**假冒产品**采取了"零容忍"政策,并已开发出新技术来应对这一问题,但允许第三方商家销售商品的亚马逊市场仍然受到**假冒商品**的困扰。(SH_ NEG.00025501)

(22) 他们永远感觉自己被一种无形的压力驱赶着催促着,永远都觉得自己的努力不够,永远感觉时间不够,非常害怕**落后**、**落伍**,他们会非常自动地规划未来。(TY_ NEG.00305270)

例(20)中"容易的"和"困难的"是一组反义词,采用了反义词汇衔接手段,前后形成强烈的反义关系,突出了"奶爸"这一角色带孩子的风格。例(21)使用了"假冒产品"和"假冒商品"这一组词汇,虽然一字之差,但实际上属于词汇衔接次类的"重复"。例

(22) 使用的"落后"和"落伍"之间形成了"同义"关系，接连使用两个同义词，更能强调"他们"担心适应不了迅速变化和发展的社会而不断鞭策自己进步。

第三节　积极与消极网络语言衔接手段使用对比分析

本节主要从总体上对比分析积极网络语言与消极网络语言使用衔接手段的特点及异同。

一　积极与消极网络语言总库衔接手段使用对比

图 7.19 显示了消极总库和积极总库中的数据对比，较完整呈现了消极总库与积极总库总体使用"衔接"的数据差异分布。

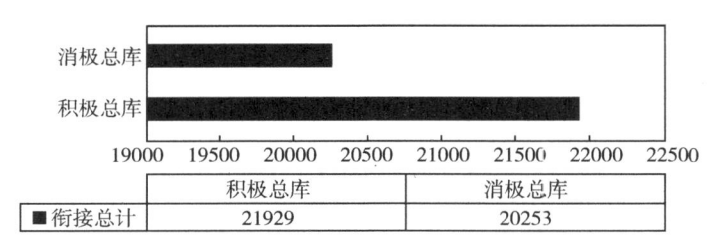

	积极总库	消极总库
■衔接总计	21929	20253

图 7.19　积极/消极总库使用"衔接"总体频次对比图

图 7.19 显示，积极网络语言总库使用"衔接"的频次比消极网络语言总库高，为了进一步探究这种差异主要体现在哪一种"衔接"上，还需要逐层分析使用"衔接"手段内部的各个次类数据。

（一）衔接手段使用总体对比

本部分先对积极总库和消极总库中"语法衔接"和"词汇衔接"这两大类的使用状况进行了数据统计（图 7.20）。

图 7.20 表明，积极总库使用"语法衔接"和"词汇衔接"的频次均略高于消极总库，对该组数据进行卡方检验后，P 值大于 0.05，未见显著差异。

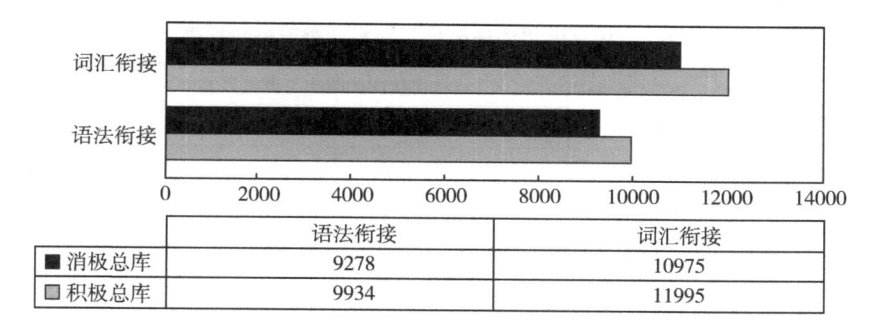

第七章 网络语言的衔接手段对比分析

	语法衔接	词汇衔接
■消极总库	9278	10975
□积极总库	9934	11995

图7.20 积极/消极总库使用"语法衔接"和"词汇衔接"频次对比图

（*卡方检验后，p=0.294，p>0.05，积极/消极子库使用"语法衔接"和"词汇衔接"不存在显著差异）

（二）语法衔接使用对比分析

语法衔接包含"照应""省略""替代"和"连接"。图7.21是积极总库和消极总库使用"语法衔接"次类的频次分布。

	照应	省略	替代	连接
■消极总库	4899	175	205	3999
□积极总库	5371	310	136	4117

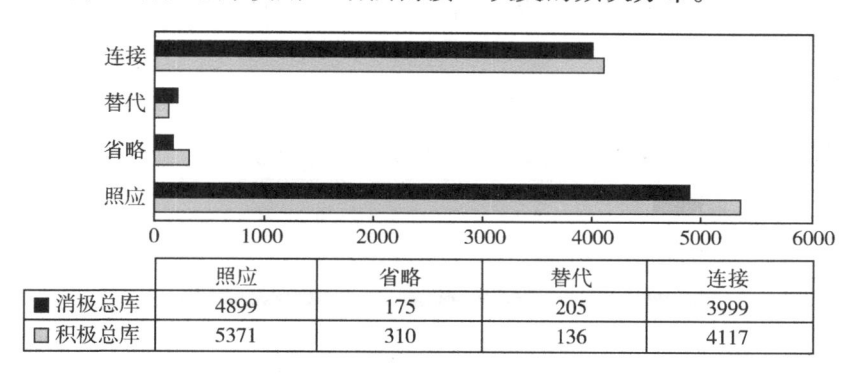

图7.21 积极/消极总库使用"语法衔接"次类频次对比图

（*卡方检验后，p=0.000，p<0.05，积极/消极总库使用"语法衔接"次类存在显著差异）

图7.21显示，积极总库中的"照应""省略"和"连接"的使用均大于消极总库，而"替代"出现的频次少于消极总库。结合P值来看，该组数据内部存在显著差异，需要对其调整后的残差值做进一步分析。

· 239 ·

表 7.13 积极/消极总库"语法衔接"次类调整残差数据表

类型		频次计数	语法衔接次类频次与调整残差				合计
			照应	省略	替代	连接	
语料库	积极总库	计数	5371	310	136	4117	9934
		调整残差	1.8	5.5	-4.4	-2.3	
	消极总库	计数	4899	175	205	3999	9278
		调整残差	-1.8	-5.5	4.4	2.3	
合计		计数	10270	485	341	8116	19212

表 7.13 中的数据显示，积极与消极总库在语法衔接的"照应"上不存在显著差异，调整后残差值为 1.8，小于 1.96。在"省略""替代"和"连接"的使用上存在差异，调整后残差值均大于 1.96，反映出积极总库倾向于使用"省略"，消极总库倾向于使用"替代"和"连接"。

1. 照应

图 7.22 数据显示了积极总库和消极总库使用"照应"各次类的使用情况。

	人称代词	指示代词	比较	内指	外指
■ 消极总库	1975	620	184	1388	232
▨ 积极总库	2355	561	179	2050	226

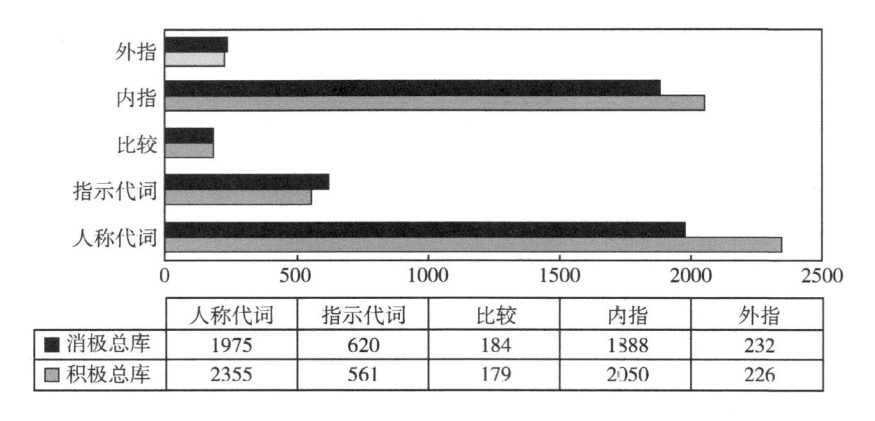

图 7.22 积极/消极总库使用"照应"次类频次对比图

（＊卡方检验后，$p = 0.000$，$p < 0.05$，积极/消极总库使用"照应"次类存在差异）

积极总库使用"人称代词"频次高于消极总库，而消极总库使用"指示代词""比较""内指"和"外指"频次高于积极总库。对该组数据进行卡方检验后，P 值小于 0.05，说明它们之间存在差异。调整残差显示了其内部差异的具体情况。

表 7.14　积极/消极总库使用"照应"次类调整残差数据表

类型		频次计数	照应使用频次与调整残差					合计
			人称代词	指示代词	比较	内指	外指	
语料库	积极总库	计数	2355	561	179	2050	226	5371
		调整残差	3.6	-3.5	-1.2	-0.4	-1.3	
	消极总库	计数	1975	620	184	1888	232	4899
		调整残差	-3.6	3.5	1.2	0.4	1.3	
合计		计数	4330	1181	363	3938	458	10270

（*卡方检验后，$p=0.217$，$p>0.05$，积极/消极总库使用"照应"次类不存在差异）

表 7.14 显示，积极和消极总库在使用"照应"大多数次类上不存在显著差异。"比较""内指"和"外指"调整残差绝对值均小于 1.96，说明积极和消极总库使用这三类衔接没有显著差异。"人称代词"和"指示代词"的调整残差绝对值均大于 1.96，说明积极总库和消极总库使用这两个次类上存在差异，积极总库倾向于使用"人称代词"，消极总库倾向于使用"指示代词"。

（23）**你**爱看书又聪明，从小参加叔叔阿姨的聚会都能聊上几句，人人都夸**你**伶俐。（XL_ POS.00026732）

（24）**我们**说的陪伴质量，大概就是**我**在**你**身边的时候，只爱**你**。（XL_ POS.00024145）

（25）任泽宇是初一级部的级部主任，开学伊始，**他**就及时地确立了初一工作的指导思想。（SH_ POS.00064585）

（26）**我们**发现，越成熟的人，越懂得感恩。（SH_ POS.000064284）

（27）**你**会在任何自己能帮**他们**的时候伸出援手，而**他们**也会在**你**需要的时候及时出现。（TY_ POS.00010958）

（28）**我们**将秉持"诚信为本，专业理财"的服务理念，为**您**提供极具品质的个性化服务。（TY_ POS.00165978）

（29）在我国，遭遗弃的婴幼儿人数保守估计接近一千万，

在**这些**弃婴中，残疾智障儿童占了约82.1%，女婴占了约八成。（XL_ NEG.00000911）

（30）对于外部来说，因为赶时间、赶货，公关取得审核适航证权限，导致忽视安全问题，**这**才是造成了737Max两次坠机的终极原因。（SH_ NEG.00055864）

（31）在电脑打着"火星文"，在学校躲避仪容仪表老师的检查。**那**都是曾经了，我们没有再"非主流"。（TY_ NEG.00263960）

在语篇中，如果对于一个词语的解释不能从该词语本身获得，而必须从该词语所指的对象中寻求答案，就会产生一种照应关系。[①] 以上9个例子都包含照应关系，其中，例（23）—例（28）均运用了"人称代词"，包含了"我""我们""你""你们"和"您"，还出现了"他""他们"。尤其例（25）直观地体现出了人称代词与所指对象之间的照应关系，小句中的"他"专指前文的"任泽宇"，所指对象直接出现在了语篇里。这几个例子中的人称代词照应关系并不明显，所指对象出现在语境中，指的是说话人和听话人，是一种泛指。例（28）的"我们"并非指向特定人群，而是指任何为客户提供服务的工作人员，而"您"则指代任何潜在客户。结合这六例的语境，使用"人称代词"让语言高度流畅，可读性更高，拉近了人际关系。

例（29）—例（30）使用了"指示代词"，照应语篇或语境中出现的指代对象。例（29）的"这些"指代前文中出现的"遭遗弃的婴幼儿"，"这些"让读者获取到语篇的核心信息。例（30）的"这"指代造成飞机坠落的主要原因。例（31）中的"那"指代发话人在学生时期做过的"非主流"的事。从这几例使用指示代词来看，可以发现"指示代词"能够指代纷繁复杂的内容。三个例句中的指示代词指代的对象是表达负能量的内容，说话人或作者可能是有意使用指示代词，试图避免引起读者过多的注意，以避免引发过激的情绪或发表负面言论。

---

① Halliday, M. A. K. and Hasan, R., *Cohesion in English*, London: Longman, 1976, p.31.

2. 省略

第二类语法衔接手段为“省略”，图 7.23 反映了积极与消极总库“省略”次类的使用频次数据分布。

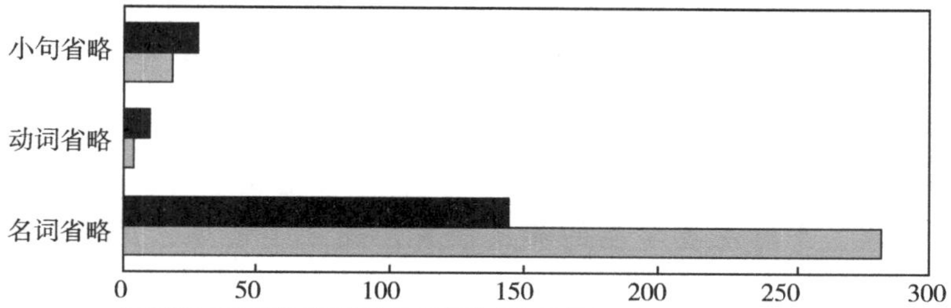

	名词省略	动词省略	小句省略
■ 消极总库	144	4	27
□ 积极总库	282	10	18

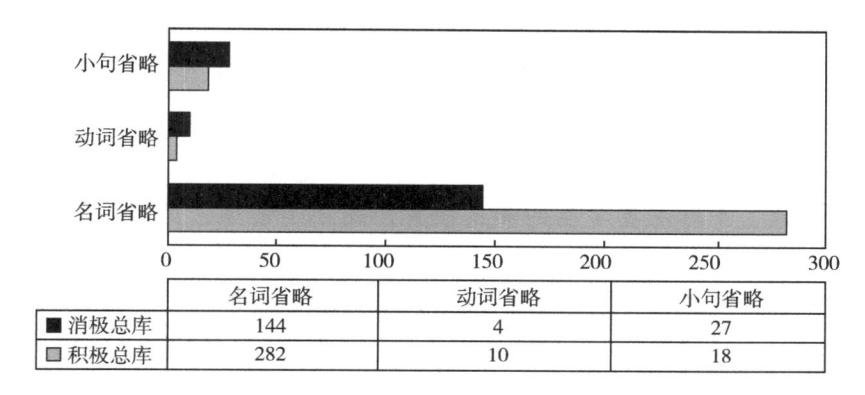

图 7.23　积极/消极总库使用“省略”次类频次对比图

（＊卡方检验后，$p=0.002$，$p<0.05$，积极/消极总库使用“省略”次类存在差异）

图 7.23 显示，积极总库不仅在“省略”的使用上多于消极总库，而且在“省略”内部的各个次类使用上也多于消极总库。两个库呈现的总体趋势是“名词省略”出现的频次高于“小句省略”，“动词省略”出现的频次最低。

表 7.15　　积极/消极总库使用“省略”次类调整残差数据表

类型		频次 / 计数	省略使用频次与调整残差			合计
			名词省略	动词省略	小句省略	
语料库	积极总库	计数	282	10	18	310
		调整残差	2.8	0.6	-3.5	
	消极总库	计数	144	4	27	175
		调整残差	-2.8	-0.6	3.5	
合计		计数	426	14	45	485

表 7.15 显示，积极总库和消极总库使用“动词省略”不存在显著差异，调整残差值为 0.6，小于 1.96。两个总库在使用“名词省略”和“小句省略”上存在差异，积极总库倾向于使用“名词省略”，消

极总库倾向于使用"小句省略"。

（32）哲学家培根说："**友谊**使欢乐倍增，使痛苦减半。"（XL_POS.00007919）

（33）**创新**是一个民族进步的灵魂，是国家兴旺发达的不竭动力。（TY_POS.00243301）

（34）**他**积极参加每周每学科的集体备课，做好监督、指导工作，平时注重学生的养成教育，成立了篮球、足球、羽毛球、乒乓球、舞蹈、跆拳道、声乐、书画、普通话等兴趣小组，由学校聘请校外专职人员授课。（SH_POS.00064585）

（35）那是人喜新厌旧了吗？**也不是**。（XL_NEG.00026794）

省略可以称为"零形式替换"，因其符合语言交际的"经济原则"①。在很多情况下，语境已经提供了共知信息，可以省略掉已知信息，省略的内容可以从语境中寻找，以使上下文形成了互相依赖的关系，此时，"省略"就起到了衔接作用。例（32）省略了"友谊"，例（33）省略了"创新"，属于典型的名词省略。例（34）看似在句子中一系列动词前省略的是一个代词"他"，实际上也属于名词省略。汉语是一种注重意合的语言，省略成分常见的就是主语、宾语的省略，即名词省略，汉语中也会出现小句省略，但出现频次没有名词省略高。例（35）的"也不是"看似语义模糊，但是根据语境，被省略的则是"也不是喜新厌旧了"。尽管省略了小句，读者仍然能准确地捕捉到省略的信息。

3. 替代

第三类语法衔接手段为"替代"，图7.24呈现了积极与消极总库使用"替代"频次统计。

图7.24和卡方检验结果显示，积极网络语言还是消极网络语言都很少使用"动词替代"。英语中常会使用"do"的各个变体形式来替

---

① Leech, G., *Semantics: The Study of Meaning*, Harmondsworth: Penguin, 1981.

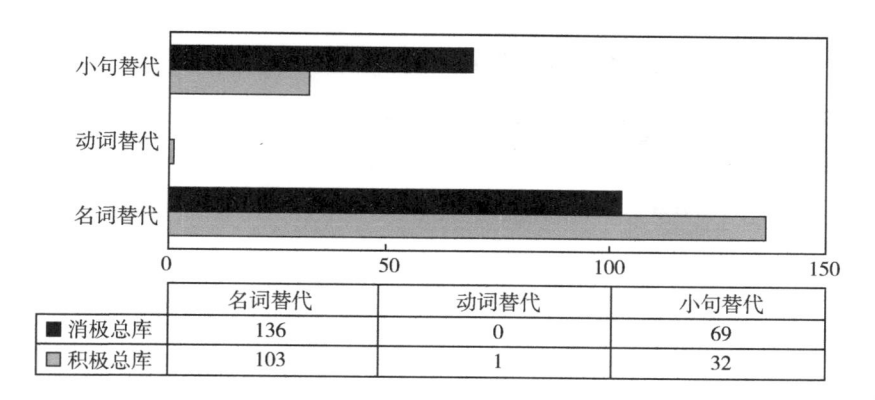

第七章 网络语言的衔接手段对比分析

	名词替代	动词替代	小句替代
■消极总库	136	0	69
▨积极总库	103	1	32

图 7.24 积极/消极总库使用"替代"次类频次对比图

(＊卡方检验后，p＝0.068，p＞0.05，积极/消极总库使用"替代"次类不存在差异)

换句子中的一些行为动词，但汉语中没有和"do"对应的助动词，因此鲜有动词替代衔接手段的出现。

（36）投资黄金现货与期货结果大不相同。**前者**风险小，收效低，**后者**风险大，收益高。(TY_ NEG.00251452)

（37）如果有人影响你的情绪，焦点要放在自己情绪控制，只有**这样**，才能真正自信。(SL_ POS 00028420)

例（36）中的"前者"和"后者"分别替代了前文中出现过的"投资现货"和"期货"，属于典型的"名词替代"，使语言表达更简洁流畅。新浪微博中情感类语篇属更具口语特色的非正式文体，因此会出现较多的小句替代，如例（37）的"这样"替代前面的句子"如果有人影响你的情绪……"

4. 连接

第四类语法衔接手段为"连接"，图 7.25 呈现了积极与消极总库使用"连接"次类频次的具体数据统计。

图 7.25 展示了积极总库和消极总库中"连接"各个次类的使用情况，积极总库中连接衔接手段比消极子库中出现的频次多，但它的次类在两个总库中的出现频次不尽相同，积极总库中"详述"和"增

· 245 ·

```
           增强 ┃━━━━━━━━━━━━━━━━━━━━━━
                ┃━━━━━━━━━━━━━━━━━━━━━━━
           延伸 ┃━━━━━━━━━━━━━━
                ┃━━━━━━━━━━━━
           详述 ┃━
                ┃━━
                0    500  1000  1500  2000  2500  3000
```

	详述	延伸	增强
■ 消极总库	253	1495	2251
▨ 积极总库	355	1362	2400

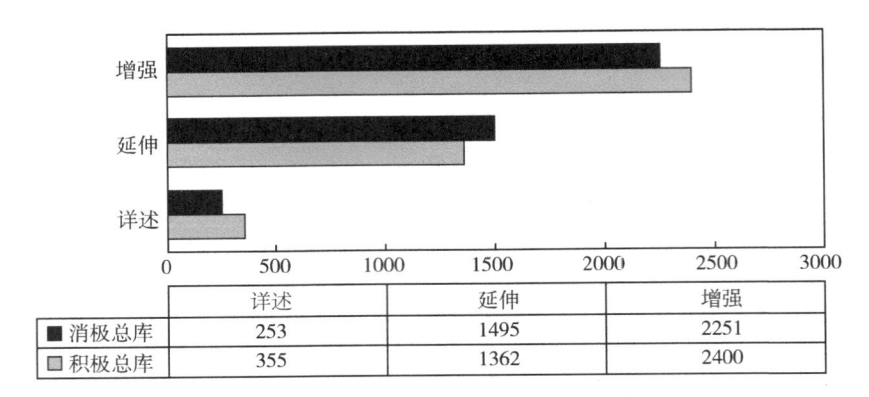

图 7.25　积极/消极总库使用"连接"次类频次对比图

（*卡方检验后，p=0.000，p<0.05，积极/消极总库使用"连接"次类使用存在差异）

强"的使用要多于消极子库，而"延伸"的使用频次则少于消极总库。

表 7.16　积极/消极总库使用"连接"次类调整残差数据表

类型		频次 计数	连接使用频次与调整残差			合计
			详述	延伸	增强	
语料库	积极总库	计数	355	1362	2400	4117
		调整残差	3.9	-4.1	1.8	
	消极总库	计数	253	1495	2251	3999
		调整残差	-3.9	4.1	-1.8	
合计		计数	608	2857	4651	8116

表 7.16 显示，积极总库和消极总库在使用"连接"次类的"增强"方面，未见显著差异，因为其调整残差值绝对值小于 1.96。两个总库使用"详述"和"延伸"存在差异，积极总库倾向于使用"详述"，而消极总库倾向使用"延伸"。

（38）嫉妒容易使你疏远别人和心理上失衡，**实际上**，羡慕别人的成就不如自己去努力。（XL_ POS.00007919）

（39）当然对于 99% 的人，**也就是**普通的大多数人来说，能当上飞行员都是很不错的人生归宿了。（XL_ POS.00023957）

（40）选择高营养密度食物，**如**蔬菜、水果、豆类和全谷物

食物等，可以帮助满足微量元素需求……可以摄取更少的卡路里获得更大的饱腹感。（TY_ POS.00247525）

（41）没人能理解你的难处，还会觉得你矫情。（XL_ NEG.00027187）

（42）你肯定有过这样的时候：别人指着你的痛处哈哈大笑，你却只能傻傻地笑着。（XL_ NEG.00006545）

（43）每年都还是有人会退缩，宁愿当逃兵，也不愿保家卫国，宁愿被刻上逃兵的名，也不愿为祖国和家人争光。（SH_ NEG.00063213）

（44）孤独久了的人，突然有个人对自己好，第一反应不是高兴，而是害怕！（XL_ NEG.00002383）

（45）死心的理由不是小题大做，只有自己知道这根稻草下到底压了多少的失望和难过……（XL_ NEG.00004432）

（46）违反分类投放的人可以选择交罚款，或者申请参加有关部门组织的教培与宣传服务活动。（SH_ NEG.00003709）

"详述"还包含了两个次类，分别是"阐述"和"同位"。例（38）的"实际上"属于"阐述"，表示它之后的内容是对前文中出现的人或事进一步的说明，并非等同于前文中出现的内容。例（39）中的"也就是"属于"详述"中的"同位"，"99%的人"等同于"大多数人"。例（40）的"如"属于"同位"中的"例证"，即举例对前文提到的某一事物进行具体说明。例（41）的"还"属于"添加"中的"肯定"，体现了一种递进关系。例（42）的"却"属于"添加"中的"转折"，表现了前后文的一种转折关系。例（43）中的"不愿"属于"添加"中的"否定"，其否定意义主要体现在"不"上。例（44）中的"而是"属于"延伸"中的次类变化，再向内细分则属于"替换"。例（45）中的"只有"属于"排除"衔接手段。例（46）中的"或者"属于"选择"手段。

（三）词汇衔接使用对比分析

本部分总体对比积极总库和消极总库中使用"词汇衔接"状况。

图 7.26 展示了积极与消极总库在"词汇衔接"上的使用频次数据。图 7.26 显示积极总库使用的"词汇衔接"比消极总库多。

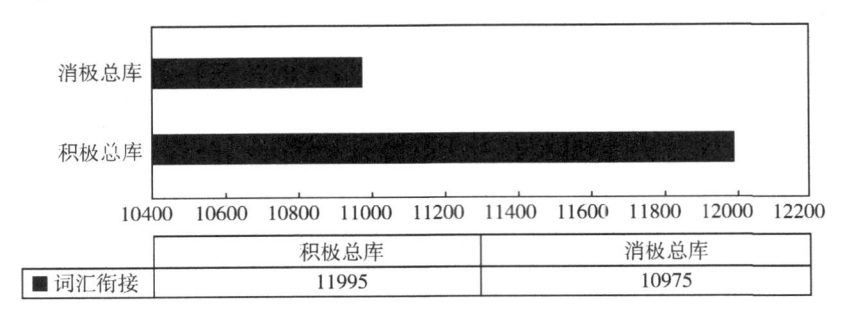

	积极总库	消极总库
■ 词汇衔接	11995	10975

图 7.26 积极/消极总库使用"词汇衔接"总体频次对比图

因"词汇衔接"次类较多,图 7.27 展示了词汇衔接各次类的使用情况。

	重复	同义	反义	搭配	上下义关系	整体局部关系
■消极总库	9714	563	165	206	128	199
□积极总库	10688	429	153	258	129	26

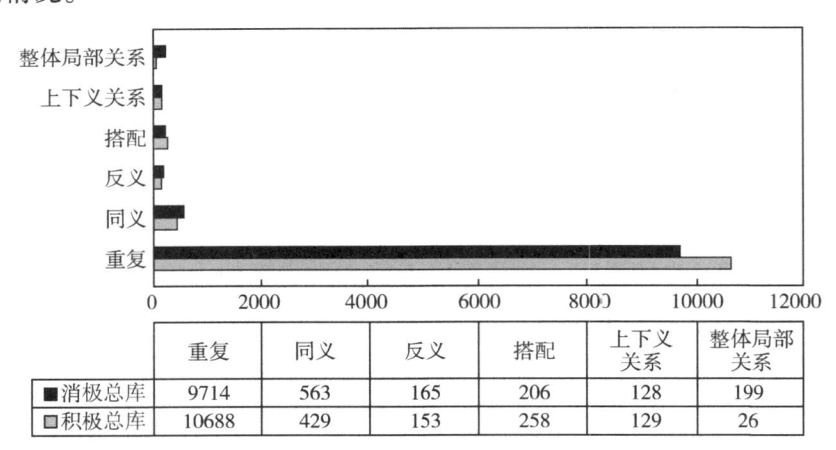

图 7.27 积极/消极总库使用"词汇衔接"次类频次对比图

(*卡方检验后,$p=0.000$,$p<0.05$,积极/消极总库使用"词汇衔接"次类存在差异)

图 7.27 显示,积极总库使用"重复""搭配"和"上下义关系"的频次高于消极总库,而使用"同义""反义"及"整体局部关系"的频次低于消极总库。为了解二者使用"词汇衔接"次类上的具体差异,对相关数据做了调整残差。

第七章　网络语言的衔接手段对比分析

表7.17　积极与消极总库使用"词汇衔接"次类调整残差数据表

类型		频次计数	词汇衔接与调整残差						合计
			重复	同义	反义	搭配	上下义关系	整体局部关系	
语料库	积极总库	计数	10688	429	153	258	129	26	11995
		调整残差	1.4	-5.8	-1.5	1.5	-0.7	5.0	
	消极总库	计数	9714	563	165	206	128	199	10975
		调整残差	-1.4	5.8	1.5	-1.5	0.7	-5.0	
合计		计数	20402	992	318	464	257	537	22970

表7.17数据调整残差值表明，积极和消极总库在"重复""反义""搭配"及"上下义关系"的使用上不存在显著差异，调整残差值绝对值均小于1.96。而两个库在"同义"和"整体局部关系"这两类衔接手段的使用上存在显著差异，积极总库倾向于使用"整体局部关系"，而消极总库倾向于使用"同义"。

（47）只会生产**汽车螺丝**的话，那么等它想发展**汽车**工业的时候，就会发现**汽车玻璃**造不了，**汽车轮胎**造不了，**汽车发动机**更造不了。（XL_ POS.00010241）

（48）"So she has big eyes, a small nose, a round face."老师带着孩子大声描述着。（SH_ POS.00054891）

（49）纷繁**世界**，无奇不有，有**山**有**水**，有**花**有**草**，有**风**有**雨**，时时刻刻，变幻无穷。（TY_ POS.00235278）

（50）当你和恋人之间产生矛盾后不要一味地指责对方，也不能一直**埋怨**全是对方的错……有了矛盾就不要一味地**抱怨**和逃避，而是要想办法解决这些矛盾。（XL_ NEG.00004560）

（51）"**野蛮说教**"让孩子变得自卑、胆小、无目标，以至于自弃。"**野蛮教育**"另一个负面影响就是孩子学会了"野蛮""暴力"。（SH_ NEG.00057594）

（52）我们要大声地告诉**违法者**——为自己的深重罪孽付出代价！……告诉**枉法者**——对自己的胡作非为担负后果。（TY_

NEG.00004495）

例（47）—例（49）使用"整体局部关系"衔接方式。例（47）"汽车"与"汽车螺丝""汽车玻璃""汽车轮胎""汽车发动机"之间明显存在整体局部关系。例（48）的"she"与"eyes""nose""face"之间构成了整体局部关系。例（49）的"山""水""花""草""风""雨"和世界之间构成了一种整体局部关系。例（50）—例（52）使用了"同义"衔接。例（50）中的"埋怨"和"抱怨"构成了同义关系，例（51）中的"野蛮说教"和"野蛮教育"存在同义关系，而例（52）的同义关系体现在"违法者"和"枉法者"。这三对同义关系的共同点是，它们都属于表达负面情绪的消极词汇。但是，在具体分析时，要把握好这些词汇的语境意义，虽然这些词汇属于消极范畴，但表达出了劝诫、谴责、警告的积极意义。

二 新浪积极与消极网络语言子库衔接手段使用对比

本部分对三类积极和消极子库使用衔接手段进行内部对比分析。图7.28呈现的是新浪积极与消极子库使用"衔接"的总体频次对比数据。

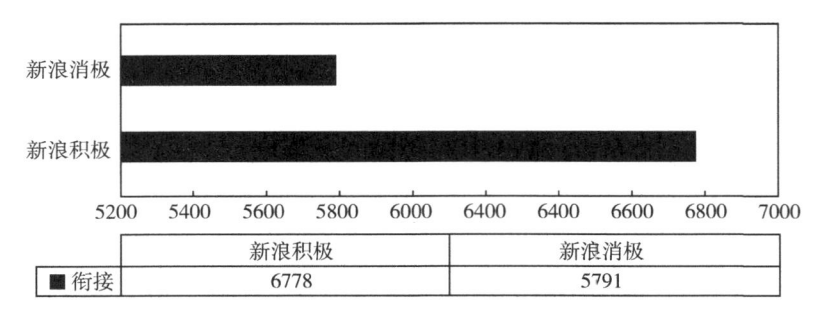

	新浪积极	新浪消极
■衔接	6778	5791

图7.28 新浪积极/消极子库使用"衔接"总体频次对比图

图7.28显示，新浪积极子库使用"衔接"手段的频次远高于消极子库使用频次。

（一）衔接总体使用对比分析

图 7.29 是新浪积极与消极子库使用语法衔接手段与词汇衔接手段的数据对比状况。

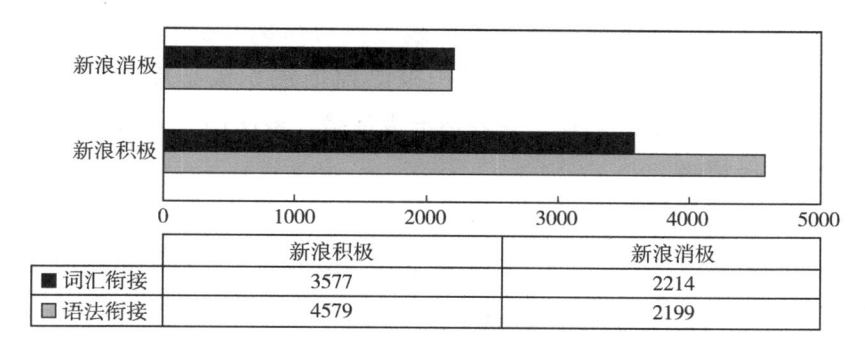

	新浪积极	新浪消极
■ 词汇衔接	3577	2214
□ 语法衔接	4579	2199

图 7.29　积极/消极子库使用"语法衔接"与"词汇衔接"频次对比图

（＊卡方检验后，p＝0.000，p＜0.05，新浪积极/消极子库使用"语法衔接"和"词汇衔接"存在差异）

图 7.29 及卡方检验数据显示，新浪积极与消极子库使用"语法衔接"与"词汇衔接"总体存在显著差异。新浪积极子库使用"语法衔接"的数量高于"词汇衔接"，而消极子库使用"语法衔接"与"词汇衔接"的频次差距不明显。

表 7.18　新浪积极与消极子库使用"语法衔接"与"词汇衔接"调整残差数据表

类型		频次计数	衔接使用频次与调整残差		合计
			语法衔接	词汇衔接	
语料库	新浪积极	计数	4579	3577	6778
		调整残差	6.8	－6.8	
	新浪消极	计数	2199	2214	5791
		调整残差	－6.8	6.8	
合计		计数	8156	4413	12569

表 7.18 显示，新浪积极与消极子库使用"语法衔接"与"词汇衔接"调整后残差值的绝对值均大于 1.96，说明新浪积极与消极子库

使用"语法衔接"和"词汇衔接"存在显著差异。在新浪积极子库中,"语法衔接"手段的调整残差值为正,即新浪积极子库使用"语法衔接"频次高于期望频次,使用了更大比例的"语法衔接"。新浪消极子库使用"词汇衔接"调整后残差值为6.8,说明新浪消极语篇倾向于使用"词汇衔接"。新浪积极语篇描述积极态度,使用较多"语法衔接",而消极语篇主要表达消极情绪,多使用"词汇衔接"重复表达消极情绪。

(二)语法衔接使用对比分析

图7.30是新浪积极与消极子库使用不同语法衔接手段的数据统计分布。

	照应	省略	替代	连接
■新浪消极	2292	43	64	1178
■新浪积极	2930	154	99	1396

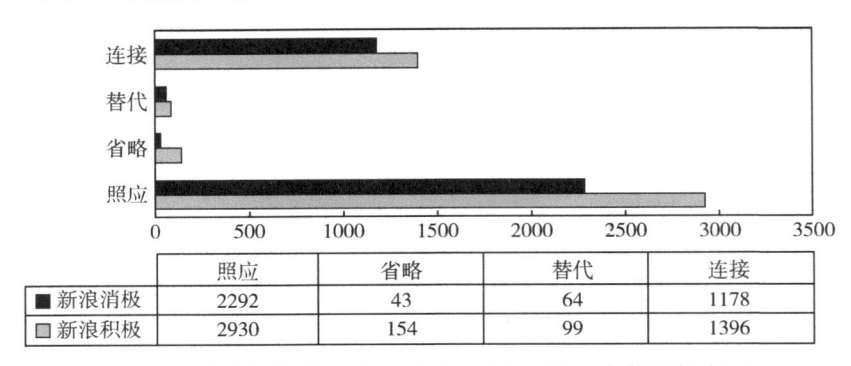

图7.30 新浪积极/消极子库使用"语法衔接"次类频次对比图

(*卡方检验后p=0.000,p<0.05,新浪积极/消极子库使用"语法衔接"次类存在显著差异)

图7.30中数据及卡方检验的结果显示,新浪积极与消极子库在"语法衔接"内部使用上存在显著差异。为了印证新浪积极与消极子库使用"语法衔接"次类的具体差异,我们对两个库的"语法衔接"次类做了调整残差(表7.19)。

表7.19显示,新浪积极与消极子库使用"照应"与"替代"调整后残差值的绝对值均小于1.96,说明这两个库在"照应"与"替代"使用上不存在显著差异。省略是指某结构中未出现的词语可从语篇中的其他小句或句子中回找。[①] 新浪积极子库使用"省略"调整后

---

① 胡壮麟编著:《语篇的衔接与连贯》,上海外语教育出版社1994年版,第76页。

的残差绝对值大于 1.96，说明新浪积极子库使用"省略"的频次远高于期望频次。新浪消极子库使用"连接"调整后的残差值为 2.4，说明新浪消极语篇倾向于使用"连接"。

表 7.19　　新浪积极与消极子库使用"语法衔接"次类
调整残差数据表

类型		频次计数	语法衔接频次与调整残差				合计
			照应	省略	替代	连接	
语料库	新浪积极	计数	2930	154	99	1396	4579
		调整残差	-0.1	6.3	1.2	-2.4	
	新浪消极	计数	2292	43	64	1178	3577
		调整残差	0.1	-6.3	-1.2	2.4	
合计		计数	5222	197	163	2574	8156

（53）他说，早晨起来的 4 分钟，不要跟对方吵架，多一些赞美的词，那就是美好一天的开始，出门前，抱抱或者亲一下，那就是跟残酷生活对抗的力量，下班回家 4 分钟，**聊点轻松的话题**，**累了不想说话**，**坐在一起发呆**也行。（XL_ POS 00024145）

（54）**要相信**，这个世界里美好总要多过阴暗，欢乐总要多过苦难，还有很多事，值得你一如既往的相信。（XL_ POS 00024386）

（55）有时候，心里会莫名的难受，**却**不知道为了什么。有时候，同周围的人说说笑笑，**却**觉得异常寂寞和孤独。（XL_ NEG 00008717）

新浪积极语篇多通过积极建议或事件描述表达积极情感，对建议或事件的描述通常会省略主语。例（53）和例（54）多处省略主语。新浪消极语篇主要是对消极情感的描述，与积极情感不同，消极情感多是人们复杂的内心感受，如例（55）使用两个"却"来连接小句。

· 253 ·

1. 照应

图 7.31 显示了新浪积极与消极子库使用不同照应手段的频次数据分布。

	人称代词	指示代词	比较	内指	外指
新浪消极	1005	184	106	843	154
新浪积极	1410	358	98	979	85

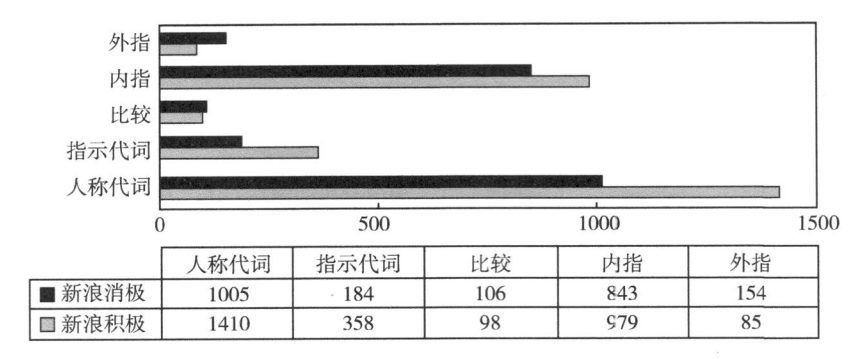

图 7.31　新浪积极/消极子库使用"照应"次类频次对比图

（＊卡方检验后 p＝0.000，p＜0.05，新浪积极/搜狐积极子库使用"照应"次类存在显著差异）

图 7.31 及卡方检验结果显示，新浪积极与消极子库在使用"照应"次类上存在显著差异。

表 7.20　新浪积极/消极子库使用"照应"次类调整残差数据表

类型		频次 计数	照应次类频次与调整残差					合计
			人称代词	指示代词	比较	内指	外指	
语料库	新浪积极	计数	1410	358	98	979	85	2930
		调整残差	3.1	4.9	－2.4	－2.5	－6.6	
	新浪消极	计数	1005	184	106	843	154	2292
		调整残差	－3.1	－4.9	2.4	2.5	6.6	
合计		计数	2415	542	204	1822	239	5222

表 7.20 显示，新浪积极与消极子库使用的"照应"次类的调整残差的绝对值均大于 1.96，说明新浪积极与消极子库使用不同"照应"次类上均存在差异。在新浪积极子库中，"人称代词"和"指示代词"的调整残差值均为正值，说明新浪积极语篇使用了更大比例的"人称代词"与"指示代词"。新浪积极语篇对事件的描述涉及诸多人与物，频

繁使用人称代词与指示代词。在新浪消极子库中,"比较""内指"和"外指"的调整残差值均为正,说明新浪消极语篇倾向使用"比较""内指"和"外指",其中"外指"使用的频次高于期望频次。

(56) 有种疼,你不懂我可以用微笑掩盖,用冷漠包装**这种疼**……(XL_ NEG 00015859)

(57) 我们常常会因**这样**或**那样**的伤害而心痛不已。(XL_ NEG 00005711)

(58) 突然有个人对自己好。第一反应不是高兴,而是害怕!**别人**随手给一点温柔,都受之有愧;急着掏出自己整颗心,怕亏欠半分;结果**别人**逢场作戏,自己却入戏太深。(XL_ NEG 00002383)

例(56)的"这种"是"内指",指代前文的"有种疼"。例(57)使用"这样""那样"的"外指"指代现实生活中人们遇到的伤害。此外,新浪消极语篇中还使用了许多"比较",通过与他人的对比表达消极情感,如例(58)中的"别人"。

2. 省略

图7.32的柱状图与数据显示了新浪积极与消极子库省略小句、动词、名词等频次分布。

	名词省略	动词省略	小句省略
■新浪消极	35	0	8
▨新浪积极	134	8	12

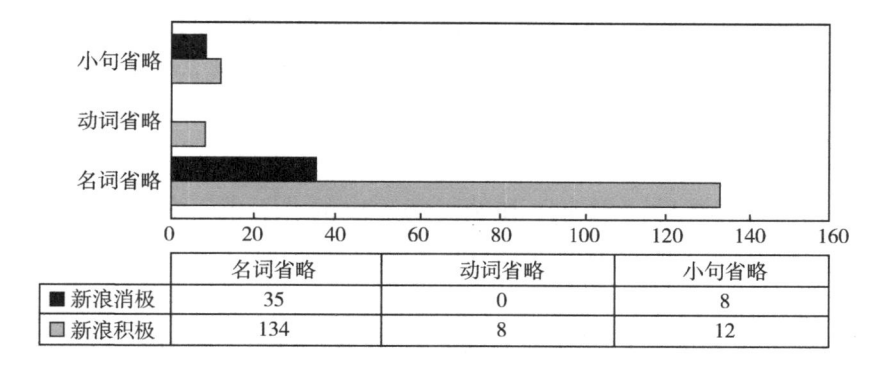

图7.32 新浪积极/消极子库使用"省略"次类频次对比图

(*卡方检验后p=0.044,p<0.05,新浪积极/消极子库使用"省略"次类存在显著差异)

图 7.32 及卡方检验后 $p < 0.05$ 显示，新浪积极与消极子库在"省略"不同次类使用上存在显著差异。

表 7.21　新浪积极/消极子库使用"省略"次类调整残差数据表

类型		频次计数	省略频次与调整残差			合计
			名词省略	动词省略	小句省略	
语料库	新浪积极	计数	134	8	12	154
		调整残差	0.9	1.5	-2.1	
	新浪消极	计数	35	0	8	43
		调整残差	-0.9	-1.5	2.1	
合计		计数	169	8	20	197

表 7.21 显示，新浪积极与消极子库使用"名词省略"与"动词省略"调整残差后绝对值均小于 1.96，表明二者在"名词省略"与"动词省略"使用上不存显著差异。新浪积极与消极子库在"小句省略"使用上存在差异。新浪消极子库的"小句省略"调整残差值为正，说明新浪消极语篇倾向使用"小句省略"。"小句省略"最常出现于以肯定词或否定词回答的句式中，[①] 在新浪消极语篇中，"小句省略"主要由否定词来实现，表达消极的情绪。

（59）我在人群中跌撞，我抓住每个人，试图寻找和我一样的脸，可是**没有**，什么都**没有**。（XL_ NEG 00029212）

（60）分手后的我们还能做朋友吗？**不能**，我的生活里不缺任何一个人，更不缺一个曾经伤害过我的人。（XL_ NEG 00004348）

例（59）中的"没有"和例（60）中的"不能"使用了"小句省略"，否定式的回答体现了作者的消极情绪。

3. 替代

图 7.33 数据显示了新浪积极与消极子库使用"替代"次类的频次分布。

---

① 参见胡壮麟编著《语篇的衔接与连贯》，上海外语教育出版社 1994 年版，第 82 页。

第七章 网络语言的衔接手段对比分析

	名词替代	动词替代	小句替代
■新浪消极	39	0	25
新浪积极	71	0	28

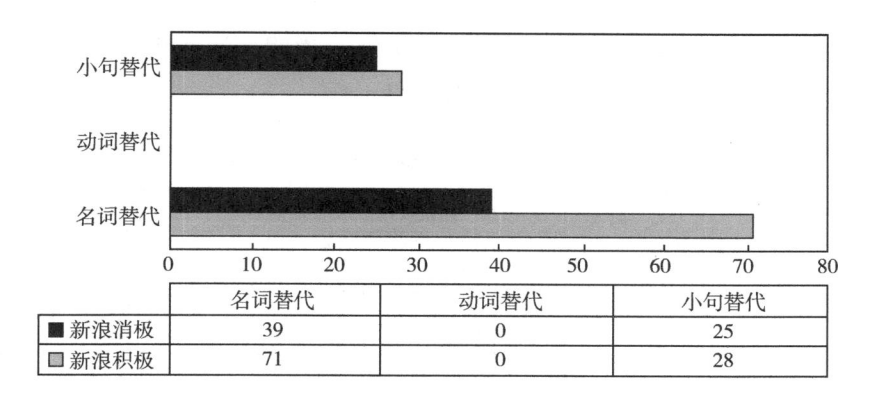

图7.33 新浪积极/消极子库使用"替代"次类频次对比图

(*卡方检验后 p=0.151，p>0.05，新浪积极/消极子库使用"替代"次类不存在显著差异)

图7.33及卡方检验后结果 p>0.05 显示，新浪积极与消极子库在不同替代手段的使用上不存在显著差异。但数据显示，新浪积极与消极子库使用"名词替代"的频次最高，积极子库使用"名词替代""小句替代"频次高于消极子库。

4. 连接

图7.34显示了新浪积极与消极子库使用"增强""延伸""详述"的频次分布状况。

	详述	延伸	增强
■新浪消极	61	440	677
新浪积极	102	594	700

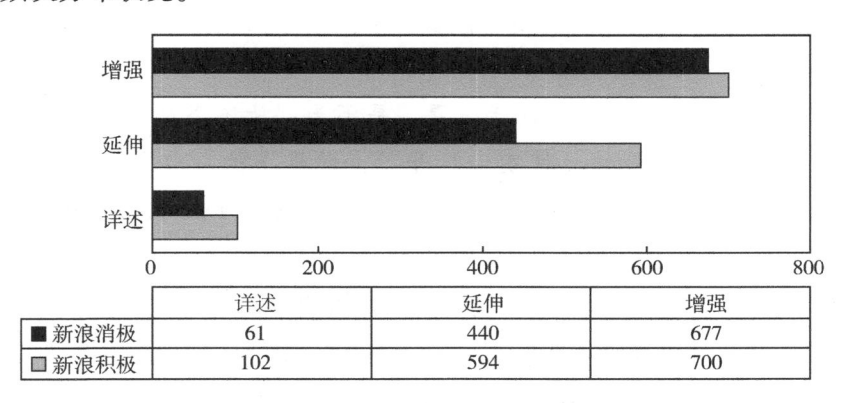

图7.34 新浪积极/消极子库使用"连接"次类频次对比图

(*卡方检验后 p=0.000，p<0.05，新浪积极/消极子库使用"连接"次类存在显著差异)

· 257 ·

图 7.34 及卡方检验后结果为 $p < 0.05$，说明新浪积极与消极子库在"连接"次类的使用上存在显著差异。

表 7.22　新浪积极/消极子库使用"连接"次类调整残差数据表

类型		频次计数	连接使用频次与调整残差			合计
			详述	延伸	增强	
语料库	新浪积极	计数	102	594	700	1396
		调整残差	2.2	2.7	-3.7	
	新浪消极	计数	61	440	677	1178
		调整残差	-2.2	-2.7	3.7	
合计		计数	163	1034	1377	2574

表 7.22 显示，调整残差绝对值均大于 1.96，表明新浪积极与消极子库在三种连接手段的使用上存在差异。"增强"是最主要的衔接手段，新浪积极与消极子库都使用了较多数量的"增强"。新浪积极子库使用"详述"与"延伸"的调整残差值为正，说明新浪积极子库使用"详述"与"延伸"频次高于预期频次。新浪消极子库使用"增强"的调整残差绝对值最大。"增强"主要通过时空、方式、原因、条件、对比、内容手段来表示不同的语义关系。新浪消极语篇往往表述网民的消极情绪，因此使用较多"增强"手段表现内心的纠结。

（61）我们之所以活得累，是因为：放不下架子，撕不开面子，解不开心结，**其实**，想开了，世界上的一切问题，都能用"关你屁事"和"关我屁事"来回答。（XL_ POS 00024386）

例（61）中的"其实"就是新浪积极语篇使用"增强"手段来加强语气和强调语义。

另外，新浪积极语篇倾向使用"增强"次类的"方式"来说明实现某一结果的可能性。

（62）我认为单身最好的状态是为了变得**更好**而努力，努力

过自己的生活。**这样**当你的心仪对象出现的时候,你才更有勇气去追寻。(XL_ POS 00007919)

例(62)使用了表示"对比"的词语"更好",以及表示"方式"的词语"这样"。

(63)人生之间,有些偶遇,**因为**行色匆匆,我们擦肩而过;有些机缘,**因为**缺少珍惜,我们失之交臂。(XL_ NEG 00004877)

例(63)使用的两个"因为"是"增强"次类"原因"的重叠,目的是解释网民产生某些消极情绪层层递进的原因。

(三)词汇衔接使用对比分析

本部分对新浪积极与消极子库使用"词汇衔接"手段展开对比分析。图7.35是新浪积极和消极子库使用"词汇衔接"不同手段的频次分布。

图7.35及卡方检验后结果 $p<0.05$ 显示,新浪积极与消极子库在"词汇衔接"的使用上存在显著差异。

	重复	同义	反义	搭配	上下义关系	整体局部关系
新浪积极	1766	137	90	142	31	33
新浪消极	1819	154	88	88	39	26

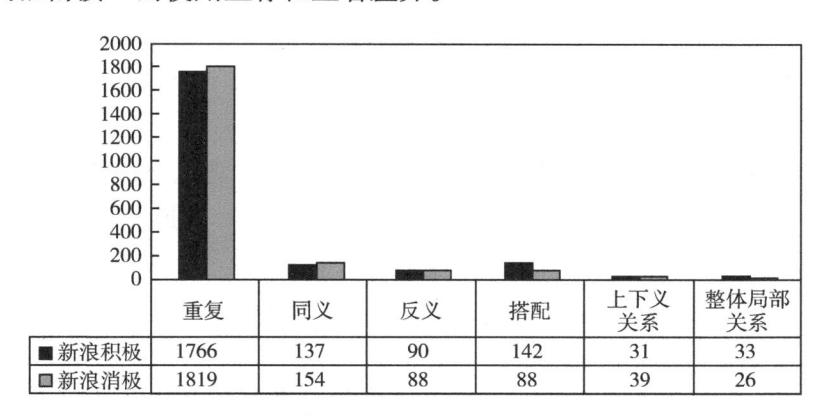

图7.35 新浪积极/消极子库使用"词汇衔接"次类频次对比图

(*卡方检验后 $p=0.006$, $p<0.05$,新浪积极/消极子库使用"词汇衔接"次类存在显著差异)

表 7.23　新浪积极/消极子库使用"词汇衔接"次类调整残差数据表

类型		频次计数	词汇衔接与调整残差						合计
			重复	同义	反义	搭配	上下义	整体局部	
语料库	新浪积极	计数	1766	137	90	142	31	33	2199
		调整残差	-1.6	-1.0	0.2	3.7	-0.9	0.9	
	新浪消极	计数	1819	154	88	88	39	26	2214
		调整残差	1.6	1.0	-0.2	-3.7	0.9	-0.9	
合计		计数	3585	291	178	230	70	59	4413

表 7.23 显示，两个语料库的"搭配"调整残差绝对值大于 1.96，表明二者在"搭配"的使用上存在差异。积极子库使用"搭配"的调整残差值为正，说明新浪积极语篇使用了更多的"搭配"。Halliday 和 Hasan 认为"搭配"是词汇衔接的重要手段之一。[①]"搭配"不是词汇本身具有的衔接功能，而是某些词汇总是出现在相同的语境中，在人们的认知中，这些词汇逐渐形成约定俗成的搭配。"搭配"有助于读者更好地理解语篇的中心思想。

（64）人生如大海**航行**，人生规划就是基本**航线**，有了**航线**，就不会**偏离**目标，更不会**迷失**方向，更加顺利快速地**驶向**成功**彼岸**。（XL_ POS 00011269）

在例（64）中，"航行""航线""偏离""迷失""驶向""彼岸"这些词汇的搭配充分解释了"人生要有目标"的道理。

三　搜狐积极与消极网络语言子库衔接手段使用对比

以下对搜狐积极和搜狐消极子库进行对比。两个子库总体使用衔接手段频次如图 7.36 所示。

图 7.36 显示，搜狐积极子库使用"衔接"频次高于消极子库，

---

① Halliday, M. A. K. and Hasan, R., *Cohesion in English*, London: Longman, 1976.

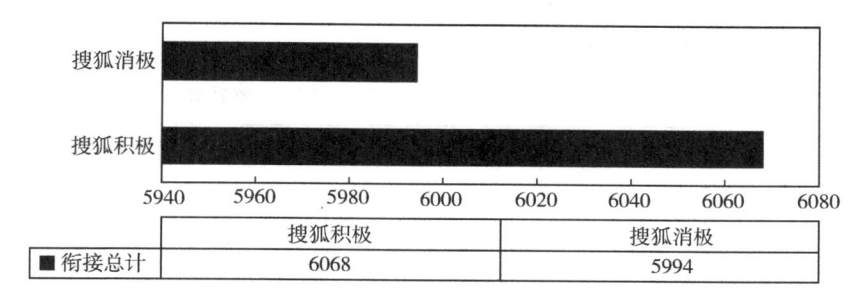

第七章　网络语言的衔接手段对比分析

	搜狐积极	搜狐消极
■ 衔接总计	6068	5994

图 7.36　搜狐积极/消极子库使用"衔接"总体频次对比图

具体差异还需要对"衔接"手段的次类使用做进一步分析。

（一）衔接手段总体对比分析

图 7.37 是搜狐积极和消极子库使用"语法衔接"和"词汇衔接"总体数据。

	语法衔接	词汇衔接
■ 搜狐消极	1813	4181
□ 搜狐积极	1696	4372

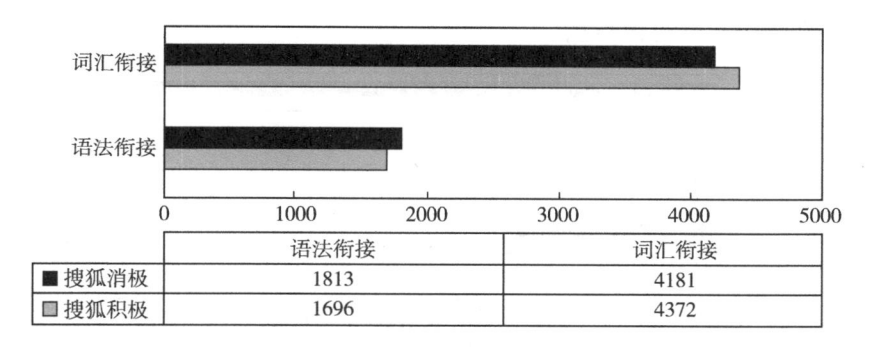

图 7.37　搜狐积极/消极子库使用"语法衔接"和"词汇衔接"频次对比图

（＊卡方检验后，$p=0.005$，$p<0.05$，搜狐积极/消极子库使用"语法衔接"和"词汇衔接"存在显著差异）

图 7.37 数据显示，搜狐积极与消极子库在使用"语法衔接"和"词汇衔接"上存在显著差异。搜狐积极子库使用"语法衔接"的频次低于消极子库，但使用"词汇衔接"的频次高于消极子库。为了寻找二者使用"语法衔接"和"词汇衔接"的具体差异，对二者使用"衔接"次类做了调整残差（表 7.24）。

表 7.24 中的调整残差值说明二者使用"衔接"存在显著差异。搜狐积极子库更倾向于使用"词汇衔接"，而搜狐消极子库更倾向于

使用"语法衔接"。

表7.24 积极/消极子库"语法衔接"和"词汇衔接"调整残差数据表

类型		频次计数	衔接使用频次与调整残差		合计
			语法衔接	词汇衔接	
语料库	搜狐积极	计数	1696	4372	6068
		调整残差	-2.8	2.8	
	搜狐消极	计数	1813	4181	5994
		调整残差	2.8	-2.8	
合计		计数	3509	8553	12063

（二）语法衔接使用对比分析

以下将对搜狐积极和消极子库使用"语法衔接"次类的具体情况进行数据和实例对比分析。

	照应	省略	替代	连接
■搜狐消极	444	79	36	1254
□搜狐积极	495	54	3	1144

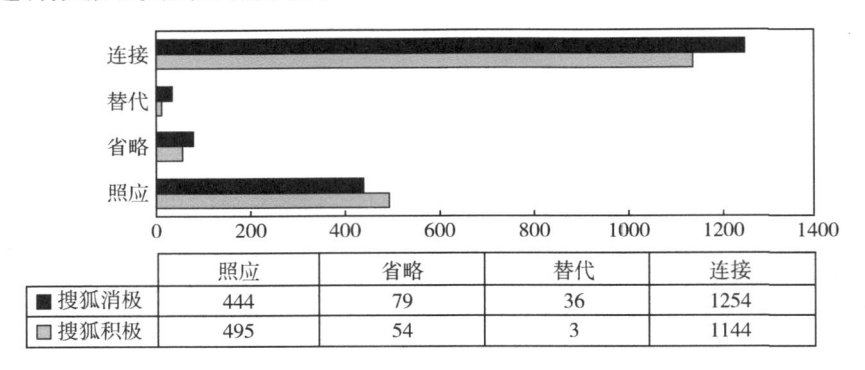

图7.38 搜狐积极/消极子库"语法衔接"次类频次对比图

（*卡方检验后，p=0.000，p<0.05，搜狐积极/消极子库"语法衔接"次类存在显著差异）

图7.38显示，虽然搜狐消极子库使用"语法衔接"的总频次大于搜狐积极子库，但使用"衔接"每个次类的频次并不均衡。其中，搜狐积极子库使用"照应"的数量高于搜狐消极子库，使用"省略""替代"和"连接"的频次低于消极子库。为了寻找二者使用"语法衔接"的次类的差异，本书进行了调整残差统计分析（见表7.25）。

第七章 网络语言的衔接手段对比分析

表7.25 搜狐积极/消极子库使用"语法衔接"次类调整残差数据表

类型		频次计数	语法衔接与调整残差				合计
			照应	省略	替代	连接	
语料库	搜狐积极	计数	495	54	3	1144	9934
		调整残差	3.1	-1.8	-5.1	-1.1	
	搜狐消极	计数	444	79	36	1254	1813
		调整残差	-3.1	1.8	5.1	1.1	
合计		计数	939	133	39	2398	3509

表7.25显示,"省略""连接"调整残差值分别为1.8和1.1,说明搜狐积极子库和消极子库在使用"省略""连接"方面不存在显著差异。但使用"照应"和"替代"方面存在显著差异:积极子库倾向于使用"照应",而消极子库倾向使用"替代"。

1. 照应

图7.39显示了搜狐积极与消极子库使用"照应"手段各次类的使用频次。

图7.39列出了"照应"所包含的五个次类,该组数据显示,搜狐积极子库使用"照应"的总频次高于消极搜狐子库。

	人称代词	指示代词	比较	内指	外指
搜狐消极	42	90	31	254	27
搜狐积极	110	39	36	266	44

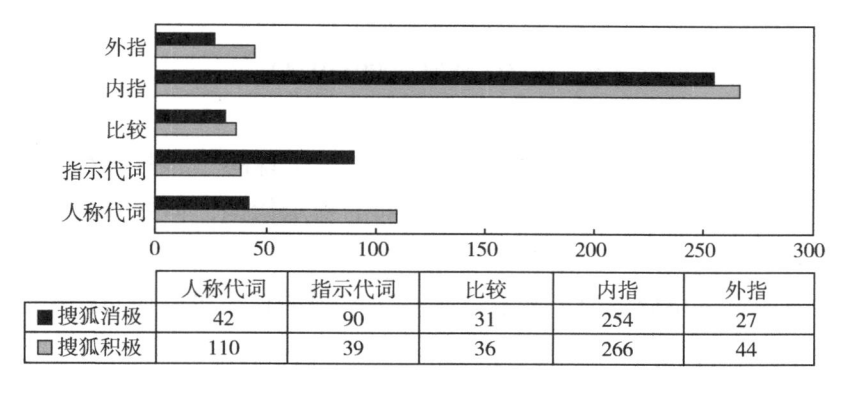

图7.39 搜狐积极/消极子库使用"照应"次类频次对比图

(*卡方检验后,p=0.000,p<0.05,搜狐积极/消极子库使用"照应"次类存在差异)

为了查找二者使用"照应"次类的具体差异,对二者使用"照应"次类做了调整残差(见表7.26)。

表 7.26　搜狐积极/消极子库"照应"次类调整残差数据表

类型		频次计数	照应频次与调整残差					合计
			人称代词	指示代词	比较	内指	外指	
语料库	搜狐积极	计数	110	39	36	266	44	495
		调整残差	5.3	-5.5	0.2	-1.1	1.6	
	搜狐消极	计数	42	90	31	254	27	444
		调整残差	-5.3	5.5	-0.2	1.1	-1.6	
合计		计数	152	129	67	520	71	939

表 7.26 显示，搜狐积极子库和消极子库在使用"比较""内指"和"外指"上不存在显著差异，调整残差指绝对值均小于 1.96。积极和消极子库在"人称代词"和"指示代词"的使用上存在显著差异。积极子库倾向使用"人称代词"，而消极子库更倾向于使用"指示代词"。

（65）实验室安全教育重在提高**相关人员包括学生**在内的安全知识、安全技能，提高**他们**处理实验室常见事故以及突发事件的能力。（SH_ POS.00068593）

（66）再如英、法、德等国，每年也都分别产生数以千万吨的垃圾，如今**这些**垃圾也无处可去，依靠**这些**国家的再生产能力根本无法进行消化。（SH_ NEG.00055924）

例（65）使用了"他们"，指代前文中出现的"包括学生在内的相关人员"。例（66）运用了两个相同的指示代词，但它们的指代对象不同，第一个"这些"指代前文中出现的"英、法、德等国"每年产生出的大量垃圾，而第二个"这些"不再指代垃圾，而是产生这些垃圾的国家。

2. 省略

图 7.40 的数据呈现了搜狐积极与消极子库使用"省略"次类的频次分布。

图 7.40 和卡方检验后的 P 值显示，搜狐积极和消极子库在使用"省略"次类上未见显著差异。搜狐消极子库使用"省略"的三个次

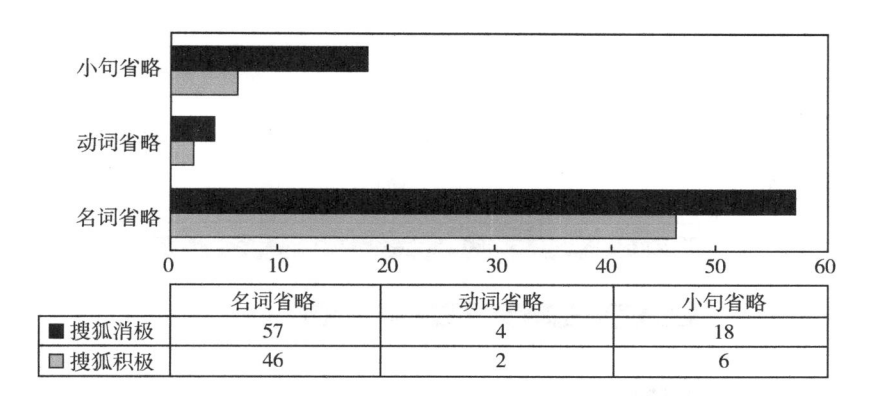

第七章 网络语言的衔接手段对比分析

	名词省略	动词省略	小句省略
■搜狐消极	57	4	18
■搜狐积极	46	2	6

图 7.40 搜狐积极/消极子库使用"省略"次类频次对比图

（*卡方检验后，p=0.196，p>0.05，搜狐积极/消极子库使用"省略"次类不存在差异）

类频次均略高于积极子库。

3. 替代

图 7.41 数据显示了搜狐积极与消极子库的使用"替代"各次类的使用频次。

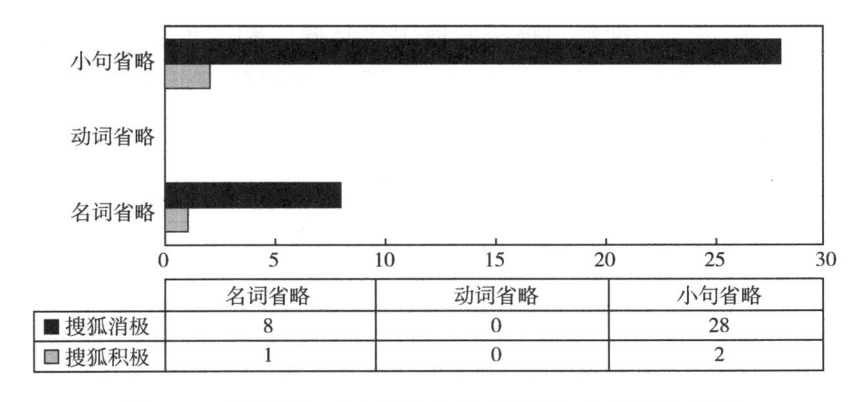

	名词省略	动词省略	小句省略
■搜狐消极	8	0	28
■搜狐积极	1	0	2

图 7.41 搜狐积极/消极子库使用"替代"次类频次对比图

（*卡方检验后，p=0.0661，p>0.05，搜狐积极/消极子库使用"替代"次类不存在差异）

图 7.41 数据和卡方检验结果显示，搜狐积极和消极子库均未出现"动词替代"，消极子库使用的"名词替代"和"小句替代"频次高于积极子库。该组数据的 P 值说明，搜狐积极和消极子库在使用"替

代"各次类上不存在显著差异。

4. 连接

图 7.42 呈现了搜狐积极与消极子库使用"连接"各次类的使用频次分布。

	详述	延伸	增强
■搜狐消极	76	493	685
□搜狐积极	112	348	684

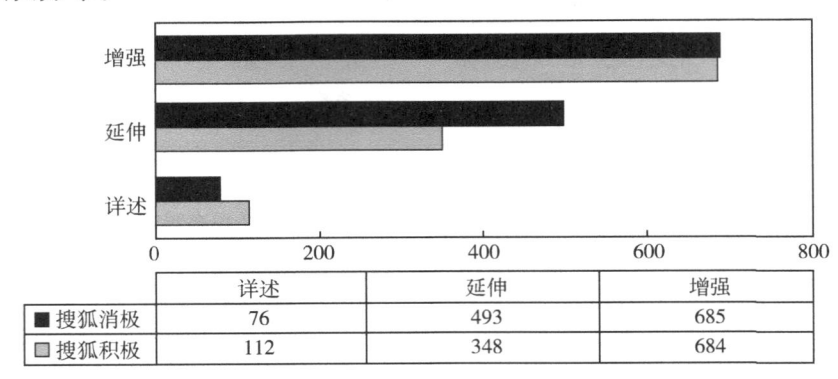

图 7.42　搜狐积极/消极子库使用"连接"次类频次对比图

（*卡方检验后，p=0.000，p<0.05，搜狐积极/消极子库使用"连接"次类存在差异）

图 7.42 显示，搜狐消极子库使用"延伸"和"增强"的频次均高于搜狐积极子库，而使用"详述"手段低于搜狐积极子库。我们使用调整残差进一步展示该组数据间反映出的内部差异。

表 7.27　搜狐积极/消极子库使用"连接"次类调整残差数据表

类型		频次计数	连接频次与调整残差			合计
			详述	延伸	增强	
语料库	搜狐积极	计数	112	348	684	1144
		调整残差	3.4	-4.6	2.6	
	搜狐消极	计数	76	493	685	1254
		调整残差	-3.4	4.6	-2.6	
合计		计数	188	841	1369	2398

表 7.27 调整残差数据说明，积极子库和消极子库在"连接"三个次类的使用上都存在显著差异。其中，从调整残差数值来看，搜狐

积极子库更倾向于使用"详述",而搜狐消极子库更倾向于使用"延伸"。

(67) 二就是必须把培养社会主义建设者和接班人作为根本任务。**也就是**"培养什么人""为谁培养人的"问题,其重要意义不言而喻,成为我们探索校本文化落实立德树人根本人物的价值导向。(SH_ POS.00060258)

(68) 想成为什么样的人,就要用什么样的标准要求自己。**比如**,想写一篇高分作文,就要多看满分作文。(SH_ POS.00065351)

(69) 报道称总理办公室曾向时任司法部长的乔迪威尔逊雷布尔德(Jody Wilson-Ray)施压,要她放弃起诉这家企业,**并**在不久之后将其降职。(SH_ NEG.00065329)

(70) 同时,将强制猥亵罪、侮辱罪的加重犯情改为"聚众或者在公共场所当众犯前款罪的,**或者**有其他恶劣情节"。(SH_ NEG.00004314)

例(67)中的"也就是"是"详述"的次类阐述,使用"培养什么人""为谁培养人"进一步阐述和明确了为"社会主义"培养"建设者和接班人"。例(68)的"比如"属于"详述"次类"同位"衔接手段。该例使读者立刻就能举一反三,然后再代入自己的目标上,从而为实现目标付诸相应行动。例(69)的"并"属于"延伸"次类的"添加","并"在此处表示一种递进关系,表达了一种持续降低趋势,"她"不仅被施压放弃起诉,还被降职了。例(70)的"或者"使用了表示衔接的"选择",意味着除了大众所熟知的"强制猥亵罪""侮辱罪",还包含了其他情节恶劣的罪行。

(三) 词汇衔接使用对比分析

以下对搜狐积极和消极子库使用"词汇衔接"情况进行对比。首先是对二者使用"词汇衔接"总体频次进行总体对比和分析,而后分析使用"词汇衔接"的次类情况(见图7.43)。

图7.43显示,搜狐积极子库使用"词汇衔接"频次高于搜狐消

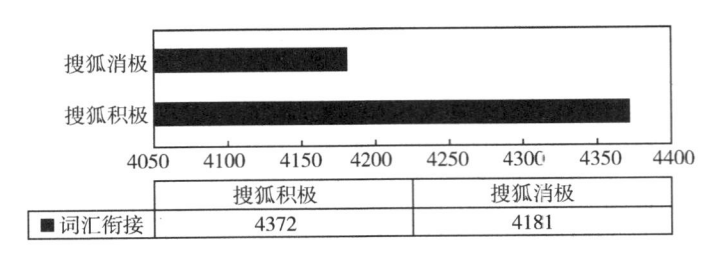

	搜狐积极	搜狐消极
■ 词汇衔接	4372	4181

图 7.43 搜狐积极/消极子库使用"词汇衔接"总体频次对比图

极子库。由于词汇衔接次类较多，还需要进一步分层分析。图 7.44 显示了搜狐积极与消极子库"词汇衔接"各次类的使用频次数据。

	重复	同义	反义	搭配	上下义关系	整体局部关系
■ 搜狐消极	4101	27	21	9	4	19
□ 搜狐积极	4216	41	28	26	35	26

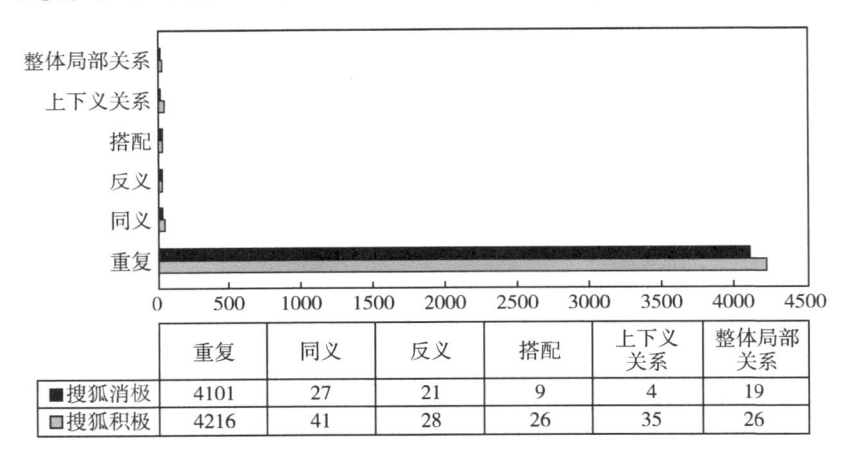

图 7.44 搜狐积极/消极子库使用"词汇衔接"次类频次对比图

（*卡方检验后，$p = 0.000$，$p < 0.05$，搜狐积极/消极子库使用"词汇衔接"次类存在差异）

图 7.44 数据显示，积极子库在"词汇衔接"的每个次类的使用上均高于消极子库。二者内部使用"重复"的频次最高。该组数据的 P 值小于 0.05，说明积极子库和消极子库在使用"词汇衔接"次类上存在显著差异。为了看清具体差异体现在每个次类还是某几个次类上，需要借助调整残差做进一步分析（见表 7.28）。

表7.28　　搜狐积极/消极使用"词汇衔接"次类调整残差数据表

类型		频次计数	词汇衔接与调整残差						合计
			重复	同义	反义	搭配	上下义关系	整体局部关系	
语料库	搜狐积极	计数	4216	41	28	26	35	26	4372
		调整残差	-4.7	1.5	0.8	2.7	4.8	0.9	
	搜狐消极	计数	4101	27	21	9	4	19	4181
		调整残差	4.7	-1.5	-0.8	-2.7	-4.8	-0.9	
合计		计数	8317	68	49	35	39	45	8553

表7.28显示，搜狐积极和消极子库使用"词汇衔接"的差异并非体现在每个次类上，"同义""反义""整体与局部关系"的调整残差值绝对值均小于1.96，表明积极子库与消极子库在这三个次类的使用上无显著差异，而在"重复""搭配""上下义关系"的使用上存在显著差异。积极子库倾向使用"上下义关系"，调整残差值为4.8，而消极子库倾向使用"重复"，其调整残差值为4.7。

（71）学校从学生自身发展出发，积极开展有益于学生身心的各项活动，开办了**合唱**、**舞蹈**、**钢琴**、**小提琴**、**工艺美术**、**书法**、**体育**等**兴趣小组或社团**，让每一个在阳新高中学习的学子都能体会到学习的快乐、成长的快乐、成功的快乐。（SH_ POS. 00061043）

（72）对于生产生活中产生的大量垃圾，美国、欧洲等西方国家正在叫苦连天，从某种程度上来说，已经成为了一个重大**危机**。最近有某西方媒体发出正式警告称："我们正处于**危机**之中！"（SH_ NEG.00055924）

例（71）使用的"兴趣小组或社团"与"合唱""舞蹈""钢琴""小提琴""工艺美术""书法""体育"共同构成了"上下义关系"，其中"兴趣小组或社团"是上义词，而"合唱"在此属于第一个下义词，其他剩下的几个词是共下义词，上义词和下义词形成了一种语义包含现象，即上位概念的语义包容下位概念的语义现象，体现了一种层级关系。例（72）的"危机"重复了两次，一方面是为了强调欧美等国因产生了大量垃圾而正在处于危机之中，另一方面提醒读者环境危机正在到来，引发读者保护自然环境的思考和意识。

四　天涯积极与消极网络语言子库衔接手段使用对比

图7.45显示了天涯积极与消极子库使用"衔接"手段的总频次对比。

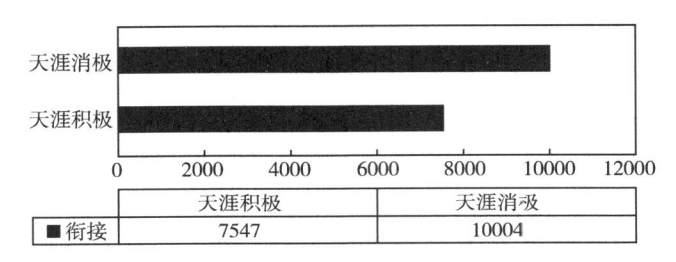

	天涯积极	天涯消极
■衔接	7547	10004

图7.45　天涯积极/消极子库使用"衔接"总体频次对比图

图7.45显示，天涯消极子库使用"衔接"手段的总频次高于天涯积极子库。

（一）衔接手段总体对比分析

图7.46是天涯积极与消极子库使用"语法衔接"与"词汇衔接"整体数据对比情况。

图7.46数据及卡方检验结果 $p < 0.05$ 显示，天涯积极与消极子库使用"语法衔接"与"词汇衔接"存在显著差异。积极子库使用"词汇衔接"多于消极子库，而消极子库使用"语法衔接"要多于积极子库。为了发现二者间的具体差异，我们进行了调整残差统计（见表7.29）。

表7.29显示，天涯积极子库与消极子库使用"语法"与"词汇"衔接的调整残差绝对值均大于1.96，说明二者在"语法衔接"和"词汇衔接"的使用上存在显著差异。天涯积极子库使用"词汇衔接"频

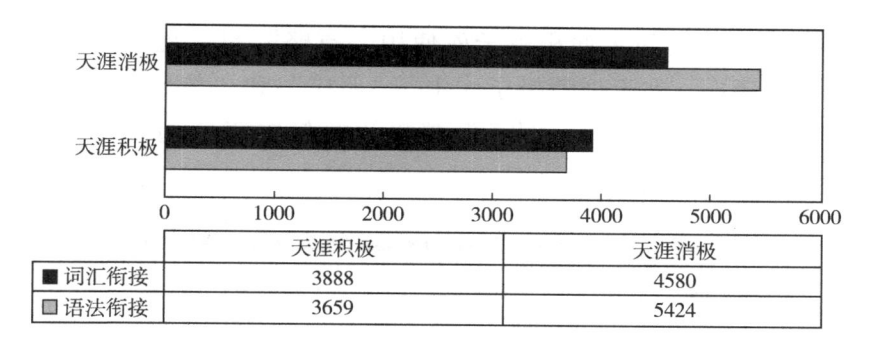

第七章 网络语言的衔接手段对比分析

```
天涯消极 ████████████████████████
         ▓▓▓▓▓▓▓▓▓▓▓▓▓▓▓▓▓▓▓▓▓▓▓▓▓▓▓▓
天涯积极 ████████████████████
         ▓▓▓▓▓▓▓▓▓▓▓▓▓▓▓▓▓▓
         0    1000  2000  3000  4000  5000  6000
```

	天涯积极	天涯消极
■ 词汇衔接	3888	4580
▓ 语法衔接	3659	5424

图 7.46 天涯积极/消极子库使用"语法""词汇"衔接频次对比图

（＊卡方检验后 p=0.000，p<0.05，天涯积极/消极子库使用"语法"和"词汇"衔接存在显著差异）

次远高于期望频次，使用了更大比例的"词汇衔接"手段。而天涯消极子库调整后的残差值为7.5，说明天涯消极子库中的语篇更倾向于使用"语法衔接"。

表 7.29 天涯积极/消极子库使用"语法""词汇"衔接调整残差数据表

类型		频次\计数	衔接频次与调整残差		合计
			语法衔接	词汇衔接	
语料库	天涯积极	计数	3659	3888	7547
		调整残差	-7.5	7.5	
	天涯消极	计数	5424	4580	10004
		调整残差	7.5	-7.5	
合计		计数	9083	8468	17551

（二）语法衔接使用对比分析

对天涯积极与消极子库使用"语法衔接"与"词汇衔接"的总体差异对比后，本书又对二者使用"语法衔接"内部差异进行统计分析（图7.47）。图7.47 卡方检验结果 p<0.05 显示，天涯积极与消极子库在使用"语法衔接"次类上存在显著差异。

表7.30显示天涯积极与消极子库使用的"语法衔接"次类调整残差的绝对值均大于1.96，说明二者在使用"语法衔接"次类上存在显著差异。在积极子库中，"省略"和"连接"的调整残差绝对

· 271 ·

值大于1.96,说明天涯积极子库使用"省略"与"连接"的频次高于期望频次。在天涯消极子库中,"照应"和"替代"的调整残差分别为2.1和5.7,说明天涯消极语篇倾向于使用"照应"和"替代"。

	照应	省略	替代	连接
■ 天涯消极	2163	53	105	1567
天涯积极	1946	102	34	1577

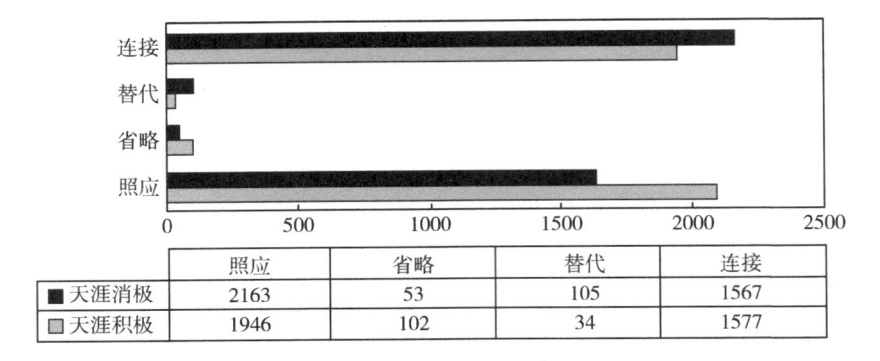

图 7.47 天涯积极/消极子库使用"语法衔接"次类频次对比图

(*卡方检验后 p=0.000,p<0.05,天涯积极/消极子库使用"语法衔接"次类存在显著差异)

表 7.30 天涯积极/消极子库使用"语法衔接"次类调整残差数据表

类型		频次计数	语法衔接与调整残差				合计
			照应	省略	替代	连接	
语料库	天涯积极	计数	1946	102	34	1577	3659
		调整残差	−2.1	4.4	−5.7	2.5	
	天涯消极	计数	2163	53	105	1567	3888
		调整残差	2.1	−4.4	5.7	−2.5	
合计		计数	4109	155	139	3144	7547

天涯积极子库使用"省略"与天涯消极子库使用"替代"主要出现在新闻类语篇中。积极新闻语篇通常会报道某人或某团体做了某些事,为了避免重复,会使用一系列的无主句来陈述事实,因此天涯积极语篇使用了较多的"省略"。

(73)按照"四好班子"的要求,进一步深化班子建设,不

断增强班子的凝聚力、战斗力。(TY_ POS 00251872)

(74)（骗子＊＊＊）把"构成侮辱他人"说成是"捏造事实、诽谤诬告"，来借**此**混淆视听、颠倒黑白，继续造假、欺骗大众。(TY_ NEG 00015470)

例（73）小句中省略了三处主语。消极类新闻语篇在报道消极事件时通常会强调对该事件的评价或处理方式，例（74）中的"此"是为了避免重复，使用"替代"手段来代替前述事件。

(75) 相信大家玩网络游戏都或多或少有账号被盗现象很是不爽，辛辛苦苦的劳动被盗号一洗而空，**那种**心情是无语言表的。对于**这种**实名消费实在令**我们**气愤，真想秒杀**他们**。(TY_ NEG 00151577)

(76) 这种"民主"**因**发源于西方国家，**故**常被称为"西方式民主"，西方国家**则**自称为"民主宪政"。(TY_ POS 00308624)

与天涯积极子库相比，天涯消极子库中的情感类和生活类的非正式文体语篇较多，使用了较多"照应"来指代不同的人和物，如例（75）"那种""这种""我们""他们"。天涯积极子库包含的新闻类和科普类语篇较多，使用较多"连接"，使语篇的逻辑关系更清晰，如例（76）使用"因""故""则"等表达。

1. 照应

以下是天涯积极与消极子库使用"语法衔接"次类"照应"出现的频次分布。

图 7.48 数据与卡方检验结果 $p<0.05$ 显示，天涯积极子库与消极子库在"照应"使用上存在显著差异。为了对比二者使用"照应"的差异，本书对两库使用"照应"次类情况进行了调整残差统计（表7.31）。

表 7.31 显示，在天涯积极子库与消极子库中，"指示代词""内指""外指"调整残差的绝对值均大于 1.96，表明天涯积极子库与消

	人称代词	指示代词	比较	内指	外指
天涯消极	928	346	47	791	51
天涯积极	835	164	45	805	97

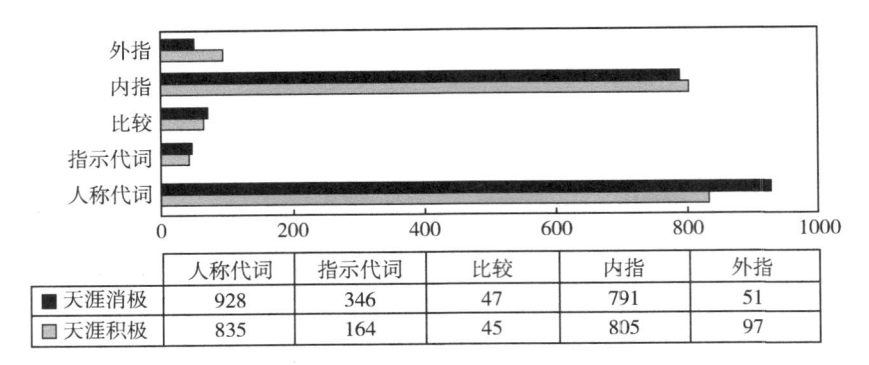

图 7.48　天涯积极/消极子库使用"照应"次类频次对比图

(* 卡方检验后 p = 0.000，p < 0.05，新浪积极/搜狐积极子库使用"照应"存在显著差异)

极子库使用"指示代词""内指""外指"存在差异。天涯积极子库的"内指"与"外指"的调整残差值分别为 3.2 和 4.5，说明天涯积极语篇大量使用了"内指"与"外指"，使语篇中人与物的关系更清晰。天涯消极子库的"指示代词"的调整残差值均为正，说明天涯消极语篇使用较多的"指示代词"指代某事件。

表 7.31　天涯积极/消极子库使用"照应"次类调整残差数据表

类型		频次计数	照应使用频次与调整残差					合计
			人称代词	指示代词	比较	内指	外指	
语料库	天涯积极	计数	835	164	45	805	97	1946
		调整残差	0.0	-7.3	0.3	3.2	4.5	
	天涯消极	计数	928	346	47	791	51	2163
		调整残差	0.0	7.3	-0.3	-3.2	-4.5	
合计		计数	1763	510	92	1596	148	4109

2. 省略

省略是语法衔接内部经常使用的手段之一。以下分析天涯积极子库与消极子库中语法衔接内部的省略手段。图 7.49 是天涯积极子库与消极子库中不同省略手段的频次分布情况。

图 7.49 数据及卡方检验 p > 0.05 结果显示，天涯积极与消极子库使用"名词省略"频次最高。名词省略是汉语中最常见的省略手段，

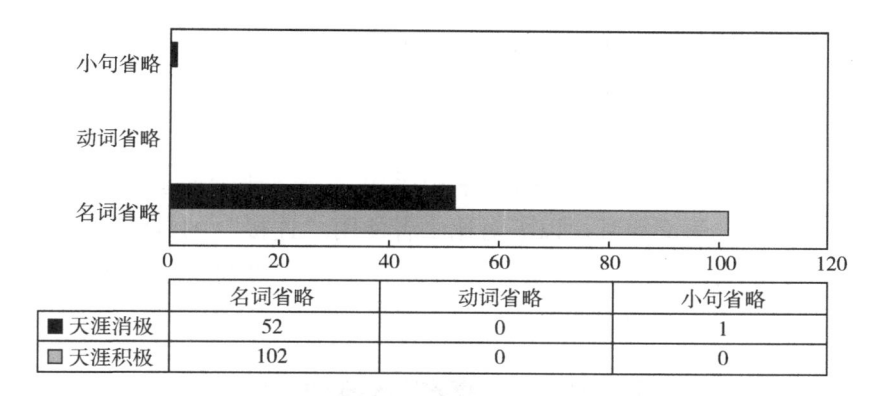

第七章 网络语言的衔接手段对比分析

	名词省略	动词省略	小句省略
■ 天涯消极	52	0	1
天涯积极	102	0	0

图 7.49 天涯积极/消极子库使用"省略"次类频次对比图

（*卡方检验后 p = 0.164，p > 0.05，天涯积极/消极子库使用"省略"不存在显著差异）

因为汉语是注重意合的语言，很多情况下会省略主语，而主语往往由名词来承担。数据显示，二者在"动词省略""小句省略"方面不存在显著差异。

3. 替代

"替代"是语法衔接内部使用的重要手段之一。图 7.50 反映了天涯积极子库与消极子库使用不同替代手段的频次分布状况。

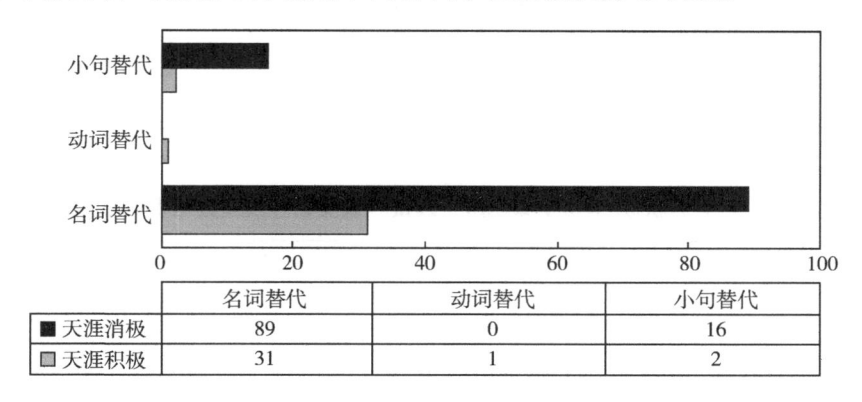

	名词替代	动词替代	小句替代
■ 天涯消极	89	0	16
天涯积极	31	1	2

图 7.50 天涯积极/消极子库使用"替代"次类频次对比图

（*卡方检验后 p = 0.084，p > 0.05，天涯积极/消极子库使用"替代"不存在显著差异）

图 7.50 中数据与卡方检验结果显示，天涯积极子库与消极子库在

· 275 ·

"替代"内部手段的使用上不存在显著差异。在天涯积极语篇中和天涯消极语篇中,出现频次最高的都是"名词替代"。

4. 连接

"连接"也是语法衔接内部常用手段之一,缺少连接就会导致语句结构破碎,语义混乱。以下对比二者使用"连接"的具体情况。

图 7.51 数据及卡方检验结果显示,天涯积极与消极子库在"连接"的使用上存在显著差异。

	详述	延伸	增强
天涯消极	116	562	889
天涯积极	141	420	1016

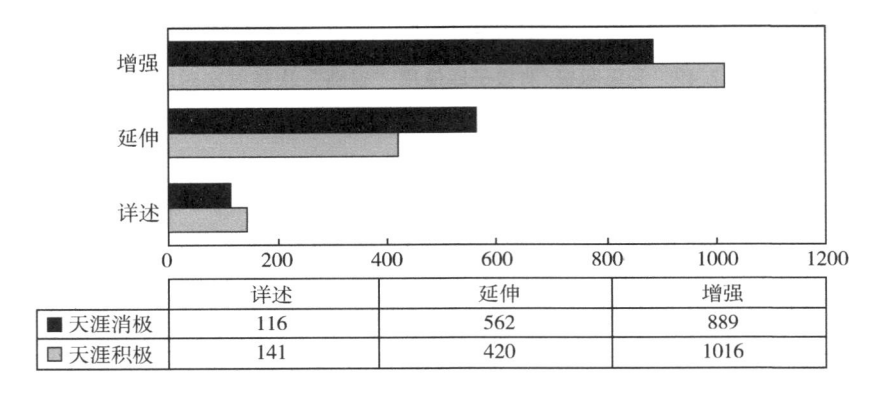

图 7.51　天涯积极/消极子库使用"连接"次类频次对比图

(*卡方检验后 $p=0.000$,$p<0.05$,天涯积极/消极子库使用"连接"存在显著差异)

为了进一步对比二者使用"连接"的差异,本书采用了调整残差统计(表 7.32)。

表 7.32　天涯积极/消极子库使用"连接"次类调整残差数据表

类型		频次 计数	连接使用频次与调整残差			合计
			详述	延伸	增强	
语料库	天涯积极	计数	141	420	1016	1577
		调整残差	1.6	-5.6	4.4	
	天涯消极	计数	116	562	889	1567
		调整残差	-1.6	5.6	-4.4	
合计		计数	257	982	1905	3144

表 7.32 显示,在天涯积极子库与消极子库中,"延伸"和"增

"强"调整残差绝对值大于 1.96，表明二者使用"延伸"和"增强"存在差异。天涯积极与消极子库中都使用了大量的"增强"衔接使语义更连贯。但天涯积极子库使用"增强"的调整残差值为正，表明天涯积极子库中"增强"出现的频次高于预期频次，更倾向于使用"增强"手段。但天涯消极子库使用"延伸"的调整残差值为正，表明天涯消极语篇中使用了更高比的"延伸"。

新闻语篇决定了全面的信息要素与清晰的逻辑语义关系，因此新闻语篇使用"增强"较多。天涯积极子库的新闻类或科普类语篇往往用"增强"手段加强语气、强调语义或不容置疑性。另外，在"增强"次类中，使用"条件"和"内容"往往通过陈述不同条件或不同内容，劝服读者或增强观点的说服力。

（77）**如果**违背客观规律办事，势必要受到客观规律的惩罚。（TY_ POS 00078433）

（78）那么问题来了，云服务安全应该怎样保障？那么需要从这几个方面来充分解读。**一是**物理安全。**二是**网络安全。**三是**数据安全。（TY_ POS 00183827）

例（77）的"如果"引出了一个条件，强调其危害。此外，天涯积极语篇中使用较多"内容"，是为了有条理地呈现新闻的要点或所描述事物的主要内容。例（78）的"一是""二是""三是"是"内容"手段的典型应用。

天涯消极语篇使用"增强"的"原因"解释了网民负面情绪或负面事件产生的心理或社会原因。

（79）**因为**父母都在外地打工，所以就跟着他住在他家，可是他妈妈总是让我做家务，做好了什么也不说，做的稍微不好一点就开始说我，我真的很生气。（TY_ NEG 00222006）

（80）正是**因为**该违反法定程序的错误做法导致了本案基本事实没有查清。（TY_ NEG 00289061）

（81）他常以蒙蔽欺骗等恶劣的流氓手段欺诈业界同行与项目合作人，在＊＊文化界口碑**特**差、公愤**极**大。(TY_ NEG 00252070)

例（79）—例（80）中的"因为"属于"增强"次类的"原因"，解释负面情绪的原因。例（81）中的"特""极"属于"增强"次类的"方式"手段，主要是通过评价品质实现的，此时使用"品质"手段，强调了对某一现象或事件的批判程度。

（三）词汇衔接使用对比分析

本部分主要是对两个语料库中的词汇衔接手段进行分析。图7.52是天涯积极子库和消极子库中不同词汇衔接手段出现的频次分布统计。

	重复	同义	反义	搭配	上下义关系	整体局部关系
天涯消极	3794	382	56	109	85	154
天涯积极	4706	251	35	90	63	279

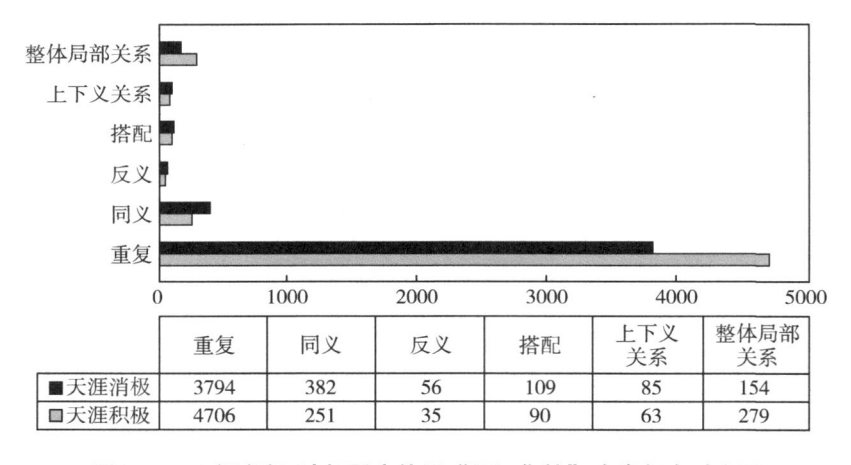

图7.52　天涯积极/消极子库使用"词汇衔接"次类频次对比图

（＊卡方检验后 $p = 0.000$，$p < 0.05$，天涯积极子库与消极子库在词汇衔接的使用上存在显著差异）

图7.52数据及卡方检验结果显示，天涯积极与消极子库在"词汇衔接"的使用上存在显著差异。为了进一步探究二者使用"词汇衔接"的差异，本书采用了调整残差统计方法。

表7.33显示，天涯积极与消极子库中都使用了最多数量的"重复"。两个语料库使用"词汇衔接"的调整残差绝对值均大于1.96，

说明二者在"词汇衔接"不同手段的使用上均有差异。在天涯积极子库中,"重复"和"整体局部关系"调整残差值为正,说明新浪积极语篇倾向于使用"重复"和"整体局部关系"词汇衔接手段。在天涯消极子库中,"同义""反义""搭配""上下义关系"的调整残差值为正,表明天涯消极语篇使用了更大比例的"同义""反义""搭配""上下义关系"手段。

表 7.33 天涯积极/消极子库使用"词汇衔接"次类调整残差数据表

类型		频次计数	词汇衔接频次与调整残差						合计
			重复	同义	反义	搭配	上下义关系	整体局部关系	
语料库	天涯积极	计数	3794	382	56	109	85	154	5424
		调整残差	5.5	-7.6	-3.0	-2.6	-2.9	4.4	
	天涯消极	计数	4706	251	35	90	63	279	4580
		调整残差	-5.5	7.6	3.0	2.6	2.9	-4.4	
合计		计数	8500	633	91	199	148	433	10004

使用"重复"是为了强调语篇的中心思想或主题,在天涯积极语篇中,"重复"手段也多出现于新闻类语篇中。

(82) 铁路职工更要尽职尽责,站好岗,把好**安全**关,牢固树立**安全**第一理念,把**安全**摆在首要位置,强化**安全**管理……为人民群众出行提供**安全**优质的运输服务,……提供**安全**可靠的运输服务保障。(TY_ POS 00078433)

(83) 通过**电视**、**报刊**、**板报**、**标语**等**媒体**和**安全**知识竞赛,加强**安全**生产宣传,使**安全**生产意识深入人心,**安全**知识全面普及,规范**安全**行为,培养**安全**心态。(TY_ POS 00303953)

例(82)多次重复"安全"一词,凸显了语篇主题——铁路安全。在例(83)中,"媒体"与"电视""报刊""板报""标语"之间属于整体与局部关系,呈现了媒体传播的不同次类。同时,例(81)多次重复"安全",说明在同一个语篇中,"重复"和"整体局部"手段可以并用，实现"词汇衔接"的多样化。

（84）＊＊＊企图**掩耳盗铃**、**一叶障目**，不过是要**颠倒黑白**、**混淆是非**，借以**粉饰自己**、掩盖洗钱丑闻及诈骗犯罪行径的一块挡箭牌。（TY_ NEG 00252070）

天涯消极语篇使用"同义""反义"等衔接手段，达到了强调语篇主题的效果。词汇的多样性使用强化了作者的态度与情绪。例（84）的"掩耳盗铃""一叶障目""颠倒黑白""混淆是非""粉饰自己"均属于同义词。

第四节　三库衔接手段使用对比讨论

衔接理论是系统功能语法的核心理论之一，通过采用系列衔接手段把语篇中的语义互相依赖的各成分联结成一体的语义关系。本书的对比分析发现，语篇衔接手段的选择主要与语篇的语类特征与文体特征有关。搜狐积极子库中主要为正式文体的新闻类语篇，新浪积极子库中主要为非正式文体的情感类、叙事类和生活类语篇，而天涯积极语篇的语类文体具有多样性，既包含新闻类与科普类语篇，也包括情感类和生活类的非正式语篇。

一　积极网络语言衔接手段使用特征

第一，在新闻类语篇中，衔接手段的使用主要呈现以下特征：（1）从"语法衔接"与"词汇衔接"来看，新闻语篇更倾向于使用"词汇衔接"。因为新闻语篇文体正式，语境依赖度低，读者对语篇的理解主要依赖于其内部语境，使用较多的词汇衔接手段可以使语篇主题更清晰，便于读者理解；（2）从"语法衔接"内部来看，新闻语篇使用更多的"连接"，以使新闻内部的逻辑关系更加紧密；（3）在"照应"内部，新闻语篇更倾向于使用"内指"，总结评价新闻主要内容；(4) 在"连接"内部，使用更多的"增强"，衔接新闻关键要素；(5) 使用了更多的"重复"，强调新闻的主题或中心思想，有利于引起读者重视。

第二，情感/生活类等非正式文体语篇使用"衔接"的特征：(1) 非正式文体的语篇更倾向使用"语法衔接"，使用"词汇衔接"较少。非正式文体的语篇情景依赖度高，读者对语篇的理解往往需借助外部语境；(2) 从语法衔接内部来看，情感类、叙事类及生活类语篇使用更多的"照应"，解释不同的人与物之间的照应关系；(3) "照应"内部大量使用人称代词和指示代词，避免了重复；(4) "连接"手段内部往往使用"延伸"，详述事件情况的进展，进而说服读者；(5) 从"词汇衔接"来看，情感类、叙事类及生活类语篇使用了较多的"同义""反义""搭配""上下义关系"和"整体局部"手段，话语更加丰富，凸显非正式文体特色。

总之，积极新闻语篇使用衔接手段主要是为了解释强调新闻的主题、关键词等重要内容，同时强调命题间清晰的语义关系和明确的逻辑关系。而生活类、叙事类及情感类等语篇使用衔接手段的目的往往是为了解释或表达道理或观点。有益于构建积极和谐的网络语言生态。

二　消极网络语言衔接手段使用特征

本书对比新浪、搜狐和天涯消极子库使用衔接手段后，发现三者在"衔接"次类手段的使用上存在差异。天涯消极子库使用"衔接"频次远高于搜狐和新浪，新浪使用"衔接"最少。天涯子库包含的语篇类型更丰富，包括叙述类、说明类等不同类型，其语篇文体介于新浪和搜狐之间，因此使用的"衔接"手段更多。

第一，"语法衔接"层面。(1) 三个消极子库使用"人称代词"的差异最明显，新浪子库的语篇比较口语化，有相同境遇的读者会产生共情，语言主观性较强，语篇中多使用"人称代词"。(2) 搜狐消极语篇来自搜狐新闻，避免使用大量"人称代词"，表明客观性和公正性。

第二,"词汇衔接"层面。三个消极子库使用"重复"手段的差异最明显,搜狐子库使用"重复"频次最高。(1)新浪语篇力求实现网友共情,大量使用"人称代词",实现人际互动,但未必是良性或有益互动。(2)天涯消极语篇指向性较繁杂。(3)搜狐语篇注重高效传递实时信息,体现在重复主题词或关键词,以便读者快速抓取新闻主旨。本书在经过数据统计、卡方检验以及调整残差后,发现搜狐语篇使用"重复"频次最高,虽然新闻语篇讲究行文简洁,但会不断重复与新闻主题密切相关的语言成分,引起读者对某一话题的高度重视。

三个消极子库使用衔接手段时,传递消极情绪或态度的情况居多,这也是各类衔接手段在消极子库语篇中体现的特点之一,在原本消极的语言中再辅以各类衔接手段后,会增强其语言或语境的消极程度,不利于营造积极向上的网络语言生态。

三 积极与消极网络语言衔接手段使用异同

第一,使用"衔接"的总体差异。(1)积极和消极总库使用"语法衔接"主要差异体现在"照应""连接"的几个次类上,如"人称代词""指示代词""详述""延伸"。两个库最大的差异体现在积极总库更倾向于使用"人称代词",而消极总库倾向于使用"指示代词"。(2)从词汇衔接层面来看,积极总库和消极总库的差异主要体现在"整体局部关系"和"同义关系"上。

第二,新浪子库使用"衔接"差异。(1)新浪积极语篇中使用了较多的"语法衔接",对某事件进行富有逻辑的阐述,而新浪消极语篇使用了更多的"词汇衔接",重复表达消极情绪。(2)新浪消极语篇使用了较多的"增强",强调内心的复杂情绪。新浪积极语篇使用了较多的"省略",使用无主句描述事件或提出建议,更为简洁清晰表达积极情感。(3)新浪积极与消极语篇使用词汇衔接的具体差异主要体现在"搭配"上,新浪积极语篇倾向使用"搭配"手段,全面生动阐释某事件。

第三,搜狐子库使用"衔接"差异。(1)搜狐积极子库更倾向于使用"人称代词",消极子库倾向于使用"指示代词"。(2)在词汇衔接层面,搜狐积极子库和消极子库在"整体局部关系"和"同义关系"的使用上存在差异。在所收集的语料中,搜狐积极子库和消极子库均使用过这两种衔接手段。对语料具体语境进行界定并展开内容分析,发现这两种衔接手段通常传递的都是中性信息。

第四,天涯子库使用"衔接"差异。(1)天涯积极语篇使用了较多的"词汇衔接",呈现新闻主旨,而消极语篇中使用了更多的"语法衔接",描述或解释事件或情感的前因后果。(2)从"语法衔接"的次类来看,天涯积极语篇使用"连接"较多,语篇逻辑清晰且可读性强;天涯消极语篇使用了更多的"照应",尤其是情感类语篇使用"人称代词"的频次更高。(3)从词汇衔接的次类来看,天涯积极语篇更多使用"重复",强调新闻的中心思想,而天涯消极语篇使用了较多的"同义""反义"等衔接关系,比较或对比语篇内容或语义。

本章小结

本章围绕衔接理论开展新浪、搜狐与天涯三个语料库使用"衔接"的总体对比分析,以及新浪、搜狐与天涯子库使用"衔接"的具体差异分析。首先,通过对比新浪、搜狐与天涯积极子库中使用"衔接"的具体差异,揭示了三个子库中不同类别语篇中网络语言的语言特征。搜狐积极子库主要为正式文体的新闻类语篇,新浪积极子库主要是非正式文体的情感类、叙事类和生活类语篇,而天涯积极子库既有正式文体的新闻与科普类语篇,也有非正式的情感和生活类语篇。其次,根据三个积极子库语篇使用的衔接手段情况来看,搜狐子库中的新闻语篇注重高效传递实时信息,习惯重复主题词或关键词,以便读者快速获取新闻主旨;新浪子库中的语篇力求吸引网友阅读并产生共情,大量使用人称代词,与网民开展高频互动;天涯子库中的积极语篇往往娓娓道来,用自己或他人的经历激励他人振作奋发。然而,三类消极子库的语篇使用衔接手段迥异,增加了语篇或整个语境的消极程度。最后,对比积极和消极总库数据后,发现"衔接"的使用差异并不均衡。语法衔接主要差异体现在"照应""连接"的"人称代词""指示代词""详述""延伸"等。两个总库使用"增强"差异不显著，但在"增强"的次类"条件""原因"使用上有明显差异。两个总库使用"衔接"最大的差异体现在积极总库倾向使用"人称代词"，而消极总库倾向使用"指示代词"。从词汇衔接层面来看，积极总库和消极总库的差异主要体现在"整体局部关系""同义关系"上，但是，"整体局部关系"和"同义关系"自身未表现出清晰的积极或消极取向，通常是中性表达，需要依据语境判定其积极或消极意义。对比分析积极/消极语料使用衔接手段，有益于从细节上耙梳网络语篇的加工方式和传播方式，有益于发现积极用法，摒弃消极用法，构建和谐语言生态。

第八章 积极网络语言的生态特征与功能

网络语言既是文化现象,也是一个庞杂的语体,发现和阐释网络语言现象、找寻其发展规律,解释网络语言生态现状,总结传播途径并以多种理论加以阐释,是对人类在特殊历史条件下使用语言、创造语言的回溯与重构,这意味单一层面的分析与解释无力承担研究网络语言的重任。网络语言是有别于传统语言的一种特殊语言形式,表现出了独特的生态特征与功能。网络时代,网络语言是网民们交流的重要手段,网络空间中的人际关系和谐与否和网络语言使用关系尤为密切。在网络人际交往中,积极网络语言有利于构建良好的人际关系,进而促进良好语言生态的构建。本章将基于第五章至第七章积极网络语言的及物性系统、介入系统和衔接系统的语言使用特点,探讨积极网络语言的生态特征,以及其实现的功能。

第一节 积极网络语言的生态特征

网民与网络语境合力使网络语言拥有了有别于自然语言的特征。系统功能语言学的理论和实践为生态语言学的话语研究提供了理论及分析基础,二者的结合成为新型的应用型研究,用于分析人与场所生态因素的互动关系[①]。及物性系统、衔接系统以及介入资源均成为语篇分析的重要手段。及物性系统将现实世界经历表达为各种过程,介

---

① 参见何伟、张瑞杰《生态话语分析模式构建》,《中国外语》2017 年第 5 期。

入系统则是发话人展示其所说的内容来源、承担的责任并表明自己的立场,而衔接则专指语篇中语言成分之间的语义联系[①]。本节主要从天涯社区、搜狐新闻、新浪微博三方面语料的及物性过程、衔接手段及介入资源三方面分析积极网络语言的生态特征。

一 积极网络语言的及物性特征

(一)引导性

第五章的研究表明,积极网络语言主要选择物质过程来表述,多选择具有积极意义的过程动词。参与者包括"施动者"和"目标",把评价的主体作为"施动者",把谈论的对象延伸为"目标"。通过物质过程将积极意义施加延伸到"目标"对象,"施动者"承担积极的语义角色,不管是从道德规范还是法律要求方面,其身份都属于宣传"正能量"的社会身份,其言语行为对受众具有正向的引导作用。

(1) 通过文化搭台,旅游唱戏,着力**打造**[MATERIAL] **文化和旅游新业态**[GOAL],**推出**[MATERIAL] 一批新的**旅游产品和线路**[GOAL],**推动**[MATERIAL] **宁夏文化和旅游产品提档升级**[GOAL],全力**营造**[MATERIAL] 欢乐祥和的**新春气氛**[GOAL],**调动**[MATERIAL] **广大市民出游的热情**[GOAL]。(XL_POS 00000696)

例(1)使用一系列并列动词,表现出当地政府为大力推动当地春节旅游工作所做的一系列可行性政策,其延伸的目标为具体政策对象,新闻报道对其所实施的政策予以肯定。

(二)塑造性

关系过程较多以"归属"类的"内包式"为主,参与者主要包括

---

① 参见胡壮麟、朱永生、张德禄编著《系统功能语法概论》,湖南教育出版社1989年版。

"载体"和"属性",所描述的对象为"载体","载体"承载所描述对象的积极属性,塑造其积极形象,使用识别类小句的频次较低。

(2) **就业指导教育存在的价值**[CARRIER],**就是**[RELATION]**教育引导学生根据自身条件及外部就业环境的变化,认真规划自己的职业未来**,而不是得过且过、迷失自我,也不是盲目追求稳定、高薪和一步到位(ATTRIBUTE)。(SH_ POS 00052323)

例(2)中指明就业指导教育的积极属性,为就业指导教育的"存在价值"寻找依据,为就业指导这一载体塑造了积极形象。

心理过程多以"反应"这一心理活动为主,参与者包括"感觉者"和"现象",通过心理过程赋予"现象"积极意义,"感觉者"承担正面的语义角色和积极的社会身份。

(3) 一个人,**喜欢**[MENTAL]**看陌生的风景**[PHENOMENON],**却喜欢**[MENTAL]**熟悉的歌曲**[PHENOMENON]。因为风景美不美不重要,关键是谁陪你看风景;歌曲不喜欢新的,因为那些都不是一起听过的。(XL_ POS 00004301)

例(3)是"感知者"对"现象"的内心体验与感受,说明"感知者"对爱情观的自我理解。

网络语言中的积极语言较少使用以下三个附属过程:言语过程、存在过程和行为过程。言语过程的参与者包括"发话人"和"受话人",多以发话人为主导,讲话内容表述积极的信息并且传递给受话人,也可能是让受话人做某事。

(4) **导演王大维**[SAYER]**说**[VERBAL],"**我不想给《偶像》定义,但这确实是偶像需要输出的价值和能量**"[VERBIAGE]。(XL_ POS 00004132)

例（4）通过引用权威人士的言论，给予纪录片《偶像》及音乐人的高度评价，并将音乐人所持有的坚持、勇敢的独特品质这一信息传递给现代青年，以他们为榜样，树立正能量偶像形象。

在每一个存在过程中都有一个"存在物"，通常"存在物"不可省略，因为"存在物"主要用来承担小句的积极意义。

（5）宝宝交际能力的发展有客观规律，宝宝本身**存在**［EXISTENTIAL］很多**差异**［EXISTENT］，有的宝宝天生活泼开朗，有的内向羞怯，父母要根据宝宝的性格特点，培养宝宝的交际能力。（TY_ POS 00189803）

例（5）中的"差异"是"存在物"，蕴含的是积极意义的差异，即宝宝不同的性格造就不同的交际能力，据此告诫父母要分类施教，选择合适的方法培养宝宝交际能力。

积极网络语言一般不使用行为过程，因为行为过程主要体现人的生理活动，难以区分积极或者消极。行为者一般情况下不省略，表意要求完整。综上所述，网络语言中的积极语言首先选择物质过程，次之为关系过程中的归属类"内包式"，然后为心理过程，较少选择其他三个附属过程。

"小句和小句整合而形成我们的世界观。"[①] 小句的"参与者"出现了较多的省略现象，如物质过程较多省略"参与者"，心理过程较多省略"感觉者"，而言语过程多省略"接受者"。其中最重要的原因是这些小句的意义附着点未落在"参与者"这一成分上，即使省略也不会引起误解。例如，物质过程小句积极意义的表达主要是通过选择具有积极意义的动词，所以"参与者"的省略与否并不影响对小句语义的理解。其次，"省略"是为了避免重复，以使语篇流畅连贯，突出语篇传递给网民的核心信息。第三个原因恰恰是网络语言自身特点造成的：其一，网络语言"不遵循严谨的语法规则，随意性很强，自

---

① 辛志英、黄国文：《系统功能语言学与生态话语分析》，《外语教学》2013年第3期。

由度大，在虚拟世界漫游，管束力度小"①；其二，网络语言力求"简洁省事、直观具体，节省上网冲浪的宝贵时间"②，导致小句常常出现"省略"现象。

但在关系过程中，存在过程和行为过程只省略少量的"参与者"，这是由于这些小句需要完整的语法规则方可表达其承载的积极意义，所以参与者作为传统语法的主语和谓语必不可少，"如果在一个小句中，没有参与者，这个小句就难以成立"③，其想要承载的意义更无从谈起。

（6）省财政厅社会保障处处长**刘文洲**［SAYER］表示［VERBAL］，"中央对我省补助力度进一步加大，最受益的是350万名企业离退休人员，更好地确保了各地养老金按时足额发放"。［VERBIAGE］（SH_ POS 00046343）

例（6）为言语过程小句，省略了"接收者"，根据语境，"讲话内容"的"接收者"为老百姓，既不会引起语义歧义，同时也避免重复。

环境成分与"参与者"不同，它在小句子中扮演着可有可无的成分。积极网络语言环境意义的首要选择方式是"质量"，其次是"空间"。"方式"指的是过程发生的途径，对途径进行恰当的修饰与强调，也是对这一行为的肯定。较少使用起因中的"利益"、意外中的"告缺"和角色中的"成品"，因这三者主要表达的内容是消极性的，与积极内容相悖。

（7）2009年，在**银杏夹道、垂柳低回、鲜花满目的**虎溪校区，在**风景如画的**云湖边，矗立起一座**美观大方、充满人文意蕴的**建筑——虎溪校区图书馆大楼。（TY_ POS 00312003）

---

① 李雪华：《网络语言初探》，《广西社会科学》2004年第3期。
② 赵均：《网络语言概说》，《现代传播（中国传媒大学学报）》2005年第2期。
③ 胡壮麟、朱永生、张德禄编著：《系统功能语法概论》，湖南教育出版社1989年版。

· 289 ·

例（7）的"质量"环境成分"银杏夹道""垂柳低回""鲜花满目"等主要用来识解物体具有何种品质，或者对途径进行修饰，在积极网络语言中，其赋予所描述主题的正面意义。

二 积极网络语言的介入特征

语言是人们交际的重要工具。网络语言交流是人与人之间的互动，绝不仅仅是单一网络用户即"网语使用者"的"自我表达"。语言的基本存在形式是言语互动，话语交流过程中只要有互动就有"介入"存在。使用者从语言系统中选择具有较强人际功能的评价资源，实施态度表达、拓展与听众的言语互动空间以增强话语人际协商功能的语言手段，从而成功说服听众接受某种观点和立场，实现话语的交际目的。

介入系统涉及语言使用者对所说或写内容的态度、所承担的责任和义务的调节，决定着文本和外部声音的关系，即语篇的主体间性[1]。介入系统分为单声资源和多声资源[2]，即介入可以通过"单声介入/自言"（Monogloss Engagement）和"多声介入/借言"（Heterogloss Engagement）实现。单声资源直接陈述客观事实，没有援引其他声音，也不隐含其他可能的观点，表达发话人的命题是客观真实的，无须讨论或反驳。多声资源是明确表示可能存在其他意见的言语，因此具有对话协商的特点[3]。根据话语对话空间的开放程度，多声资源再次分成扩展资源和收缩资源。虽然介入资源虽然种类繁多，但为分析话语的人际意义提供了一个较为具体实用的框架[4]。

本书的语料来自搜狐新闻、新浪微博和天涯社区三个网站，经语

---

[1] Halliday, M. A. K., *An Introduction to Functional Grammar*, London: Edward Arnold, 1994.

[2] Martin, J. R. and White, P. R. R., *The Language of Evaluation: Appraisal in English*, New York: Palgrave MacMillan, 2005, p. 104.

[3] 参见张悦、李红霞《介入系统视角下"一带一路"对外新闻语篇对话性研究》，《西安航空学院学报》2018年第6期。

[4] 参见辛斌、吴玲莉《中美媒体有关"一带一路"倡议报道中的介入资源分析》，《外语研究》2018年第6期。

料分析后发现：搜狐、新浪和天涯中的积极语料均是收缩资源大于扩展资源。同时，三大网站积极语料总库的收缩资源多于扩展资源。新浪和天涯积极语料总库中的扩展资源里的"接纳资源"占比较大。积极网络语言的介入特征体现在以下两个方面。

(一) 权威性

对话收缩资源强调当前的观点或者命题是唯一可能正确的，往往表示压缩对话空间，拒绝或排斥其他立场或观点。收缩资源包含"否认"与"公告"两种资源。"否认"资源又包蕴"否定资源"和"对立资源"。"公告"资源则含有"认同""断言""引证"三种子资源。在积极网络语言中，"否认"资源是指某些话语立场或声音直接被拒绝或取代了，或被认为是不能成立的①。"否认"资源由"否定"和"对立"两种资源组成。"否定"资源是另外一个发话人有与当前发话人言论相反的观点，原发话人通过否定其观点，缩小对话空间，实现肯定自己观点的目的，通常使用否定词语："不""不太""不能"等来描述当前观点。

(8) 你要体现出来你们之间还有希望，还有可能再续前缘 第一条一定要摆在最前面，因为如果你自身价值没有提前上去，那么即使他感觉到你们之间有可能，也**不太**会主动去联系你。(XL_POS 00024812)

例(8)中，"不太"具有否定的意义色彩，其主要作用是在话语中表达拒绝主动联系的含义。

"对立"资源意味着发话人虽然没有直接否定对方观点，但却使用某种观点替代和预期不符的观点，从而引起争论，通常用"即使""但是""然而""不太""不大"等一些表示让步或转折的词汇陈述当前观点。

---

① Martin, J. R. and White, P. R. R., *The Language of Evaluation: Appraisal in English*, New York: Palgrave Macmillan, 2005.

(9) 明星的城市宣传片对比 AB v.s. 石原里美（十元姐姐的见上条帖子），看完这个上海宣传片后，我相信大多数人的观后感就是，啊，AB 真美啊她怎么可以这么美。感觉变成了一部以城市宣传为名义的 AB 个人宣传片。真的让人很失望。我完全 get 不到上海这座城市的精彩之处。对比石原里美的，她的东京地铁宣传片（我上条帖子发的）确实有很强的个人色彩，**但是**，她的美和这部宣传片的内容主旨是相互映衬的，可以说是十元的个人魅力鲜活了这部宣传片。（XL_ POS 00000448）

例（9）中的"但是"表示转折，但通过语境来看，"但是"又具有否定意义，AB 与石原里美的宣传片各具有个人色彩，但受众无法通过 AB 体会到上海的魅力，通过"但是"一词，强调了石原里美的个人色彩，丰富了宣传片的内容。

公告资源的次类包含"认同""断言"和"引证"。"认同"资源表示无须回答，是发话人认为理所当然的观点或描述。"断言"资源说明认可当前观点，明确表达发话人作为话语权威或话语主体的态度，通常使用"完全""根本""实质上"等词语，表示某观点的确定性或不容置疑性。"引证"资源表示发话人根据自己了解的内容或他人提供的信息，进而得出的观点，排除存在的不同观点，通常使用"表明""说明""规定"等陈述当前观点。

(10) 例如，各种各样的比赛、展览、大会等，**当然**也包括我们这里说到的一些创作，这些都是阅读成果的展现方式。（SH_ POS 00052294）

(11) 很多家长认为，只要孩子能上重点，上大学就是万事大吉，孩子的其他要求**根本**不重要。孩子的成长不只是单一的智力方面发展，还有很多方面的需求。（SH_ POS 00052554）

(12) 初步报告清楚地**表明**：埃塞俄比亚航空执飞 3 月 10 日 ET 302 航班的飞行员，遵循了经波音公司推荐和美国联邦航空局批准的应急程序，以应对飞机上最困难的紧急情况。（SH_ POS 00052683）

例（10）的"当然"表示没有疑问与认同，例（11）的"根本"在一定程度上具有"绝对"语气的意义，例（12）中"表明"的主体是报告，该新闻报道主要依据对该事故的调查报告。

由此可见，在积极网络语言的使用过程中，发话人通过使用诸如"否定""对立""断言"和"认同"等收缩资源强调自己观点的正确性与权威性，并且承担一定的话语发言的责任与义务。

（二）包容性

对话扩展资源表示接纳其他观点，允许其他可能的立场和声音的并存，主张与多种声音对话，最大可能打开对话空间。扩展资源还包括"接纳"与"归属"资源，其中"接纳"资源又含有"引发"，表示文本的声音表明该定位只是众多可能的定位之一，"从而在不同程度上为各个定位的对话创建可能的存在空间"①，也就是说发话人的观点只是一种可能，外部还有其他观点的可能，发话人表示愿意接纳，一般用"可能""也许""或者"等一些表达不确定性或非肯定性的词语，陈述当前观点。

（13）婚姻是一个复杂的因素。一、爱慕对方的外表美；二、爱慕对方的才华；三、爱慕对方的心灵美；四、双方有共同的语言；五、感恩；六、爱慕对方的金钱；七、崇尚对方的权利或地位；八、迷恋上对方的床；九、一时兴起或解一时的而寂寞难耐或饥不择食。一些其他因素也**可能**导致夫妻分开。（TY_ POS 00007612）

例（13）列举了九种夫妻结合又离异的因素，最后一句"可能"扩展了会话空间，表明了还存在一些其他的因素导致夫妻离异。

"归属"表示发话人将自己的言论归属于某一外部观点，可次分为"宣称"和"疏离"资源。"宣称"又指"承认"，表示仅仅

---

① 参见徐玉臣、剡璇、苏蕊《科技语篇中语言评价系统研究》，外语教学与研究出版社2010年版，第113页。

转述外部声音的话语和观点,没有明显地表示说话者/作者对命题的站位①。通常用"估计""说""所谓"等词语描述当前观点。"疏离"表示发言者拒绝对所引观点的真实性和可靠性承担责任。

(14)**据**数据显示,冰淇淋市场每年以 30% 的速度快速增长,**估计**五年后冰淇淋年销售总额将达到 1600 亿。(TY_ POS 00013507)

(15) 如何健康减肥……有些人**听信**夸大的销售宣传、盲目选择减肥药。(TY_ POS 00178211)

例(14)使用"据"和"估计",只是阐述了外部的观点,虽然表示了一定意义,但没有明显地赞同或反对作者的意见。例(15)上下文语境站在第三方立场,提醒人们不要"听信"销售宣传而盲目减肥,因此发言者不会对此承担后果或责任。语料分析显示,积极网络语言允许各种观点的存在,具有观点的包容性和客观性,同时表明积极网络语言的使用者在表达自己观点与立场的同时,倾向于接受不同观点,达到意见交换、观点交换的目的,进而实现成功的话语交流与网络空间的人际交往。

三 积极网络语言的衔接特征

语言与环境的关系,尤其是环境对语言的影响直接反映在其词汇和语法之中②,构成语言的语法被当作一个有机的生态系统③,旨在寻找与生态和谐统一的语法,达到人类与生态环境和谐共生的目的④。下文从衔接手段来探析积极网络语言的特征。衔接手段主要分为"词汇衔接"和"语法衔接",积极网络语言主要选择"词汇衔接"的"重

---

① 参见付瑶《评价系统的理论与实践研究》,厦门大学出版社 2015 年版。
② 参见赵常友、刘承宇《语言生态化研究及生态语言学的两个转向》,《东北大学学报》(社会科学版)2020 年第 2 期。
③ 参见辛志英《语法学研究的生态系统范式》,《中国外语》2014 年第 1 期。
④ 参见王晋军《绿色语法与生态和谐》,《华南理工大学学报》(社会科学版)2006 年第 2 期。

复"这一最直接的方式，次之为"语法衔接"。

（一）重复性

在写作过程中，一般看法认为语篇要尽量避免重复，因为重复会使文章显得啰唆和呆板，但有时为了语篇连贯的需要，重复成为唯一的选择[1]。积极网络语言中的词汇重复主要指具有正面的、积极意义的关键词语的重复。词汇重复具有不易引起歧义和易于找回[2]的功能。本书认为词汇重复具有语篇联结的纽带功能和突出主题的功能，对语篇所表达的积极方面予以强烈肯定，加深网民的印象。

（16）**爱到**无言以对，**爱到**心生感激，**爱到**相视而笑，**爱到**温暖拥抱，**爱到**粗茶淡饭，**爱到**滋润无声，**爱到**岁月规划，**爱到**内心安和，**爱到**自然而然，**爱到**如影随形，**爱到**春暖花开，**爱到**旅途荒芜，**爱到**天涯静坐，**爱到**细水长流，**爱到**心思缜密，**爱到**惺惺相惜，**爱到**身心相融，**爱到**年华老去。（XL_ POS 00005887）

例（16）对"爱到"这一关键词重复了18次，体现了真挚情感的各个方面，从抽象到具象共同凸显情感话语主题，表达作者对"爱"的认识与坚贞、美好与浪漫。

（二）连贯性

"语法衔接"主要选择"照应"和"连接"这两种方式，积极网络语言主要使用"人称代词"和"内指"中的"前指"起到照应作用，无论是"人称代词"还是"前指"，都是为了较好遣词谋篇，强调语篇的关键信息和积极态度。

（17）大白熊犬是自信、温和及友善的，能与其他宠物相处融洽，会在需要时保护**他的**领地、羊群或家庭，对人类怀有献身精神。**他**通常从容、沉着，耐心宽容。**他的**意志坚强，独立且有

---

[1] 参见安利《词汇重复的语篇衔接功能》，《中国俄语教学》2011年第1期。
[2] 参见徐赳赳《现代汉语篇章回指研究》，中国社会科学出版社2003年版，第156—157页。

保留,对**他**负责的人类或动物都很关心、忠诚勇敢。(XL_POS 00006818)

例(17)使用"他"与"大白熊犬"相照应,强调"大白熊犬"的优良特质,代词易于在前文找回,减少重复,利于谋篇并减少读者阅读压力。

通过归纳与总结积极网络语言的及物性特征、介入特征和衔接特征,我们发现在网络生态环境中,网民作为网络的参与者扮演着重要角色。在促进积极网络语言的发展过程中,网民决不能忽视语言生态问题,更要自觉自律,不做损害网络语言生态的事情。建设积极健康的语言生态文明具有重大的现实意义,构建良好的语言生态环境是生态文明建设伟大工程中的一项重要工作[1]。基于此,我们不仅要关注网络生态环境,而且要关注网络话语参与者、使用者与生产者,关注网络语言生态,共同努力使网络语言生态环境更加清朗文明。

第二节 积极网络语言的生态功能

生态语言学认为语言可以通过影响人类的思维方式进而影响其行为方式[2]和世界观。语言只是存在于它的运用者的精神中,并且仅仅在与其相关的使用者相互之间,在与自然,亦即在与自然和社会环境相互之间发生作用[3]。语言之本质"在于其对话性,它是人们互相表达关爱的一种方式,也包括对周围环境的关爱"[4]。生态意识是随着时

---

[1] 参见冯广艺《生态文明建设中的语言生态问题》,《贵州社会科学》2008年第4期。
[2] Stibbe, A., *Ecolinguistics: Language, Ecology and the Stories We Live By*, London: Routledge, 2015.
[3] Haugen, E., "The Ecology of Language", in Alwin Fill and Peter MtihlhauXLer, eds. *The Ecolinguistics Reader: Language, Ecology and Environment*, London and New York: Continuum, 2001, p. 57.
[4] Hodges, B. H., "Righting Language: A View from Ecological Psychology", *Language Sciences*, Vol. 4, 2014, pp. 93 – 103.

代的发展而出现的产物,技术发展在满足人们需求的同时又带来了生态危机,不仅是自然生态危机,更重要的是社会生态危机和人的精神危机,因此学者们试图为人类找到一条回归之路,让"生态中心主义"重新回归人类的一言一行,生态中心主义"的核心要义就是要唤醒人的生态意识,超越人类中心主义的狭隘视野,以全新的方式展现人与自然,把关注点从人的利益转移到整个生态系统的利益"[①]。而网络语言作为"一种新的特定的社会方言"[②],为语言生态系统添加了新的活力。积极的网络语言更是推动了语言的发展,揭示了语言和环境的积极关系,并且语言和生态的结合具有可持续发展的关系,值得广泛传播。

一 丰富语言生态系统多样性

物种多样性是人类生存和发展的基础,物种多样性使生态系统保持平衡性和稳定性,是社会可持续发展的重要保障。同理,良好的语言生态环境有赖于语言的具体使用情况。积极网络语言发展的可持续性,是指网络语言的发展建立在积极健康的网络生态环境内,实现语言资源、网络语言环境的优化匹配,用语言传播社会正能量。

"生态语言学的重要理论基础是语言多样性,语言的多样性同生物多样性所发挥的功能一样,语言也是'有机体'"[③],先天存在于人类的大脑并负载着人类的各种经验和丰富的知识都需要语言的多样性才可被充分体现。网络语言是依据环境变化而催生的新的语言产物,它体现了"语言生态环境下的多样性"[④],也体现了人类对不断变化的语言环境的适应能力。因此,语言系统同生物生态系统一样,都是开放的生态系统,不断容纳新型的语言来壮大语言系统。

---

① 辛志英、黄国文:《系统功能语言学与生态话语分析》,《外语教学》2013年第3期。
② 汤玫英:《网络语言新探》,河南人民出版社2010年版,第11页。
③ 薄守生、董照辉:《有关语言生态危机的研究对当前语言政策的影响》,《语言文字应用》2007年第2期。
④ 张力月、肖丹:《"火星文"的生态语言学解析》,《沈阳教育学院学报》2008年第5期。

（18）还有十元的这个宣传片真的很棒，真的是选对人了ヽ(◕∀◕)ﾉ，反正我真的是心动了，超想去玩。（XL_ POS 00000448）

（19）现在逢年过节成人口中经常会提到的就是：生活需要**仪式感**。（XL_ POS 00000082）

（20）家庭**僵尸网络**的计算机被关闭，基于**僵尸网络**的攻击有所下降。（TY_ POS 00278669）

例（18）中表达开心的表情符号是传统语言所缺少的，但在互联网中却屡见不鲜，各类表达情感的符号成为网民日常交流的手段。例（19）中的"仪式感"及例（20）中的"僵尸网络"，通过语言符号的叠加，创造出新的语义，并为广大网民所接受。

"互联网承载的不是一致的东西，而是复杂多变的社会需求，它的发展也体现了许多层面的叠加（各个层面逻辑不同）"[①]。网络语言区别于传统语言，具有其独特的魅力。在这个快节奏时代，人人都在和时间赛跑，人人顶着巨大的生活压力，相对传统语言，网络语言更加偏爱符号组合的多样性，从形式，语音，语义等方面拓展了语言传统和丰富了语言系统。网络语言的便捷、形象、幽默显得更加与时俱进，减少了无效交流，通过对键盘符号的精巧运用，使得人们的语言表达方式五彩纷呈，增加了聊天趣味。积极网络语言成为语言生态系统中不可或缺的一个种类，规范的网络语言成为网络交际的一股清流，丰富了语言生态系统，使语言环境更加稳定和更加绿色。层出不穷的网络语言也为现代汉语带来了冲击，分化了现代汉语。网络的出现促使语言一直迭代更新。《现代汉语词典》的每次更新都会收录大量的新词汇，如吴方言中的"尴尬"，粤方言中的"雪糕"，湘方言中的"过硬"等，还有一些网源词，如"香蕉人""给力"等。诸如此类的网络语言将越来越多地从线上走到线下，成为日常生活的热词。

网络媒体为传统语言贡献了诸多的网络用语，丰富了语言的多样

---

① ［法］埃里克·麦格雷：《传播理论史——一种社会学的视角》，刘芳译，中国传媒大学出版社 2009 年版，第 201 页。

性，增加了语言的新颖性和趣味性。互联网飞速挺进千家万户的趋势势不可挡，必将引领社会生产新型变革，社会文化的传播也将更多地倚靠互联网，这必将是民众意识形态角逐的最前沿。网络作为社会舆论的放大镜，体现的是民生民意，绿色健康的网络环境应当作为当今时代的新时尚。营造天朗气清的网络环境与和谐健康的网络生态，对于青少年树立正确的价值观和培养优良的思想品德影响深远，因此加强网络文明建设、净化网络生态迫在眉睫，具体研究与对策见第十章。

二 促进语言生态和谐发展

任何新事物的出现必然都充满争议，公众对网络语言大体抱有三种态度：积极、消极和折中态度。抱有积极态度的民众认为网络语言是科技时代的产物，有必要对其进行学习，从而方便生活。持有消极态度的民众认为网络语言随意解构自然语言，破坏了自然语言，应该全面禁止。抱有折中态度的网民认为网络语言有其自己存在的理由，只要合理规范，也将有助于语言的发展。但纵观网络语言是耶非耶的争论，焦点还是公众与网络关系背后的网民与网络生态的关系。网民与网络语言关系和谐是网民与网络生态关系和谐的前提和保障。而网民与网络语言关系的和谐又有赖于公众与网络生态关系的和谐。让每一位参与者都能够最大限度地促进网络语言生态和谐发展，降低或消除不和谐因素，持续促进公众与网络社会、网络生态环境和谐关系的发展。

"不同的语言共存于一个社会中，相互间普遍存在着相互竞争的语言关系，可以说，语言竞争是语言关系的产物，是调整语言协调于社会需要的手段"。[1] 因此，语言竞争是语言进化的重要规则之一，没有语言竞争，语言将如一潭死水，更无从谈起语言的多样性。语言竞争的终极目标是达到语言和谐，语言和谐和语言竞争是矛盾的对立统

---

[1] 戴庆厦：《语言竞争与语言和谐》，《语言教学与研究》2006年第2期。

一，对立和统一是矛盾的两种属性，语言之间为了争夺生存权会随着语言环境的改变而进化，促使语言发生质变。比如由传统文字变异出"火星文""表情包"等符号。积极网络语言营造出的正面与积极向上的网络氛围促进了网络语言的传播，为网络语言融入了新鲜的活力，表现出健康、纯洁、和谐的积极面有利于消除网络语言造成的语言生态问题，推动语言生态和谐发展。

（21）＊＊＊老师带班认真负责一丝不苟并每周以写封信形式说说心里话分享，谱写了新时代家校篇章，弘扬传递正能量，为王博良老师**点赞**！为老师们**点赞**！（XL_ POS 00015266）

（22）当然不可错过的是天津博物馆，可惜时间有限，只好好参观了一个馆，其余的只能走马观花，那么，第三季国家宝藏，"**您来呗~**"。（XL_ POS 00003905）

例（21）的"点赞"源于网络上流行的"喜欢""喜爱""赞扬"，简化后成了网络上流行的"赞""点赞"以及各种表情包。"点赞"成为热词，缘于其简单易上口传播的功能，给网络社交带来便利，迎合了人们表达情感的愿望。例（22）"您来呗"则使用了口语化的北方方言，用自家人亲切不见外的语气邀请游客，实现了口语与书面语的协同发展。

网络语言要和谐发展，除了重视语言间的竞争，还需对网络语言环境进行保护与干预。语言属于社会文化的一部分，凝聚社会力量，因此对于其生存环境加以保护必不可少。网络语言是前所未有的新型语言形式，对于积极的网络语言应予以保护，以免其被一些相对不规范的语言所沾染。而对不规范的语言如果利用不当，甚至出现滥用与滥变，且不加以干预，轻者会对语言和谐造成不同程度的影响，重者将对社会产生巨大的负能量，导致社会动荡，民心不稳，不利于社会发展与稳定。语言和谐发展从某一程度上讲就是促进社会和谐发展，因此对于语言环境的管理必须予以高度重视。

三 促进语言生态系统动态平衡

网络语言的多样性以及语言的开放性维持了语言系统的动态平衡。网络空间为网民提供了自由表现自我的平台，尤其推动着青少年去创新更多的网络语言。"具有革命意义的创新性是网络语言最大的特点"。[1] 网络语言的创新会对传统语言的语义提出挑战，其主要体现在内容和形式两方面，形式上对现有词语进行重组或者与英文字母、符号、图片等结合，如"打工人""干饭人""柠檬精""腿精""内卷""鸡娃""绝绝子""猕hotel"等，令人目不暇接。

(23) 后来开始反感《快乐大本营》的**无节操**抱大腿，看到赞美的，一笑而过。（TY_ POS 00196722）

(24) 作为妻子，千万别趁着丈夫不在家时对孩子说他的坏话或控诉他（很多爸爸**躺着也中枪**就是因为这样）。（XL_ POS 00005696）

例（23）中的"无节操"意味着批评做人做事没有原则。特别是用超乎常人的娱乐的方式，达到众娱的效果。例（24）"躺着也中枪"，也可缩写为"躺枪"，可理解为"人在家中坐，祸从天上来。"归根究底，每个热词都有其背后的社会现象，网络让人们重新挖掘到了日常语言的迷人之处，释放语言创造潜力，并在语言交换过程中放大民众的快乐。通过这一切，网民与他人建立起虽未曾谋面但又深刻的联系。

积极网络语言能够流行起来主要分为内部原因和外部原因，体现在形式特征和语义特征方面。首先，网络语言形式简单易学，容易被网民记忆，这是网络语言可快速传播的前提。由于网络语言可利用简

---

[1] 张小平：《关于网络传播语言特点的观察》，《现代传播（中国传媒大学学报）》2002年第6期。

洁的语言传递不同情境下的信息内容，因此能够产生多个副本适应不同的交际情景。而其语用特征主要是指网络语言的实用性。因快速传播得到多数人的认可，就会在现实生活中实现自己的地位，就具有了普遍性。其次，是形象性和时尚性，"形象性是指借助形象语言，人类能够更有效地表情达意"[①]，所以语言信息越是表意生动，就越容易被注意。时尚性是指人们在使用语言的时候都崇拜着反传统的价值观，追寻着求新求异的心理，尤其是年轻人。外部原因则指某网络语言其相关背景事件的凸显度，凸显度越高公众越重视，这一网络用语就更有可能成为强势语言。另外，网络媒介为网络语言传播提供了有效渠道。因为社会的容忍度提高了，老百姓对于新出现社会现象多了以往所没有的宽容，所以导致各种语言副产品随处可见。

2022年4月28日，"好评中国"网络评论大赛在长沙启动以来，网民积极参与其中，网上网下好评如潮。一批批充满积极向上、乐观善良"网言网语"，从"思政、经济、国防、民生、法治、生态、教育、文化、乡村、青年"十个方面，歌颂可亲可爱可敬的中国。例如："每一丝绿都值得珍惜，每一滴蓝都弥足珍贵"[②] 体现了民间生态保护意识的大幅提升与进步。积极的网络语言是绿色健康的，良好的网络生态环境是积极网络语言持续发展和人们语言使用质量不断提高的重要基础。绿色的积极网络语言表达的话语促使网络生态环境质量明显改善。基于此，积极网络语言以一种新的态势在语言系统中立于不败之地，使语言系统达到新的动态平衡。

我们不仅要以生态语言学为本去思考，还要去行动，因为"语言是形成人们社会观念和态度，导致行为的巨大力量，它们构成'语言—意识—行动'的关系，三者之间影响的路向是语言影响意识，意识促成行动"[③]。何伟等提出生态话语分析是"指基于一定的生态哲学观，

---

① 伏春宇、杨炳均：《英汉语言形象性对比研究》，《四川外语学院学报》2006年第1期。
② 《好评中国·锦言锦句》，观察者网，2022年8月23日，https：//www.guancha.cn/politics/2022_08_23_654847.shtml，2024年7月28日。
③ 赵常友、刘承宇：《语言生态化研究及生态语言学的两个转向》，《东北大学学报》（社会科学版）2020年第2期。

从生态语言学角度对话语进行生态取向分析,目的是提倡对生态系统良性循环和发展有益的话语,改善模糊性话语,抵制破坏性话语"[1]。用生态话语分析积极网络语言,不只是在于了解积极网络话语的生态特征,识别其生态属性,更重要的是唤起人们正确对待网络语言的生态意识,培养人们用合理的态度去对待网络语言,逐渐提高人们的语言生态识读能力。正如黄国文所言:"思,以生态语言学为本;行,以生态语言学为道(Think and act ecolinguistically)。"[2]

第三节　积极网络语言与和谐关系构建[3]

系统功能语言学认为人类表达意义的过程其实是一个创造意义的过程。人们在交际过程中不仅构建自然现实,而且还构建主体间现实,也就是人际现实。[4] 人际传播学、人际语用学、生态语言学都高度关注"关系"问题。施拉姆指出,人类"建立传播关系是因为我们要同环境、特别是我们周围的人类环境相联系"[5]。Haugh 等提出:"人际语用学最核心的概念是为交际和互动的人际方面提供语用学视角,语用学视角则意味着对'社会角色使用语言并形成原点关系'的详尽和细致的考察[6],详细分析'语言在创造关系'方面的作用和'这些关系是如何影响语言的'。"[7]网络时代人们交往的广度与深度均超过以往:语言技术持续更新进步、传播内容与形式不断变化、彼此间的影响愈加频密,网络语言成为网民实现网络交往的重要手段和身份区别

---

[1] 何伟、高然、刘佳欢:《生态话语分析新发展研究》,清华大学出版社2021年版,第53页。
[2] 黄国文:《关于生态语言学研究的断想》,《外语与外语教学》2018年第5期。
[3] 参见靳琰、曹进《人际传播学的关系模型及构建研究——基于自我意识发现—反馈理论的视角》,《现代传播(中国传媒大学学报)》2019年第3期。
[4] Halliday, M. A. K. and Matthiessen, C., *Construing Experience through Meaning: A Language-based Approach to Cognition*, London: Contiuum, 1999, p. 398.
[5] [美]威尔伯·施拉姆、威廉波特:《传播学概论》,陈亮等译,新华出版社1984年版,第20页。
[6] Locher, M. A. and Graham, S. L., "Introduction to Interpersonal Pragmatics", in Locher, M. and Graham, S., eds. *Interpersonal Pragmatics*, Berlin: Mouton de Gruyter, 2010, p. 1.
[7] Locher, M. A. and Graham, S. L., "Introduction to Interpersonal Pragmatics", in Locher, M. and Graham, S., eds. *Interpersonal Pragmatics*, Berlin: Mouton de Gruyter, 2010, p. 3.

的标志，庞大的网民群体在合力构筑网络语言生态。在使用互联网媒介时，"人完全融入由数字化创造的讯息意义的传递交流中，进行着一种新型的人际互动"①。因此，要建构和谐的网络语言生态，势必要从原点上详尽考察社会主体使用语言并形成关系，详细分析语言在创造关系方面的作用以及这些关系是如何影响语言的。② 因此，生态语言学、网络人际传播先天就有着跨学科和多学科的本性，其目标便是搭建生态语言学和传播学之间的多界面的"立交桥"，而不仅仅是对语言学或传播学的孤立延伸。本节从人际传播的视角，采用"约哈里之窗"模型，梳理网络人际传播中的人际关系问题，以期为网络语言生态研究打开一个新的视野。

一 发展人际传播的"约哈里之窗"

施拉姆曾断言："传播渗透我们所做的一切事情。"③ 在人际传播、群体传播乃至网络传播中，传播效果的优劣与人际关系有着密切的、千丝万缕的联系。传播关系构建社会关系，成为大众思考社会问题的组织方式，而"语言反映的是讲话者之间持久的相互社会关系"④。传播与语言建立关系的共同点使得二者有了更多彼此的理论与方法借鉴。

（一）人际传播即人际关系

人际传播是"一个相互的、持续不断的、协商的、合作建构意义的交流过程"，⑤ 这个过程包括了人运用语言与他人共享与共建意义的传播活动。德国哲学家布伯（Buber）宣称，"泰初即有关系"⑥。布伯

---

① 王怡红：《人与人的相遇——人际传播论》，人民出版社2003年版，第122页。
② Locher, M. A. and Graham, S. L., "Introduction to Interpersonal Pragmatics", in Locher, M. and Graham, S., eds. *Interpersonal Pragmatics*, Berlin: Mouton de Gruyter, 2010, pp. 1 – 13.
③ [美] 威尔伯·施拉姆、威廉·波特：《传播学概论》，陈亮等译，新华出版社1984年版，第20页。
④ 赵毅衡编选：《符号学文学论文集》，百花文艺出版社2004年版，第36页。
⑤ 王怡红：《人与人的相遇——人际传播论》，人民出版社2003年版，第14页。
⑥ [德] 马丁·布伯：《我与你》，陈维纲译，生活·读书·新知三联书店2002年版，第15页。

强调人是与他人共在的（man with man），人和人真正在一起的人生是"对话人生"（life of dialogue），在"对话人生"中，人转向他人，是一种敞开的、友善的态度，而"独白人生"（life of monologue）是人在自说自话，不把自己的存在和他人的存在融为一体。① 人在社会交往时会产生互动，用语言交换思想、知识、意见、情感、愿望、观念以及喜怒哀乐等诸多信息，由此产生了人与人彼此间的相互认知、相互吸引与相互作用的社会人际关系。人际传播的出发点是从自我表露开始的，能否建立良好的人际关系，很大程度上取决于自我表露。人通过语言打开了外部世界的大门，"自我"就会不由自主地显现出来。人通过"你"而成为"我"就说明了人际关系的重要性，语言生态是良好人际关系的基础。

马丁"结合评价理论，把话语基调分为权力和团结一致两个变量，它们影响人际意义的三个系统，即评价系统、协商系统和参与系统"②。语言权力特指因地位、长幼、上下级等不同身份交际者拥有不同的、可以选择的语言。例如：领导可以说："我宣布，运动会开幕！"但一般员工即使说了，也不具备相应的效力。就评价系统而言，权力会大大影响情感资源的表述，它决定着何人表达何种情感、如何表达、表达什么、表达强度，表达效果等。"团结一致可再分为扩散和压缩两种。前者是指交际者之间的关系越接近，可交换的意义就越多；后者指交际者之间了解的程度越高，需要言明的就越少。"③ 就评价系统而言，扩散意味着陌生的交际者通常会谈论天气、体育等公众话题；随着人际关系的密切，谈论主题则会涉及社会热点、公众人物、公共事件等；倘若关系进一步熟络了，就会谈及家人、朋友、个人情感等。压缩则说明人际关系越接近，情感表达需要的言语量就越少，密友、恋人、夫妻的人际交往已经成了一种约定俗成的惯习，一声干咳、一个表情动作乃至一个眼神，就能实现

---

① Buber, Martin, *Between Man and Man*, London and Mew York：Routledge & Kegan Paul, 2004, p. XVII.
② 房红梅：《论评价理论对系统功能语言学的发展》，《现代外语》2014 年第 3 期。
③ 房红梅：《论评价理论对系统功能语言学的发展》，《现代外语》2014 年第 3 期。

情感态度的分享与交流；而在陌生人之间或对情况一无所知的前提下，则需要花费更多的言语量解释或表达评价态度。可见人际传播、约哈里之窗与系统功能语言学在人际关系建构方面有着天然的默契。

人际传播塑造了关系，也满足了人的需要。以舒尔茨（Schutz）为代表的人际需求论认为，要维系人与人之间的良好关系，就要努力满足人的三种需求——参与、控制和情感的需求。[1] 可以说，开展人际传播皆因具有社会属性的人有这方面的需求或需要，因为需要是人类行为和开展互动的前提。马斯洛（Maslow）把需要划分为五个层次——生理需要、安全需要、归属感和爱的需要、受到尊重的需要和自我实现的需要。[2] 人的需要呈梯级递进结构，由最初的基本生理需要直至较高层次的自我实现需要。需要和互动是人际传播的最基本要素，互动关系也是人类的基本关系。

德维托（DeVito）认为人际传播的核心要素就是"自我"。人类用语言符号抽象个人的具体属性时，"我""你""他"处于相对的转换状态，但是"自我"的特征是一个永恒的概念。德维托认为"自我"包括三个维度——自我概念（看待自己的方式），自我意识（对自己的洞察力和知识），自我尊重（自己赋予自己的价值）。自我概念具体指他人对自己的印象以及他人的反应、自己与他人的比较、本人文化的教诲以及对自己思想和行为的解释与评估。[3] "自我"的内心世界可用"四个自我"的"约哈里之窗"来评价。

（二）四个象限的"约哈里之窗"[4]

美国心理学家约瑟夫·卢夫特（Luft）和哈瑞·英汉姆（Ingham）于1955年提出了分析人际关系和传播的"约哈里之窗"（The

---

[1] 参见 [美] 特里·K. 甘布尔、迈克尔·甘布尔《有效传播》（第七版），熊婷婷译，清华大学出版社2005年版，第177—178页。

[2] 参见 [英] 莱恩·多亚尔、伊恩·高夫《人的需要理论》，汪淳波、张宝莹译，商务印书馆2008年版，第46—47页。

[3] DeVito, J. A., *The Interpersonal Communication Book*, Beijing: Peking University Press, 2007, p.63.

[4] Johari Window 由 Joseph Luft 和 Harry Ingham 两人的名字缩约而成。

Johari Window）模型。① 他们用窗户似的四个方格说明人际传播中信息流动的地带和状况。（图 8.1）

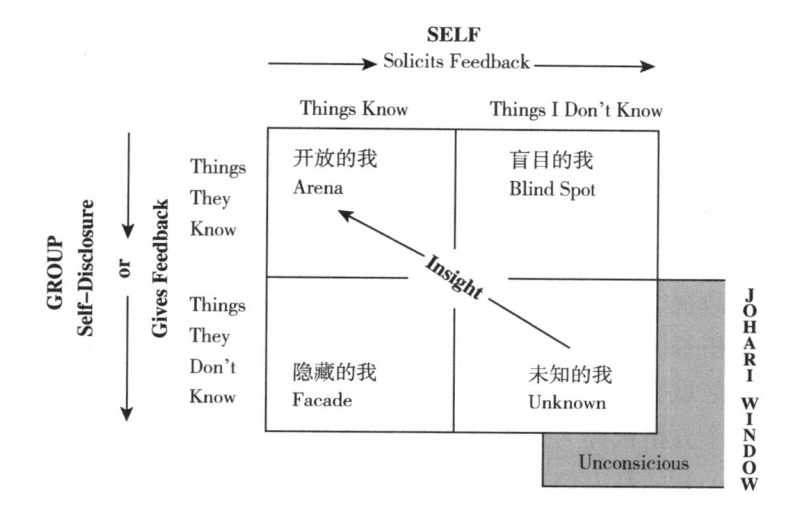

图 8.1 约哈里之窗[②]

"约哈里之窗"被称作"自我意识的发现—反馈模型"，是一个认识自我和人际间相互了解的模型，它包含众多的个人交流信息，包括情感、经验、观点、态度、技能、目的、动机等。根据这个理论，人的内心世界被分为四个区域：开放区、盲目区、隐秘区和未知区。该模型的四个基本区域各自代表一个不同的"自我"。

图 8.1 的第一个方格是"开放的我"（Arena），传播各方的"我"均认为可以公开的信息都集中在这个区域内。"你"和"我"都可以公开谈论"我"，并对"我是谁"形成共识。这一区域是自己知道、别人也知道的关于自己的信息。那些易被他人获悉的信息都属于这一区域。开放区往往包含个人外显特征，诸如姓名、性别、长相、年龄、

---

① Luft, J. and Ingham, H., *The Johari Window, a Graphic Model for Interpersonal Relations*, Los Angeles: University of California, 1955.

② 根据 Luft and Ingham, "The Johari Window", In Joseph Luft eds. *Group Processes: An Introduction to Group Dynamics*, Mayfield Publishing Company, 1984; DeVito, *The Interpersonal Communication Book*, Beijing: Peking University Press, 2007, p. 65 综合绘制。

身高、体重、形象气质、性格脾气，以及个人话语风格，包括谈吐风格、学识才华等特征。这些信息是建构人际关系的最基础信息，是人与人建立关系的基础。

第二个方格是"盲目的我"（Blind Spot）。在人际传播时，"我"不知道的他人对"我"的评价信息处于这个区域内。这是一个在人际交往过程特别容易被忽视的领域，交际双方往往以自己的观点或看法揣测对方话语意图，特别涉及看法、意见、观念、意识等方面，盲点中的信息也可能以肢体语言、习惯或举止、语气、风格等形式出现。例如偏见敌视、种族歧视、暴力倾向等。自我的优势劣势、长处缺点、进步与落伍等，他人往往可以做到"旁观者清"，而"自我"却浑然不觉。该区域会给和谐网络人际关系构建带来不利影响。

第三个方格被称为"隐藏的我"（Facade）。"隐藏的我"指"我"认为不能公开的私人信息。通常，"我"不愿意与他人分享个人信息，因为这些信息的披露，会让"我"觉得难堪、受到伤害或遭遇他人诟病。"我"不想让他人知道有关自己的疾病、缺陷、心理障碍、不良嗜好等隐私。"我"对他人隐瞒的信息还可能包括看法、意见、感受、判断、偏见等。人们可能有各种动机来维持秘密。虽然有些人可能害怕拒绝或嘲笑，但有些人可能故意隐瞒信息以操纵他人。"隐藏的我"往往习惯向他人提问，但不愿意透露个人信息。通常，其他人倾向于对"隐藏的我"产生不信任、怀疑和恼怒的态度。在网络条件下，该区域对构建和谐网络人际关系影响重大。

第四个方格称为"未知的我"（Unknown）。意味着"自我"或他人均不知晓关于"我"自身存在的潜质或潜能，一旦遇到突发或紧急状况，自身迸发出的潜能。对于个人和其他人来说，仅仅在意识表面之下的信息可以通过反馈的交流来加以披露。这些信息可能包括童年记忆、某种情结、个人抱负、世界观与价值观等。

"约哈里之窗"的各个区的大小会直接影响交际效果。在人际交往进程中，交际方主动扩大自己的开放区，增加个人信息透明度、主动听取他人反馈意见或建议、维护交际信息的真实有效性，回避盲区和隐蔽区，有利于正向推进人际交往。交往双方倘若保持一种积极主动的态度，尽量缩小盲目区的范围，有利于维持和加深双方交流深度。交际方愿意暴露隐藏区，透露更多隐藏区的话语，会加深对方对自己的了解程度。未知区是双方最难把握和了解话题"源头"。只有随着增加信息量、开展深入交流，未知区则有可能相应缩小，彼此都不了解的诸多信息或许能暴露出来，成为加深人际交流的新契机。

二 暴露—反馈的"约哈里之窗"

"关系是相互的。我的'你'作用我，正如我影响他。"[1] 要与他人相遇、接触、建立互动关系，极其重要的行为就是自我暴露。"自我暴露"是"我向他人交心，向他人传递'我'个人的信息，包括表达亲密情感、私人愿望、个人经历、思想观念、人生观察及生活目标等。"[2] 通常，"自我"习惯于展示自己的长处与优点，刻意遮蔽自己的劣势与不足。但有时如果适当向他人暴露自己的短板，反而能赢得别人的信赖和敬重。自我暴露的程度往往成为测量人际关系亲近或疏远的"标尺"。自我暴露通常分为四个层次。第一层次，情趣喜好方面，如兴趣爱好、生活习惯衣着打扮等；第二层次，态度方面，对某人、某事、某机构的态度或看法等；第三层次，深层的自我意识和周边人际关系状况；第四层次，隐私方面，比如自己的不为人知的秘密。良好且适度的"自我暴露"表达有四个标准：（1）信息要明白，不拐弯抹角；（2）信息要及时；（3）信息要准确；（4）有话好好说而且会说。[3] 这与格莱斯提出的会话"合作原则"的"质、量、方式、关系"四个准则[4]高度吻合。

反馈（feedback）是建立和谐人际关系的重要手段。来自对方的反馈信息可以缩小盲目区域。"反馈过程"是一个人积极地寻求他人

---

[1] ［德］马丁·布伯：《我与你》，陈维纲译，生活·读书·新知三联书店2002年版，第13页。
[2] 王怡红：《人与人的相遇——人际传播论》，人民出版社2003年版，第173页。
[3] 参见王怡红《人与人的相遇——人际传播论》，人民出版社2003年版，第179—180页。
[4] Grice, Paul, *Studies in the Way of Words*, Beijing: Foreign Languages Teaching and Research Press, Harvard University Press, 2002, pp. 26–27.

知晓而自己并不拥有的信息。社会学家库利（Cooley）提出的"镜中我"理论就非常重视他人反馈。库利认为人的行为在很大程度上取决于对自我的认识，而这种认识主要是通过与他人的社会互动形成的，他人对自己的评价、态度等，是反映自我的一面"镜子"，每个人透过这面"镜子"认识和把握自己。① 反馈的程度在于他人是否愿意与其共享信息，"自我"可以有意识采用暴露自己的行为和获得反馈，从而增进双方理解，建立良好的人际关系。

三 人际关系中的"约哈里之窗"

（一）开放的"我"

根据"自我"在语言生活中的实际表现，我们将"开放的自我"次分成"直接开放的我"和"间接开放的我"。"直接开放的我"在人际交往中，往往采用率真的话语、诚恳的态度，适当暴露自己，将真实的一面展示出来，较易赢得对方的信任。"间接开放的我"喜欢用委婉、间接或隐喻式的话语与对方交流，更多地考虑自己或对方的心理感受和面子问题。

1. 直接开放的我

人与人的交往是一个互动过程，自己对别人开放的区域越大，往往容易获得与对方相一致的开放区域。一般而言，尽量扩大"开放区域"，缩小"隐藏区域"，容易获得他人好感。通常人们总是喜欢与坦诚、坦率、开朗的人交往。倘若交际一方愿意直言自己的不足、缺陷或缺点，别人往往会感觉"我"比较坦率，更利于拉近彼此人际距离。

（25）师生会话

A：老师，特怕写论文，怕老师批评，怕退稿……

B：老师也怕……

---

① 参见［美］查尔斯·霍顿·库利《人类本性与社会秩序》，包凡一、王湲译，华夏出版社1999年版，第131—132页。

第八章　积极网络语言的生态特征与功能

C：不可能，老师是写作高手耶……

B：真的，万事开头难，我也经常遇到退稿拒稿问题啊……

D：真的吗？不会吧？

B：真的！其实每次退稿、修稿都是一次自我提高的过程，认真修改，再投出去，我属于屡战屡败，屡败屡战型的……

在例（25）中，教师向学生暴露了自己投稿被退稿的情况，将"退稿""修改""屡败屡战"等自己真实的一面展示出来，扩大了"开放区域"，获得了学生信任，也拉近了人际关系。人际关系建立之初，因为人际隔膜感，缺少信任感，信息交流很有限，开放区较小。根据一般的交流法则来说，"自我"应该尽可能扩大公开区，使其成为信息交流的主要窗口，不断增强信息的透明度、公开度和诚信度。当"自我"一旦开诚布公之际，交际对方也往往会打开心扉（见图8.2）。

他人＼我	我知道	我不知道
他人知道	直接开放的我： 教师公开自己的信息 师生、上下级、家长子女	盲目区
他人不知道	隐藏区	未知区

图8.2　直接开放的我

扩大公开区、缩小盲目区和隐藏区、揭明未知区是人际交往的基本功能。根据语用学理论，"直接开放的我"满足了会话合作原则的四个准则要求。同理，例（1）对话也符合哈贝马斯提出的三种有效性要求："言语者要求其命题或实际前提具有真实性，合法行为及其规范预警具有正确性，主题经验的表达具有真诚性。"[1] 网络人际互动也是如此，如果网络匿名的"我"愿意不断扩大"开放区"，使用主

---

[1] ［德］尤尔根·哈贝马斯：《交往行为理论：行为合理性与社会合理化》（第一卷），曹卫东译，上海人民出版社2004年版，第100页。

动的自我暴露方法，可以在一定程度上消除人际隔阂，促进互相理解，构建和谐人际关系，推进构建和谐语言生态。

2. 间接开放的"我"

在开放区里，第二种自我暴露的情况就是交际双方根据生活经历和社会经验，采用间接的言语交际方式将自我的真实意图隐藏起来，交际双方对交际意图心知肚明，但交际双方往往用打哑谜式的方式开展对话。

（26）同事微信网络会话
小王：刚出差回来，一点小意思。
老板：啥意思？
小王：没啥意思，一点小意思。
老板：啥意思嘛。
小王：小意思，小意思。
老板：你真有意思。
小王：也没啥别的意思。
老板：哎呀，这多不好意思。
小王：是我不好意思。

汉语"意思"一词包蕴了丰富的语义。在上述对话中，"小王"不明说"意思"为何物，"老板"也不当面说破，"猜谜"似的会话貌似违背了会话合作原则，但双方顾及了礼貌原则，彼此都在保护自己和对方的面子。在人际交往中，话题如果直接涉及"礼品""礼物"，交际双方均觉得难以启齿，因此，"意思""意思意思""小意思""不好意思""真有意思"等模糊言语使得开放区域的"我"变成了间接开放的"我"，送/收礼双方都不至于过于难为情。从字面意义上看，"老板"和"小王"均采用"闪烁其词"的话语方式，但内心都很清楚对方的交际意图，话语的"点到为止"成为间接开放"我"的遮蔽层。

在图8.3中，用虚线包围起来的"开放的我"区域变成了近乎透

第八章 积极网络语言的生态特征与功能

我＼他人	我知道	我不知道
他人知道	间接开放的我： 上下级、同事、同行、朋友、合作伙伴	盲目区
他人不知道	隐藏区	未知区

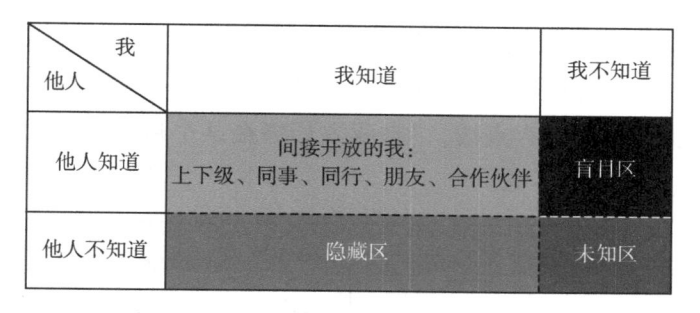

图8.3 间接开放的我

明的灰色，说明交际双方彼此理解对方的交际意图，只是用"意思"类的词语将真实意图遮蔽起来，以保护双方的自尊和面子不会受到损害，"科长"收了"小王"的东西，不会太自责；如果不收，"小王"也不至于下不来台，实现了面子保全策略。

（二）盲目的"我"

"盲目的我"是别人看得一清二楚而自己完全无法感知的那部分自我。比如，视觉残障人士看不见自己的外在形象和服饰的色彩，听觉残障人士听不到自己发出的声音。其实，社会上每个人都存在着自我认知上的盲区，为了不断完善自我，顺利开展人际交往，"我"必须虚心向他人请教自己的不足或者看不到的方面，不断反思与改进，在社会人际交往中多采用倾听与换位思考等方式来最大限度地缩小自我的盲区，这样"我"才能够更好地与他人进行社会交往。

（27）朋友对话

A：哥儿们，最近大家说你呢。

B：怎么了？

A：你"牛"呗，无论去哪，都不和老朋友联络。

B：嗨，我向来不喜欢麻烦别人啊。我出差，连微信都不发，就是不想麻烦别人。

A：你傻啊？大家觉得你牛了，不想搭理弟兄们呢。

B：啊？以后注意，以后注意……

类似的这种情况就是"我"不知道自己的行为得当与否,自己身陷图 8.4 的"盲目区"却浑然不觉,但是他人却一清二楚,这就是盲目的"我",不经他人点拨,"自我"始终在某个盲区,人际关系被逐渐损害而自己丝毫不觉。

我 他人	我知道	我不知道
他人知道	公开区	盲目区
他人不知道	隐藏区	未知区

图 8.4 盲目的我

人处在特定的环境中,对自我的认识在很大程度上受人际关系的制约,因而人们对自我的认识也就存在局限性。"我"自主评价均需要发挥同伴互评策略,包括自评和他评,扫描评价"我"的盲区,最终达到在他人观照下的自省评价。

(三) 隐藏的"我"

"当一个人出现在别人面前时,他们通常总会想要了解这个人的情况,或调用他们已掌握的有关这个人的各种信息。"[1] 然而,在现实生活或网络交往中,出于个人修为、保护面子、套近乎等原因,"隐藏的我"会以特殊的话语表达方式超越"约哈里之窗"对隐藏区的界定,通过"直接隐藏""间接隐藏""语焉不详"等多重方式隐藏自己的世界。在"隐藏我"情形下,自己了解自己,而他人并不知晓,有人喜欢将自己的真实看法隐藏起来,导致一种潜在的人际怀疑。在网络语境下,高匿名化的信息传播无限放大了"隐藏的我",网络的开放性、虚拟性和匿名性又给个人情绪化言语传播提供了便利传播空间,在讨论问题时,部分情绪化的网民往往口不择言,"对社会的稳定造成了一定的威胁,这应该是网络信息传播调

---

[1] [美] 欧文·戈夫曼:《日常生活的自我呈现》,冯钢译,北京大学出版社 2008 年版,第 1 页。

控的重点"①。网络中充斥各种"故事",网民似乎很乐于将"所叙之事与他们从未见过且很可能不会见到的那些人联系起来。这些故事看起来往往好像直接取自生活,但是有许多无疑是子虚乌有。将自己的故事告诉他人——告诉许多人、许许多多的其他人,这种诱惑力实在太大"②。匿名的主体在讨论问题时,往往只是逞一时口舌之快,为了说话而说话,注重言语传播行为而忽略言语传播内容,注重言语形式胜过言语内涵。

1. 直接隐藏的"我"

"直接隐藏的自我"源于"对人际交往礼节的忽略、个人修养问题、过于自我以及社会经历太少冒犯了人际交往规则和社会语用原则"。③ 在网络人际交往中,多见于电子邮件、手机短信、微信、微博、跟帖评论等交际形式中(见图 8.5)。

我 他人	我知道	我不知道
他人知道	开放区	盲目区
他人不知道	直接隐藏: 师生、同事、陌生人	未知区

图 8.5　直接隐藏的"我"

在网络的语言生活中,总有人不断向他人索取信息,刻意将自己"遮蔽"起来,有意无意中缩小了开放区域,扩大了自我的隐蔽区,直接影响了人际交往的效果。微信中的"在吗"就是典型的直接隐藏话语表达。

---

① 吴满意主编:《网络媒体导论》,国防工业出版社 2008 年版,第 65 页。
② [美] 马克·波斯特:《第二媒介时代》,范静晔译,南京大学出版社 2000 年版,第 36 页。
③ 靳琰、曹进:《人际传播学的关系模型及构建研究——基于自我意识发现—反馈理论的视角》,《现代传播(中国传媒大学学报)》2019 年第 3 期。

(28) 网民微信对话

A：在吗？

B：……

发话人在微信中的"在吗"总让受话人心情郁闷，两个字的信息简单到令人反感，而内心担忧与不安让受话人"浮想联翩"：发话人找我什么事？他（她）要干嘛？我怎么回复？以至于现在很多人都患上了"在吗？"恐惧症。① "在吗"原本是网络上一种打招呼的方式，由于被问者必须先回复这句问话，这个词也被列为2017年十大最惹人反感的流行语之一。回复"在"，原本就是废话，因为"在"所以回复了。回复"不在"其实也是"在"，否则"不在"怎么回复呢？"在吗"或许就是一句问候，但也可能是难以启齿的铺垫，抑或是间接求助。但"直接隐藏的我"用这种方式往往导致人际交流的失败。用约哈里之窗来解释的话，A没有向B披露任何信息，B不知道A究竟是谁，具体什么情况？"在吗"到底要表达发话人的什么意图？A显然扩大了隐藏区域，压缩了开放区域。B无法回答或保持沉默也就在情理之中。根据"新言语行为分析"理论，相互理解是交往行动的核心，任何言语都是发话人使用语言表达"自己"意图的过程，同一句话在不同语境下、由不同的人说出的话语用含义或许完全不同。例（28）的A彻底违背了会话合作原则。A用极为有限的信息直接隐藏了自我，既违背了会话合作原则的四大准则，也违背了哈贝马斯提出的真实、正确和真诚原则，最终导致交际失败。

2. 间接隐藏的"我"

间接隐藏的自我也是通过话语方式意图实现人际交往。但至少其中一方，往往使用"意思""暗示""闪烁其词"类词语，让对方猜测自己话语的真实意图，常常会诱发对方也使用"意思类"词汇展开对话，结果导致双方的交际失败且损害人际关系。

---

① 陈小辰：《微信上被问"在吗"，该怎么回答？快来看看网友们的神回复吧!》，搜狐网，2018年7月4日，https：// www.sohu.com/a/239156536_ 99946731，2024年7月28日。

我\他人	我知道	我不知道
他人知道	开放区	盲目区
他人不知道	间接隐藏 夫妻、恋人、夫妻、父母、子女、密友	未知区

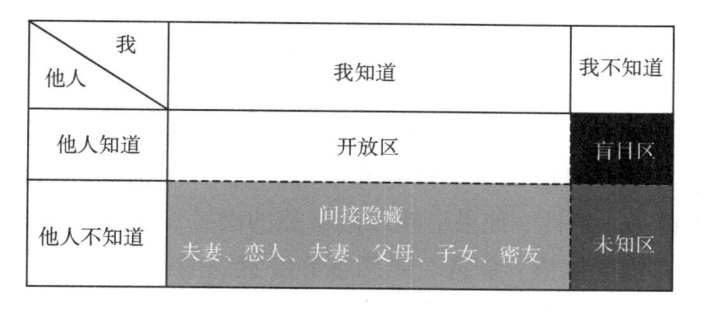

图 8.6　间接隐藏的"我"

（29）微信夫妻对话

妻：今年春节咋办？回我家还是回你家？

夫：回哪都行啊。

妻：都行是啥意思？就是回你家呗！

夫：回谁家都行啊！

妻：啥叫都行啊，到底回谁家啊？

夫：无所谓，都可以！。

妻：算了，都不回了！。

夫：不回就不回！

图 8.6 用虚线包围起来的"隐藏的我"区域变成了灰黑色，说明交际双方理解对方的交际意图，但不愿意如实告知对方自己的真实想法，导致人际冲突。根据约哈里之窗模型来观察，"夫"与"妻"并不完全知晓对方的真实交际目的。"妻"先用"间接隐藏的我"策略将自己的真实意图隐蔽起来，促使"夫"也采用同样的话语策略，结果双方都将"隐藏的自我"的真实意图努力隐藏起来，共同扩大了隐藏的自我区域，在对话的时候，一边对话，一边试探对方，甚至是激怒对方，最终导致交际失败。随着社会的开放，流动人口的增多，很多异地青年成为恋人或结为夫妻，要么远嫁，要么远娶，要么共同在远离父母的城市中打拼，确实很多夫妻在过年去谁家过年这件事上，都会产生很多问题和矛盾。原本有多重选择维系和谐家庭关系的方式，

因为彼此的话语"遮蔽",导致家庭的龃龉或不和。

(四)未知的"我"

未知的"我"是一个大小难以确定的潜在部分。自己不知道别人也不知道的关于自己的事实或隐藏潜能。这个部分通常指的是某些尚待开发的能力、特性。如果牵涉弗洛伊德的潜意识理论,未知的"我"还包括许多深层欲望、痛苦、罪恶感等潜意识的内容。2016年,在里约奥运会女子100米的仰泳半决赛中,傅园慧以半决赛第三的成绩晋级决赛。傅园慧接受记者采访时就充分表现了未知的"我"的惊喜。

(30)澎湃新闻报道

"58秒95?我以为是59秒!我有这么快?我很满意!"当被问及是否有所保留时,傅园慧连说:没有保留,我已经……我已经……用了洪荒之力了!那种感觉,生不如死。[①]

从傅园慧的自我惊叹可以看出,经过长期的专业艰苦训练,虽然努力拼搏,但比赛成绩一公布,她自己也很惊喜,记者在采访她时,所以有了如此表达:"58秒95?我以为是59秒!我有这么快?我很满意!"可见,傅园慧面对如林强手时的勇气和竞赛环境激发了未知的"我"和其个人潜能的爆发。

他人＼我	我知道	我不知道
他人知道	开放区	盲目区
他人不知道	隐藏区	未知区 潜能的迸发

图8.7 未知的"我"

良好人际关系的建立、维系与管理,涉及"我"和其他人的各种

[①] 徐储立:《奥运第一"网红"傅园慧,早就是个身怀"洪荒之力"的段子手》,澎湃,2016年8月8日,https://www.thepaper.cn/newsDetail_forward_1510398,2024年7月28日。

因素，能否处理好与他人的人际关系，就需要自我反思。"我"无法改变别人，但可以改变自己。"我"可以利用"约哈里之窗"提供的方法和词汇开展自我评价或他人评价，最终克服自身缺陷，改善自我和促进和谐人际关系。

四 完善自我的"约哈里之窗"

人际传播表明"离开你的言说和倾听，我的倾听与言说就不能存在"[①]。人们常常通过间接途径来认识和了解自己：第一，通过他人态度了解自我；第二，和他人比较认识自我；第三，通过他人反馈认识自我；第四，与自己比较认识自我，第五，通过内省认识自我。通过自我评价和他人评价的比较和对比，会对"我"形成一个相对准确的"约哈里"评价窗口。

"约哈里之窗"模型（见表8.1）列出了55个英语的正向形容词开展个人评价。"我"可以邀请朋友或同事对自己进行评价。"约哈里之窗"的便利之处是对别人认识的自己和自己认识的自己做一个对比，并做出相应改进。通过"约哈里之窗"模型词表，也许会发掘自我的优点，而他人并不知晓，或许别人认为是"我的"长处，自我反而未察觉，如此一来，"自我"可以加深自我认识。运用"约哈里之窗"认识和评价自我的第一步是，邀请5—10个好朋友，请他们从词表中选取5—6个词，列出"我"的优点，再请那些与自己关系一般的人列出"我"的优点，利用他人的反馈，帮助自我认识和评价自己。第二步，自我在词表中挑选5—6个词，自己为自己列出优点，最后将自我评价和他人评价做比较。

表8.1　　　　　　　"约哈里之窗"正面评价词语表

able	accepting	adaptable	bold	brave
calm	caring	cheerful	clever	complex
confident	dependable	dignified	energetic	extroverted

---

① 王怡红：《人与人的相遇——人际传播论》，人民出版社2003年版，第120页。

续表

able	accepting	adaptable	bold	brave
friendly	giving	happy	helpful	idealistic
independent	ingenious	intelligent	introverted	kind
knowledgeable	logical	loving	mature	modest
nervous	observant	organised	patient	powerful
proud	quiet	reflective	relaxed	religious
responsive	searching	self-assertive	self-conscious	sensible
sentimental	shy	silly	spontaneous	sympathetic
tense	trustworthy	warm	wise	witty

戴维斯（Davis）制作了在线的"约哈里之窗"评价表，自己或他人对"自我"评价结束后，系统就会以"约哈里之窗"形式自动反馈评价结果[1]，便于开展自我评价或他人对自己进行评价。2006年，戴维斯依据"约哈里之窗"模型，又制作了一个55个消极意义的形容词词表，建立了线上的"诺哈里之窗"（The Nohari Window）（见表8.2）。"我"或他人在55个消极词表中选择5—6个词并在线上提交，网络系统就会自动反馈对"我"的"诺哈里之窗"评价图。[2]

表8.2　　　　　　"诺哈里之窗"负面评价词语表

incompetent	intolerant	inflexible	timid	cowardly
violent	aloof	glum	stupid	simple
insecure	irresponsible	vulgar	lethargic	withdrawn
hostile	selfish	unhappy	unhelpful	cynical
needy	unimaginative	inane	brash	cruel
ignorant	irrational	distant	childish	boastful
blasé	imperceptive	chaotic	impatient	weak
embarrassed	loud	vacuous	panicky	unethical
insensitive	self-satisfied	passive	smug	rash
dispassionate	overdramatic	dull	predictable	callous
inattentive	unreliable	cold	foolish	humourless

[1] Davis, K., *The Johari Window*, http://www.kevan.org/johari, February 10, 2018.
[2] Davis, K., *The Johari Window*, http://www.kevan.org/johari, February 10, 2018.

运用"诺哈里之窗"认识和评价自我的方法和"约哈里之窗"一样：第一步是请5—10个好朋友，请他们列出"自我"的缺点。如果想进一步客观地评价自己，再请那些与自己关系一般的人列出"自我"的缺点，利用别人的反馈，帮助"自我"认识和评价自己。第二步，在词表中根据对"我"的看法，挑选出5—6个消极词汇，列出"自我"缺点。将自己记录的缺点与他人列出的缺点做比较，便会产生"诺哈里之窗"中列出的四种情况。由"诺哈里之窗"模型看，"自我"会发现自己存在他人并不清楚的问题，也可能存在别人认为是缺点，自己浑然不觉的情况，有利于"自我"进一步了解、发展与完善自我，改进人际关系。

所有人的"约哈里之窗"的模型都有差异，自我暴露与他人反馈的程度均大小不一。"自我"不易评价自己的品性，需要留意他人对自我的态度与反馈。在与他人的交往中，"自我"将外显言行展示给他人，他人对"自我"的看法又反过来影响"自我"对"自我"的认识。

五 构建和谐关系的"约哈里之窗"

"约哈里之窗"在一定程度上会降低人际沟通中的认知偏差，自我暴露与反馈的相互作用结果可以适度缩小未知区域。在"公开的我"情形下，自我与他人均了解自我，在人际交流时显示开放和一致特征。"隐藏的我"使自我对自我有较清晰认识，但因为自我将自己的真实观点与情感隐蔽起来，进而隐藏了潜在人际冲突的可能。"盲目的我"同样会导致人际障碍，本人对自己并不了解，而他人的"旁观者清"立场，对"我"的状况一目了然。生活中"自我"会无意冒犯他人，他人想告知"我"，但又担心会伤害"我"的面子，也导致了潜在的人际冲突的可能。"未知的我"是自我与他人均不了解自我的潜能，较容易产生彼此误会、误解和人际冲突。

就理想的人际交往视角而言，"公开的我"区域越大，越有利于人际交流，但这也不是绝对的。还要看交往的对象，如果是老朋友，

"公开的我"区域越大,说话的内容越实在越有利于交际;如果是半熟人,就要视具体情况而定;如果是陌生人,"自我"随意表露心声可能就会引起别人的反感。自我暴露并不是个人的孤立的活动,而是与他人和一定的社会价值或行为规范相联系的,应该符合一个社会普遍认可的价值尺度。"交往行为概念表现出了这样一种直觉,即语言内部就包含着理解的目的。理解是一个具有常规内涵的概念,它超越了语法意义上的理解概念。言语者就一件事情和他者达成理解。如果双方都认为表达是正确有效的,他们才能达成这样一种理解。对某事的理解是用主体间对一种可以批判检验的基本表达的承认来加以衡量的。"① 可见,只有一方的前提被另一方认可,共同理解的通道才会被打开,有效的通道才能建立良好的人际关系。

处于"盲目的我"区域的人善于表达自己的情绪或者意见,但是,对别人的反应不敏感,漠不关心,反映出个人的独特性。在认真倾听他人方面需要做出努力。"我"欢迎他人认可自己的优点或长处,虚心接受他人指出的"自我"的问题、毛病或缺陷。语用学认为"把一件事情说好,有时候等于把一件事情做好,例如建立知名度或者信任关系,或者是丑化什么"②。交际的"自我"扩大了自己的"开放的"区域,合理地缩小了"自我"的"盲目的我"区域,既有利于双方的人际交往,增进了友谊,也有利于"自我"的改进和发展。

如果"隐藏的我"的领域很大,这样的人比较慎重,喜欢倾听他人倾诉,但不愿意谈及自我的事情。"我"尽管适应性很好但体会孤独感的时候较多。有时候,"隐藏的我"出于个人、社会、家庭等种种原因,抑或是缺少证据、怕得罪人、性格圆滑、顾忌交际对方的面子,"自我"往往不愿意直言相告,往往让听话人觉得对方缺少交流的诚意,喜欢卖关子,增加交际时的戒备程度。

---

① [德]于尔根·哈贝马斯:《后形而上学思想》,曹卫东、付德根译,译林出版社2001年版,第64页。
② 陈卫星:《传播的观念》,人民出版社2004年版,第347—348页。

人际关系常发生在"间际的领域"（sphere of the between）[①]，这个"间际的领域"是人际交往得以展开和实现的场域。然而"人际间"（inter-human）交流也并非畅通无阻，同样存在交际障碍，因为"'人际间'具有'本相'（being）和'装相'（seeming）的二元性"[②]。"'本相'是人的真实表现，'装相'则是'人们在交往中自我披露的部分，含有不同程度的本相，但是也含有假相'"[③]，人看到对方形象的真实程度取决于假相在"装相"中的占比。这与"约哈里之窗"的各个交叉的区域具有异曲同工之妙。

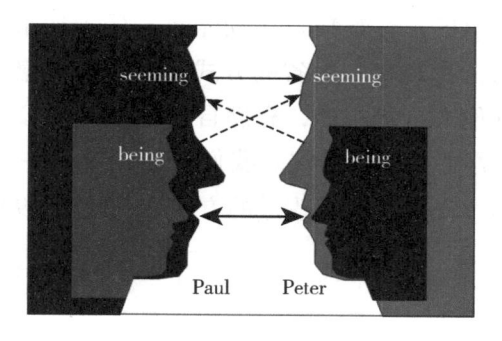

图8.8 保罗/彼得本相/装相图示

布伯以 Paul 和 Peter 两人为例，形象地说明了"being"和"seeming"的关系[④]。第一对关系表现为：向 Paul（大黑色）"装相"的 Peter（大灰色），向 Peter "装相"的 Paul。第二对关系则是：当 Peter（小黑色）把"真我"暴露给 Paul 时（小灰色），Paul（小灰色）对 Peter 的认识还停留在 Peter（大灰色）"装相"的阶段。然而，这并非是 Peter 希望 Paul 看到的样子，也不是 Paul 希望 Peter 看到的样子。图8.8 黑色粗实线双向箭头是 Paul 和 Peter 第一对关系，黑色细实线双向

---

① Buber, M., *Between Man and Man*, London and New York: Routledge & Kegan Paul, 2004, p. XIV.
② Buber, M., Friedman, M. and Smith, G., *The Knowledge of Man: Selected Essays*, Humanities Press International, 1965, p. 65.
③ 陈力丹、闫伊默：《传播学纲要》，中国人民大学出版社2007年版，第69页。
④ Buber, M., Friedman, M. and Smith, G., *The Knowledge of Man: Selected Essays*, Humanities Press International, 1965, p. 65.

箭头是 Paul 和 Peter "本相"关系，黑色虚线单向箭头是 Paul 和 Peter 第二对关系。只见"装相"不见"本相"导致的可能结果是：即便以后 Paul 或 Peter 本相被披露出来，对方也不会相信是本相；发展到极端，可能 Paul 和 Peter 双方谁也认不出对方的本相[①]。所以，人与人交往关系的真实性存在可能会因为被"装相"蒙蔽而被破坏。有时候，实话实说和坦诚相见会发展成有话直说、无话不说的关系，友谊、信任、忠诚通常会产生真正的友谊。

在他人不知、自我不晓的"未知的我"区域里，"未知的我"在人际交往中比较消极，喜欢独自行动做事，乐于独来独往。"未知的我"需要更多的自我观察和内省的方式挖掘自己的潜力和潜能。"自我"要学会与其他人自然相处，充满自信地积极地参与社交活动，接受对自己表示友好的人们的提议。我们可以用另外一种动态"约哈里之窗"的象限图示来描述自我改进的方式。（见图8.9）

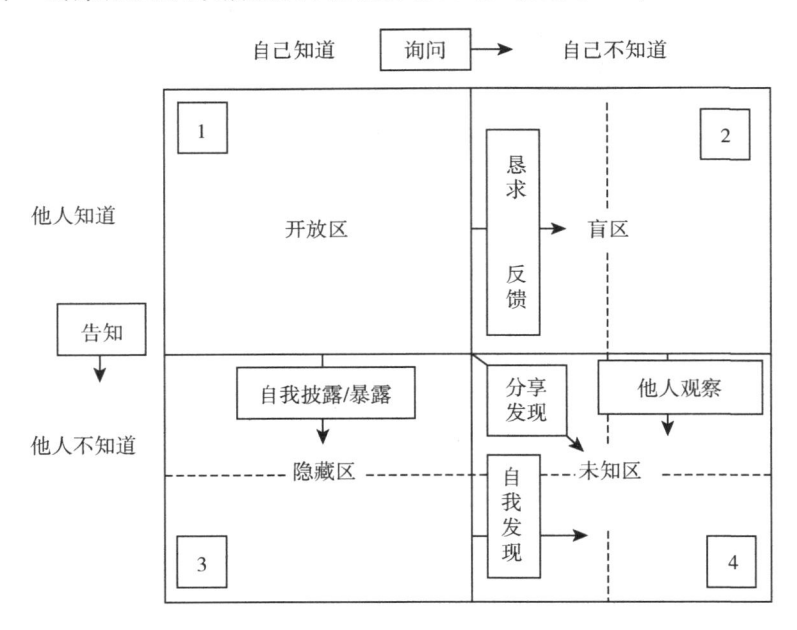

图8.9　改善自我的"约哈里之窗"

---

① Buber, M., Friedman, M. and Smith, G., *The Knowledge of Man: Selected Essays*, Humanities Press International, 1965, p.65.

图 8.9 中的箭头显示"开放区"可以向其他区域延展以及延展手段,虚线则表示"约哈里之窗"可以变化的动态特征。"'约哈里之窗'本质上是动态的。挪动把人际空间分成四个区域的水平或垂直线条的能力控制着人际关系的质量。"①"约哈里之窗"的动态性体现在四个区域的随机扩大或缩小,也反映出了"自我"与"他人"的互动。当人际传播双方对象同时处在开放区时,他人看到了对方原本不想让他人知道的内容,就是我们常见的人际传播。为了保证交际的有效性,人必须扩大开放区域、缩小盲目区域和隐藏区域,挖掘未知区域。要实现这一目的,主要手段是"暴露"和"反馈"②,有意地与他人建立人际关系,增进双方理解和人际交往有效性。

人与人的交往是一个心理互动过程,人人都需要巩固和扩大"开放区域",缩小"隐藏区域"和"盲目区域",挖掘"未知区域"。通过彼此间的积极互动,突破"双盲区",这样,人与人之间就会少一些矛盾和冲突、多一些共识与合作。在人际交往中,自我表露会让彼此信任,而信任感反过来又促进了人们的自我表露,从而形成一个良性的循环,最终拉近双方的距离,促进人际关系的发展。

"约哈里之窗"带给我们的启示:要开展良好的网络人际传播和人际互动,就要认真思考"约哈里之窗"的四个象限,关注自我信息的开放区,科学合理地扩大公开区域,适度自我暴露,注意倾听,缩小自我盲区,适度缩小盲目区域和隐蔽区域,同时积极探索未知区域。在网络人际交往中,以坦诚交流、真诚相待、和谐共处为原则,不断缩小"盲目区"、暴露"隐藏区"、揭示"未知区",提高人际交往的透明度,从而逐步实现人际交流的真实性、针对性和客观性。"约哈里之窗"有益于围绕网络行为举止和感知动机促进对话和交流,促进言行开放与共享,产生互为参照的共同点,共同建设良好的语言生态。

积极网络语言通过物质、关系和心理过程阐述事实;既通过收缩

---

① Nair, S. K. and Naik, N. S., "The Johari Window Profile of Executives of a Public Sector Undertaking", *Management and Labour Studies*, Vol. 2, 2010, p. 137.

② Nair, S. K. and Naik, N. S., "The Johari Window Profile of Executives of a Public Sector Undertaking", *Management and Labour Studies*, Vol. 2, 2010, p. 138.

资源强调命题的可靠性和正确性，也通过扩展资源承认自身意见或声音只是多种可能性中的一种，不排除其他观点、声音的存在；倾向于使用人称代词，拉近与读者的距离，使用具有正面的，积极意义的关键词语的重复，选择照应和连接这两种方式，较好地谋篇并强调语篇的关键信息和表达积极情感。因此积极网络语言倾向于强调信息的可靠性，注重增加信息的透明度，扩大信息公开区域，接受他人反馈或其他声音，以坦诚交流、真诚相待、和谐共处的话语方式提高人际交往的透明度，符合"约哈里之窗"的四个象限，有利于建立良好的人际关系，进而促进良好语言生态的构建。

本章小结

在生态哲学观、生态语言学理论、生态话语分析理论指导下，本书将积极网络语言划归"有益性网络话语"范畴。积极网络语言的功能呈现：在虚拟空间引导个体抒发积极情感，发掘个体优势与潜能，关注社会美好事物，促进个体伦理道德与积极品质的形成，能够传播正能量，弘扬正确价值观，有益于建构积极人际关系的语言。首先，本章在第五、六、七章的基础上，从及物性、衔接以及介入资源等层面，进一步综合挖掘积极网络语言的生态语言特征。其次，本章根据前期研究，归纳了积极网络语言的生态功能，即积极网络语言丰富了语言生态系统的多样性、促进了语言生态和谐发展、推进了语言生态系统动态平衡以及发展了和谐语言生态。最后，本章以"约哈里之窗"模型为学术出发点，讨论积极网络语言生态助力构建和谐人际关系问题。自我暴露是实现和谐人际关系管理的核心，反馈则是达成和谐人际关系建构的管道。在网络人际交往中，以坦诚交流、真诚相待、和谐共处等言语方式，不断缩小"盲目区"、暴露"隐藏区"、揭示"未知区"，提高人际交往的透明度，从而逐步实现人际交流的真实性、针对性和客观性，增进双方理解，有利于建立良好的人际关系，进而促进良好语言生态的构建。

第九章　积极网络语言的生态文明建构策略

第五章至第八章从及物性、介入资源、衔接手段以及积极网络语言的生态特征与功能等层面，综合探讨了积极网络语言的生态语言表现与特征，归纳了积极网络语言的生态功能，讨论了积极网络语言生态如何助力构建和谐人际关系问题。本章将进一步借鉴批评话语分析、积极话语分析、语用学等领域关于话语策略的研究，深入了解网络话语策略的分类和内涵，结合积极网络语言意义建构特征，抽象凝练有利于建立网络语言文明的话语策略。此外，网络语言作为以互联网为载体的新兴媒介语言，表征了一种新的语言传播模式，本书结合模因学和传播学理论提出相应的话语建构策略，探索网络语言生态文明的建设策略与路径。

话语既是一种语言使用形式[1]，也是特定语境下的语言使用。[2] 网络话语就是互联网语境下的一种语言使用形式与意义表达，是人们运用语言在网络空间传播讯息、表达思想、开展交际和传递情感的产物。网络语言作为一种语言变异现象而存在，但并不意味着所有的网络话语都是语言生态系统的合法成员。积极网络语言有利于丰富语言生态系统，而消极网络语言则会破坏语言生态系统的平衡。从生态语言学的视角分析网络话语的积极意义表现在：一方面，对于消极的、破坏

---

[1] Van Dijk, T. A., *Discourse as Structure and Process: Discourse Studies: A Multidisciplinary Introduction*, London: Sage Publications Ltd., 1997, p. 2.

[2] 施旭：《什么是话语研究》，上海外语教育出版社2017年版，第2页。

性网络话语，可以通过批判性分析唤醒人们积极的语言生态意识、抵制破坏性话语，倡导网民减少或抵制使用破坏性或消极话语；另一方面，鼓励网民使用和传播积极的、有益性网络话语。核心是通过分析其传递的意识形态和具体的语言特征，探究网络文明话语的建构策略和方法。积极网络话语建构是对破坏性话语的批判与纠偏，是对新生的有益性话语的探究和创造，其目的是"使生态积极导向的话语成为讲述关于世界的故事的可替代性方法，并广泛传播这些话语"[①]。在网络语言生态文明建设中，如何通过话语建构的方式推行和鼓励有益于生态行为的话语并使之广为传播，成为占主导地位的话语形式，是网络语言生态文明建设的重要目的之一。关于话语建构策略，语言学界如系统功能语言学、批评话语分析、积极话语分析、语用学、社会语言学等领域均有相关研究成果，网络语言生态文明建设通过借鉴以上研究成果，总结并凝练出有利于网络生态文明话语建构的话语策略。

第一节　CDA 视角的网络话语建构策略

自 20 世纪 50 年代起在人文社科领域开始"话语转向"以来，话语分析和研究作为一门新兴的学科逐渐走向成熟并具有了自主的学科地位[②]。早期话语研究的重点更多在于语言内部特征[③]。20 世纪 60 至 70 年代，其他学科的发展对话语研究产生了重要影响，如语用学、福柯（Foucault）关于话语与权力的讨论、富勒（Fowler）等人倡导的批评语言学、韩礼德（Halliday）关于语域的讨论、拉波夫（Labov）提出的变异社会语言学以及戈夫曼（Goffman）倡导的互动社会语言学等，这些领域的研究更多关注的是话语的社会属性。近些年来，增长

---

① ［英］阿伦·斯提比：《生态语言学：我们赖以生存的故事》，陈旸、黄国文译，外语教学与研究出版社 2019 年版，第 34 页。
② Van Dijk, T. A., "The Future of the Field: Discourse Analysis in the 1990s", *Text*, Vol. 10, No. 1/2, 1990, pp. 133 – 156; Van Dijk, T. A., "Discourse Studies: A New Multi-disciplinary Journal for the Study of Text and Talk", *Discourse Studies*, Vol. 1, 1999, pp. 5 – 6.
③ De Beaugrande, R. and Dressler, W., *Introduction to Text Linguistics*, London: Longman, 1981; Dressler, W., *Current Trends in Textlinguistics*, Berlin: Walter de Gruyter, 1978.

第九章　积极网络语言的生态文明建构策略

最快的话语研究领域就是话语的社会维度,坦嫩(Tannen)、汉密尔顿(Hamilton)与希夫林(Schiffrin)等人编纂的《话语分析手册》(第二版)(*The Handbook of Discourse Analysis*)[1] 概括总结了近年话语研究的重点:话语的结构特征、话语使用(如新媒体话语)和话语在社会文化情境中的解读。其中,最后一种研究趋向在话语研究中相对较新,尤其以批评话语分析流派的研究为主,该流派主张通过话语来探究社会文化现状及其变迁,甚至希望通过话语建构并解决社会问题、改变不合理的社会现状。作为话语分析的重要组成部分,批评话语分析的显著特点是关注社会问题,尤其关注话语与社会权力的关系,通过话语分析揭示社会问题并在此基础上提出改进问题的相应策略[2]。沃达克(Wodak)在接受访谈时曾指出,批评话语分析所谓的"批评"并不一定就是"消极的"或"怀疑的",提出"替代性选择也是批评的一部分"[3]。也就是说,批评话语分析的目的不仅包括揭示和批判社会问题,也包括提出有望解决社会问题的策略和途径。

"策略"是指一种或多或少有意的、准确的实践计划(包括话语实践),其目的是通过这种实践来实现特定的社会、政治、心理或语言目标。话语策略是基于不同层面的语言组织特征和复杂的语言使用方法[4]。沃达克和迈耶(Meyer)[5] 关于民族和民族认同话语的研究发现,话语建构依赖于四种宏观话语策略:建设性策略(目的在于构建民族认同)、维护性或辩护性策略(目的在于保持和复制民族认同)、变异性策略(目的在于改变民族认同)和破坏性策略(旨在

---

[1] Tannen, D., Hamilton, H. and Schiffrin, D., *The Handbook of Discourse Analysis*, Chichester: Wiley Blackwell, 2015, 2nd ed.

[2] Fairclough, N., *Critical Discourse Analysis: The Critical Study of Language*, London: Pearson Education, 2012, 2nd ed., p. 9.

[3] Kendall, G., "What Is Critical Discourse Analysis? Ruth Wodak in Conversation With Gavin Kendall [38 paragraphs]", *Forum Qualitative Sozialforschung/Forum: Qualitative Social Research*, Vol. 8, No. 2, 2007, p. 17, http://nbn-resolving.de/urn:nbn:de:0114-fqs0702297.

[4] Wodak, R. and Meyer, M., *Methods of Critical Discourse Analysis*, London: Sage Publications LTD, 2001, p. 73.

[5] Wodak, R. and Meyer, M., *Methods of Critical Discourse Analysis*, London: Sage Publications LTD, 2001, pp. 71 – 72.

瓦解民族认同）。以上宏观话语策略在微观层面体现为以下具体方式：第一，命名策略，旨在对社会成员分类，如分为内群体和外群体；第二，述谓策略，其目的是对社会行为者贴标签，如积极的、欣赏的标签或消极的、贬低的标签；第三，论证策略，通过对积极属性或消极属性进行辩护来实现；第四，视角化策略，通过表达介入来定位说话者的观点；第五，强化或缓和策略，通过强化或缓解话语的言外之力实现[①]。这五种话语建构策略既适用于积极的自我建构，也适用于建构消极的、负面的他者。由此可见，同一话语策略，在语言生态建设中可用于认同话语或群体内话语建构，也可用于差异话语或群体外话语建构。网络语言生态文明建设的焦点应当是强调认同或群体内话语行为，而非引起冲突与争端的他者化行为或群体外话语行为。

下面本书结合积极网络语言意义建构特征，分析和讨论命名策略、述谓策略和论证策略在网络语言文明建设中的应用。

一 命名策略

指称或命名策略是对社会成员进行群组分类的一种建构性策略。[②] 网络话语中经常使用这种策略进行内群体（in-group）和外群体（out-group）的划分和标记，例如网络流行语"凤凰男""绿茶婊""社畜"等就是针对特定人群的一种歧视性命名和指称，属于外群体划分策略，通过这种方式构建一种消极的外群体形象，其本质是一种易引起语言冲突或身份争端的消极网络语言，不利于构建积极的网络生态文明。反之，"国士""护旗手""宝藏女孩""憨憨""大白"等网络流行语则是对特定群组积极的、正能量的命名和指称，属于内群体分类，有助于消弭人际距离，构建积极友好的网络话语语境与生态。

[①] Wodak, R. and Meyer, M., *Methods of Critical Discourse Analysis*, London: Sage Publications LTD, 2001, p.74.

[②] Wodak, R. and Meyer, M., *Methods of Critical Discourse Analysis*, London: Sage Publications LTD, 2001, p.73.

第九章 积极网络语言的生态文明建构策略

（1）"国士"一词在古籍表示"一国中才能最优秀的人物，一国中最勇敢、有力量的人。"《战国策·赵策一》："知伯以**国士**遇臣，臣故**国士**报之。"《左传·成公十六年》："皆曰：**国士**在，且厚，不可当也"，意为"国中精选的为数众多的、护家卫国的武士"。

作为网络流行语，"国士"延续了其积极的内涵，指勇敢而有力量的人，是心怀天下，舍身为国的高洁之士。如杂交水稻之父袁隆平、抗击非典及新冠疫情的钟南山、抗疫英雄张定宇、陈薇、为中国建设FAST天眼的南仁东，均可称为"国士"[1]。由于网络传播的便捷性和高效性，许多作为网络流行语的命名和指称快速在网上流行发酵，甚至会在线下广为传播，对舆论有一定的引领作用，因此，全社会要提倡推广有益于网络语言生态建设的网络语言指称和命名，过滤并抵制破坏性的指称与命名方式。

二 述谓策略

述谓策略是指给社会事件或社会行为者贴上积极、欣赏的标签或消极、否定的标签[2]，一般通过赋予社会事件或社会行为者具有积极或消极特征的属性评价来实施，具体方法就是通过话语方式赋予其某种特点、属性、品质或特质。当某项行动、某个事件、某个人或某个群体被以×冠名，则该行动、事件、个人或群体就具有×属性、特征或品质，例如在奥地利和德国，移民工人被贴上"客"（guest worker）的标签，意味着这些移民工人携带有"客人"的属性，他们不是也不会成为移民国的主人，迟早都得返回自己的国家[3]。因此，从述谓策略的视角看，该话语方式对移民工人进行排斥化、他者化、外群体化，

---

[1] 流行语百科：《国士》，https：//www.lxybaike.com/index.php?doc-innerlink-%E5%9B%BD%E5%A3%AB，2022年7月11日。

[2] Wodak, R. and Meyer, M., *Methods of Critical Discourse Analysis*, London：Sage Publications LTD, 2001, p. 73.

[3] Wodak, R. and Meyer, M., *Methods of Critical Discourse Analysis*, London：Sage Publications LTD, 2001, p. 75.

具有消极性,不利于移民工人与本地居民和谐相处,甚至会影响社会稳定。反之,积极的述谓策略则有助于构建和谐的社会环境。

(2) 最近!故宫的**中国风**周边设计火了!原来**中国风**还能这么**美**!☆ 中国传统文化源远流长、**博大**精深,我们的民族不仅能将**雍容华贵**的故宫宫廷风做到极致!?还能将**精美绝伦**的国粹玩转潮流!谁说京剧不**时尚**?(XL_ POS _ 00001419)

近年来,"中国风"一词频现于网络流行文化中,例(2)提到"中国风"时,使用了"美""雍容华贵""精美绝伦""时尚"等具有积极特征的词,赋予"中国风"积极的品质和属性,充分肯定了中国传统文化的博大精深,是对中国文化的认同和接纳,有助于构建和谐的网络语言环境。

三 论证策略

论证策略属于维护性策略。当话语者赋予某一社会事件、社会现象或社会行为者积极或消极的属性特征时,通常会采用一定的论辩方式进行论证,使之合法化,这一方式被称为论证策略。具体来讲,论证策略就是运用相应的辩论命题使积极或消极的属性描述得到论证,论证命题包括有用/有利、无用/无利、危险、威胁、数字、事实、法律、责任等[1]。这对积极的网络话语建构有重要的启示意义,正面命题如有用、有利、真实的数字和事实、法律条款等有助于构建积极网络话语。随着互联网的快速发展,网络流行语大量涌现,许多网络流行语作为网民约定俗成的表达方式,已演化为网络媒介的新命题,成为网民情感抒发的重要渠道[2]。这些网络新命题如引导得当,会舒缓

---

[1] Wodak, R. and Meyer, M., *Methods of Critical Discourse Analysis*, London: Sage Publications LTD, 2001.

[2] 参见曹进《网络语言传播导论》,清华大学出版社2012年版,第71页。

民意，正面引导舆论，有益于构建网络语言生态文明。以网络流行语"宝藏"为例，2016 年"宝藏男孩"一词最早出现在微博，指才艺卓然、有着源源不断的人格魅力并能不停地给人以惊喜的男生。如今"宝藏"一词频现于微博、社区论坛、抖音等网络交流平台，演化为一种网络语言的新命题，如果某一现象、事物或人被冠以"宝藏"之名，则意味着该现象、事物或人具有源源不断的可贵品质或潜能，如例（3）所示：

（3）最近一年，我好多好多喜欢的饭店都关门了。回想了一下，我一次都没有和人推荐过这些店。当时坐在店里想的还是，这些**宝藏**饭店我一定要藏好了不能给人知道，希望这些饭店永远不要火，这样就可以不用排队了。结果店里的人越来越少，在我沾沾自喜之后不久，它们就接连消失了。我好后悔啊，我如果多和朋友推荐推荐，就算要排队，至少还吃得到。我的喜欢不值钱，我的爱也不能发电。（XL_POS_00019140）

在这篇博文中，"宝藏"作为积极、肯定的命题被用以论证博主最喜欢的饭店，并在此基础上被赋予更多内涵，如"宝藏"只有通过分享方能长久。"宝藏"一词作为网络正能量的论证命题，证实好的饭店（即美食信息）不仅值得个人收藏，满足自我需求，更应该通过分享"推荐"给大众。从话语建构策略的视角看，"宝藏"命题在网络平台上传递了对美好事物欣赏和分享的理念，是积极的话语建构方式，因此有益于网络语言生态文明的建构。

目前有两种截然相反的网络流行语备受关注，一种是网络攻击性语言，用以在网络上谩骂攻击他人，如"脑残""绿茶婊"等；另一种是网络温情语言，如"国士""护旗手""宝藏男孩"等。从批评话语分析的话语建构策略来看，前者显然使用了群体外、他者化、歧视性的命名、述谓和论证策略，而后者则完全与之相反，应用了群体内、认同化、接纳性的话语建构策略。其效果也显而易见，前者易激起网络民意的反弹，甚至导致舆论失控，不利于维护风清气正的网络空间环境，而后者则可以舒缓民意，满足网民渴望认同和温情的需求，传递了认同、分享、接纳的积极理念，有助于引领正确的网络舆论，建构充溢正能量的网络空间环境，因此对网络语言文明建构具有重要的借鉴意义。

第二节 积极话语分析视角的网络话语建构策略

积极话语分析是从批评话语分析而来，有其产生的时代背景、任务、方法和意义。富勒、范迪克、费尔克拉夫、沃达克等众多批评话语分析学者的共同看法是：批评话语分析以社会问题，尤其是社会不平等现象为针砭对象，把批评的矛头指向权力机构和个人，对社会矛盾所采取的态度始终是解构性的，所做的话语分析从本质上讲更多是消极的。针对此，马丁提出将积极话语分析作为对批评话语分析的批判、反拨和补充[1]。马丁认为，批评话语分析过于侧重批评和解构，而话语分析作为人文学科对社会过程的研究，至少应该包括两个方面：解构与建构，即话语分析不应该只关注对剥削、权力和压迫的过程的批判，也应该关注积极的社会改变，以积极的态度对待各种社会矛盾，旨在通过话语分析提倡和创建一个和谐的社会。因此，积极话语分析主张话语分析的对象不应只是含有不平等的"坏消息"，也应该是主张"和平"的好消息[2]。马丁通过对澳大利亚土著和解主题相关话语的分析，分析和解构了"好消息"的话语建构方式，本书将其总结为以下话语策略：多模态策略、情感策略和叙事策略等，其中，多模态策略和情感策略对积极网络语言的话语建构具有积极启示。互联网诞生至今，网络语言的发展正在经历从随意使用到规范发展的过程，在此过程中，互联网各个平台充斥着良莠不齐的话语和信息，导致网络空间语言生态失衡。积极话语分析关于"好消息"和"坏

---

[1] Martin, J. R., "Positive Discourse Analysis: Solidarity and Change", *Revista Canaria de Estudios Ingleses*, Vol. 49, 2004, pp. 179 – 200.

[2] 参见胡壮麟《积极话语分析和批评话语分析的互补性》，《当代外语研究》2012 年第 7 期。

消息"及话语策略的论述对甄别、筛选乃至建构网络"好消息"具有借鉴意义。

一 多声与多模态策略

马丁认为积极话语分析实质上是解析人们对于"好的变革/变化"发生过程的理解[①]。因此，网络"好消息"的建构过程实际上也是网民对于社会积极变革或现象的话语建构过程。在此过程中，话语表述的客观性和公正性对建构"好消息"必不可少。马丁将介入资源的"多声"（voices）作为判断"好消息"客观性和公正性的标准，也是积极话语建构的策略之一，本书将"voices"译为"多模态"策略。马丁在分析澳大利亚土著和解主题相关话语时，从两个层面解读了"多模态"：多种声音和多种模态。多种声音是指"好消息"应包纳多方面的声音，除了官方声音，还应有话语对象、读者乃至弱势群体的声音；多种模态则强调"好消息"的建构同时运用语言与非语言的手段和符号资源，如图像、声音、视频等。从媒体的视角看，网络作为新兴媒体完美融合了"多模态"的特征。承担着公共信息传播（特别是新闻传播）功能的网络媒体演变突破了传统媒体的局限，体现出单媒体—多媒体—融媒体，单向—多向—共融的发展趋势和特征，前者丰富了网络新闻的表征手段，如从文字形式演变为图文结合、文字与视频组合以及多媒体融合的形式；后者体现了网民群体身份的演变，从信息接收者与反馈者演变为信息生产者与传播者，网民与新闻网站融为一体，共同发声，建立一种你中有我，我中有你的共同协作关系[②]。由此可见，以"多种声音"和"多种模态"为主的多模态不只是建构"好消息"公正性和客观性的话语策略，也是网络语言，尤其网络新闻话语演变至今的重要趋

---

① Martin, J. R., "Positive Discourse Analysis: Solidarity and Change", *Revista Canaria de Estudios Ingleses*, Vol. 49, 2004, pp. 179–200.
② 参见彭兰《网络传播概论》（第四版），中国人民大学出版社2017年版，第17页。

势和特征。

（4）有这样一对狠心的父母将自己刚刚出生的孩子遗弃在了街头，**从画面中可以看出，女婴浑身赤裸，脐带和胎盘甚至都没被剪断。而在她的周围还有不少生活垃圾，这场景让不少路人和网友都十分揪心**。民警在接到好心路人报案后立马赶赴了现场，并协同120将其送往医院救治……而不少好心人士在得知此事后其中有几位表示自己**愿意领养**这个孩子。网友看了之后也十分揪心，同时对孩子父母的狠心行为也表示心寒，有网友**评论道：**"**需要他担起责任，这种人就算担起责任我也不信，既然敢遗弃一次，就会遗弃第二次，第三次。只希望孩子可以找一个好人家**。"还有网友看了之后**评论**道："**为人父母竟然这么狠心，伤害自己的亲身骨肉。以后怎么面对孩子？**"据悉，该案件已被警方以遗弃罪立案，我国刑法第二百六十一条**规定：对于年老、年幼、患病或者其他没有独立生活能力的人，负有扶养义务而拒绝扶养，情节恶劣的，处五年以下有期徒刑、拘役或者管制**……（SH_POS_00000911）

这则网络新闻谴责了遗弃女婴的恶劣行径，从道德行为和法律规范两方面批评并警告弃婴的违法行为，反向建构了积极话语，是一则"正面消息"，因为该消息既包含了广大网民的谴责，也包含了对弃婴关心，同时"警方立案"体现了政府责任。该消息采用了"多种声音"和"多种模态"的积极话语建构策略。"多种声音"既包括媒体（或消息生产者）声音如"这场景让不少路人和网友都十分揪心"，也包括读者（或评论者）的声音，如网友的评论"……这种人就算担起责任我也不信，既然敢遗弃一次，就会遗弃第二次，第三次。只希望孩子可以找一个好人家""为人父母竟然这么狠心，伤害自己的亲身骨肉。以后怎么面对孩子？"还包括权威声音如我国刑法的规定"对于年老、年幼、患病或者其他没有独立生活能力的人，负有扶养义务而拒绝扶养，情节恶劣的，处五年以下有期徒刑、拘役或者管制"。

媒体声音从正面引导舆论，抨击弃婴的无耻行为，读者或网民的评论进一步验证该种行径的错误和恶劣，体现出该消息的客观性和公正性，而权威声音则强化了媒体的态度，弃婴不只道德恶劣，还是违法行为。可见，"多种声音"策略有助于建构积极正面、客观公正的网络"正面消息"，尤其有助于建构舆论正确的网络新闻话语。该信息也采用了文字与图片组合的"多种模态"策略，配以弃婴的真实图片，凸显消息真实性的同时，唤醒人们的同情心和道德心，强化对弃婴者的批判与谴责，有助于建构积极的网络新闻话语。

二 情感策略

积极话语分析视角的情感策略主要基于话语者与读者之间的一致性。马丁认为，与读者保持一致不仅需要同理心，也需要说服力，即二者间应存在共同的价值观，而价值观的编码方式，与读者达成一致的言辞方式则尤为重要。[1] 本质上，话语者与读者能达成一致的关键在于二者对同一事物的态度——人们通过语言表达自身的感受，是希望别人能感同身受，从而与自己达成一致。情感策略是基于马丁提出的评价系统理论。态度是评价系统的核心，也是人际意义构建的核心，因此建构态度意义也就成为建构和谐人际关系的关键[2]。马丁在论述积极话语分析的案例时指出，情感策略可以通过情感共鸣（情感资源）—道德判断（判断资源）—和谐鉴赏（鉴赏资源）的路径实现，即首先通过情感资源配置引发读者共情，继而通过道德评判判断行为的对错，最后通过对共同价值观的鉴赏与读者达成和谐一致。网络语言生态文明建设的本质是和谐人际关系的建构，而构建和谐人际关系的语言学路径之一就是态度资源的配置和使用，因此积极话语分析视角的情感策略有助于网络语言生态文明建设。

---

[1] Martin, J. R., "Positive Discourse Analysis: Solidarity and Change", *Revista Canaria de Estudios Ingleses*, Vol. 49, 2004, pp. 179–200.

[2] 参见王振华、刘成博《作为社会过程的法律语篇——态度纽带与人际和谐》，《中国外语》2014年第3期。

（5）暖心！平凡中的感动，属于苔花的芳华 初见刘老师就感觉很**亲切**，她长长的头发，瘦瘦的，脸上带着**微笑**，眼神很**温柔**，声音如春风般**和煦**……就这样，周一到周五，日复一日地坚持着，黑发有了白丝，眼角添了皱纹，习惯成了自然，劳累已成了常态……刘老师如同**盛开在角落里的一朵苔花**，不引人注目，不顾影自怜，虽如米粒那样小，但**静静地绽放着**自己的**美丽**，燃烧着属于自己的**快乐**，实现着人生的**价值**。生命的本相，不在表层，而是在极深的内里。在平淡的日子里，有很多像刘老师这样的老师，**默默无闻地坚守着，不争不抢地付出着**，哪怕没有荣誉也**认认真真**、点点滴滴地做着，用行动绘画出一幅**温柔有力**的画面，成为教育界一道**最美的**风景。（SH_ POS_ 00052630）

例（5）的报道讲述了一名小学教师平凡而伟大的感人事迹，目的是颂扬在平凡岗位上作出伟大贡献的人与事，倡导一种积极的人生价值观。这一消息的话语建构策略之一就是情感策略。首先，通过使用情感资源引发网民的共情，如描述刘老师的形象："初见刘老师就感觉很亲切，她长长的头发，瘦瘦的，脸上带着微笑，眼神很温柔，声音如春风般和煦"，"亲切""微笑""温柔"以及"和煦"这一类情感词汇的使用，首先在读者心目中建立起一个平易近人、温柔亲切的教师形象。其次，通过判断资源配置凸显刘老师的敬业精神与高尚品德，如"刘老师如同盛开在角落里的一朵苔花，不引人注目，不顾影自怜，虽如米粒那样小，但静静地绽放着自己的美丽，燃烧着属于自己的快乐，实现着人生的价值""在平淡的日子里，有很多像刘老师这样的老师，默默无闻地坚守着，不争不抢地付出着"，其中如"盛开""绽放""实现""坚守""付出"等表征积极判断的词汇展现了一种默默耕耘、无声奉献的道德品质。最后，通过鉴赏资源配置与读者达成和谐一致的关系，如"哪怕没有荣誉也认认真真、点点滴滴地做着，用行动绘画出一幅温柔有力的画面，成为教育界一道最美的风景"，其中，"温柔有力""最美"等鉴赏类词汇的使用明确了话语者与网民之间的共同价值观，建构了二者间和谐一致的人际关系，有利于促进网络语言生态文明建设。

积极话语分析关注社会进步的一面，主张建设性研究，是对批评话语分析的补充和完善，毕竟社会发展不只需要解构，更需要建构。保持网络语言生态平衡是建设网络生态文明的重要因素，批判之声与赞美之声，解构性话语与建构性话语，坏消息与好消息，都不能绝对分割，而应该是互补的客观存在，共同维持网络语言生态平衡。在此，积极话语分析及其话语建构策略可以发挥很大的作用，有助于协调网络信息发布者与网民之间的关系，倡导社会主义核心价值观，努力营造一种社会氛围，实现一个既定目标，营造一个平等和谐的语言生态。

第三节　语用学视角的网络话语建构策略

语用策略是语言使用者为达到语言交际目的所运用的各种各样的方式。[①] 语用策略对于网络语言的使用以及网络语言文明建设方面具有积极的实践意义。网络语言作为网络人际沟通的重要方式，其形式与内容同样需要借助一定的语用策略实现交际目的。说什么意味着不说什么。语言使用的过程是不断选择语言形式的过程，在这个过程中，意义生成不仅取决于语言形式，也取决于语用策略的选择。只要使用语言，我们就要考虑选择恰当的语言形式和实施合适的语用策略，以成功达到语言使用和交际的目的。其中，礼貌策略就是利用礼貌隐含意义达到交际目的的一种重要的语用策略。

礼貌一般被定义作减少"面子威胁行为"的策略[②]，是"建立和维持良好关系的社交策略"[③]，也是"减少交际互动中潜在冲突和对抗的人际关系系统"[④]。由此可见，礼貌策略是规避人际矛盾冲突，维持

[①] Gumperz, J. G., *Discourse Strategies*, Cambridge：Cambridge University Press, 1982；参见刘森林《语用策略与言语行为》，《外语教学》2003 年第 3 期。

[②] Brown, P. and Levinson, S. G., *Politeness：Some Universals in Language Usage*, Cambridge：Cambridge University Press, 1987, p. 129.

[③] Leech, G., *The Pragmatics of Politeness*, Oxford：Oxford University Press, 2014, p. 65.

[④] Lakoff, R. T., *Talking Power：The Politics of Language in Our Lives*, Glasgow：Harper Collins, 1990, p. 34.

和谐人际关系的交际策略和人际关系系统。礼貌研究的目的是"解释交际者在意义表达和理解过程中如何消除潜在的人际冲突与对抗"[1]，即解释交际者在交际过程中如何使用一定的礼貌策略实现交际的目的。可见，礼貌对开展人际互动、维系人际关系、消除人际冲突乃至维持社会和谐有着非常重要的作用。

事实上，礼貌问题在网络人际互动中更为凸显。由于网络互动的非同步性、匿名性、物理阻隔性等特征，网络空间常常成为礼貌问题最突出的场所[2]。数字环境的匿名性更易催发不礼貌言语行为，由此引发网络冒犯行为甚至暴力冲突等，不利于维系网络人际关系，甚至会破坏网络环境。反观之，积极的礼貌行为则能维系良好人际关系，营建和谐网络环境。布朗和列文森（Brown & Levinson）在"面子保全"理论的框架内提出了五种礼貌策略：直言策略、积极礼貌策略、消极礼貌策略、非直言策略和回避策略。[3] 其中，积极礼貌策略用以缩小交际者之间的距离，寻求交际者之间的价值观认同，是一种一致性策略，有助于构建积极和谐的人际关系，对本书探讨的网络生态文明话语建构有重要的借鉴意义。

礼貌策略总是与面子联系在一起。积极礼貌策略是指对他人积极面子的维护措施，如尊重、赞扬、欣赏、认同以及肯定等，目的是对他人积极面子维护的最大化和消极面子损害的最小化[4]。积极礼貌策略可分为三种类型：主张共同立场、表达合作关系和满足交际需求。[5]以下将结合本书积极网络语言的语言特征，从话语建构的视角探讨积极礼貌策略对网络语言文明建设的可行性。

---

[1] 冉永平、刘平：《从语言语用学到人际语用学看（不）礼貌的研究嬗变》，《外语教学》2021年第4期。

[2] Culpeper, J., Haugh, M. and Kádár, D., *The Palgrave Handbook of Linguistic (Im) politeness*, London: Palgarve Macmillan, 2017, p. 689.

[3] Brown, P. and Levinson, S. G., *Politeness: Some Universals in Language Usage*, Cambridge: Cambridge University Press, 1987.

[4] 参见索振羽编著《语用学教程》，北京大学出版社2000年版，第51页。

[5] Brown, P. and Levinson, S. G., *Politeness: Some Universals in Language Usage*, Cambridge: Cambridge University Press, 1987, pp. 101–129.

一 礼貌原则使用

(一) 主张共同立场

这类礼貌策略不仅适用于面对面交流，也适用于网络言语互动。交际者通常主张共同立场，属于同类人，有着共同的需求、目标和价值观[①]，主要通过以下具体方式实现：关注和照顾互动参与者，如关注参与者的兴趣、愿望、需求等；寻求一致性，如共同的身份标志等；提出和强调共同立场；避免分歧；开玩笑等。

主张共同立场的常用话语可以是感叹句如"你真美！""你太好了！"或者疑问句"你的……怎么样了？"等对听话人欣赏、赞同或关心的表达，也可以是标记共同身份的代词如"我们""咱们"等。以"咱们"一词为例，经检索本书自建可比语料库发现，"咱们"一词在积极网络语言语料库中的出现频次为36次，在消极网络语言语料库中的出现频次仅为2次。"咱们"一词在积极网络语言中使用频次之所以高于消极网络语言绝非偶然。《现代汉语词典》将"咱们"定义为"我们"的同义词，但又区别于"我们"，因为"我们"不一定包括听话人，但"咱们"则一定包括听话人。换句话说，如果网络语言互动中使用了"咱们"一词，就意味着说话人将网民视为自己人或群体内成员。从语用学的视角看，"咱们"一词的使用有助于表达共同立场，强调身份的一致性，缩短说话人与网民之间的社交距离，有利于维护和构建和谐的网络人际关系，因而是一种积极的礼貌语用策略，可用于建构积极的网络语言环境。图9.1是"咱们"一词在积极网络语言语料库的部分检索行结果。

索引行1、2、3、5中，"咱们这一辈""咱们国家""咱们家长""咱们家族"都强调说话人与网民之间的共同身份，共同立场和共同归属；索引行4和7中，"咱们先去改变话题""咱们结婚吧"强调共同的

[①] Brown, P. and Levinson, S. G., *Politeness: Some Universals in Language Usage*, Cambridge: Cambridge University Press, 1987, p. 101.

1　在现代又流行起来。不要误会并没有觉得相亲这件事情不好，毕竟 咱们 这一辈的很多父母都是靠相亲认识的，也不妨碍他们彼此恩爱。相亲
2　上的，就是方便人们直接开开用：那么，针对上面两点，我来谈谈 咱们 国家的实际情况。情况一，还是要看水源地的质量。如果你是在湖北
3　人"别人可以自己也可以"我觉得这句话不仅适合于孩子，更适合于 咱们 家长，我们所有人都努力过，但是又有多少人坚持到底过，初中是三
4　我告诉大家几个小方法，第一个就是呢，面对父母催婚的时候啊，咱们 先去改变话题，然后就是向他们证明自己过得很好，之前给我讲了，
5　的东西多少钱买的。不要跟人谈论你赚多少钱以及有多少家。这是 咱们 家族根深蒂固的传统，从我的爷爷那辈开始，大家就遵循，因为谈论。
6　3.女人超级讨厌没主见的男人约会的时候，把对方约出来，说：咱们 待会儿去哪儿。吃饭的时候，把菜单一推：你点你点，我都行，我随
7　回答 礼堂钟声在敲打 幸福的密码哦 My Love 咱们 结婚吧好想和你拥有一个家这一生最美的梦啊有你陪伴我同闯天

图9.1　积极网络语言语料库检索"咱们"结果图示

需求或愿望。总之，从礼貌策略的视角看，说话人通过使用"咱们"一词主张与他人的共同立场，拉近了说话人与网民参与者之间的距离，构建和维护了和谐的网络人际关系，有助于建设网络语言生态文明。

（二）表达合作

这类策略通过说话人向受话人表述双方在某一活动/领域中的合作愿望、合作关系以及共同目标得以实施。表达合作的礼貌策略强调说话人与受话人之间相互了解、互惠互利的关系，即以"结盟"的方式维护听话人的积极面子，因而有助于建构和谐稳定的人际关系。网络人际互动虽然因为物理空间阻隔无法进行面对面的交流，但"合作"或"结盟"仍是一种与网民建构和谐人际关系的重要策略，"合作"往往是建立在了解、信任和互助的基础上，发话人需要向受话人表达自己的合作意愿、共同目标、宏图远景等，以此巩固与网民的"联盟"，达成和谐一致的人际关系。从语言使用的视角看，语言主体可以通过以下话语方式实现此类礼貌策略：

（1）表达发话人了解并关心受话人的需求，例如"我知道你想……"这一类的表达；（2）表达提议和承诺，如"我（们）会……"等；（3）表达乐观，如"我希望……""我确信……"等；（4）使用"我们（包含话语参与者双方）"之类的表达，"让我们一起……"是该策略最典型的方式；（5）使用询问原因（二者皆知）的表达，如"为什么不……"的表达方式，以此表明发话人愿意提供帮助等。

经检索自建可比语料库，"让我们（做）……"句式在积极网络语言语料库中出现频次为202次，在消极网络语言语料库中频次仅为20次。数据显示，相比消极网络语言，积极网络语言更多使用了"让

我们（做）……"这一句型。究其原因，"让我们（做）……"的使用既表达了发话人与受话人的合作愿望，也强调了发话人与受话人之间的合作或结盟关系，对积极的网络人际关系具有建设性意义，因此被更多用于积极网络语言互动中。"让我们（做）……"句式在积极网络语言语料库的部分检索结果如下（见图9.2）。

1 腔艺术家们的辛劳为人所知，我们所有人都觉得很抱歉也很难过。更 **让我们** 感动的是，所有遭到我们"突击"采访的艺术家们都非常亲切友好。
2 有意义的培训，感觉对自己、对人生都有了全新的认识，感谢训练营 **让我们** 收获自信，收获构筑完美人生的能力。#晓翁文化##教育##
3 看出华为的强大，也可以说这是华为的一次实力晒"肌肉"！下面就 **让我们** 起来看吧。这些实验室有先进热技术，先进构材料，以及诺
4 子买的不对了，上来就是批评，要是你在群里发个书的样子，有必要 **让我们** 买错！到是整天看见你在群里发我罚站的孩子，说什么不会认真听
5 了共同的梦想走在了一起，我们相处的时间比家人还多，争吵和依赖 **让我们** 不可分割，今后的日子，无论遭遇怎样的困境，我们风雨同行！祝我
6 当然也要有美好的形象感谢沈会长的邀请，也敬佩姐姐的教育情怀！ **让我们** 一起快乐地做美好的事业，让大家的好生活更加美好#美好##教育
7 人的一辈子 或许真只有一个人是能 **让我们** 喜欢到极致 喜欢到歇斯底里 喜欢到可以放下一切的 经过了这个
8 孩子说他的坏话或控诉他（很多爸爸躺着也中枪就是因为这样）。 **让我们** 一起给孩子们一个温暖而且团结的家吧。#何基佑有感而发##夫妻

图9.2 积极网络语言语料库检索"让我们（做）……"句式图示

图9.2显示，"让我们（做）……"句式均表达了合作的愿望，互助的愿景，尤其以第八条检索行"让我们一起给孩子们一个温暖而且团结的家吧"最具代表性，表达了发话人的合作愿望和憧憬美好愿景，维护了受话人的积极面子，巩固了与受话人的合作关系，对网络人际关系和网络生态环境具有重要的建设性意义。

（三）满足需求

该类策略通过满足受话者一方的实际需求而实现，例如，采取积极的礼貌行为——表达善意。它既可以是有形的物质体现，也可以是无形的心理抚慰和激励，如满足人际关系需求等，后者具体体现为发话人对受话人的理解、同情、喜欢、欣赏、关心、倾听等。常用的表达方式有"我（们）明白/理解/知道/喜欢……"等句式。自媒体时代宣告了草根话语时代的到来，网络的开放性、包容性和便捷性满足了自我表达意识和话语表达权，尤其以微博为代表的网络信息互动平台正在悄然成为网民中的主流人际传播方式[①]。微博因其消息传播最快、互动频率最高、信息发布便捷，成为网民经常用以发布消息、发表观点、抒发情感的场所。本书自建的语料库也证实微博是网民抒发情

[①] 参见曹进《网络语言传播导论》，清华大学出版社2012年版，第111—112页。

感最多的场所。由此可见，虚拟空间并不是冷冰冰的数字世界，也可以是充满温情的情感寄托场域，在这里，人们的人际诉求可以得到回应，理解、同情、欣赏、喜欢等积极的情感需求也可以得到满足，而满足需求的礼貌策略则是实现网民人际和情感需求的重要途径。当网民的情感洪流得到疏导，有利于消弭网络冲突并建设风清气朗的网络空间。

检索可比语料库发现，"我明白……"句式在积极网络语言语料库中出现频次为21次，在消极网络语言语料库中频次仅为1次，这说明"我明白……"的表达方式更多用于实施积极的礼貌策略，以共情或理解的方式回应网民的人际和情感需求，更易于和网民达成和解与一致，从而有利于建构与网民的和谐人际关系。

```
1  对你的爱不屑一顾，那肯定也会有人将你的爱小心收藏。16、后来 我明白，很多事情说出多都没有用，就像拿着一杯热水，虽然很满，但觉得
2  我需要你的时候，我可以找到你。我说话的时候，我知道你在听。    我明白 你在我面前、没有秘密。不管发生什么事，我确定你 一直都在#情感
3  满足的笑脸，仿佛看到了小时候的自己，内心充满无限感动。终于， 我明白 了，原来这才是我最想找到的：就是用不教的艺术感染我们下一代，
4  谢大家的信任！看了很多淘宝前辈的经验之谈，心中感触颇多，也许 我明白 前路艰辛，需要我付出很大的努力，但是我相信，只要心中有景，何
5  没什么可怕的!! 以前我一直想不通世界为什么会有人自杀？现在 我明白 了。也感受到了。人处于绝望，实在是无路可走才走上的绝路。希望
6  软件的人有很多，但是你凭什么找我？我觉得是凭借我的耐心!! 因为 我明白 新手走过来没有人指导是很痛苦的，要自己碰很多次钉! 但是如果你
7  欢的人，她对我没感觉。听到答案，心理有点小小的不太滋味，但是 我明白 我们虽说有男女朋友之名，但是其中有戏弄的成分。我也不可能在
8  负，你要强硬起来，坚持自己的原则，别人才不敢欺负你。后来 我明白 了，有些事该讲则讲，越让让越敢欺负，任何事情都不是小事情，那
```

图9.3 积极网络语言语料库检索"我明白……"句式图示

以上检索结果无一例外表达了或理解，或同情，或和解的情感回应，例如检索行6中"我明白新手走过来没有人指导是很痛苦的，要碰很多次钉!"表达了对新手的同情和理解，虽然网络互动不同于面对面互动，但仍然可以感受到发话人与受话人之间的一种情感共鸣和积极的人际互动。

总之，积极的礼貌策略通过特定的语言使用方式主张共同立场、寻求合作关系和满足对方需求，有助于建构网民之间的和谐人际关系，对网络语言生态文明建设有重要的建设性意义。

二 模因论视角的网络话语建构策略

人类历史上发生的每一次传播革命，都会带来一系列震荡效应。网络信息的传播经常跨越多种传播形态，在多个传播渠道中进行多级

第九章　积极网络语言的生态文明建构策略

传播，在此过程中，传播中的信息会被不断复制、重复、放大、衰减甚至扭曲①。"网络语言几乎参与了所有的传播过程，是信息传播、信息传播方式与信息传播行为的重要介质，形塑着网民的社会心理、社会行为和与社会交往。②"此时，"模因充当了网络语言传播的复制器"③，语言模因通过创造性的模仿、复制和组合，遵循模因传播规律，在网络共融平台上不断推陈出新，以不同的传播方式在不同的人群中广为传播，不断壮大模因队伍，增强模因影响力，成为网络信息生产与传播最重要的途径。互联网平台提供的多元丰富的传播方式、传播渠道、传播路径以及传播社群，使网络语言模因传播面更广、模式更丰富、形式更复杂。从模因传播方面规范网络语言及网络语言的传播，将有助于预防和改善网络传播中的信息失实与扭曲，对构建良好网络语言生态具有积极的社会意义。

1976年，道金斯在《自私的基因》中宣称，人类只不过是"基因的生存机器"。他认为人与动物的区别就是"文化"传播，文化传播有一点和遗传相类似，即"它能导致某种形式的进化"。④ 布莱克摩尔则提出模因"正是借用我们的躯体而得以传播的"。⑤ 自从道金斯等将文化观念与生物遗传进行比较以来，"模因"本身成了学者们争论不休的话题。其拥趸支持修正并扩展了模因的原初概念，帕克林顿（Pocklington）和贝斯特（Best）认为模因是"可靠且反复经受传播的，最大的社会传播的信息单位"⑥，布罗迪（Brodie）坚信模因是"思想中的信息单位，它的存在影响事件，可以让自身的副本在其他思想中产生"⑦。希夫曼（Shifman）（2014）在《数字文化中的模因》

---

① 参见彭兰《网络传播概论》（第四版），中国人民大学出版社2017年版，第44页。
② 曹进：《网络语言传播导论》，清华大学出版社2012年版，第189页。
③ 曹进：《网络语言传播导论》，清华大学出版社2012年版，第243页。
④ [英]里查德·道金斯：《自私的基因》，卢允中等译，中信出版社2012年版，第214页。
⑤ [英]苏珊·布莱克摩尔：《谜米机器》，高申春等译，吉林人民出版社2011年版，第14—16页。
⑥ Pocklington, R. and Best, M., "Cultural Evolution and Units of Selection in Replicating Text", *Journal of Theoretical Biology*, Vol. 3, 1997, pp. 79–87.
⑦ Brodie, R., *Virus of the Mind: The New Science of the Meme*, London: Hay House, 1996, p. 32.

中批评了道金斯对模因的定义及其在模因论学术传统中的发展。她指出，道金斯的理论采用了传播的流行病学模型，该模型剥夺了人类行为者在文化生产过程中的任何代理权。伯吉斯（Burgess）[1]、科诺贝尔（Knobel）和兰克斯切尔（Lankshear）[2]、米尔纳（Milner）[3]和希夫曼（Shifman）[4]纷纷将模因概念与传播联系起来——模因在数字网络中的分发、复制和传播。希夫曼认为"模因"是"传播、模仿、并由个人互联网用户转化，在此过程中创造共享的文化体验"[5]。马威克（Marwick）（2013：12）指出："模因揭示了传播学者亨利·詹金斯所说的互联网的参与性文化，这种文化一直在流动。"[6]

尽管模因及模因论存在争议，它们仍然为"网络模因"的出现奠定了基础。根据道金斯在《自私的基因》中的分析，成功传播的模因包含了三个基本属性：长寿性、繁殖力以及复制性。希夫曼认为互联网的独特功能将模因的扩散变成无处不在且高度可见的常规。模因的寿命、繁殖力和复制保真度全部通过互联网增强。因为数字化允许无损信息传输，因此在线模因传输具有更高的复制保真度（即准确性）。繁殖力（数量以时间单位制作的副本）也大大增加——互联网促进了任何给定的迅速传播向众多节点发送消息。长寿性可能也增加，因为信息可以无限期地存储在众多文档中[7]。网络推动了模因的加强和重生，让"网络模因"这一新概念日渐繁荣。希夫曼将网络模因定义为：（1）一组共享共同的数字项目内容、形式和/或立场的特征，其

---

[1] Burgess, J., "All Your Chocolate Rain Are Belong to Us? Viral Video, YouTube and the Dynamics of Participatory Culture", in Lovink, G. and Niederer, S., eds. *Video Vortex Reader: Responses to YouTube*, Amsterdam: Institute of Network Cultures, 2008, pp. 101–109.

[2] Knobel, M. and Lankshear, C. A., *New Literacies Sampler*, New York: Peter Lang, 2007.

[3] Milner, R. M., *The world Made Meme: Public Conversations and Paticipatory Media*, Cambridge: The MIT Press, 2018.

[4] Shifman, L., "An Anatomy of a YouTube Meme", *New Media & Society*, Vol. 14, No. 2, 2012, pp. 187–203; "Memes in a Digital World: Reconciling with a Conceptual Troublemaker", *Journal of Computer-Mediated Communication*, Vol. 18, 2013, pp. 362–377.

[5] Shifman, L., "Memes in a Digital World: Reconciling With a Conceptual Troublemaker", *Journal of Computer-Mediated Communication*, Vol. 18, 2013, pp. 362–377.

[6] Marwick, A., "Memes", *Contexts*, Vol. 12, No. 4, 2013, pp. 12–13.

[7] Shifman L., *Memes in Digital Culture*, Cambridge, MA: MIT Press, 2014, p. 17.

中（2）是在相互了解的情况下创建的，并且（3）被传播、模仿和/或通过许多用户上网。① 她认为要分析数字文化时代的模因，需要注意三个因素：（1）模因最好被理解为在人与人之间传递的文化信息，但逐渐扩展为一种共享的社会现象；（2）模因通过各种模仿方式进行复制；（3）模因通过竞争和选择进行传播②。丹尼索娃（Denisova）认为网络模因是"互联网用户在数字领域中使用、整合和分享的可模仿文本。初始文本可能是一个标签、图像、吸引人的微博、有趣的评论或者一个YouTube视频等任何数字单位表达式，只要它传达了某些意义或情感，鼓励别人在内容或形式上进行添加或重组，它就是模因"③。对于健康和谐的网络语言生态文明建构而言，如何在语言模因传播阶段促进有利于网络语言生态文明建设的强势模因的复制和传播，显得尤为重要。斯哥特认为模因"可以交流笑话、评论或观点。然而，它们通常也表明创作者意识到与作为文本集合的模因相关的价值观、体验和从属关系"④。

（一）网络强势语言模因的设计策略

模因是可以设计的。从模因工程的视角看，可以通过分解与合成等过程设计新的模因来影响他人，以改变他人的行为方式，如宣言、广告、标语等设计都是典型的模因工程设计的产物⑤。希夫曼提出网络时代模因有两种重组机制——拟态（mimicry）与合成（remix）⑥，前者是对某一模因的模拟，后者是对原始模因的剪辑、拼接和重组，设计出新的模因，由于后者涉及技术处理，因而在网络时代尤为常见。由此可见，人们可以通过精心设计、模拟、重组等方式创造强势语言

---

① Shifman, L., *Memes in Digital Culture*, Cambridge, MA: MIT Press, 2014, p.41.
② Shifman, L., "Memes in a Digital World: Reconciling With a Conceptual Troublemaker", *Journal of Computer-Mediated Communication*, Vol.18, 2013, pp.364–365.
③ Denisova, A., *Internet Memes and Society: Social, Cultural, and Political Contexts*, New York: Rutledge, 2019, p.10.
④ Scott, K., *Pragmatics Online*, New York: Routledge, 2022, p.125.
⑤ 参见庄美英《模因工程——如何打造强势的广告语言模因》，《外语学刊》2008年第1期。
⑥ Shifman, L., *Memes in Digital Culture*, Cambridge: MIT Press, 2014, p.21.

模因，使其具有强势语言模因的特征和传播规律。

例如"绿水青山就是金山银山"的论断倡导积极的生态理念，契合时代需求，自第一次出现在新闻中起，就通过不同的传播渠道以不同的传播形式和传播形态被长期、稳定地保留下来，成为一个具有保真性、多产性和长寿性的积极的强势模因。作为一个倡导积极生态理念的强势语言模因，"绿水青山"自身具有很强的复制能力、广泛的传播范围、长久的存活时间以及强大的重组性。

（6）要牢固树立和践行**绿水青山就是金山银山、冰天雪地也是金山银山**的理念，把生态建设与富民利民结合起来，让迁出区生态环境得到有效保护和恢复，坚决守护好雪域高原的一草一木、山山水水。（SH_ POS_ 00050277）

"绿水青山"作为强势模因也体现在其强大的可设计性上。在上面的例文中，作为原始语言模因的"绿水青山就是金山银山"，结合当地生态实践，被重新设计并重组为"冰天雪地也是金山银山"，强调"绿水青山"的广泛所指，蕴含了所有关乎造福人类的自然生态因素。被复制和重组后的模因具有了更广泛的外延与内涵，结合当地生态实践，表达了更具示范性的生态意义。从网络生态文明建设的视角看，这种模因设计策略有益于建构和维护积极的网络语言生态。

（二）强势网络语言模因的传播策略

以互联网作为主要传播平台，与其他传播渠道的彼此互通形成了网络流行语独特的传播模式，该传播模式也可以称为"蒲公英式"传播，信息利用快速转发、彼此复制、相互模仿等方式传向大批受众。在模因设计的过程中利用模因传播的规律和策略，可以提高语言模因的复制能力，增强其快速传播的可能性[1]。海拉恩（Heylighten）提出强势模因成功复制的四个阶段：受众同化—长时记忆—表达感

---

[1] 参见庄美英《模因工程——如何打造强势的广告语言模因》，《外语学刊》2008年第1期。

知—稳定传播。① 同化过程与模因的设计有关,记忆和表达过程与模因的认知与选择有关,传播过程则决定着某个经过精心设计的模因,在成功吸引了受众的注意和表达选择后,能否成为一个强势模因。只有那些多元复制、广为扩散、长时传播的模因才能成为强势模因。内容积极、形式简单、参与性强、依附名人、激发感情等因素能增强信息内容的互联网分享倾向和传播力②。网络模因的成功传播在于模因生产与传播的大众化、模因内容的奇异性以及模因本身的幽默、简单以及重复③。在信息过度饱和的互联网环境中,模因之所以能异军突起,成为网络文化的典型代表和交流方式,与其社会影响力和话语适应性不无关系。"网络语言因其传播渠道的便捷性、网络环境的互动性、存储环境的便利性、传播工具的易用性以及传播内容的丰富性实现了成功模因的五因素环境,所以更容易被受众模仿、复制和传播。"④ 例如,强势广告语言模因就采用了重复、依附、顺应和情感驱动等策略⑤。就传播形式而言,网络模因包括模因基因型流行语(原型传递、异形传递)、模因表现型流行语(同音异义传递、同形联想传递、同构异义传递)以及模因复合型流行语等。⑥ 结合先前关于模因传播策略的研究,观察分析语料库中的积极网络语言语料,以下具体讨论构建网络语言生态文明的模因传播策略。

1. 重复策略

重复是网络语言模因最常见、最典型的传播策略,网民通过网络不断重复某一词语或表达方式,直至其在网民中变得耳熟能详、脍炙人口,完全内化于网民的头脑中成为一个固定表达的"词语模"。众

---

① Hylighen, F., "What Makes a Meme Successful?" Ppaper Delivered to Proceedings of the 15th Intemational Congress on Cybernetics (Association Intemat. de Cybemetique, Namur), 1998.

② Milkman, K. L. and Berger, J., "What Makes Online Content Viral", *Journal of Marketing Research*, Vol. 49, No. 2, 2012, pp. 192 – 205.

③ Shifman, L., *Memes in Digital Culture*, MIT Press, 2014, pp. 74 – 84.

④ 曹进、靳琰:《网络强势语言模因传播力的学理阐释》,《国际新闻界》2016 年第 2 期。

⑤ 参见庄美英《模因工程——如何打造强势的广告语言模因》,《外语学刊》2008 年第 1 期。

⑥ 参见韩昕韵、汪敏锋《模因论视域下网络流行语探究——以 2020—2021 年度网络流行语为例》,《菏泽学院学报》2022 年第 3 期。

多新产生的词语都具备"一个现成的框架背景,这一框架就像造词模具,能批量产生新词语,并使其产生的新词语形成词语簇"①。这种传播策略最早见于各种广告,尤其是电视广告,例如脑白金的广告:"今年过年不送礼,送礼就送脑白金",这句广告词广为人知,原因就在于它所采取的传播策略——重复,它以极高的重复率出现在电视上,从而成功将其转化为一个脍炙人口的强势语言模因。

网络作为语言模因的新型传播媒介,其传播力远远强于电视,这首先体现在网络传播的便捷性上:粘贴复制使重复传播变得极其简单;其次也体现在传播途径的多元化上:文字、图片、音频、视频、微博、微信、论坛、贴吧等多元传播方式和传播渠道可以轻松扩大模因重复的范围,甚至可以"感染"自然语言。由此可见,网络是模因传播的弹性介质,而重复则是网络语言模因传播的放大器。事实上,绝大多数强势网络语言模因都经历了或正在经历极高的重复率,例如"给力"作为一个强势语言模因,始现于2010年足球世界杯期间,并逐渐成为网络热词。该词具有"有帮助、给面子、精彩、带劲和令人满意"的积极内涵,在网络上广为传播,具有极高的重复率,据百度指数数据分析平台统计显示,2010年12月27日—2011年1月2日,"给力"的整体关键词搜索指数为40599次②。2024年7月28日,"给力"一词登上了《人民日报》头版头条《江苏给力"文化强省"》一文,俨然已成为中国网络最强势的积极语言模因。

(7) 在他家订做的西装让我很满意,连早些年做裁缝的婆婆都给了很高的评价,无论款式还是工艺,都很**给力**。(TY_ POS_ 00200957)

此外,"给力"之所以成为强势网络语言模因,除了极高的重复

---

① 禹存阳:《"X"族词语初探》,《长春大学学报》2008年第9期。
② 《给力》,百度指数,2022年7月11日,http://index.baidu.com/v2/main/index.html#/trend/%E7%BB%99%E5%8A%9B? words=%E7%BB%99%E5%8A%9B,2024年7月28日。

率，也因为该词本身所表达的正能量和积极阳光的态度，这对网络语言生态建设而言具有重要的意义，因为它构成了网络语言系统中的生态因子，是建构网络生态文明的重要力量。然而，网络语言系统中还充斥着大量高频的非生态因子，如当下教育界广为流传的消极网络热词"内卷""鸡娃""躺平""摆烂""社死""佛系教师"等往往传递负能量，夸大教育中存在的问题，易引发不良舆论，其重复率越高，流传度越广，对网络语言生态的破坏性就越大。网络空间更应该提倡和鼓励"减负""大白""逆行者""最美背影"等这类正能量的网络热词，通过重复传播策略提高其流传度和知名度，使其成为建构网络语言生态文明的强势模因。

2. 简化策略

简化策略是网络模因的又一个突出特点，简单性也是网络用户生成模因的重要属性，简化的模因更易于被复制、被模仿、被传播[1]。网络模因的简化主要表现为主题的简单明确和理念结构的简洁明晰。该特点体现在网络语言模因，就是对语言的简化，塔尔德（Tarde）指出"词语的紧缩和缩略使语言更加灵活、更加富有表现力"[2]。有学者对网络语言强势模因的语料统计发现，缩略语模因是第三大网络语言强势模因，因为简化的缩略语模因使用更便捷、更易于记忆和拷贝，因而更易于在网络上广泛传播[3]。例如，"白富美""高富帅"等简化的网络流行语是对社会特定人群的简略化称谓，因其语义明晰、简洁顺口、便于记忆和复制，能够在网络上长时间稳定地保留和传播，并逐渐演化为强势网络语言模因。可见，简化策略是网络强势语言模因生成和传播的重要策略，意味着建设网络语言文明需要更加关注积极网络语言模因的简化与传播。例如，网络成语"喜大普奔"是"喜闻乐见、大快人心、普天同庆、奔走相告"四个词的缩略形式，意为"让大家开心的事情，大家要分享

---

[1] Shifman, L., *Memes in Digital Culture*, Cambridge: MIT Press, 2014, pp. 81-82.
[2] [法]加布里埃尔·塔尔德:《模仿律》，[美]埃尔希·克鲁斯·帕森斯英译，何道宽译，中国人民大学出版社2008年版，第103页。
[3] 参见曹进《网络语言传播导论》，清华大学出版社2012年版，第159页。

出去,相互告知,共同庆祝",网民多用其表达积极情感,因其简略便捷逐渐转化为强势网络语言模因,成为网络语言生态建设的积极语言因子。

(8) 衣锦还乡,造福乡里,固然"**喜大普奔**",但如果没有那么大的能力,改变自己的命运同样值得尊敬,不能说人家"忘本"。(SH_ POS_ 00064049)

在这则题为"不必为'状元村'空心化唱哀歌"的网络新闻中,"喜大普奔"一词用以表达对"衣锦还乡,造福乡里"这一社会现象的积极评价,甚至是最高评价,因为"状元"经努力改变个人命运固然值得尊敬,但若"状元"成功后能反哺家乡,以一己之力改变更多人的命运,则更值得尊敬。该词仅用四字浓缩"喜闻乐见、大快人心、普天同庆、奔走相告"四种情感与评价,言简意赅,易于记忆,便于使用,因而能够在网络上广泛推广和传播,且因其积极的表意功能,成为网络语言环境建设的生态因子。

3. 重组策略

重组是数字时代网络模因复制和传播的重要策略。希夫曼提出网络模因有两种重组方式:模拟与混合①,前者与传统的模因类似,主要通过模仿实现,后者利用技术手段合成模因混合体,例如文字与图片、图片与音频、文字与视频、中文与外文、文字与数字等的多样组合。这种分类方式同样也适用于网络语言模因,尤其是第二种组合方式,是网络时代新型模因的典型代表。与传统模因相比,数字技术为网络模因提供了可能,同时也增强了模因的竞争力——创造空间越大的模因越容易在网络上被持续创新和重组,从而更容易演变为强势模因。何自然认为"语言模因在复制、传播的过程中往往与不同的语境结合,出现新的集合,组成新的模因复合体"②。这里,网络语言模因

---

① Shifman, L., *Memes in Digital Culture*, Cambridge: MIT Press, 2014, p.20.
② 何自然:《语言中的模因》,《语言科学》2005年第6期。

被分为两种：通过复制与模仿生成的自然语言模因和重新组合生成的新型语言模因，尤其是后者在数字时代尤为重要。例如，自2018年中央电视台播放了反映中国新时代非凡成就的纪录片《厉害了，我的国》之后，"厉害了，我的＊＊"便成为一个脍炙人口的网络流行语，因其具有较强的创新空间，被网民不断创新、重组，最终转化为一个强势的网络语言模因，例如"厉害了，我的老妈""厉害了，我的母校""厉害了，我的老婆"等重新组合的模因复合体。检索积极网络语言语料库后，我们看到"厉害了，我的＊＊"也被频繁用于积极网络新闻语言。

（9）"厉害了，我们昭觉的孩子也能'走进'成都名校的课堂了！" 看着面前这帮开心的学生，凉山州昭觉县解放乡小学的班主任拉作老师在"5G＋VR"远程沉浸式课堂里兴奋地告诉记者……（SH_ POS_ 00055870）

"厉害了，我们昭觉的孩子也能走进成都名校的课堂"就是对"厉害了，我的＊＊"这一语言模因的创造性使用，因其积极的评价意义，更适用于积极的新闻报道，在网络语言环境中可以营造积极的话语氛围。网络语言模因的重组策略是网络强势语言模因复制、模仿和传播的重要方式，建设网络语言生态文明更需要关注和推广可塑性与重组性更强的积极的网络模因。

4. 移情策略

许多看似简单生动的网络流行语背后都有各自的故事，联结着网民关心的社会热点，体现了网民对生活环境、生存状态等方面的态度与情感等[①]。网络不只是网民畅言畅语的场所，也是网民抒情达意的所在，网络语言模因已成为网民抒发情感的重要渠道。从网络环境建设的视角看，网络温情语言更有助于舒缓民意，引导健康舆论，营建温暖和谐的网络氛围。

---

① 参见曹进《网络语言传播导论》，清华大学出版社2012年版，第69页。

成功的网络模因在于其可以"激起人们共有的某种情感反应"[①]，而人们在分享某些情感内嵌的模因时，会激起积极或消极的情感反应，积极的情感模因能唤起自我提升感等正面情绪，而消极的情感模因则会唤起愤怒和焦虑等负面情绪[②]。强势模因大都采用了情感驱动策略来加快自身复制[③]，如中国建设银行为其"龙卡"做的广告"龙的传人用龙卡"等，就是通过在广告语中嵌入爱国情怀，唤起储户的同理心，推动"龙卡"的消费。网络作为数字时代网民抒情达意的主要场所，也散播着许多情感内嵌的语言模因，例如，百度贴吧上"贾君鹏，你妈喊你回家吃饭"这样一句随意的话，引发了大面积网络言语风暴，甚至形成了一个虚拟的"贾君鹏家族"，制造了一个热闹非凡的"贾君鹏现象"，"你妈妈喊你回家吃饭"迅速成为脍炙人口的强势网络模因。究其原因，该模因中内嵌的情感因素——家人真实而亲切的呼唤，网民对亲情回归的渴望——缓解了网络空间大众心理需求与语言表达之间的矛盾，同时也填补了网络数字环境和网民情感需求之间的鸿沟，营造了一个温情的网络氛围。

（10）心连心沟通，手把手教育！王博良老师带班认真负责一丝不苟并每周以写封信形式说说心里话分享，谱写了新时代家校篇章，弘扬传递正能量，为王博良老师**点赞**！为老师们**点赞**！（SL_ POS_ 00015266）

例（10）接连使用"点赞"表达了发话人赞扬教师的激动心情，表达出情真意切的感激心声。情感策略对网络语言生态建设的意义在于，大众更应该关注和推广积极的情感模因，因为相比于消极情感模因引发的攻击性和负面性情感，积极的情感模因更有助于维护和建设网络生态文明。

---

① Heath, C., Bell, C., "Sternberg, E. Emotional Selection in Memes: the Case of Urban Legends", *Journal of Personality and Social Psychology*, Vol. 81, No. 6, 2001, p. 1028.
② Shifman, L., *Memes in Digital Culture*, Cambridge: MIT Press, 2014, pp. 67–68.
③ 参见庄美英《模因工程——如何打造强势的广告语言模因》，《外语学刊》2008年第1期。

5. 依附策略

依附策略也称为借助策略，即依附或借助名人名事名言或其他成功的强势模因来传递、推广自己，以增强自身的生命力①。希夫曼将其称为"声望"（prestige）策略②，"声望"与模因内容的来源或作者有关，来源和作者越出名，该模因的生命力就越旺盛，越容易成为强势模因。因依附或借助名人名事而广为传播的网络语言模因为数不少，诸如演员马伊琍针对婚姻危机发出的声明"且行且珍惜"，因电视剧《甄嬛传》而大火的"想必……极好，……若是……倒也……"等所谓的"甄嬛体"以及衍生出的"淘宝体""红楼体"等系列"＊＊体"模因。还有一些模因借助其他成功的强势模因得以增强自身的生命力，如"一白遮三丑，一胖毁所有""钻石恒久远，一颗就破产""吃的是草，挤出来的是青春痘"等，通过依附或借助一些耳熟能详的口头禅、名人名言或名著中的名言警句等生成新的语言模因，将其生命扎根于已有的成功模因之中。

模因依附策略的内在动因在于信息时代特有的"眼球/注意力经济"法则③，"信息时代最有价值的资源不是信息，而是人们对信息的关注"④。注意力直接与模仿联系在一起，某个模因衍生出来的衍生品数量越多，则引起的注意力越多；元模因的来源或创造者越出名，则引起的注意力也越多。可见，依附策略是建立在社会关注的基础之上，是引导社会舆论的重要手段。从网络语言生态文明建设的视角分析，依附于名人、名事、名言的网络语言模因若能正确、积极地引导网络舆论，则可以成为网络生态文明的生态因子。例如，随着国家生态保护国策的实施，"保护体"也成为一个积极的"网络强势模因"，在网络空间得以大力推广和传播。

---

① 参见庄美英《模因工程——如何打造强势的广告语言模因》，《外语学刊》2008年第1期。
② Shifman, L., *Memes in Digital Culture*, Cambridge：MIT Press, 2014, p.69.
③ Lanham, R. A., *The Economics of Attention：Style and Substance in the Age of Information*, Chicago：University of Chicago Press, 2006.
④ Shifman, L., *Memes in Digital Culture*, Cambridge：MIT Press, 2014, p.32.

(11) 文山州着力开展摸底调查、挖掘整理、实施**保护**等工作，切实加强非物质文化遗产**保护**工作，使全州非物质文化遗产项目得到全面的**保护**与传承……进行整体性**保护**……文山州就本着"**保护**为主、抢救第一、政府主导、社会参与"的宗旨……初步摸清了全州民族传统文化的分布和项目分类情况。（XL_POS_00003671）

例（11）连续用了5个"保护"，强调开展非物质文化遗产保护工作的重要性，"保护"成为一个强势模因。从模因的视角看网络语言模因的生成、复制、组合和传播策略给我们提供了一个看待和解释网络语言现象的新视角，启发我们的新思维，引导我们运用模因论的相关理论来指导网络生态文明建设的实践。当然，网络模因的生成、复制、模仿与传播是一个复杂的过程，其传播策略也远远不止于本文提到的五种，每种传播策略也往往与其他策略相互交织，共同作用于模因的有效传播，但不管何种传播策略，如何传播，对于网络生态建设而言，有助于传递正能量、引导正确舆论、营建和谐氛围的传播策略才值得应用于网络语言生态建设实践。

第四节　网络语言人际传播策略

从传播的视角看，网络具有技术平台、传播媒介、经营平台、虚拟社区等多重属性，这些属性相互融合、交叉作用，共同造就了复杂的网络传播现象[①]。就网络语言而言，人际传播是网络语言传播的最主要力量。网络人际传播平台的多元化与各类通信方式的分散化涵盖了电子邮件、即时通信、博客、微博、微信、抖音、网络直播等新应用，无一不承载着人际传播。人际传播通过互动得以实现，意义只有通过互动才能产生和传递。网络人际传播使人际互动更为频密，在此过程中，网络语言扮演着重要角色，是网民互动、社会交往"网络

---

① 参见彭兰《网络传播概论》（第四版），中国人民大学出版社2017年版，第43页。

化"的重要媒介、手段和身份区别的标志①。依据传播方式、传播内容、传播手段来观察,人际传播与网络人际传播具有鲜明的不同特征(见表9.1)。

表9.1　　　　人际传播与网络人际传播的区别对比表②

人际传播	网络人际传播
面对面	远程
姓名（真实，只有一个）	网名（虚拟，无数个）
自然空间	虚拟空间
自然社会	虚拟社会
速度慢	速度快
信息量小	信息量大
即时	即时、延时
言行受限大	言行受限小
自然语言	网络语言
真实表情	虚拟表情符号
副语言丰富	副语言匮乏

网络是一个全新的语言实践场域:"你是把它看作一个熟悉的地方,还是当成陌生领域,可能完全取决于你所讲的语言"③。提升健康的人际传播的能力,是网络时代人的核心素养标志之一,由于人际传播的主要媒介是语言,这就涉及参与者在人际传播中运用遣词用句策略、非语言符号使用策略、交往中"倾听"与"回应"策略的能力等④。这些与人际传播能力相关的策略有助于参与者在不同情境中通过正确使用语言达到人际间和谐相处的目的,对网络人际传播中和谐人际关系建构与维持有借鉴意义。

---

　　① 参见曹进《网络语言传播导论》,清华大学出版社2012年版,第191页。
　　② 参见曹进《网络语言传播导论》,清华大学出版社2012年版,第192页。
　　③ [美]戴维·波普诺:《社会学》,李强等译,中国人民大学出版社2007年第11版,第134页。
　　④ 参见陈力丹《人际传播的技巧和要件》,《东南传播》2015年第12期。

一 语言应用策略

语言应用是保持传播关系的重要因素。正确地遣词用句就是传递准确的信息，使用恰当的词汇，规避言语伤害。赛特尔（Satire）在研究父母对孩子使用的言语方式时发现，在人际互动中要谨慎使用人称代词、指示代词、连词、情态动词，如"我""你""他""他们""那个""可是""应该"等；表达方式如指责、评论、命令、提意见、表达愿望、发布信息、提问、威胁、开玩笑、说谎等容易引发伤害性信息，为保持人际传播的和谐，要尽量避免或慎用这些词汇或表达[①]。

网络语言交际中亦是如此，适度减少人称代词使用频次，可以减少受话人的心理压力与不适感；可以适当地多用"我""我们""咱们"等词语，用第一人称描述关系现状，既可以表达共同立场，拉近彼此距离，又可以缓和气氛，保持和谐关系，产生积极的传播效果[②]。

(12) 无论**你**是单身还是恋爱中亦或是已婚，还记得最初**你**的爱情憧憬是什么样的呢？……**我**相信每个人都在年少之时，对于爱情有过畅想……不要误会并没有觉得相亲这件事情不好，毕竟**咱们**这一辈的很多父母都是靠相亲认识的……**我**觉得现在的相亲功利性太强，**我**始终觉得爱情这件事是需要缘分的……总有一个人是等着**你**的……反正**你**知道……**我**认为单身最好的状态是为了变得更好而努力……这样当**你**的心仪对象出现的时候，**你**才更有勇气去追寻……在一起不会让**你**自卑……即使尽**你**所能只能实现一部分而已……无论**你**是处在爱情里还是单身的人，**我**希望**你们**把爱情变成人生不止如初见……**你**的生命里终有一个人会出现……

---

① Satire, V., "Paying Attention to Words", in John Stewart, eds. *Bridges Not Walls*, McGraw-Hill Humanities/Social Sciences/Languages, 1990, pp. 63–67.
② 参见陈力丹《人际传播的技巧和要件》，《东南传播》2015 年第 12 期。

在此之前带着**你**的真心和憧憬好好等待便是了。（XL_POS_00002741）

例（12）这篇新浪微博的主题是如何正确对待爱情和相亲，其中表述第二人称的"你""你们"共出现了12次，表述第一人称的"我""咱们"总计出现了6次，很明显第二人称词远多于第一人称，即便如此，这篇文章并没有给人以咄咄逼人之感，反而因为"你"一词的频繁使用而产生了推心置腹之感。究其原因，同样作为人际传播中的言语交际方式，在面对面的人际互动中，如果过多地使用"你"会给听话者造成很大压力；而微博作为网络人际互动方式，首先，发话人和受话人并非面对面；其次，发话人与受话人具有时空非同一性；最后，说话者的交际对象具有不确定性，或男或女，或老或少，职业分工、社会地位等各有不同，这些差异皆由网络传播的属性所致，也可以说这正是网络人际传播区别于面对面人际传播的特征。在网络人际传播中，当谈及受话者时，因网络所引起的时空差异、交际对象的不确定性以及非直面性，有必要适度增加人称代词"你"或"你们"的使用，这样可以使受话者感受到身临其境的交流，也能产生推心置腹的真诚感，有利于增进交际双方的情感沟通，维系和谐的人际关系。"我""咱们"出现在博文的后半段，因为后面的话语主要用以表达说话者的期盼和祝愿，第一人称的使用有助于构建互动双方的共同立场，使双方共情的同时产生共鸣，从而形成一种默契、和谐的交际氛围。由此可见，网络人际传播中，正确恰当使用人称代词，有利于构建和谐人际关系，对网络语言生态文明有积极的建构意义。

此外，在人际传播的言语互动中，"应该"一词表述一种个人内在的道德律令和自我约束，如果用"你应该……"之类的词语，就带有指责的意味了。如果将"你应该……"换作"你需要……"或"我希望你知道……"意味着将指责转变成劝解宽慰的口吻，有助于维系友好的人际关系[1]。这一现象也可以从以上微博得到印证，例如"我

---

[1] 参见陈力丹《人际传播的技巧和要件》，《东南传播》2015年第12期。

希望你们把爱情变成人生不止如初见",说话者使用了"我希望你们……"而不是"你们应该……",相较于"你应该……"的内在规约与道德约束,以第一人称表达良好愿望的方式给予对方建议,能更好地形成人际互动氛围和维系人际关系。

二 非语言符号使用策略

人类对外部世界的认知建立在"符号化"基础之上。网民利用计算机之便,创造复杂的非语言符号,就是凭借符号的生产、选择、组合与再生的实践,实现内心情感的具象化视觉表达,完成传播目的。非语言符号是网络人际传播中情感表达的重要手段。在传统的面对面口语传播中,非语言符号表达方式包括面部表情、眼神接触、人际间距离、身体接触、外表、时空因素、音量等。相比较之下,网络人际传播中因其"不在场"性,无法实施面对面传播的种种非语言表达方式,为了弥补网络传播的缺陷,表情包等非语言符号在网络传播中迅速发展起来,具体表现形式有表情包、gif 动图、小视频、键盘画、字符画等。表情符号克服了网络传播中言语交往的片面性和局限性,满足了网络人际交互时传情达意的非语言需求[1],使信息得以准确传递的同时情感表达需求也得到了满足。

在网络人际传播中适当使用表情符号作为非语言传播策略,既迎合了"读图时代"网民的视觉审美需求、缩短了网络人际传播中交际者之间的距离,消解了传播者与接收者的传播障碍和隔阂,也为消息、情绪的同步传播搭建了传播渠道[2]。在网络社交中,用户常常使用各种表情包传递消息和表达情感,例如 😊 是笑脸表情,在聊天中表达积极、友好的情绪,有助于构建和谐人际关系。需要注意的是,符号表情的使用必须与言语表达相符合,如"友好话语 + 😊"传递积极、友

---

[1] 参见谷学强、胡靖《非言语传播视角下网络表情的传播功能研究》,《新闻界》2017 年第 3 期。

[2] 参见谷学强、胡靖《非言语传播视角下网络表情的传播功能研究》,《新闻界》2017 年第 3 期。

好的意义，笑脸表情有助于增进交际者之间的亲密度和提升友好情感程度；而"敌意话语＋☺"，如"我不喜欢你☺"不仅传递消极意义，笑脸表情还起到了反讽、看笑话等意义，具有加重负面情绪的功能，往往不利于和谐人际关系的建构。

三 整体互动策略

以上网络人际传播的两种策略关注的都是传播方，而人际传播是一种互动行为，至少存在传—受双方，因此有必要从人际传播的整体互动方面分析和讨论网络人际传播策略。人际有效的交流和传播不仅靠轮流讲话达到目的，还需要双方或多方协同努力，相互理解①。"倾听"与"回应"是网络人际传播中非常重要的两个环节，这与第八章讨论的自我"暴露"与"反馈"非常相似。说了没有听，或者听了没回应，传播关系都难以为继，这一点同样存在于网络人际传播中。

"倾听"策略有助于推进传播关系。网络人际传播中的"倾听"实际上不只是"听"（微信语音和视频），更多的是"看"或"读"（如电子邮件、微博、博客），前者主要通过参与式倾听实现，后者主要通过及时回复、当场反馈、提问等方式体现。积极的"倾听"，如参与式倾听、开放式倾听、理解式倾听、移情式倾听、欣赏式倾听等是对传播方的顺应、肯定和尊重，能有效推进网络人际传播，维系和谐人际关系。如微信聊天中，回应者可以通过回复"是""没错""嗯呢""好的""9494"（就是就是）甚至提问等方式表明自己在认真"倾听"传播方发出的信息，以此表明对对方的尊重以及想要维系传播关系的意愿。

在网络人际传播中，"回应"同样重要，因为"回应"同时担任了传播过程中"倾听"和"反馈"的角色。"回应"意味着受话人乐意互动，愿意维系传播关系。"回应"有两种重要形式：支持性回应和变换式回应，前者是对说话者的顺向回应，有利于交谈话题深入下

---

① 参见陈力丹《人际传播的技巧和要件》，《东南传播》2015 年第 12 期。

去，后者是转换说话者的话题，将话题转移到回应者一方或引出新话题。这两种回应方式对建构和谐人际关系都有积极的借鉴意义。

（12）夫妻微信对话
A：老公，我看上了一个包，特别好看，就是有点小贵。
B：贵就贵点，老婆喜欢就好。（支持性回应策略）
A：要花不少钱呢，有点心疼。
B：晚上请你吃大餐，好好想一下去哪儿吃？（转换性回应策略）

B 的支持性回应"贵就贵点，老婆喜欢就好"顺应了 A 传播的信息，表明了维系交流和合作的意愿。"晚上请你吃大餐，好好想一下去哪儿吃"则是对 B 买包主题的转换，一方面，转换主题避免了买包主题的继续深入，另一方面缓解了买包主题可能引发的夫妻冲突。在网络人际传播中，运用支持性回应有助于延续传播行为；运用转换式回应则可以避免或缓解传播中的矛盾和冲突，有利于构建一种求同存异的传播关系。

健康积极的网络人际传播对网络语言生态文明的建构有着重要意义，网民在网络空间的言语传播行为与非言语传播行为都会影响网络空间语言生态。正确地遣词用句、传递真实准确的信息，使用恰当的词汇，可以避免言语伤害和网络不文明行为。恰当地使用网络表情符号，满足了网络人际传播时传情达意的情感交流需求，有助于消除网络人际传播中交际者之间的疏离感和陌生感。作为人际传播的重要环节，"倾听"与"回应"是维系传播关系的关键，尤其是"回应"，通过对说话者的顺向回应或转换说话者的话题，使话题得以深入或带出新话题，从而有助于建构和谐的人际关系和文明的网络环境。

本章小结

本章结合积极网络语言意义建构和传播特征，从批评话语分析、积极话语分析、礼貌策略、模因学以及人际传播等五个视角总结和凝练了有利于建构网络语言生态文明的话语及传播策略。本章析出的积极网络话语和传播策略有助于了解网络文明语言所具备的语言特征，可为相关部门制定网络语言规范政策提供语言学和传播学依据，对净化网络环境、营造健康网络生态起到积极的借鉴作用。

批评话语分析视角的话语建构策略主要有命名策略、述谓策略和论证策略等。对网络语言生态文明建构的启示在于：群体外、他者化、歧视性的命名、述谓和论证策略易引发网络暴力性话语，激起网络民意的反弹，甚至产生不良舆情，有损于建构健康的网络空间环境；群体内、认同化、接纳性的命名、述谓和论证策略有益于建设友好和谐的网络语境，疏导缓和民意，满足网民渴望认同和温情的需求，传递了认同、分享、接纳的积极理念，有助于引领正确的网络舆论，建构充溢正能量的网络空间环境。

网络语言文明生态文明建设的本质是和谐人际关系的建构。积极话语分析视角下的多模态策略和情感策略是保持网络语言生态平衡的重要因素，批判与赞誉、解构与建构、负面与正面，不可一概而论，需要依据实践语境，共同维持网络语言生态平衡。以"多声"和"多模态"为主的网络话语，是维护网络语言生态平衡、建构网络语言公正性和客观性的重要话语策略。

网络空间的礼貌问题已成为网络语言研究的重要课题。网络不礼貌的言语行为易引发网络冒犯甚至网络暴力等破坏网络生态环境的行为。反观之，积极的礼貌行为有利于维系良好人际关系，营建和谐网络环境。积极的礼貌行为可以通过主张共同立场、表达合作关系和满足交际需求等来缩小交际者之间的距离，寻求交际者之间的价值观认同，有助网络人际关系和网络语言生态文明构建。

积极网络语言的建构策略与语言模因密切相关。网络语言模因建构策略包括话语策略和传播策略。模因的话语策略可通过对模因语言的精心设计、模拟、重组等方式实施，使其具有强势语言模因的特征并遵循网络传播规律，从而强化该模因的影响力。重复、简化、重组、情感、依附名人等策略是模因传播的基本策略，也是强化语言模因传播力的有效途径。

网络人际传播在不断变化的同时带动了语言的发展。在网络人际传播中，正确使用语言符号、非语言符号以及倾听回应策略关系到网络语言环境建设的优劣。健康的网络人际传播策略有助于参与者实现人际间和谐相处，有助于网络语言生态文明建设。作为一种"新新"媒介，网络人际传播无法也不可能与传统的人际传播截然分开，但是在网络语言介入后，人际传播形成和谐传播与不和谐传播的博弈与共存。和谐的网络人际传播发展了新型人际关系，虚拟空间的匿名传播逐渐形成了新的电子化友谊。

第十章 消极网络语言特征及治理策略

　　构建和谐语言生态成为网络语言文字治理与建设工作的新常态。和谐的语言生活是主体性与多样性的辩证统一，各种语言及其变体各安其位，各展其长，各得其所，相辅相成。新的语言环境、语言理念有助于解决网络化进程中的语言问题，并在语言实践中得以丰富完善。生态语言学为网络空间语言治理提供了理论依据。① 促进网络语言健康发展，维护语言生态系统的平衡，建设积极网络文明生态已成为"中国语境下的生态语言学理论和实践研究的发展方向和趋势"②。克里斯特尔断言："尽管因特网有着卓著的技术成就和华丽的屏幕，然而互联网的各项功能之中体现得最明显的还是其语言特征。"③ 在教育部开展的"汉语盘点2019"活动中，"我和我的祖国""东风快递""学习强国""基层减负年""5G时代"等年度新词，反映了时代印记，折射出家国情怀。在"2021年十大流行语"中，"百年未有之大变局""小康""赶考""双减""碳达峰，碳中和"等正能量词语同样博得了广大网民的喜爱与传播。

　　然而，随着互联网技术的快速发展和普及，网民数量持续快速增

---

① 参见洪洁、袁周敏《生态语言学视阈下的网络空间语言规划与治理》，《南京邮电大学学报》（社会科学版）2022年第2期。
② 李美霞、沈维：《域内外生态语言学研究流变与发展趋向》，《北京科技大学学报》（社会科学版）2017年第6期。
③ [英]戴维·克里斯特尔：《语言与因特网》，郭贵春、刘全明译，上海世纪出版股份有限公司、上海科技教育出版社2006年版，前言第4页。

加，网络传播的匿名性、自由性、混合性也为语言暴力提供了滋生的土壤，语言暴力以互联网为媒介演变出花样翻新的暴力形式。"语言会造成伤害，语言导致的痛苦甚至比身体欺凌导致的痛苦更加强烈。"① 网络媒介伤害加剧了网络暴力，网络媒介伤害"泛指受众在使用大众传播媒介的过程中，由于媒介传播的内容包含不雅不敬、色情、暴力、亵渎、侮辱、诽谤、歧视等负面信息，或者传播未经授权的个人信息，从而引发接受者情感上的不快、痛苦，以致造成精神、名誉和地位等的无形损失"②。一些诸如"绿茶婊""逗比""哇塞""屌丝"等网络"新词"带给语言生态的污染也不容小觑。造新词本身是语言发展的一个手段，但恰如一些网络"黑话"，一些网络新词貌似是创新，实则是对语言的污染。所谓的新词语导致了语言典雅和清晰的流失，而且把语言的混乱化作标新立异的核心工具。"网络革命的个体意义也有让人困惑的一面……网络上的恶意谎言和侵扰又使得如此重要的一个意义空间缺乏公信力。"③ 网络语言暴力已成为一个不分国界、世界性的亟待解决的问题。

消极网络语言中的羞辱、谩骂、恶意攻击主要选择物质过程来表达，多选择具有消极意义的过程动词，将谈论对象作为"目标"，通过物质过程将破坏性意义施及目标对象。"动作者"经常承担消极的语义角色，从道德和法律上归属于消极的社会身份，进而对其行为进行全面的否定，引发网络舆论的关注。关系过程以归属类为主，将评价对象作为"载体"，描述对象的消极属性，塑造消极的形象。心理过程是网民宣泄消极情感体验的资源，是个人情绪的表达。在网络热点事件的讨论中，网民的过度情感消费造成信息的冗余。消极情感的宣泄缺乏理性思考与判断，充满个人偏见和盲目性，对事件的描述缺乏真实性，容易引发网络群体的"情感共同体"效应，形成群体极化

---

① [美]贾斯汀·W. 帕钦、萨米尔·辛杜佳：《语言暴力大揭秘：跟网络欺凌说"不"》，刘清山译，黑龙江教育出版社2017年版，序第2页。
② 王君超、来扬：《网络时代的媒介伤害——定义、成因、案例及预防措施》，《新闻与写作》2009年第6期。
③ 盖建平：《中国网络言说的新语文》，山东教育出版社2014年版，第17页。

和网络语言暴力现象。在消极网络语篇中，网民常使用负面词汇谩骂他人、恶意评价社会事件，通过网络发泄负面情绪，所以消极网络语言中言语过程偏多。

消极网络语言小句中的参与者角色往往被省略，句式简单，表意缺乏完整性，多采用碎片化的表达方式，更加贴近口语体语言的特征，破坏了自然语言的完整性、系统性、逻辑性和规范性，冗言赘语、滥用标点、错别字词、符号混合、出口成"脏"、标新立异、制造轰动等影响了公众的言语思维、言语使用习惯和表达能力，对青少年网民的语言表达能力产生了消极影响。

消极网络语言侧重于宣泄情感、表达不满，甚至使用语言暴力攻击他人与社会，不利于构建良好的语言生态。本章根据研究内容，以消极话语中的网络语言暴力为研究对象，分析网络语言暴力形成的原因，从媒介教育、法律约束、道德自律、技术规约以及协同治理等方面提出消除网络语言暴力，为营造风清气正的网络语言生态环境提出相应对策。

消极网络语言涵盖面较广，类型复杂，包括网络语言歧视、网络语言低俗、网络语言欺诈、网络语言恶搞以及网络涂鸦等问题。本章主要以最突出网络语言暴力与治理作为研究核心予以讨论。

第一节　网络语言暴力符号表征

世界卫生组织把暴力看作一个公共卫生问题，认为"暴力"是指有人蓄意运用躯体力量或者权力，对自身、他人、群体或者社会进行威胁，造成或极有可能造成损伤、死亡、精神伤害、发育障碍或权益的剥夺。"网络暴力"是一种强制行为，并且是由网络主体蓄意为之，对象明确或不明确，对受害者产生生理上或者心理上一定的伤害。

一　暴力语言的"暗号"与"代码"

网络社会造就的碎片化、原子化、匿名化是网络社会病的源头；

"人被遗弃给他自己，变成自己的陌生人，'被异化'，被连根拔起，丧失群体归属，所以极易被掌控社会的新生力量操纵，尤其是他们所直面的传媒。"① 网络语言是语言洪流中的云山雾海，飘忽不定。麦格雷（Maigret）指出，"互联网是超媒介，是吞噬其他媒介的巨人"。② 网络成为新媒体后，最大的特点是"赋权"，"人人都是出版商"使受众的话语权得到了空前提升。正因如此，有人正在滥用网络赋予的便利条件，将网络变成了造谣滋事、人身攻击，危害社会安全的工具。语言"雾霾"不仅污染语言生态，而且会间接或直接危害社会生态。巴西诗人安德拉德（Andrade）在《花与恶心》中写道："在词语的皮肤下，有着暗号和代码。"③ 那么在网络语言"雾霾"的皮肤下，有着怎样的"暗号"与"代码"呢？

（一）网络语言暴力

祝勇在《革命语境下的语言暴力》一文中指出语言暴力"一是指威胁、恐吓、攻讦、谩骂、诋毁、嘲弄、挖苦和诅咒等侮辱、歧视、攻击性的语言，致使他人的精神上和心理上遭到侵犯和损害，甚至给他人或者某个人群的现实生存状况，乃至社会的和谐安定造成损害的话语行为；二是把语言当作一种强制手段，对他人的思想和行为进行干预、规训甚至惩戒，以破坏他人思想和语言自由的话语行为"④。这个定义不仅指出了"语言暴力"具有的强制性力量，同时也强调了恶意的言语给人带来的压迫性力量已经达到了暴力的程度。本书将网络语言暴力定义为：在网络平台上，通过使用语言攻击和语言控制等手段，如网络辱骂、网络恐吓、网络虚假信息、网络欺诈等多种方式，使他人精神、心理或财产遭受一定的侵害，这种行为既违背了基本的道德规范准

---

① ［法］埃里克·麦格雷：《传播理论史——一种社会学的视角》，刘芳译，中国传媒大学出版社2009年版，第40页。
② ［法］埃里克·麦格雷：《传播理论史——一种社会学的视角》，刘芳译，中国传媒大学出版社2009年版，第199页。
③ ［巴西］卡洛斯·德鲁蒙德·德·安德拉德：《花与恶心：安德拉德诗选》，胡续冬译，译林出版社2018年版，第154页。
④ 祝勇：《革命语境下的语言暴力》，博士学位论文，中国艺术研究院，2011年，第17—18页。

则，也侵犯了公民的基本权益，更是影响了语言生态文明建设。

（二）语言"雾霾"来源梳理

网络语言暴力的出现与蔓延是多重因素的合力。网络既可以是传情达意的场域，也是部分网民发泄情绪、逞口舌之快的语言空间。一方面，信息不对称使部分网民采用语言暴力来宣泄情绪。另一方面，网民将自身遇到的挫折和压力转嫁到他人身上，对他人施以语言暴力。

首先，自我放纵的恣意表达成为语言暴力的推手。网络通信方式"是语言在交流形式上的一场革命，它给语言生态带来了深远的影响"①。面对网络空间与现实空间生活的多样化选择，生活节奏的提速、多样态的工作类型，网民常常借助互联网宣泄情绪、发泄不满。标题党、谣言党、段子手、网络大V、喷子、水军借助网络涂鸦、网络詈骂语、人肉搜索、网络吐槽、无厘头宣泄、网络涂鸦等手段，制造了大量语言"雾霾"，污染了语言生态和社会生态。语言暴力使得人们借着语言而沟通的可能性降低，甚至造成沟通的切断。在脏话横行无忌的社会，咒骂别人的脏话讲多了，语言甚至会落实成行动，而变成真正的暴力"②。

其次，网络语言暴力来源。人民网舆情监测室发布《网络低俗语言调查报告》（以下简称《报告》）显示，"网络低俗语言产生共有4大途径。一是生活中的脏话经由网络变形而受到广泛传播；二是词语因输入法运用而呈现出象形创造；三是英文发音的中文化、方言发音的文字化使网络低俗语言不断翻新；四是网民自我矮化、讽刺挖苦的创造性词语"③。新媒体"使语言的结构、符号交换的结构产生转型，并为消费主义新代码的出现创造了种种条件"④。本书发现语言暴力主要来自以下途径：（1）源自现实社会的脏话粗口，因受网络过滤限

---

① 冯广艺：《语言生态学引论》，人民出版社2013年版，第242页。
② 南方朔：《语言是我们的希望》，法律出版社2011年版，第19页。
③ 《网络低俗语言调查报告："叫兽"等低俗词泛滥》，人民政协网，2015年6月3日，https：//www.rmzxb.com.cn/c/2015-06-03/510920.shtml，2024年7月28日。
④ [美] 马克·波斯特：《第二媒介时代》，范静哗译，南京大学出版社2000年版，第104页。

制，网民改用谐音字词进行同音同义的异形传播，如"烧饼"等；(2) 隐喻式的粗口表达，如"我去年买了个表"（粗口谐音）；(3) 源自现实社会的脏话粗口，改用汉语拼音缩写联想方式进行同义异形传播，例如"tmd"（粗口谐音）；(4) 利用汉字输入法敲击出汉字的偏旁部首实现脏话的传播，如，"俺艹"等；(5) 将外语中的脏话用汉语音译的方式来辱骂他人，诸如"法克"等；(6) 网民自创自黑或自贬词语，如"屌丝"等；(7) 网民依照视觉仿像或拟音原则寻找"假寐"的古字，保留其形，根据偏旁部首，赋予其"新意"，如"朩"实为"王八"；(8) 脏话变体，读汉字为正常义，读汉字后的汉语拼音则往往带有不良含义，如"交（yuē）友（huī）"等；(9) 有网民频繁利用更改微信"昵称"、裸体图片等，发布威胁他人的不良信息；(10) 借用血腥的歌曲名、电影名，诸如"Blood for Blood"等，发泄对他人或社会的不满；(11) "标题党"用夸张、歪曲等手段加工制作耸人听闻的标题，吸引受众的关注，诸如："惊天秘密……，疯狂转发……，赶快扔了……，太可怕了……，惊悚一幕……，看后崩溃……"①(12) 一些出版物、娱乐节目或网站为博取大众眼球，以"娱乐至死"为目的，以经济利益为目标，使用恶俗语作标题的现象屡见不鲜。栖息在微博、新闻评论、贴吧、QQ 群、微信朋友圈的网络"喷子"乐于形成网众、用虚假信息伤害他人、用恶意的暴力语言攻击他人，误导网络舆论走向。

（三）语言"雾霾"的社会心理

网络语言暴力有其复杂的社会心理背景。网络语言中的严重失真内容、夸大性、虚伪性及网络语汇的泛用滥用会导致语言不和谐现象，进而影响和谐社会的构建。互联网的匿名性"为人们提供了自由表达的平台，社会话语权已经从精英阶层悄然转移到了平民阶层"②。冯广义等曾经对一个网吧进行过调查，"在 30 名上网的网民中，有近90%以上的人使用的是假名或杜撰的名字，极少数网民用真

---

① 《如何辨别网络上的假新闻？假链接？假视频？》，简书，2018 年 3 月 28 日，https://www.jianshu.com/p/8fb219039caf，2024 年 7 月 28 日。
② 王云主编：《网络语言的创新与规范化研究》，中国政法大学出版社 2018 年版，第 118 页。

实姓名"①。有人恰恰以网络匿名为工具，利用网络发布虚假信息、威胁或诽谤他人信息、造谣生事，通过频繁更换网名昵称、IP 地址、微信签名，逃避打击，更是反映了治理网络语言暴力的紧迫性与复杂性。国际伦理与信息技术协会主席斯皮内洛（Spinello）对网络空间的"自由"表示了担忧："网络会开辟自由与创造的新飞地，还是成为堕落与罪恶泛滥的虚拟欢场？"②语言规范要求人们使用语言时，必须遵守语言的基本元规则，不能僭越和违背规范与公序良俗，更不能在使用语言时践踏伦理道德原则。然而，网络语用依然存在违反语言规则的乱象，诸如"违反语音规律、生造词语、滥用词语、不顾语法规则乱造句子等，这些现象如果泛滥下去，势必使语言变得不健康、不纯洁，使语言处于一个不好的生态环境里，久而久之，语言势必处于失范状态，势必畸形发展，语言的生态当然遭到破坏"③。

首先，在虚拟世界里，信息生产与转发链接的便利让网民产生了"自由"操作言语的虚幻心理，有的网民天真地以为网络是法外之地，放肆发泄各种不满；其次，各种压力促使网民将粗俗语言表达当作释压阀。面临家庭、学业、考试、就业、竞争、婚姻、住房、医疗、收入、职务变动、职业变更等压力，网络黑话、网络涂鸦、网络吐槽、詈骂语都成为压力宣泄的管道；再次，网络空间制造的新、奇、异的炫耀心理使语言污染充斥在社交媒体、贴吧、论坛、虚拟社区，甚至出现在官方网站或门户网站的新闻评论和跟帖中，灌水、恶搞、贬低、歪曲、造谣、滥骂、羞辱等网络言语行为层出不穷。最后，"群体极化"助长了"群体盲思"。孤立的个体"可能是个有教养的个人，但在群体中他却变成了野蛮人——即一个行为受本能支配的动物，表现得身不由己，残暴而狂热"④。值得高度警惕的是网络语言暴力一旦肆

---

① 冯广艺：《语言和谐论》，人民出版社 2007 年版，第 201—202 页。
② ［美］理查德·斯皮内洛：《铁笼，还是乌托邦——赛博空间的道德与法律》（第二版），李伦等译，北京大学出版社 2007 年版，腰封导言。
③ 冯广艺：《语言生态学引论》，人民出版社 2013 年版，第 280 页。
④ ［法］古斯塔夫·勒庞：《乌合之众——大众心理研究》，冯克利译，广西师范大学出版社 2007 年版，第 45 页。

意蔓延，往往就会演变成现实社会中的暴力行为。

（四）语言暴力的危害

语言会使人受伤，甚至会扼杀人的生命。网络暴力具有故意性、羞辱性和反复性。伤人至深的言语或发帖"将永远存在于网络上，这将成为当事人挥之不去的噩梦"①。网络语言可以用来攻击和羞辱他人，可以蔑视、破坏和压迫他人，也可以制造麻烦，煽动仇恨，造成巨大的痛苦和悲伤，甚至导致社会秩序混乱。网络的匿名特征使部分网民表现了双重人格：在现实生活中，谈吐儒雅，行为温文尔雅，在网络生活中则撕下面具，出口成"脏"。如果"网上"不良言语行为不能得到有效遏制，就会蔓延至"网下"的言语行为中去，使语言蒙受沉重的"雾霾"，污染网络语言生态。柯曾-布朗（Curzon-Brown）曾论述了网络语言暴力对他人的伤害："他们只管开枪乱扫，然后就一走了之，决不会回头看一眼，决不会管受害者，而那些网络中的受害者将永远倒在血泊中。"② 网络言语行为失范是一种"扰序"因素，挑战着网络生态环境的正常运行秩序。网络行为失范或脱序违背了既定的社会规范、语言惯习及全体成员应遵循的行为准则，在由拼贴、叠加、篡改和链接共谋的符号生产环境中，任何一个终端文本的意义都有可能会遭到有意无意的折射和歪曲。波斯纳（Posner）认为互联网的言论自由会产生四种焦虑：

> 色情文化的匿名传播和扩散；缺失质量控制所导致的信息误导而淹没真实信息，网络信息的肆无忌惮逼迫传统媒体去追逐传言；互联网对受众无需中介的直接接近，扩大了不负责任的言论导致的潜在损害；各种极端主义者的网络盘踞带来反社会的行为。③

---

① [美] 贾斯汀·W. 帕钦、萨米尔·辛杜佳：《语言暴力大揭秘：跟网络欺凌说"不"》，刘清山译，黑龙江教育出版社2017年版，第9页。
② [英] 丹尼尔·柯曾-布朗：《网络研究指南》，载 [英] 戴维·冈特利特主编《网络研究——数字化时代媒介研究的重新定向》，彭兰等译，新华出版社2004年版，第162—163页。
③ [美] 理查德·A. 波斯纳：《法律理论的前沿》，武欣、凌斌译，中国政法大学出版社2003年版，第97页。

网络暴力的袭击对象平民化、人肉搜索扩大化、网络低俗语泛滥化引起了众多网民的强烈不满，语言暴力严重造成了语言脱序，影响了语言生态，清除网络语言暴力行为，制定治理消极网络语言专门规范迫在眉睫。

二　网络语言暴力符号表征

网络语言暴力者以幕后的方式，以制造恐吓效应为目标，以微小的成本甚至毫无成本对他人造成巨大的损害特别是精神伤害。有学者将网络语言暴力划分为个体攻击型、报复社会型、结构权威型。[①] 本章根据语料和网络语言暴力表现形式，将网络语言暴力分为网络交流会话中的詈骂语、恶意发布谣言、网络媒体推波助澜和"轰炸型"信息暴力四种符号类型。

（一）网络詈骂语

在各大网络平台的会话交流中，我们都能看到粗鲁、低俗、恶意的攻击性语言。在分布范围上，詈骂语常常栖身于以下几类通信形式中：虚拟社区、网络游戏的公共聊天、聊天软件私人聊天、门户网站的跟帖评论、论坛、微博和网络直播。游戏开发者为了增强用户之间的交流和游戏本身的需要，游戏界面会有一个公共的聊天平台。游戏玩家往往会拉帮结派，在这个聊天平台中因为游戏世界里产生的矛盾而使用各种粗俗、侮辱性的语言攻击对方。在新闻跟帖中，有的网民根据自己的喜好，往往喜欢随意地提出自己的看法，尤其当看到跟自己的观点不同的帖子时，便公然地使用恶意的语言进行攻击某人或某个观点，随意使用"傻×""脑残""去死"等语汇，人们会被一种言语邪恶之风带偏，而忽略事情本身或者背后的意义，损害网络语言生态。

（二）恶意散布谣言

网络在给人们带来有效信息的同时，在"灾难消费"心理驱动

---

① 参见柳思思《网络语言暴力问题研究：欧盟治理经验及对我国的启示》，人民日报出版社2018年版，第83页。

下，有些人为了博眼球，赚流量，为了自己不足挂齿的账号与人名得到更多关注，根据道听途说、臆想猜测、捕风捉影制造和传播谣言，最终发展成为具有危害性的网络语言暴力。近年来有关新型冠状病毒的消息在多个网络平台上出现。由于疫情状况关乎人民身体健康，民众会格外关注有关新型冠状病毒的消息，其中有很多确实是关于抗疫防疫的优秀事迹，但也有一些涉疫谣言在传播。恶意的疫情谣言传播，容易夸大疫情现状，造成民众恐慌，影响日常学习、生活与生产。这些谣言无形中已经成为网络语言暴力，因为它们伤害到了民众的心理健康与生活起居。网络谣言对语言生态危害最大，有人用道听途说、臆想加工、拼凑概念、偷录偷摄、断章取义、凭空杜撰等方法，用语言威胁、恐吓或伤害他人、危害社会、激化矛盾、影响社会稳定，威胁到了众人对社会信任与相关机构的公信力。

（三）网络媒体推波助澜

自媒体时代的到来使更多的人可以有发表言论的空间，人们可以自由地参与到网络中大小事件的制造和传播过程中，但人们在享受网络带给人的一定的言论自由的同时，网络语言暴力也在不断地蔓延滋生。网络语言暴力通过网络媒体传播，使当事人受到言语的伤害，受到网络群体的语言"围攻"或言语"围殴"。"暴力化"的推波助澜分为两类：一是网络媒体为了追求新闻效果而对某个报道格外关注，在短时间内，大量挖掘报道关于这个新闻的方方面面，使用各种方式将某个事件一直发酵，不断扩大其影响力，使很多人注意到它的存在；二是网络媒体平台，如网络上的门户网站、论坛、微博等，别有用心的人会通过极端的手段，故意把一些报道或者帖子用技术的手段成批量地呈现在公众的视野中，并长期置顶，不断转发，使该事件在短期内迅速得到高度的关注。这种"暴力式"的推波助澜使某事件处在舆论的中心，人们往往站在道德的制高点上，用暴力的语言去评判该事件，给当事人造成巨大的心理压力。

（四）轰炸型的信息暴力

在网络视觉化传播的时代，四处泛滥的垃圾信息给人们的视觉造成了严重的冲击，属于轰炸型的信息暴力现象。由于网络的开放性和自由性，人们可以在网上随意制造和传播信息，其中也包含了大量无用的垃圾信息。当垃圾信息形成一定的规模，频繁出现在网民的视野，便会使他们出现压迫感，心理上感到紧张和痛苦，觉得无处发泄或感觉自己的自由空间被侵占，此时这些成规模的垃圾信息便成了一种网络语言暴力。这种语言暴力现象时刻出现在人们的视野中，比如邮箱、微博、微信、QQ里经常收到的垃圾信息，海量规模的垃圾信息在网络公共空间或者私人用户空间中出现，给他人心理造成很大压力和反感情绪，容易产生焦灼感，承受不必要的精神压力。

三　网络语言暴力的成因分析

网络空间的虚拟性、传递信息的广泛性，参与主体的多元性，使网络语言呈现出了一种多元、隐匿、复杂的特征。网络语言暴力的形成原因主要包括以下几个方面：第一，互联网成为社会泄压阀和虚幻满足感的平台；第二，大众文化的粗俗化表达；第三，商业利益的驱动。例如，某个论坛的版主向法治日报记者反映："一次成功的'人肉搜索'策划，往往能带来数万甚至数十万的点击率，而点击率，则是网站提高知名度、吸引广告的重要筹码。"[1] 第四，法律规范的缺位和法制教育的缺失；第五，违法成本过低。虚拟隐蔽特征使网民在利用互联网发表言论时极为随意，而且网络语言暴力行为的实际违法成本较低，缺少对法纪的敬畏，导致自我约束力和道德责任感弱化。2022年3月28日，央视财经新闻频道报道：

> 个别网民借"3·21"东航航班飞行事故造谣传谣。腾讯、新浪微博、字节跳动、快手、百度、哔哩哔哩、小红书、知乎等网站平台，对借东航客机坠毁事故造谣传谣、散布阴谋论、调侃灾难等违法违规信息和账号从快从严处置。共计清理违法违规信息27.9万余条，其中谣言类信息16.7万余条，处置账号2713

---

[1] 金君俐：《网络语言暴力的成因和对策初探》，《新闻实践》2009年第4期。

个，解散话题 1295 个。①

网络暴力让个别人产生了一种"幻象"，网络传播的"幻象"屡屡导致现实生活违规违法行为的出现：在动车上吸烟、核酸检测插队、冲击警方关卡、动车或飞机上霸座、强闯地铁检票站、酗酒撒泼、摔坏防疫人员手机等事件屡有发生，暴力语言甚至暴力行为被各类媒体上传到网络上后，引起民众舆论反响。

第二节　治理网络语言暴力的意义

实际上，在互联网建设之初，网络语言暴力问题就已引起了国家的高度重视。国家也先后出台了一系列相关规定来治理网络暴力。2020 年 3 月 1 日，《网络信息内容生态治理规定》正式开始实施。2021 年 11 月 19 日，以"汇聚向上向善力量，携手建设网络文明"为主题的首届中国网络文明大会在北京闭幕，大会发布了新时代网络文明建设十件大事和共建网络文明行动倡议。与会代表的共识为："要多措并举擦亮网络空间文明底色，让互联网这个'最大变量'成为精神文明建设的'最大增量'。"② 要治理网络语言暴力，既要提升网民上网素养，开展自我约束，号召网民遵循公序良俗，坚守文化道德底线，还要标本兼治，净化网络生态弘扬社会正气，消除社会戾气，避免社会不公，尊重话语权力。网络语言暴力的治理之策包括但不限于以下几方面：第一，应当加快并强化网络言论的立法与监管；第二，深入推行网络实名制，运用法律净化网络环境；第三，提高民众道德文化素养，推动精神文明建设；第四，加强行业内的自律与规范机制。③

---

① 《"3·21"东航航班飞行事故追踪·国家网信办：个别网民借"3·21"东航航班飞行事故造谣传播，对谣言溯源，2713 个网络账号被处置》，央视网，2022 年 3 月 28 日，https://tv.cctv.com/2022/03/28/VIDEhnUSdONFpYkmtt2VE0Zt220328.shtml，2024 年 7 月 28 日。

② 王轶辰：《首届中国网络文明大会上与会人士建言献策——擦亮网络空间文明底色》，搜狐网，2021 年 11 月 21 日，https://www.sohu.com/a/502436626_120702，2024 年 7 月 28 日。

③ 参见王云主编《网络语言的创新与规范化研究》，中国政法大学出版社 2018 年版，第 121—123 页。

一 建设和谐网络语言生态的紧迫性

大自然的污染会破坏人类生存环境，伤害人类的身体健康；网络语言污染会破坏网络文化环境，毒害人类的精神健康。在建设自然生态文明的同时，语言生态文明的建设也刻不容缓。从语言生态健康发展的视角来看，"语言生态是一定的社会环境的反映，语言生态问题也就是社会环境的问题，或者说就是社会问题，它直接影响着社会的生态文明建设"[①]。语言生态文明建设是社会主义核心价值观建设的重要支撑点。语言的生态优劣与否依赖于社会生态状况，语言生态反映社会生态，"语言人"应当成为语言生态文明建设的"生力军"。构建良好的语言生态环境是"社会主义生态文明建设的需要、构建社会主义和谐社会的需要、人类语言自身生存和发展的需要、人们正常的语言生活的需要"[②]。究其根本，要构建良好的网络语言生态，需要构建良好的网络人际关系，和谐友善的网络人际关系利于建设和谐文明的网络语言生活。只有遵循社会主义核心价值观，社会生活和语言生活才能实现和谐共振，构建积极向上的网络语言生态文明。

二 实现和谐网络语言生态的社会性

功能语言学学者认为"语言的内部远远不是完美组织的，我们所能看到的那些形式，其实都是产生于语言的生态环境中。所谓语言的生态环境，指的就是语言的交际功能，服务于人们日常交际和互动的功能，以及它所负载的全部的认知属性、社会属性和生理属性"[③]。在现实社会中，语言表达、语言礼仪、语言生态、语言环境等都在约束

[①] 冯广艺：《语言生态学引论》，人民出版社2013年版，第273—274页。
[②] 冯广艺：《语言生态学引论》，人民出版社2013年版，第292—294页。
[③] 张伯江：《功能语法和汉语研究》，载刘丹青主编《语言学前沿与汉语研究》，上海教育出版社2005年版，第23页。

语言言行,"良言一句暖三冬"的话语表达是对"语言人"① 的最基本要求。对"语言人"而言,语言生活、语言权利、语言义务应该是高度匹配的:

> 一个人的语言生活和他享有的语言权利及承担的义务是联系在一起的,大致包括以下几个方面:一是他享有国家赋予他的语言权利,有使用语言、遵守国家有关语言文字的法纪法规、执行国家的语言政策的权利和义务;二是在语言运用中,在国家政策允许的情况下,他有选择使用语言和文字的自由,有表达他的思想情感、与人交流的自由;三是在维护国家语言尊严和个人语言尊严方面,个人的语言行为必须服从国家的利益;四是人与人、语言与语言等都是平等的,人与人之间的语言交际是在平等互惠的前提下进行的,语言与语言之间也是在和睦相处、协同发展的状态下接触和交流的;五是人所从事的与语言相关的一些活动,应注意遵守语言规范和社会公约等……良好的语言生态环境是人们正常的语言生活的保障。②

在现实社会或网络生活中,良好的语言生态在构建人与自然、人与社会、人与网络、人与语言、人与人的诸多关系中,意义非常重大。"良好的语言生态环境构建是在'和谐原则'指导下进行的语言生态环境的构建,生态文明建设的目的也是构建和谐社会。从本质上看,二者的目标是一致的。"③ 和谐原则"是人类社会的最高原则,人类社会要求人与自然和谐相处,要求国家与国家、民族与民族关系融洽,要求语言与语言平等互惠,要求人与人和睦友善等,整个社会都在和谐的氛围里,和谐地得到发展、进步"。④ 可见,和谐的网络语言生活

---

① [法] 海然热:《语言人:论语言学对人文科学的贡献》,张组建译,生活·读书·新知三联书店1999年版。
② 冯广艺:《语言生态学引论》,人民出版社2013年版,第294页。
③ 冯广艺:《语言生态学引论》,人民出版社2013年版,第301页。
④ 冯广艺:《语言和谐论》,人民出版社2007年版,第17页。

包括了人与语言的和谐、人与人的和谐、人与现实社会的和谐以及人与虚拟社会的和谐。

三 构建网络和谐话语的必要性

语言和谐"是和谐社会的重要组成部分,人在语言使用中所表现出来的素质在很大程度上体现着社会的进步程度。语言和谐问题的研究有着厚实的社会文化基础和语言理论基础。由于语言和谐和社会和谐之间具有千丝万缕的联系,因而人们关注社会和谐问题时,必然关注语言和谐问题"①。亚里士多德(Aristotle)在《修辞学》中认为语言表达"既不能流于平凡,也不能提得太高,而应求其适合"。② 昆体良(Quintilianus)从教学方面提出语言和谐问题:"教师应教给学生运用何种措辞才能切题、优美、高雅,在何处充分展开才能赢得赞扬,何处简略更有效果,在何处巧妙地运用隐喻,采取何种借喻修辞手段,哪些话应该说得流畅、优美而又刚劲有力。"③ 马林诺夫斯基(Malinowski)在《文化论》中提出,语言是人类协和动作方式中的一种,而意义也是"在这种协和动作方式中所获得的成就"。④ 格赖斯(Grice)提出的"会话合作原则"的四项准则之实质就是论述语言和谐的学问。"合作原则"是社会交往中所有人应遵循的基本原则,所谓"合作"就是利用语言实现人际交往的和谐。语言学家维索尔伦(Verschueren)认为语言顺应(Adaptation Theory)问题是语用学的核心问题,因为语言本身具有顺应性,由此可以根据语境的需要做出恰当的顺应性选择。

在人与人的关系上,中国传统和谐思想主张"和为贵",宽和处世,从而创造人际和谐的社会环境。"和文化"是中华文化的核心,

---

① 冯广艺:《语言和谐论》,人民出版社2007年版,第19页。
② [古希腊]亚里斯多德:《修辞学》,罗念生译,生活·读书·新知三联书店1991年版,第150页。
③ 任钟印选译:《昆体良教育论著选》,人民教育出版社2001年版,第82页。
④ [英]马凌诺夫斯基:《文化论》,费孝通译,华夏出版社2002年版,第6页。

是中华民族的魂与魄。几千年来，中国"和谐"文化的内涵不断发展充实。老子用辩证的观点论述和谐问题："天下皆知美之为美，斯恶已。皆知善之为善，斯不善已。故有无相生，难易相成，长短相形，高下相倾，音声相和，前后相随，恒也。"① 孔子在《论语·子路》中说："君子和而不同，小人同而不和。"② 庄子在《庄子·天道》中提出"和"为做人之要："夫明白于天地之德者，此之谓大本大宗，与天和者也；所以均调天下，与人和者也。与人和者，谓之人乐；与天和者，谓之天乐。"③ 孟子也十分重视人与人的和谐关系，他在《孟子·公孙丑下》提出"天时不如地利，地利不如人和"④。孟子认为只要把人的先天本性推及于每个人，就能建立"老吾老，以及人之老；幼吾幼，以及人之幼"⑤ 的和谐社会。可见，在先贤心目中，"和"是建设和谐社会和谐语言行为的重要内蕴与表征。在构筑宏观生态文明的大背景下，国内一些学者借鉴豪根模式、韩礼德模式以及斯提比等学者的理论，积极关注语言生态建设问题，结合中国传统文化与传统哲学，提出了有别于西方的生态哲学观，开创了"和谐话语分析"研究路径。和谐话语分析"赞同重视人的观点，将人类社会视为生态系统的一部分，研究的是包括人在内的各个生态系统参与者在生态系统中的生态位和生态身份及其相互关系，以及语言在反映和构建这些关系中的作用和方式"⑥。那么，"在网络话语生态中，'人'除了包含网民以外，还包括网络监管部门和平台管理人员等。这些子系统中不同类型的'人'相互影响，既依赖于所处的生态环境，也对生

---

① 《老子·道德经》，古诗文网，2022年4月26日，https://so.gushiwen.cn/guwen/bookv_46653FD803893E4FCAE863C148827C30.aspx，2024年7月28日。

② 《子路篇》，古诗文网，2022年4月26日，https://so.gushiwen.cn/guwen/bookv_31.aspx，2024年7月28日。

③ 《庄子·外篇·天道》，古诗文网，2022年4月26日，https://so.gushiwen.cn/guwen/bookv_46653FD803893E4F2F23C11ED845A493.aspx，2024年7月28日。

④ 《孟子·公孙丑下》，国学网，2022年10月7日，http://www.guoxue.com/book/mengzi/0004.htm，2024年7月28日。

⑤ 《孟子·梁惠王上》，国学网，2022年10月7日，http://www.guoxue.com/book/mengzi/0001.htm，2024年7月28日。

⑥ 赵蕊华、黄国文：《和谐话语分析框架及其应用》，《外语教学与研究》2021年第1期。

态环境产生反作用"①，构建和谐文明的网络话语生态，需要各方分工合作、协作发力，共同维护健康的语言生态。

第三节 治理网络语言暴力的原则

在建设语言生态文明的大背景下，如何加强建设和谐网络交往语境，消除网络语言暴力？本节借鉴何伟等提出的"多元和谐，交互共生"生态哲学观②，依据黄国文生态话语分析提出的一个假定"以人为本"，三个原则——"良知原则、亲近原则和制约原则"③，深入挖掘网络话语的生态意义。"新中国成立后，'以人为本'也成为坚持全心全意为人民服务的根本宗旨和科学发展观的核心……进行生态话语和行为分析，首先就要接受'以人为本'这个基本假定。"④ 在网络话语生态中，网民是生产与传播积极网络语言或消极网络语言的主体与核心因素，网络语言生态的治理、网络语言暴力的消除、和谐网络语言生态的建设，均无法脱离语言使用主体。

如图10.1所示，治理网络语言暴力，首先要遵循"以人为本"的假定，三个原则在这个假定的指导下，相互协作助力，个体层面遵循"良知原则"，"在个体主体修养上，要由他律向自律转化上下功夫，培养争做具有爱国主义精神、责任担当意识、网络法治观念、安全防护技能、文明上网用网的新时代好网民"⑤；人与人层面遵循"亲近原则"，不发表、不传播危害他人与社会的言论，努力构建和谐人际关系；社会层面则营造法治环境，采用行为规范、创建机制、纪律约束、媒介教育等手段，刚性约束不当言论，宣传社会主义正气，弘扬社会主义文化正能量，由此形成网络语言暴力治理的有效循环机制。

---

① 赵蕊华、黄国文：《和谐话语分析框架及其应用》，《外语教学与研究》2021年第1期。
② 何伟、高然、刘佳欢：《生态话语分析新发展研究》，清华大学出版社2021年版，第39页。
③ 黄国文：《论生态话语和行为分析的假定和原则》，《外语教学与研究》2017年第6期。
④ 黄国文：《论生态话语和行为分析的假定和原则》，《外语教学与研究》2017年第6期。
⑤ 李丽：《做好新时代网络文明建设》，光明思想理论网，2022年2月17日，https：//theory.gmw.cn/2022-02/17/content_ 35525145.htm，2024年7月28日。

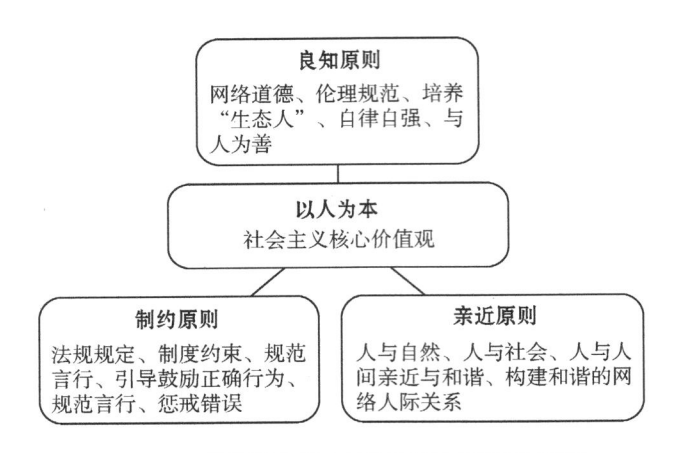

图 10.1 网络语言暴力治理原则三要素关系图

一 良知原则

良知原则主张"心是一切认知、体验和经验的起源,其外在表现是对事物或事件的判断。良知至少包含了认知、意志和情感三个要素。认知使主体了解事物的性质、结构、成分、形态、功能、与他者的关系等。基于此,人对事物的发展或自身行为做出判断,分辨是非黑白"[1]。因此,要有效治理网络环境,逐渐消除网络语言暴力,需要遵循"良知原则"。良知原则体现了一个人的素养干净,外表干净是尊重他人,内心干净是尊重自己,语言干净是尊重社会,行为干净是尊重公德。

网络语言暴力频繁发生,与网络环境下道德失范与自我良知的缺失有很大关系。构建网络语言文明的本质"就是要建立和维护文明的言语交际规范和秩序。除法律、法规外,还有言语道德秩序,特别是言语交际行为的道德准则,即言语交际主体实施言语交际行为时,所应担负的道义责任与所应遵守的道德标准和原则"[2]。要加强对网络道德规范的重新建立,在网络空间中树立起正确的、积极向上的网络道

---

[1] 赵蕊华、黄国文:《和谐话语分析框架及其应用》,《外语教学与研究》2021 年第 1 期。
[2] 许峰、刘芳:《净化网络语言文化生态环境》,人民网,2016 年 9 月 1 日,http://theory.people.com.cn/n1/2016/0901/c49157 - 28683028.html,2024 年 7 月 28 日。

德规范和价值观；加大对网络语言暴力危害（包括网络诈骗、网络色情、网络羞辱、网络谣言）的宣传与治理力度，在各个网络平台上普及社会主义核心价值观，为构建积极和谐的网络语言生态奠定良好的伦理道德基础。通过校内校外教育、线上线下教育、社区内外宣传、案例警示等多个途径提高网民自身的道德修养，引导网民理性地应对网络突发事件，牢记网络道德意识和遵守道德规范，充分意识到语言暴力对他人造成的伤害和对网络空间造成的负面影响，努力做一个有理性思考和判断能力的网民。要建设良好的网络生态文明，教育不但要培养德智体全面发展的社会人，还要培养具有强烈生态意识的"生态人"：

> 生态人指的是具有生态意识和行为的人，这样的人能够认清自己在生态环境中的"我"，并生态地把握自我与"他者"的关系，把生态意识融入自己的生存和生活中；生态人敬畏自然、善待环境、懂得感恩、关怀生命，具有强烈的整体意识和思维方式，追求人与自然的共生，也追求人与他人、与自身的和谐，关注的是生态生存、生态创造、生态文明、生态社会、和谐社会，对生态文明充满憧憬，愿意为生态文明贡献自己。①

培养"生态人"的重要原因在于"只有从根本上解决了人的问题，使人从'社会人'转变为'生态人'，生态问题才能最终得到解决"②。只有培养了"生态人"心怀敬畏之心、感激之情，敬畏自然、敬畏生命、敬畏环境、尊重他人，遵守社会公序良俗，语言生态方可得到根本性的好转。

二 亲近原则

亲近原则"以人为基点分辨人与他人、其他动物、自然环境和自

---

① 黄国文：《外语教学与研究的生态化取向》，《中国外语》2016年第5期。
② 杜吉泽、李维香：《"生态人"简论》，《第八届暨第七届全国人学研讨会论文集》，中国人学学会2005年版，第287页。

然资源之间的亲、疏、远、近关系，是以人为本的具体表现"①。亲近原则意味着人与自然、人与社会以及人与人之间的亲近与和谐，有利于构建和谐的人际关系。只有全体网民共同努力，才能还语言社会一片"晴空"。《国务院办公厅关于全面加强新时代语言文字工作的意见》明确要求"加强语言文明教育，强化对互联网等各类新媒体语言文字使用的规范和管理，坚决遏阻庸俗暴戾网络语言传播，建设健康文明的网络语言环境。"②谈吐儒雅、和气文雅、谦逊有礼、尊重他人是语言交际的核心，也是人类彼此亲近的基本出发点。粗俗的网络语言"雾霾"割裂民族文化传承、背离听者感受，其内涵是赤裸裸的本能欲望表达，从形式到内容都有悖于语言文化的价值追求，自然界的雾霾伤身，而语言"雾霾"则伤心。语言生态系统也一样，当低俗语泛滥于我们的语言生活中时，我们同样应加以重视与治理，维护人类的精神家园。

莱斯格（Lessig）认为在现实空间中规范人类行为有四种约束：法律、规范、市场和代码。③但在纷繁复杂的网络社会中，这四种约束已经远远不够了。2017年12月16日，中国信通院《互联网平台治理白皮书》分析了互联网平台治理涉及的六大核心内容，梳理了我国互联网平台治理探索和实践，指出平台治理应形成政府统筹、平台自治、第三方协调、公众参与的多方共治格局，这是未来平台治理的发展方向。④要治理"语言"雾霾，至关重要的是在网络空间传承卓越的人类的善和道德价值，恪守语言文明基本原则，因为"社会文明的一个重要方面是语言文明，语言文明的具体体现是语言和谐。因此，在抓社会的文明建设的时候，必须高度重视语言和谐问题"⑤。语言和谐需要思考以下五个方面内容：语言人—文明和善、语言体系—规范

---

① 赵蕊华、黄国文：《和谐话语分析框架及其应用》，《外语教学与研究》2021年第1期。
② 《国务院办公厅关于全面加强新时代语言文字工作的意见》，国务院办公厅，2021年11月30日，http://www.gov.cn/zhengce/content/2021-11/30/content_5654985.htm，2024年7月28日。
③ [美]理查德·斯皮内洛：《铁笼，还是乌托邦—网络空间的道德与法律》（第二版），李伦等译，北京大学出版社2007年版，第2—3页。
④ 参见《互联网平台治理白皮书》，中国信息通信研究院，2017年12月13日，http://www.caict.ac.cn/kxyj/qwfb/bps/201804/P020171213443451507670.pdf，2024年7月28日。
⑤ 参见冯广艺《语言和谐论》，《修辞学习》2006年第2期。

纯洁、语际关系—平等互惠、语言发展—井然有序、语言运用—适境应情，恰当有效。① 可见，消除语言"雾霾"，建设健康语言生态，还语言一片"净空"，需要大力建设语言文明，需要所有人的自省、自制和自律。在网络上，有的网民动辄出口伤人、传播谣言、"人肉搜索"等行为已经破坏了亲近原则。

三 制约原则

"制约原则"意味着"将人的行为规范化、制度化，引导并鼓励正确的行为，规避或惩罚错误的行为；这是对以人为本的限定。"② 无论从法纪法规角度还是从个人伦理道德的角度来看，拥有言论自由权利并不意味着语言主体可以依据个人意愿随意发表言论。"基于正确的理解，言论自由原则不是绝对的，而政府为了确保传播市场的功能——服务民主自治和其他重要的社会价值——所采取的必要行动，也不能以'言论自由'来加以妨碍。不管最应该解决的棘手问题是什么，政府是可以去管制计算机病毒、非法盗版和教唆犯罪的。"③

在网络空间里，对网络暴力的"制约原则"的制定，可以借鉴国际治理经验。柳思思梳理了国际上治理网络语言暴力相关规定，显示了联合国对治理网络语言暴力所做的努力。④ 倡导网民加强语言责任意识，注意在虚拟空间中的言行，并出台合理网络议程，有效约束网民言语行为。欧盟及成员国"普遍实行的治理网络暴力的规范方式分为网络法律治理规范、网络行政管理规范两种形式。两者共同构成了欧盟及成员国治理网络语言暴力的复合型规范系统"⑤。欧盟及其部分

---

① 冯广艺：《语言和谐论》，《修辞学习》2006年第2期。
② 赵蕊华、黄国文：《和谐话语分析框架及其应用》，《外语教学与研究》2021年第1期。
③ [美]凯斯·桑斯坦：《网络共和国——网络社会中的民主问题》，黄维明译，上海人民出版社2003年版，第101页。
④ 参见柳思思《网络语言暴力问题研究：欧盟治理经验及对我国的启示》，人民日报出版社2018年版，第160页。
⑤ 柳思思：《网络语言暴力问题研究：欧盟治理经验及对我国的启示》，人民日报出版社2018年版，第178页。

成员国纷纷将语言暴力行为列入刑事犯罪打击范围。① 2020年6月18日，德国联邦议院"以'包裹立法'模式批准了一系列法律条文，以严惩网络语言暴力。根据新法律条文，在网上威胁杀人最多可判处3年监禁，在网上侮辱贬损他人最多可判处2年监禁"②。惩戒措施会使网民认识到肆意发表网络言论必须承担责任，约束自己的言行，从主观上抑制网络暴力生产与传播根源。欧洲议会、欧洲理事会、欧盟委员会制定了相关措施，提醒网民警惕非法拦截、人肉搜索、私自使用数据，承担反对垃圾邮件、网络辱骂、网络欺凌的责任，确保用户、网络企业对安全的需要，打造一个各方共同监管的网络氛围。③

二十多年来，中国大力开展虚拟空间治理法治化，持续推进互联网领域立法步伐。北京互联网法院的成立就是深化网络空间司法治理、推动网络文明建设的鲜明标志。"法治化是互联网治理的根本手段，有法可依是互联网得以公正有效治理的基础保障。没有健全的法制和严格的治理，网络空间就会成为违法犯罪的肆虐之地。"④ 诸如《最高人民法院、最高人民检察院关于办理利用信息网络实施诽谤等刑事案件适用法律若干问题的解释》《即时通信工具公众信息服务发展管理暂行规定》《互联网新闻信息服务单位约谈工作规定》等一批法律法规相继出台，构建了网络空间治理的基本体系。（见表10.1）

表10.1　　　　　　　　中国网络信息安全相关规定统计表

序号	时间	发布机构	法规名称
1	2000年9月26日	中华人民共和国国务院	《互联网信息服务管理办法》
2	2000年12月28日	全国人大常委会	《全国人大常委会关于维护互联网安全的决定》

---

① 柳思思：《网络语言暴力问题研究：欧盟治理经验及对我国的启示》，人民日报出版社2018年版，第180页。

② 《德国立法严惩网络语言暴力》，百度，2020年6月19日，https：//baijiahao.baidu.com/s?id=1669907569327639851&wfr=spider&for=pc，2024年7月28日。

③ 柳思思：《网络语言暴力问题研究：欧盟治理经验及对我国的启示》，人民日报出版社2018年版，第85—186页。

④ 许峰、刘芳：《净化网络语言文化生态环境》，人民网，2016年9月1日，http：//theory.people.com.cn/n1/2016/0901/c49157-28683028.html，2024年7月28日。

续表

序号	时间	发布机构	法规名称
3	2004年9月	最高人民法院、最高人民检察院	《关于办理利用互联网、移动通讯终端、声讯台制作、复制、出版、贩卖、传播淫秽电子信息刑事案件具体应用法律若干问题的解释》
4	2005年8月30日	全国人民代表大会常务委员会	《中华人民共和国治安管理处罚法》
5	2009年4月13日	中华人民共和国工业和信息化部	《互联网网络安全信息通报实施办法》
6	2009年12月29日	中华人民共和国工业和信息化部	《通信网络安全防护管理办法》
7	2010年2月4日	最高人民法院、最高人民检察院	《关于办理利用互联网、移动通讯终端、声讯台制作、复制、出版、贩卖、传播淫秽电子信息刑事案件具体应用法律若干问题的解释（二）》
8	2011年1月8日	国家互联网信息办公室	《互联网信息服务管理办法》（修订）
9	2013年3月5日	全国"扫黄打非"办公室	《关于开展网络淫秽色情信息专项治理"净网"行动的通知》
10	2013年9月9日	最高人民法院、最高人民检察院	《关于办理利用信息网络实施诽谤等刑事案件适用法律若干问题的解释》
11	2014年6月23日	最高人民法院	《关于审理利用信息网络侵害人身权益民事纠纷案件适用法律若干问题的规定》
12	2014年8月21日	最高人民法院	《最高人民法院关于审理利用信息网络侵害人身权益民事纠纷案件适用法律若干问题的规定》
13	2015年2月4日	国家互联网信息化办公室	《互联网用户账号名称管理规定》
14	2015年6月30日	中国互联网络信息中心	《关于进一步加强对网上未成年人犯罪和欺凌事件报道管理的通知》
15	2016年6月25日	国家互联网信息化办公室	《互联网信息搜索服务管理规定》
16	2016年7月4日	国家工商行政管理总局	《互联网广告管理暂行办法》
17	2016年9月20日	国家新闻出版广电总局	《关于加强网络视听节目直播服务管理有关问题的通知》

续表

序号	时间	发布机构	法规名称
18	2016年2月6日	中华人民共和国工业和信息化部	《互联网上网服务营业场所管理条例（修订）》
19	2016年11月4日	国家互联网信息化办公室	《互联网直播服务管理规定》
20	2016年11月8日	十二届全国人大常委会第二十四次会议	《中华人民共和国网络安全法》
21	2017年8月1日	中共中央宣传部、中共中央组织部、中央网信办联合印发	《关于规范党员干部网络行为的意见》的通知
22	2017年12月16日	中国信通院	《互联网平台治理白皮书》
23	2017年8月25日	国家互联网信息办公室	《互联网跟帖评论服务管理规定》
24	2017年9月7日	国家互联网信息办公室	《互联网群组信息服务管理规定》
25	2019年12月20日	国家互联网信息办公室	《网络信息内容生态治理规定》
26	2020年4月13日	国家互联网信息办公室等	《网络安全审查办法》
27	2020年8月19日	教育部 国家新闻出版署 中央网信办 工业和信息化部 公安部 市场监管总局	《关于联合开展未成年人网络环境专项治理行动的通知》
28	2021年01月22日	国家互联网信息办公室	《互联网用户公众账号信息服务管理规定》
29	2021年11月30日	国务院办公厅	《国务院办公厅关于全面加强新时代语言文字工作的意见》
30	2022年2月22日	国务院办公厅	《国务院办公厅关于加快推进电子证照扩大应用领域和全国互通互认的意见》
31	2022年6月22日	国家广播电视总局、文化和旅游部	《网络主播行为规范》
32	2022年6月27日	国家互联网信息办公室	《互联网用户账号信息管理规定》
33	2022年9月9日	国家互联网信息办公室	《互联网弹窗信息推送服务管理规定》
34	2022年11月16日	国家互联网信息办公室	《互联网跟帖评论服务管理规定》
35	2022年11月18日	国家互联网信息办公室	《个人信息保护认证实施规则》
36	2023年9月25日	最高人民法院 最高人民检察院 公安部	《关于依法惩治网络暴力违法犯罪的指导意见》

虽然相应法规不断出台，但在网络语言暴力问题上，社会依然面临各种挑战。一方面要加强对原有相关法律制度的调整和完善，另一方面应制定专门的网络语言暴力管理条例，加大执法力度，坚持问责制度。建立网络语言暴力等级评判标准，根据其影响大小划分等级，采用必要的惩罚措施，惩戒造成严重影响的网络语言暴力行为。在网络监管过程中，对已发表的涉及网络语言暴力的内容，应及时采取措施，避免事件严重化和扩大化。党的十八大以来，全国网络信息部门：

> 坚持把依法治网摆在突出位置，推动网络法治工作取得积极进展和重要成果。推动出台《网络安全法》《数据安全法》《个人信息保护法》《关键信息基础设施安全保护条例》《网络信息内容生态治理规定》《网络安全审查办法》等法律法规和管理规定100余部，完成了网络法律体系的基本构建。组建网络执法与监督局，持续加大网络执法力度，坚决查处网上各类违法违规行为。[①]

互联网并非法外之地，网络生态文明建设需要切实具体的网络法治举措保驾护航。2022年，公安部启动的"网络水军"专项整治工作，依法打击网络违法犯罪活动，与有关主管部门加强协作配合，联手压实网络平台主体责任，强化网络生态治理，倡导共同维护网络空间秩序。例如，2022年11月，国家互联网信息办公室发布新修订的《互联网跟帖评论服务管理规定》明确规定"跟帖评论服务使用者应当遵守法律法规，遵循公序良俗，弘扬社会主义核心价值观，不得发布法律法规和国家有关规定禁止的信息内容"[②]。旨在加强对互联网跟帖评论服务的规范管理，维护国家安全和公共利益，保护公民、法人和其他组织的合法权益，促进互联网跟帖评论服务健康发展。

---

① 《中央网信办：2019年以来累计清理违法和不良信息200多亿条》，光明思想理论网，2022年8月19日，https://politics.gmw.cn/2022-08/19/content_35966055.htm，2024年7月28日。

② 《互联网跟帖评论服务管理规定》，中国网信网，2022年11月16日，http://www.cac.gov.cn/2022-11/16/c_1670253725725039.htm，2024年7月28日。

第四节　网络语言暴力治理策略

治理网络语言暴力不是某个人、某个机构的事，也不是一蹴而就的工作。治理网络语言暴力，营造清朗的网络空间是一个庞大的系统工程，涉及教育、技术、法律、人文素养等诸多方面的因素。洪洁、袁周敏提出急需采取行之有效的措施开展网络语言发展与治理，包括"抵制破坏性话语，推广有益性话语，以规范网络空间语言；增强网民规范意识，提升网民媒介素养和综合素质，对网络舆论进行良性引导，以优化网络空间环境；加强网络空间立法及网络语言安全监测，合理规划并稳步推进网络实名制，以增加网络违法成本等"[①]。张延飞、田鑫月、辛丹"从环境、主体和话语维度出发，提出了官媒辟谣机制优化对策，即完善辟谣硬性规制，营造良好辟谣环境；探索联合辟谣模式，实现多元主体共治；提升话语内容质量，完善辟谣话语机制"[②]。

一　多方协作，普及媒介素养教育

媒介素养教育意味着帮助网民尤其是青少年网民树立起健康的媒介素养意识，包括"健康语言意识""科学信息意识""正当网络意识""网络安全意识"和"语言文明意识"，培养网民对媒介信息的认知、反馈、取舍、分析的能力，生产、制作与理性传播的能力，节制恣意使用言论自由的冲动，切实提高媒介认知能力，媒介认知能力包括（1）在内容理解上作出努力、给予注意力和筛除噪声；（2）理解和尊重媒介信息具有的力量；（3）对内容作出回答和行动时，具有把情感上和理智上反应区分开来的能力；（4）提高对媒介内容更高企盼的眼光；（5）具有区分类别的能力；（6）质疑与批判媒介信息的能力

---

① 洪洁、袁周敏：《生态语言学视阈下的网络　空间语言规划与治理》，《南京邮电大学学报》（社会科学版）2022年第2期。

② 张延飞、田鑫月、辛丹：《中国官媒辟谣话语建构策略研究》，《南京邮电大学学报》（社会科学版）2022年第2期。

以及掌握不同媒介语言及其产生的效果。①

网络媒介素养教育有利于帮助网民客观辨别信息内涵，识别语言暴力、扭曲人性的语言糟粕，自觉做好信息"把关人"，主动减少信源污染、信息滥用行为，不造谣、不信谣、不传谣，不损害语言生态，使整个网络传播生态日趋洁净稳定和健康有序。政府、社会机构、教育机构、家庭社区通力合作，将网络安全与媒介素养教育列入大、中、小学的必修课程，帮助学生牢固树立社会主义核心价值观，培养青年网民获取正当信息、判断有害信息、生产正能量信息和传播积极信息的能力。2022年5月，央广网就个别网民将新冠病毒阳性感染者称为"小阳人"发表评论：

> 网上有人把新冠病毒阳性感染者称为"小阳人""羊""两脚羊"，后来又出现了"公羊""母羊""老羊""小羊"等叫法，遭到多数网友谴责。感染新冠肺炎，患者在身心上本就不适，这个时候除了治疗，最需要的是理解和支持。当他们听到自己被称为"羊"时，会作何感想？不管是无心调侃还是有意侮辱，这些称谓显然缺乏同理心，既不尊重病患，有矮化、去人性化的倾向，又容易造成歧视、排挤，还消解了严肃的防疫行为，污染了网络生态……。②

将新冠阳性感染者称为"羊"，管控新冠阳性感染者的行为称为"抓羊"是一种对新冠病毒感染者和防疫工作者的不礼貌、不尊重的言语表达。因此媒介素养教育要及早介入，消除网络语言中矮化、去人性化的倾向，避免患者受到歧视、排挤的次生伤害。

根据网络暴力的实际和常见表现，本书建议建设与维护网络健康生态的具体行动体现在以下几个方面：

第一，开展网络媒介素养教育。2016年7月27日，中共中央办公

---

① ［美］斯坦利·J. 巴伦：《大众传播概论——媒介认知与文化》（第三版），刘鸿英译，中国人民大学出版社2005年版，第61—65页。
② 邓海建：《别再把新冠患者称为"羊" 敌人是病毒不是病人》，央广网，2022年5月9日，http：//news.cnr.cn/comment/cnrp/20220509/t20220509_525820624.shtml，2024年7月28日。

厅、国务院办公厅发布了《国家信息化发展战略纲要》，首次提出将网络安全和媒介素养教育纳入到全民教育的重要内容中。[①] 作为"互联网+"时代下的国家信息战略的重要内容，媒介素养教育迎来了一个全面发展的契机。建立专门的网络媒介素养教育活动场所，开展网络媒介素养教育专题活动，教育网民特别是青年网民加强网络文明修养，增强网络安全意识，规范网络行为，讲诚信、守底线、远离网络欺诈、网络暴力和网络低俗行为，让互联网成为青年网民学习工作的知识库、温暖可靠的朋友圈、文明理性的舆论场。

第二，加强网络安全教育。2022年9月5日至11日，全国范围内统一举办了国家网络安全宣传周。本次安全宣传周的网络安全博览会以"网络安全为人民，网络安全靠人民"为主题，就是又一次网络生态建设的重要实践。网络安全教育应随时提醒警醒网民高度警惕网络"视奸"，该行为往往偷窥他人微博、微信、朋友圈、博客等空间发布的信息，实施网络诈骗、网络恐吓等暴力行为。发朋友圈、海投简历、网络会议、"晒"个人喜好、发抖音视频、随意丢弃快递包装等行为，会暴露很多个人信息，比如手机号、住址、路线、社交都有可能会被居心叵测的人给盯上，开始网络精神"围猎"。因此，要注意保护个人信息，勿随意添加陌生人的联系方式，也不要随意在照片等物品上透露个人信息、个人定位、个人喜好等，保护好个人信息才会让不法分子无机可乘。

第三，加强学校安全教育。在网络文明建设中，教育系统肩负着重要的责任，发挥着不可替代的独特作用。[②] 在校学生基本上是"Z一代"，是与网络"共生"的一代，网络是他们学习生活的重要空间。全体师生既是网络使用主力军，也是网络生态文明的建设者、创新者、维护者。学校和教师应引领广大学生做文明用网的捍卫者、理性上网的践行者、网络文明的传播者，持之以恒增强教育系统网络综合治理

---

① 《国家信息化发展战略纲要》，中央人民政府，2016年7月27日，http://www.gov.cn/gongbao/content/2016/content_5100032.htm，2024年7月28日。

② 怀进鹏：《用好数字变革红利，统筹推进网络文明建设和教育高质量发展》，网易，2022年8月30日，https://www.163.com/dy/article/HG189G4I0516AHQG.html，2024年7月28日。

能力和水平，加强网络素养教育，建设和谐网络语言生活。

第四，重视家庭安全教育。家庭教育是父母或其他监护人为促进未成年人健康成长的重要屏障，对未成年人的道德品质、身体素质、生活技能、文化修养、行为习惯等方面的培育和引导具有不可替代的影响。《中华人民共和国家庭教育促进法》第二章第十四条明确指出："父母或者其他监护人应当树立家庭是第一个课堂、家长是第一任老师的责任意识，承担对未成年人实施家庭教育的主体责任，用正确思想、方法和行为教育未成年人养成良好思想、品行和习惯。"[①] 第二十二条规定："未成年人的父母或者其他监护人应当合理安排未成年人学习、休息、娱乐和体育锻炼的时间，避免加重未成年人学习负担，预防未成年人沉迷网络。"[②]

第五，重视个人文明用网教育。教育广大网民恪守良知原则、亲近原则和制约原则。告诫网民特别是青年网民网络暴力给他人、给自身带来的危害——网络暴力会在现实生活中造成严重的后果：伤害感情、破坏友谊、影响社会稳定，甚至受到单位或司法机构的惩罚。网民一旦实施网络暴力，纵然小心翼翼掩盖个人踪迹，总会留下蛛丝马迹。一次网络暴力行为会对受害人以及实施个体的未来造成巨大的伤害。帕钦和辛杜佳提出了网络行为忠告：

> 对内容保持谨慎。互联网会记住一切。你在互联网上发布的内容不仅会被很多人看到，而且它们存在的时间也会超出你的想象。当你将某种内容放到网上时，你应该想到，如果你的父母、未来的大学招生负责人或者未来的老板看到它，你会怎么样……不管你是否喜欢，一些人都会根据你在网络上的表现来判断你，这就是现实。[③]

[①] 《中华人民共和国家庭教育促进法》，中国人大网，2021年10月23日，http://www.npc.gov.cn/npc/c2/c30834/202110/t20211023_314286.html，2024年7月28日。

[②] 《中华人民共和国家庭教育促进法》，中国人大网，2021年10月23日，http://www.npc.gov.cn/npc/c2/c30834/202110/t20211023_314286.html，2024年7月28日。

[③] [美] 贾斯汀·W. 帕钦、萨米尔·辛杜佳：《语言暴力大揭秘：跟网络欺凌说"不"》，刘清山译，黑龙江教育出版社2017年版，第82—83页。

开展网络生态文明教育,帮助网民节制任意表达自由的欲望。帮助网民客观辨别信息真伪,理性鉴别与法律、优秀传统文化和道德规范格格不入的内容,识别反人类扭曲人性的语言糟粕,自觉做好信息传播"把关人",减少信源污染、信息滥用、垃圾信息的传播,推进网络传播生态日趋清朗有序。

二 借鉴国际经验,试行网络实名制

欧盟面对网络暴力的挑战开展治理活动,主要基于以下四个方面的考虑:第一,网络语言暴力对网络社会中人与人信任的破坏程度越来越强;第二,网络漏洞、网络暴力事件数量和频率的不断增长;第三,私人信息通过互联网泄露的程度与广度越来越大;第四,网络欺凌与网络仇恨的扩大,网络欺凌与网络仇恨从个别人扩大为群体。[①]欧盟部分成员国颁发了网络电子身份证来替代传统的身份证,使网络电子身份证既具备了线下身份识别的功能,又具备了网络远程身份识别功能,广泛用于电子政务、电子商务、社交网络等各个领域。[②]

根据《国务院办公厅关于加快推进电子证照扩大应用领域和全国互通互认的意见》《互联网用户账号信息管理规定》,本书建议借鉴欧盟治理经验,试行网络实名制,这是因为"网络实名制也是遏制网络语言暴力的有效手段之一。实名制上网并不会破坏网络的虚拟性,不会对合法上网造成不良影响,但对那些捕风捉影、散布谣言、发布不良信息、制造网络语言暴力的人员具有一定的限制和警示作用"[③]。对造成严重社会后果的不良信息发布者,可以采取与屡教不改的酒驾人员"阶段性禁驾""终生禁驾"一样的"阶段性禁网""终身禁网"惩戒。面对网络语言暴力,我国"应细化网络实名制度,网络平台应

[①] 参见柳思思《网络语言暴力问题研究:欧盟治理经验及对我国的启示》,人民日报出版社 2018 年版,第 174 页。

[②] 参见柳思思《网络语言暴力问题研究:欧盟治理经验及对我国的启示》,人民日报出版社 2018 年版,第 161 页。

[③] 曹进、靳琰、白丽梅:《语言无羁:汉语言符号的网络再生与生成逻辑研究》,中国社会科学出版社 2019 年版,第 363 页。

要求用户在注册时完善其真实的姓名以及身份证号码,从源头上规避网络用户利用实名制漏洞所做出的违法行为"。① 加大对网络的监察力度,对那些明显恶意攻击、诽谤他人证据确凿的暴力语言行为予以惩处,不断提升语言暴力使用者的违法成本,在法律层面上使其"不敢为",在使用主体层面上"不愿为",在网络技术层面上使其"不能为"。一旦网络上出现诽谤、谩骂、侮辱等暴力或恶意信息时,可以根据实名信息找到发帖人的真实身份,对其不良言行进行必要惩戒与震慑,从源头上杜绝网络暴力。此外,通过实名制动态了解网民真实年龄,切实屏蔽不良信息对未成年人的负面影响。

2022年,国家网信办发布了《互联网用户账号信息管理规定》(以下简称《账号规定》),于2022年8月1日施行。《账号规定》从"账号信息注册和使用""账号信息管理"两个重要环节提出了系统的管理要求。《账号规定》的出台,为促进形成良好的网络生态以及网络文明建设发挥十分重要的基础性法治保障作用。《账号规定》划定了"底线""红线"、加强了真实身份信息核验、加强了信息发布约束,便于公众监督。《互联网用户账号信息管理规定》为上网实名制迈出了可喜的一大步。

三 建立预防体系,开展网格化治理

网络语言暴力的产生是由很多因素共同作用形成的,因此要控制和治理网络语言暴力,也需要多方面协同共治。发挥政府、企业、网络信息、教育、科研等部门的优势,组建网络语言生态治理与建设"国家队",研究网络空间语言的生产机制、心理动因、传播渠道与传播路径。政府部门应发挥主导性的作用,社会力量、教育机构、家庭也要发挥监管作用。个人不仅是网络语言的使用者,也应当是网络语言的暴力的监督者。由单位、机构、学校组建网格化的"网络语言暴力"治理单元,设立"网络语言暴力治理"专题网站。在"网络语言

---

① 韩天舒:《网络语言暴力的特征、成因与法律规制策略》,《法制博览》2021年第13期。

暴力"专题网站上披露制造网络语言暴力事件的黑名单。组织社会各方力量共同打击网络语言暴力事件,发挥群体性和社会性的网络语言监督力量。这样可以实现增加监督者的数量,扩大监督的范围和加强监督的力度。此外,畅通网络暴力违法举报渠道,并且给予一定的物质或精神奖励,增加网民监督网络语言暴力的积极性。部分网民因为种种压力,一时冲动借助网络发泄自己的情绪,在网络上过多发表负能量的言语,或者直接使用攻击性的言语攻击他人,从而造成网络语言暴力。由心理咨询给予心理疏导与指导,将会在一定程度上纾解网络空间中出现的网络语言暴力。家庭、学校、社会机构、政府相关部门合力建设语言生态文明,形成有理有利有据的治理氛围,采用法纪法规刚性制止+柔性教育引导的方式,合力建设语言文明生态,减少乃至彻底消除语言污染和语言暴力。自媒体具有巨大的社会组织动员能力。

四 采用技术规制,拦截有害信息

运用多种技术,搜集并解析网络语言暴力内涵。虚拟空间是人类技术发展到一定时期的信息空间,是技术发展与语言发展彼此相融合的空间,虚拟空间并非"虚幻"或"幻象"空间,积极的技术规制、屏蔽与过滤是治理网络暴力的重要举措。

第一,在大数据、云计算等技术介入生活的今天,对网络空间语言开展海量采集,运用数字人文技术、语料库技术收集、挖掘、分析、揭示网络空间话语表达的特征和规律,有利于"构建互联网空间话语监测数据库,开发话语监测预警平台,从理论和实践两方面探索互联网空间话语的规范、标准和建设思路"[1]。充分利用大数据、云技术屏蔽、防火墙、量子加密等技术,过滤、拦截和屏蔽黄色、反动、迷信、谣言、暴力信息,提升健康话语和积极话语在网络空间的关注度和影响力。采用人脸识别、人工智能技术作为网络消极信息的过滤器,杜

---

[1] 许峰、刘芳:《净化网络语言文化生态环境》,人民网,2016年9月1日,http://theory.people.com.cn/n1/2016/0901/c49157-28683028.html,2024年7月28日。

绝不良信息通过热门、热搜、推荐、关键词甚至经"伪装后"的变异表达进入公众视野,将相关规定全面融入技术预防与落实层面,为健康的网络语言生态保驾护航。强化各行业部门信息系统、门户网站网络安全防控机制、应急响应机制、舆情应急处理机制,依据"健全机制、分析研判、处置反馈"的处置原则,清理网络有害信息,依法依规处置网络造谣传谣者,建立常态化网络环境管控机制,筑牢网络领域安全防线。同时,要加强对"软暴力""隐性黄色"的治理,网络"平台方可采取引入第三方'鉴黄师''鉴俗师'的措施加强网络监管,对网络主播进行实名认证、岗前培训和签订合规承诺书,将网络主播纳入负面清单管理和征信管理。"[1]

第二,建设网络空间语言语料库,精准分析语言暴力表征。基于语料库的网络语言分类研究有助于研究者精准把握网络语言生产、意义流变规律以及网络语言形态与传播路径。依据语料库,追踪数字足迹,持续清理语言暴力根源。在网络世界里,网民可以用账户名、临时电子邮件地址或者其他工具隐藏自己的身份。然而,在互联网上发送或发布的一切内容几乎都可以追踪到原始发布人。网上的一切事物都有一个"数字足迹"。"司法官员、计算机专家等都可以发现这种足迹,并用它来追踪网上内容的来源(写作或发布这些内容的人、时间和地点)……即使一个人使用虚假信息建立账户,他也会暴露身份。"[2] 总之,运用"大数据+黑科技+网格化+铁脚板"的方式织密语言文明生态建设防控网。

五 关注现实,进行关键节点监测治理

青年网民面对不平之事喜欢打抱不平,具有较强的社会责任感和

---

[1] 韩丹东、王意天:《性暗示内容成直播行业流量密码 专家建议引入"鉴黄师"》,中国新闻网,2022年7月9日,https://www.chinanews.com.cn/cj/2022/07-09/9799327.shtml,2024年7月28日。

[2] [美]贾斯汀·W. 帕钦、萨米尔·辛杜佳:《语言暴力大揭秘:跟网络欺凌说"不"》,刘清山译,黑龙江教育出版社2017年版,第57页。

正义感。但又因为青年网民涉世浅，社会经验少，社会心理发育不够成熟，往往有可能把网络表达当作泄愤的出口；因为思想不成熟、分辨能力弱，不易分辨某些网络资讯的真伪，在一定程度上会成为网络不实信息的"二传手"。网络话语往往是网民现实心态的放大化映射，网络的匿名化与隐身化比较容易使网络话语呈现出偏激片面的话语表达，偏激的表达在互文性的参与下，更容易被广大网民吸收、改写并扩大传播。面临学业、就业、住房、攀比、竞争、婚姻、家庭等压力，青年网民往往将网络涂鸦、吐槽、詈骂等粗俗语言作为宣泄自己压力的释压阀。某些网民对个人能力、生活环境、社会地位、家庭原因等方面的缺陷深感自卑，因而在网上出口伤人，发泄被压抑的个人情绪。

  鉴于上述原因，在网络语言暴力治理过程中，需要高度重视关键节点监测与治理。相关单位应本着公平正义的原则，在招生就业、人员晋升、考试招生、评优评奖、出国留学、晋级评优、奖学金评定等舆情易爆发方面，做好政策宣讲、组织动员、人心安抚、消除谣言等工作。依据学校、社区、工作单位、乡镇机关实施网络"网格化"管理、精细化管理、分片管理、集体管理，责任到人。在网络生态文明建设过程中，需要加大"个人信息和重要数据保护力度，打破不必要数据壁垒，让城市更智慧、医疗更普及、教育更公平、文化更均衡，社会更安定"[①]。进而对"语言环境不公平的状况，我们必须旗帜鲜明地倡导语言环境公平的语用伦理观，提倡平等相待，相互尊重的合作原则，消除言语交际双方的不公平；提倡个体整体协调一致的原则，以消除语用个体与社会整体利益的不公平；倡导当代人与后代人语用利益并重的原则，以消除跨代语用的不公平。既要维护公平有序的语言交际环境，形成代内语言环境的公平，又要保证语言的可持续发展，确保代际之间语言环境的公平"[②]。建立更加完善的社会保障、就业机制、教育机制以及医疗保障机制，减轻困难群体的心理挫折感。治理网络

[①] 李丽：《做好新时代网络文明建设》，光明思想理论网，2022 年 2 月 17 日，https：//theory. gmw. cn/2022 -02/17/content_ 35525145. htm，2024 年 7 月 28 日。

[②] 黄知常：《从言语奢化现象看语言环境公平问题》，《语言教学与研究》2002 年第 1 期。

暴力，需从线上线下齐发力，既立足于解决种种社会问题，缓解社会矛盾，消弭低俗网络语言的现实根源，也需要教育部门、传播媒介以正能量引导网民客观理性地看待社会事物特别是社会问题与社会矛盾。

六　多措并举，建设有效管理模式

要建设和谐的网络语言生态，就要对网络语言进行必要的规范，冯广艺等强调了网络语言生态建设的三个要素："要有'语境'观念、要有'语体'观念，网络语言运用者要增强规范意识，提高语文素质和语言运用能力。"[①]

随着网络的快速发展和普及，人们可从网络平台上获得更多的知识和技能，了解各类资讯，自由地表达自我。面对网络空间的匿名性和自由性、网民参差不齐的文化素质、法律规范和监管体制的不完善、社会矛盾的折射和商业利益的驱动，治理网络空间语言暴力，加强对网民发文的审核、平台监管和事后追责的联动是必不可少的举措，更需探索多方参与、共同发力的综合治理模式。（见图10.2）

党的十八大以来，网络综合治理体系日益完善。2019年起，全国网信系统实施了《关于加快建立网络综合治理体系的意见》，加强网络生态综合治理，持续开展网络"清朗"系列专项行动，针对"饭圈"与账号乱象、网络水军与谣言等问题开展专项治理，持续加强对低俗色情、血腥暴力等内容的日常监管。统计表明：

> 累计清理违法和不良信息200多亿条、账号近14亿个，赢得了广大网民的积极支持和充分肯定。压实平台主体责任，认真落实"两个所有"要求，推动将所有从事新闻信息服务、具有媒体属性和舆论动员功能的传播平台都纳入管理范围，所有新闻信息服务和相关业务从业人员都实行准入管理。督促网站平台完善社

[①] 冯念、冯广艺：《网络词语的谐音及规范问题》，《海南师范学院学报》（社会科学版）2005年第1期。

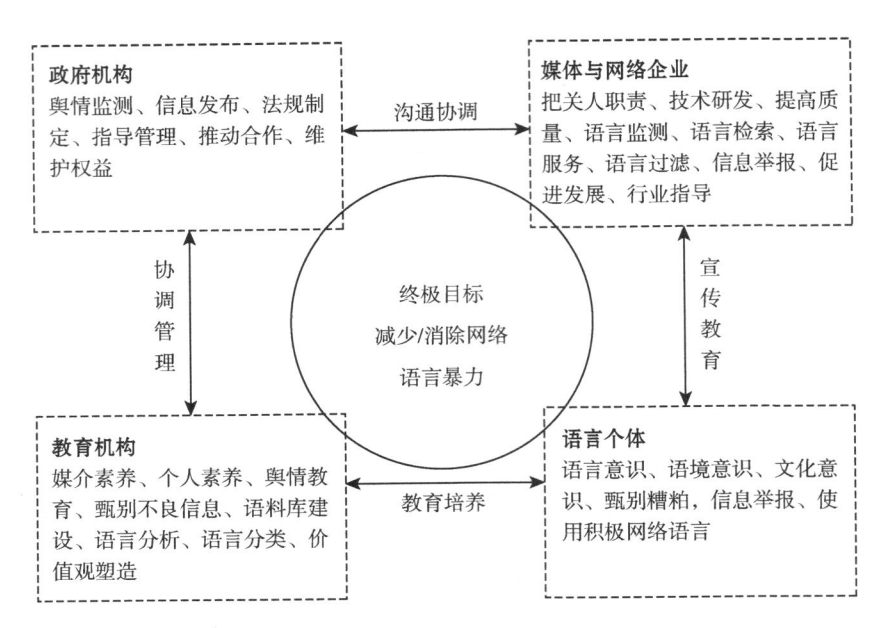

```
┌─────────────────────────────┐                    ┌─────────────────────────────┐
│ 政府机构                     │      沟通协调       │ 媒体与网络企业               │
│ 舆情监测、信息发布、法规制    │ ←──────────────→   │ 把关人职责、技术研发、提高质  │
│ 定、指导管理、推动合作、维    │                    │ 量、语言监测、语言检索、语言  │
│ 护权益                       │                    │ 服务、语言过滤、信息举报、促  │
│                             │                    │ 进发展、行业指导              │
└─────────────────────────────┘                    └─────────────────────────────┘
            ↕                      ╱─────────╲                      ↕
         协调                      │ 终极目标  │                    宣传
         管理                      │减少/消除网络│                   教育
                                   │ 语言暴力  │
                                   ╲─────────╱
┌─────────────────────────────┐                    ┌─────────────────────────────┐
│ 教育机构                     │      教育培养       │ 语言个体                     │
│ 媒介素养、个人素养、舆情教    │ ←──────────────→   │ 语言意识、语境意识、文化意    │
│ 育、甄别不良信息、语料库建    │                    │ 识、甄别糟粕、信息举报、使    │
│ 设、语言分析、语言分类、价    │                    │ 用积极网络语言                │
│ 值观塑造                     │                    │                             │
└─────────────────────────────┘                    └─────────────────────────────┘
```

图 10.2　网络语言暴力综合治理模式

区规则、规范内部管理、提升内容质量，构建全流程、全链条监管体系，网络传播秩序更加规范。[①]

在北京举办的"汇聚向上向善力量，携手建设网络文明"首届中国网络文明大会，在天津举办的"弘扬时代新风 建设网络文明"为主题的第二届中国网络文明大会成为中国网络生态文明建设的重要标志。网络暴力治理的终极目标是让网民牢固树立社会主义核心价值观，将文明的道德规范准则内化于心，外化于行，在虚拟空间中谨言慎行，形成一种良性的语言生态文化，实现风清气正、人心舒畅的网络空间，使网络空间成为广大网众共同的精神家园，让网络命运共同体更加绿色、更加生态、更具生机活力。网络语言暴力治理是一个系统工程，建设网络语言综合治理模式，通过全方位监测和引导，有利于规范网

---

① 《中央网信办：2019 年以来累计清理违法和不良信息 200 多亿条》，光明思想理论网，2022 年 8 月 19 日，https：//politics.gmw.cn/2022-08/19/content_35966055.htm，2024 年 7 月 28 日。

络言行，实现网络语言生态健康有序发展的终极目标。

本章小结

　　网络生态文明建设应以文化建设为导向，营造良好健康的网络舆论环境。以专项法规建设为核心，从制度上进行言语行为约束。网络行为精准立法能够为网民合理合法网络传播提供法律保障，是构建防范治理网络暴力体系的重要元素。国家出台的多项网络制度与法规，构建起了网络生态建设的基本规范体系，但需要细化其可操作性。以道德建设为根本，从网络媒介素养方面防范网络暴力。加强网民的道德建设，提高网民的文化素质和网络素养。以管理把关为手段，从行动上进行规范治理。以技术为抓手，充分屏蔽过滤暴力信息。采用技术方法来屏蔽不良信息，是阻断网络语言暴力信息传播和蔓延的有效手段之一。"良好的语言生态环境构建是在'和谐原则'指导下进行的语言生态环境的构建……有一个和谐的共生共长的生态环境和文明环境，社会全体成员每时每刻都在使用的语言，如果处在一种恶劣的生态环境里和极不和谐的状态中，就会导致思想交流和社会交际的混乱，影响社会的文明进程，使社会的生态文明建设受阻。"[1] 归根结底，语言生态是社会生态的重要组成部分，作为社会行为的语言创新，也需受到主流价值观的认同以及得到特定社会的文化价值观的认同。每个社会成员都有义务有责任维护良好的语言生态、保护语言生态伦理的健康。用好网络平台，净化网络空间，消除网络暴力，既是构建和谐社会的需要，也是塑造网民健康语言意识的需要。要实现上述目标，就需要多措并举，建设有效的网络语言生态管理模式。

---

[1] 张春泉：《基于社会和谐的语言生态研究》，人民网，2013年7月10日，http：//theory.people.com.cn/n/2013/0710/c107503-22139329.html? from = www.hao10086.com，2024年7月28日。

第十一章　网络语言生态文明建构路径

传播技术日新月异，以互联网为依托的数字传播将人类交流与传播带入了全新的境界。同时，互联网也给人类带来许多困惑。建设网络生态文明就是网络健康发展的密钥。2020 年《中共中央关于制定国民经济和社会发展第十四个五年规划和二〇三五年远景目标的建议》明确提出"加强网络文明建设，发展积极健康的网络文化"。[①] 党的二十大报告也再次强调推动"形成良好网络生态"。因此，"作为语言文字工作者，我们倡议构建网络文明，语言要先行。和谐的网络语言生态是网络文明的重要保证和直接体现"[②]。网络语言生态文明中的"网络语言生态"是"互联网语域中语言使用的整体状态。和谐的网络语言生态，就是网络环境中，语言及其使用呈现出的一种'文明有序'的整体状态"[③]。如果我们以可持续发展的观念来看待人与自然之和谐关系，就不难理解在网络环境中语言使用应具有的和谐有序、清朗文明的状态。网络语言生态文明中的"文明"，实际是指"文化"。

在文化人类学家看来，文化包括"知识、信仰、艺术、道德、法律、习俗和个人作为社会成员所获得的其他能力和习惯"[④]。文化指提

[①]《中共中央关于制定国民经济和社会发展第十四个五年规划和二〇三五年远景目标的建议》，中央政府网，2020 年 11 月 3 日，http://www.gov.cn/zhengce/2020-11/03/content_5556991.htm，2024 年 7 月 28 日。

[②] 马若宏、刘林燕：《构建网络语言生态 助力网络文明建设》，《语言文字报》2021 年 5 月 5 日第 2 版。

[③] 马若宏、刘林燕：《构建网络语言生态 助力网络文明建设》，《语言文字报》2021 年 5 月 5 日第 2 版。

[④] 于炳贵、郝良华：《中国国家文化安全研究》，山东人民出版社 2007 年版，第 11 页。

高个体与社会生存能力，发展社会适应能力，保持人类成长与发展，时代先传并通过后天习得的共同信仰与行为。文化包括外显的艺术品和等级制度等形式，也包含内在的价值观、态度、信仰、感知、情感、思维等形式。那么，网络语言生态文明或积极的网络文化就是建设生态文明、关系和谐、语言干净、环境安全、和谐有序、清朗文明的网络空间。

建构网络语言生态文明是语言文字工作者的基本责任。本书基于网络语言语料库，从生态语言学、系统功能语言学及传播学视角，对积极网络语言及消极网络语言进行深入分析，深入了解积极网络语言的语言特征、生态文明特征及语言建构策略，以及消极网络语言的语言特征，消极网络语言行为引发的网络语言暴力及应对策略，从语言学及传播学视角对国家建构网络语言生态文明提供参考。本章将基于研究的主要发现，从理论和操作层面建构网络语言生态文明的路径，并对此进行详细阐释。

第一节 网络语言生态文明语言学及传播学建构路径

一 建设网络语言生态文明的紧迫性

在后网络时代，人们更加推崇创新性、差异性及多元化。多样性和开放性是保持生态系统平衡的必要条件。语言系统的发展也必然通过语音、词汇、语法、修辞等要素的内外交流与不断创新，实现富有生命活力的动态平衡，以适应日新月异的信息交流需要。[①] 建设网络语言生态文明的紧迫性和重要性体现在以下几个方面：第一，网络语言已经成为人们日常交流的重要方式，尤其是在互联网时代。通过网络语言，人们能够快速地传递信息、分享观点和思想。然而，随着社交媒体的兴起，网络语言使用中出现了许多不当言论、谣言传播、恶

---

① 参见张青荣《网络语言的生态语言学审视》，《河南师范大学学报》（哲学社会科学版）2012年第4期。

意攻击等问题，严重影响了网络交流的质量和健康发展。因此，建设网络语言生态文明成为保障健康网络环境和促进社会发展的重要任务；第二，消极网络语言乃至网络暴力已经对个人和社会造成了伤害。不当的网络语言正常现象已经演变成恶意攻击、网络欺凌、人身威胁等严重问题，导致人们在网络空间中感到不安和恐惧。建设网络语言生态文明的紧迫性在于维护个人的尊严和社会的安全，使每个人都能平等、和谐地参与到网络交流中；第三，网络语言的使用也与信息的真实性和可信度息息相关。随着信息技术的发展，虚假信息和谣言在网络上迅速传播，误导了公众的判断和决策。建设网络语言生态文明的重要性在于提高网络语言的真实性和可信度，确保人们能够获取准确、可靠的信息，促进社会的健康发展。因此，建设网络语言生态文明的紧迫性和重要性在于保护社会文化价值观、防范网络暴力、维护个人尊严和社会安全，以及提高网络信息的真实性和可信度。通过加强网络监管、倡导积极健康的网络言论，我们能够构建一个良好的网络语言生态，推动社会向着更加和谐、文明的方向发展。

二 网络语言生态文明建设路径与模式

"语言治理是网络空间治理的重要手段和内容。在'以言行事'的网络空间，既需要用好语言这一工具来实施网络社会治理，又需要管好网络语言生活，以维护网络空间的健康发展、国家安全和社会稳定。"[①] 网络语言体现了语言生态环境下语言的多样性与多元化，是在科技发展推动下的一场语言革命。然而，这些多样性有些是积极的，例如，2022年走红网络的"卖鱼西施"的一句"美貌不值一提，永远得靠双手打拼"就非常励志，有利于形成语言动态生态平衡，但有一些变异或多样性则是消极的，"佛系""躺平""入坑""摆烂"则表达了不求上进的消极意义，不利于网络语言生态文明。本章基于可比网络语言语料库的定性与定量分析，试图从语言学和传播学视角建构有利于建

---

① 赵世举：《重视网络空间语言的规划与治理》，《光明日报》2018年1月11日第11版。

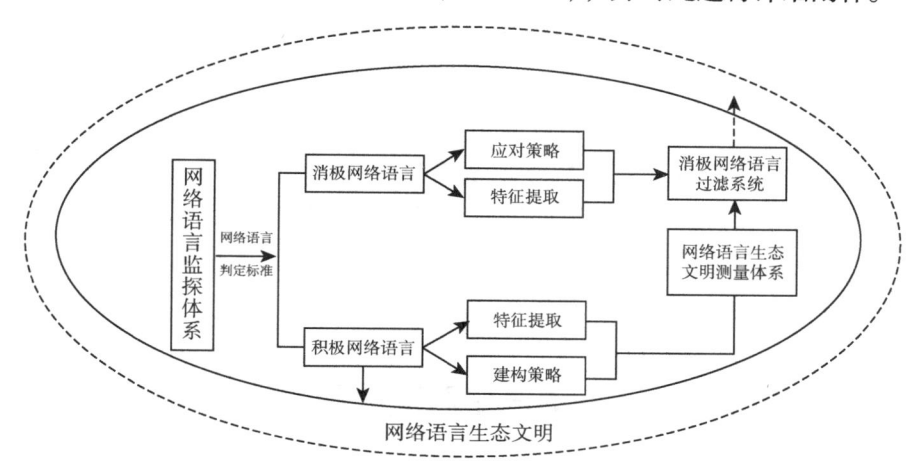

第十一章　网络语言生态文明建构路径

构网络语言生态文明的建设路径（见图 11.1），并对此进行详细阐释。

图 11.1　网络语言生态文明建构路径

图 11.1 描述了网络语言生态文明的建构路径。图中外围的两个椭圆是网络语言生态文明空间。具体解释如下：

最外围的虚线椭圆说明通过对消极网络语言的过滤，营造清朗的网络语言空间，间接建构网络语言生态空间。从外至内的第二个实线椭圆表明积极网络语言直接建构的网络语言生态文明空间。

实线椭圆内部由左至右显示了建构网络语言生态文明的具体路径。首先，需建立网络语言监控体系，随机抓取网络语言；其次，本书借鉴系统功能语言学框架下的词汇语法形式、马丁和怀特评价理论中关于积极和消极态度的词汇语法资源、本书析出的积极网络语言的及物性过程动词、参与者，以及语篇衔接手段中积极网络语言中所用到的高频词汇和语法衔接手段，综合提出了网络语言判定标准；再次，网络语言被分类成积极与消极网络语言。积极网络语言主要表达人们对待人物、事物或事件的积极态度，有利于推进网络语言生态文明建设，故积极网络语言下方的单向箭头表明积极网络语言直接助力和谐网络语言生态建设，属于积极语言生态传播；复次，先提取积极网络语言特征，再实现积极网络语言的建构策略，由此形成网络语言生态文明测量体系（由具体的策略和词汇语法特征组成）；又次，再提取消极网络语言特征，依据这些特征提出相应的应对策略；最后，通过语言生态文明测量体系监测消极网络语言中有害于网络语言生态文明的因素，依据消极网络语言中提取的语言特征及应对策略，共同形成消极网络语言的过滤系统，检测该类语篇中网络语言生态文明因素及消极网络语言特征的具体量化数据，依据量化指标制定相应的过滤标准，对其进行屏蔽或拦截等，以此助力网络语言生态文明建构。

以下我们将依据本书所建构的网络语言生态文明的具体路径详细介绍每个步骤的具体内涵和操作步骤。

第二节 网络语言生态文明建设进路解析

本节将依据第一节建构的网络语言生态文明建构路径图，对每个步骤进行详细的解析。

一 网络语言监测体系

在技术发达的网络时代，网络语言生态文明的建设有赖于先进的网络语言监控体系。现有的网络监控体系多为网络舆情监控系统，分为政务应用和企事业单位应用，前者主要用于掌握热点、突发事件，通过舆情分析快速了解社情民意，以大数据技术为核心，通过舆情指挥大屏等形式，帮助政务部门快速掌握整体舆情状况，日常舆情简报等。后者主要用于及时发现负面信息，维护单位声誉、品牌信誉，通过大数据分析开展口碑传播、形象传播，挖掘潜在客户，评估品牌营销活动的媒体关注度等。这类舆情监控系统的主要技术包括通过"网络爬虫"对特定范围网络进行访问，获得这一网络当中的所有信息，通过元搜索采集技术提高数据获取的准确率和覆盖率；之后对数据进行分词等预处理；然后再利用主题聚类、热点发现、话题追踪等进行数据分析并呈现结果[1]。此外还有网络舆情预警系统，用于监

---

[1] 参见尉译心《网络舆情监控系统的关键技术》，《电子技术与软件工程》2018年第7期。

控预警[1]，避免舆情扩散。该手段主要通过过滤和分级技术，首先设置关键词并对此进行分级分类，通过检测过滤阻止不良信息进入民众视野，对严重的甚至可能封堵用户 IP 地址。也可以使用技术手段对网络评论文本进行情感分析研究，通过计算机网络技术对网络评论文本情感进行主题识别、主客观识别、情感极性分类。[2]

从现有的网络监控系统来看，对语言内部关键词的提取还缺乏语言学理论的支撑，系统性不足。本书除了包含国家层面需关注和预警的关键词，通过语料库分析，对语言内部本身存在的积极和消极网络语言进行分析，详细解析有利或不利于网络语言生态文明建构的词汇语法结构等语言资源，以期对现有的网络舆情监控系统提供较为系统的借鉴和指导。

本书所建立的网络语言监控系统采纳了目前较为通用的网络舆情监控系统的关键技术，但在对数据进行分析时，则采用本书对网络语言的具体研究发现为分类标准，设定具体的关键词、关键句式等分类标准，并基于此将网络语言自动化分成积极网络语言和消极网络语言。

此外本书基于语料库生成的积极与消极网络语言关键词及句式可作为计算机学习的原始语料，通过数字人文技术，如 R 语言的使用，训练计算机自动学习网络词汇及句式的语义特征，最终实现机器自动识别积极和消极网络语言，为建设网络语言过滤系统等提供重要的基础和前提。

二 积极/消极网络语言分类

本书的"网络语言生态文明语料库"是一种较大规模的可比语料库，包含积极语料子库和消极语料子库，为了更精准地进行语

---

[1] 参见黎秋华《政府网络舆情监控预警系统问题研究》，硕士学位论文，福建师范大学，2017 年。
[2] 参见李光敏、张行文、张磊等《面向网络舆情的评论文本情感分析研究》，《情报杂志》2014 年第 5 期。

料分类，依据语料特征，专设了中性话语语料库，"'中性话语'既包含与分析者的生态观相一致的内容，也包含与分析者的生态观相悖的内容，主流的'绿色'话语通常是中性话语"[1]。两个语料库分别收录积极语篇与消极语篇。积极语篇和消极语篇的区分主要依据马丁和怀特[2]的评价理论。评价理论的态度系统主要关注语篇的态度倾向，提供了情感类、判断类和鉴赏类的词汇资源，并按积极词汇和消极词汇进行了区分，适用于统计语篇中的积极词汇和消极词汇，进而判断语篇中态度资源的积极倾向和消极倾向。依据评价理论中的词汇判定标准、张冉冉关于现代汉语态度资源词汇表[3]（详见附录一），本书将语料库中的语篇分为积极网络语篇和消极网络语篇，并依此建立积极网络语言语料库和消极网络语言语料库。

除了参照态度资源分类标准，本书还对语料库进行了详读，在对随机抽取的100篇网络语言语篇进行预分析后，在马丁的态度资源分类，及现代汉语态度资源的词汇表基础上，对态度资源词汇语法表进行了较大扩充，以更为详细客观地对网络语言进行分类（详见附录二）。

根据对积极和消极网络语言的分类，本书依据系统功能语言学三大意义的分析框架，对网络语言的及物性系统、评价系统和衔接手段进行了定性定量分析。在建构网络语言监控系统时，根据本书析出的具体及物性、评价资源和衔接手段较具典型的词汇和句式，将其也纳入网络语言分类体系中，以期对网络语言的分类有更为客观的分类标准（积极与消极网络语言的及物性、介入资源和衔接手段的具体分析详见第五、六、七章，此处不再赘述）。

---

[1] 洪洁、袁周敏：《生态语言学视阈下的网络空间语言规划与治理》，《南京邮电大学学报》（社会科学版）2022年第2期。

[2] Martin, J. R. and White, P. R. R., *The Language of Evaluation: Appraisal in English*, New York: Palgrave Macmillan, 2005.

[3] 参见张冉冉《介入意义在现代汉语词汇——语法层次上的体现方式研究》，博士学位论文，北京师范大学，2015年。

三 积极网络语言特征提取

积极网络语言用于反映人们对待人物、事物或事件的积极态度[①]，是与生态观相符的有益性话语，有利于建构网络语言生态文明。本书基于马丁和怀特评价理论中对积极态度的词汇语法特征，对所选取的网络语料分类建库，以生态语言学为理论基础，系统功能语言学为分析方法，系统分析积极网络语言在意义建构时具有的具体语言特征，在定量定性分析的基础上，析出积极网络语言建构策略，以便深入了解如何识别积极网络语言，积极网络语言具有何种特征，语言使用者使用了何种策略，为构建网络语言生态文明作出贡献。

本书的分析方法为系统功能语言学。系统功能语言学从社会的视角看待语言，将语言看作人们从事社会活动时表达意义的潜势，人们会在参加不同社会活动时，根据不同的交际目的、交际对象和传播媒介等文化情景语境建构不同的意义，进而选择不同的词汇语法形式表达出来，最终经由语音或书写系统体现出来。系统功能语言学认为人们运用语言表达三大意义，表达外部世界或内部世界经历的概念意义、表达人际关系及态度的人际意义，以及语篇组构方式的语篇意义。在本书中这三大意义主要通过及物性系统、评价系统和衔接系统加以体现。

从及物性系统来看，积极网络语言中出现频次最高的均是物质过程，其次是关系过程，心理过程排第三。接下来是言语过程，然后是存在过程，出现频次最少的是行为过程。物质过程一般较多选择具有积极意义的过程动词。"参与者"包括"施动者"和"目标"，把评价的主体作为"施动者"，把谈论的对象延伸为"目标"。通过物质过程将积极意义施加延伸到目标对象，"施动者"承担积极的语义角色，无论是从伦理道德规范方面还是法律法规要求方面，其身份都属于"正能量"的社会身份，对其行为都可进行全面的肯定。关系过程较

[①] Martin, J. R. and White, P. R. R., *The Language of Evaluation: Appraisal in English*, New York: Palgrave Macmillan, 2005.

多以归属类的"内包"式为主,参与者主要包括"载体"和"属性",所描述的对象为"载体","载体"往往描述对象的积极属性,塑造其积极形象。较少地使用识别类小句。心理过程多以反映这一心理活动为主,参与者包括"感觉者"和"现象",通过心理过程赋予现象积极意义,"感觉者"承担正面的语义角色和积极的社会身份。

从介入资源选择来看,积极网络语篇在收缩资源和扩展资源的使用上较为均衡,一方面通过收缩资源强调命题的可靠性和正确性,具有较高的人际代价;另一方面也通过扩展资源承认自身意见或声音只是多种可能性中的一种,不排除其他观点、声音的存在。在某种程度上,介入资源中的扩展资源反映出说话人对自身以外不同立场或观点的容忍程度。积极网络语篇的包容性更强,允许多种声音同时存在,具有较强的互动性和协商性。与消极语篇相比,积极语篇中使用了更多扩展资源。新浪微博语篇的收缩资源使用远远高于扩展资源,天涯论坛语篇和搜狐新闻语篇的收缩资源与扩展资源的使用较为均衡,虽然均是收缩资源多于扩展资源,但是比例相差并不大。在积极网络语言的使用过程中,发言者通过使用诸如"否定""对立""断言"和"认同"等这样的收缩资源强调了自己观点的正确性与权威性并且承担一定的话语责任与义务。积极语篇中收缩资源的使用占比最大的为"否定",占比最小的为"引证"。在扩展资源的使用方面,使用占比最大的为"接纳","疏离"则相对较少。积极网络语言允许各种观点的存在,说明积极网络语言的使用者在表达自己观点与立场的同时,乐于接受不同观点,进而实现成功的话语交流与网络空间的人际交往。

从衔接手段来看,积极网络语言使用了词汇衔接和语法衔接来组织语篇。词汇衔接主要使用了词汇"重复",尤其是具有正面的,积极意义的关键词语的重复,既是为了避免歧义,易于找回[1],也作为语篇的纽带以突出语篇的主题,对语篇所表达的积极方面予以强烈肯定,加深网民的印象。语法衔接主要选择"照应"和"连接"这两种方式,积极网络语言主要是"人称代词"和"内指"中的"前指"起

---

[1] 参见徐赳赳《现代汉语篇章回指研究》,中国社会科学出版社2003年版。

到照应作用,"人称代词"或"前指"都是为了较好地谋篇,以强调语篇的关键信息和表达积极情感。

总体而言,积极网络语言试图在阐述事实的基础上通过及物性过程选择、介入资源使用、衔接方式选择等方面,引导网民建立正确的是非观,表达积极的态度,传递了更多正确的价值观,有益于健康的网络语言生态建设。

四 积极网络语言建构策略

在对网络语言的特征进行详尽分析之后,我们对该类语篇具有的生态文明特征进行了凝练,并在此基础之上分析其使用的建构策略。

(一) 积极网络语言生态文明特征及意义

积极网络语言允许各种观点的存在,具有包容性。积极网络语言的使用者在表达自己观点与立场的同时,也会考虑到其他不同的观点,扩大了对话空间,在表达自己观点的同时,也采纳他人的合理建议,体现了网络命运共同体的包容与开放倾向,推动了网络空间互联互通、共享共治,有利于成功的话语交流与积极网络空间的人际关系构建。在网络生活中,"网络语言传播承担着信息传递和人际互动的重要功能,因而更具广泛性、快速性和影响性特点,深深影响着人们的情感建构、情感识别和情感判断"[1]。

第一,积极网络语言体现了网络生态环境质量。良好的网络生态环境是积极网络语言持续发展和人们提升语言使用质量的重要基础。通过积极网络语言的衔接手段"重复"这一方式的使用可知,积极网络语言表达的积极话语促使网络生态环境质量明显改善。由"白富美"演变而来的"绿富美"就体现了保护自然生态、富民强国的可喜变化。网络生态环境质量改善是建设网络生态文明的内在要求。保护网络语言就是保护网络生态环境,建设网络生态文明就是造福网络语

---

[1] 王进安、胡雪雪、高宇虹:《抗击疫情呼唤网络语言传播正能量》,《光明日报》2020年3月7日第12版。

言。在促进积极网络语言的发展过程中，我们不仅要关注网络生态环境，而且要关注网络参与者、网络语言文明，让网络语言的生态环境更加清朗干净。

第二，积极网络语言体现了积极的语言生态意识。（1）适者生存。积极的网络语言是网络环境不断进化的结果，其顺应了网络的大环境，发展成为强势语言。内部原因主要在其形式特征和语义特征两个方面。网络语言表达简洁，简单易学，容易被网民记忆，这是网络语言可快速传播的前提。网络语言可利用简洁的语言传递不同情境下的内容与意义，也就是能够产生多个副本适应不同的交际情景。外部条件首先是指某条网络语言以及相关背景事件的凸显度，凸显度越高公众越重视，该网络用语就更有可能成为强势语言。其次是指网络媒介为其传播途径提供了有力的渠道。因为社会的容忍度提高了，网民对新出现社会现象有了更多的宽容。积极的网络语言是绿色的，是经过网络环境淘滤出来的，满足了大众需求，顺应了社会文化主流。（2）生态整体观。生态整体主义的核心观点是强调整体与整体、整体与局部的内部联系，不会把整体的某一局部视为整体的核心。不同的语言处于同一语言生态系统中，相互依存，其作为社会的一部分内化于心外化于形，即展现了独特性又寻求了一体化，体现了语言之间的平等，提升了网络性生态意识，积极的网络语言更是在此基础上丰富了语言生态系统，促进了语言系统和谐动态发展。积极网络语言丰富了语言系统，利于语言生态可持续发展。良好的语言生态环境的可持续发展，依赖于语言自身的基本状态。积极网络语言作为一种健康的语言，发展的可持续性建立在网络生态环境能够承受的范围内，通过"去其糟粕、取其精华"的方式，实现语言资源、网络语言环境的优化匹配，实现积极网络语言的永续发展与可持续发展。

第三，积极网络语言有利于实现人与网络生态的和谐。网络语言生态环境中参与者与语言的关系、参与者与参与者的关系、参与者与网络生态的关系同自然界生物与生态的关系一样，是一种同生共长、协同发展的关系。人与网络的关系背后其实是人与网络生态的关系。人与网络生态关系的和谐是以人与人、人与网络语言关系和谐为前提和保障，而人与网络语言关系的和谐又有赖于人与网络生态关系的和谐。积极网络语言的及物性过程表明，人作为网络参与者必不可少，扮演着传播积极网络语言正面形象的重要角色。网络生态文明建设本质上就要实现参与者与网络语言、参与者与网络生态之间关系的和谐相处，促进参与者与网络生态和谐发展，以解决危害积极网络语言健康和影响其可持续发展的网络生态环境问题为重点，祛除网络暴力，把建设友好型生态环境的网络社会放在网络生态文明建设的突出位置，落实到每个网络参与者，最大限度地增加和谐因素，减少不和谐因素，不断促进人与网络社会、网络生态环境和谐关系的发展。

第四，积极网络语言对建构网络语言生态文明具有积极意义。积极网络语言丰富了语言生态系统。积极网络语言是语言生态系统中不可或缺的一个种类，它是规范后的网络语言，它的出现丰富了语言生态系统，保持了语言生态系统的平衡，创造了健康的网络环境，促进了语言生态系统和谐。积极网络语言为实现语言和谐消除了非生态因素，也为语言家族注入了新鲜的活力，是经过语言环境不断选择出来的，逐渐成为自然语言的有机构成。积极网络语言发展了语言的多样性，而语言的多样性以及语言的开放性又维持了语言系统的动态平衡。积极网络语言以一种新的语言潜势存在于语言系统之中，使语言系统达到新的动态平衡。同自然语言一样，积极网络语言敬畏非人类事物，是敬重非生命形式的良性表达，敬畏其他生命和非生命形式就是对人类自身的敬重，就是对可持续发展的支持。积极网络语言会产生巨大的正能量，能够凝聚人心、加强团结、促进发展。

第五，积极网络语言有利于健康的生态传播。生态传播是指人类与生态直接或间接相关的信息传播活动，对生态文明建设承担着传递信息、实现教育、传承文化和协调关系四个方面的功能。[1] 网络语言的生态传播是指人类（网络语言使用者）和语言生态之间相互作用和影响的行为活动的一种信息传播活动。具体而言，广义上是指通过人际、群

---

[1] 参见铁铮《建设生态文明首先要重视生态传播》，《中国绿色时报》2007年10月24日第4版。

体、组织、大众传媒等各种媒介和渠道进行的关于人类与语言生态之间相互关系活动的传播;狭义上是指媒介或大众传媒向社会公众进行语言的生态信息传播活动。积极网络语言有益于产生熏陶、浸润网络生态文明行为的良好教育效果,形成有利于创建网络生态文明的环境。

第六,积极网络语言的生态传播体现为媒介融合。媒介融合是积极网络语言生态传播的技术基础。互联网技术的快速发展深刻地改变着网络语言的传播模式。从媒介融合的角度来讲,"旧媒体"和"新媒体"之间的融合日趋明显。新媒体不仅意味着传播载体的变化,也意味着整个网络生态环境的改变。因此,在媒介融合背景下,积极网络语言的生态传播需要融通多方媒介渠道,而新媒体技术可以做到即时地、无限地传播网络语言。

其一,媒介融合更有利于新媒体借助积极网络语言信息传播社会主义核心价值观。积极网络语言的表达使语言主体可以表达自己正确的政治立场及道德观,从而正确引领网络语言风尚。其二,媒介融合有利于新媒体传播和谐发展观。从生态语言学的观点看,新媒体时代下的语言竞争是一个动态过程,语言和谐才是最终的目标。因此,"相对于规范的语言而言,有可能是不规范的,在某种程度上会影响语言的和谐,因此必须予以高度重视"[①]。网络语言主体选择积极的网络表达,通过健康的语言,实现语言和谐发展的目的。

在构建网络命运共同体的实践中,网络语言文化传播事业大有可为,积极网络语言具有自身的优势,起到重要的作用。积极网络语言不断创新文化传播方式,服务国家战略需求,发挥自身独特优势,为构建网络语言良好生态环境命运共同体作出更大的贡献。

(二) 积极网络语言建构策略

从以上论述可以看出,积极网络语言在及物性系统、介入系统和衔接系统中体现出特定的语言特征,具有一定的生态文明特征。而网络语言使用者在组织语言时会使用一定的语言策略,表现出其使用特征。本书结合语言学及传播学理论,从不同视角剖析积极网络语言的

---

① 冯广艺:《语言和谐论》,人民出版社2007年版,第129页。

建构策略。

从批评话语分析视角来看[1],积极网络语言主要采用了命名策略、述谓策略和论证策略建构积极生态的网络语言空间。命名策略是对社会成员进行群组分类的建构性策略,通过内群体和外群体的划分和标记进行命名分类。积极网络语言通过诸如"国士""护旗手""宝藏女孩""最美教师""最美逆行者"等网络流行语则是对特定群组积极的、正能量的命名和指称,属于内群体分类,有助于缩小社交差距,营造积极友好的网络话语氛围;述谓策略一般通过赋予社会事件或社会行为者具有的特征属性评价来实施。如积极网络语篇中在讲到故宫"中国风"时,使用了"美""雍容华贵""精美绝伦""时尚"等具有积极特征的属性词,充分肯定了中国传统文化的博大精深,赋予"中国风"以积极的品质和属性,是对中国文化的认同和接纳;论证策略采用一定的论辩方式进行论证,使之合法化。如积极网络语篇中的"宝藏"命题在网络平台上传递了对美好事物欣赏和分享的理念,建构了积极话语。

从积极话语分析视角来看[2],积极网络语言主要使用了多声策略,包括多种声音和多种模态。有些积极网络语篇中通过图文并茂的方式,传播积极的人生观和价值观,同时加入多种声音的评价,凸显特定价值观的正确性;情感策略主要体现为评价系统中的积极态度资源,包括积极的情感、判断和鉴赏资源的使用,传递正向的情感和积极健康的语言生态观(详见第六章论述)。

从语用学视角来看,积极网络语言主要采用了礼貌策略[3],包括主张共同立场,发话人关注同受话人的立场一致性,避免分歧,与受话人建立共同立场,如积极网络语篇中"咱们"的使用;表达合作愿

---

[1] Wodak, R. and M. Meyer, *Methods of Critical Discourse Analysis*, London: Sage Publications LTD, 2001, p. 74.

[2] Martin, J. R., "Positive Discourse Analysis: Solidarity and Change", *Revista Canaria de Estudios Ingleses*, Vol. 49, 2004, pp. 79–200.

[3] Brown, P. and Levinson, S. C., *Politeness: Some Universals in Language Usage*, Cambridge University Press, 1987, p. 65.

望,通过强调说话人与受话人之间相互了解、互惠互利的关系,即以"结盟"的方式维护听话人的积极面子,如使用"让我们一起"等句式;满足需求,即满足受话者一方的实际需求,如"我明白"句式的使用。

从传播策略来看,主要体现在网络强势语言模因的建构策略,人们可以通过精心设计、模拟、重组等方式创造强势语言模因。在设计模因的过程中,利用模因传播的规律和策略,提高模因的复制能力,增强其快速传播的可能性。[1] 网络语言的强势模因主要运用了重复策略、简化策略、重组策略、情感策略、依附策略,语境策略。重复策略通过不断重复某一词语或表达方式,直至其脍炙人口,并完全内化于网民的头脑中成为一个固定表达的词语模,如积极网络语言中"给力""点赞"的使用;简化策略的突出特点就是网络用语的简单性,如积极网络语篇中"喜大普奔"的使用;重组策略主要是通过模拟和混合两种方式进行重组。如依据"厉害了,我的国"衍生而来的"厉害了,我的……";情感策略主要是使用积极的情感策略,表达正向积极的情感;依附策略主要通过借助名人名事等强势模因传递积极健康的价值观,如"没有买卖,就没有杀害"网络广告语形成的生态因子。

此外,从人际传播视角来看,积极网络语言主要使用了人际传播中的遣词用句策略,如恰当的人称指代、非语言符号的使用策略。发话人使用表情符号等迎合了"读图时代"网民的视觉审美需求、缩短了网络人际传播中交际者之间的距离,消解了传播者与接收者的传播障碍和隔阂,也为消息、情绪的同步传播搭建了传播渠道。[2] 为了维系良好的传播关系,语言主体使用整体互动策略、倾听和回应策略以及群体传播策略,以培育积极生态的公共话语空间。

从规约策略来看,主要通过法规制定来保障网络安全和网络文明建设的规范性;技术监管从源头阻断危害性言论在网络的传播和扩散;

---

[1] 参见庄美英《模因工程——如何打造强势的广告语言模因》,《外语学刊》2008年第1期。
[2] 参见谷学强、胡靖《非言语传播视角下网络表情的传播功能研究》,《新闻界》2017年第3期。

采用道德约束规范网民的言语行为，避免言语失范、不良言论或恶言恶语；主体教育使网民树立起健康的"网络生态意识"和正确使用"信息意识"，培养网络主体对各种媒介信息的认知、反馈、取舍、质疑能力，制作以及理性传播信息的能力，节制任性表达欲望的能力等。

五 网络语言生态文明测量体系及指标

基于积极网络语言提取的词汇语法特征，以及其具体的语言、传播和技术规约策略，建立网络语言生态文明测量体系和指标。网络语言生态文明测量体系主要由语言体系、传播体系和技术规约体系构成，每个体系下都由具体的指标组成。

其一，网络语言生态文明测量体系最重要的是语言体系。在未来的研究中，主要是在语言策略的分类下，基于积极网络语言建构三大意义的词汇语法特征，构建网络语言生态文明语言测量体系和指标，利用本书综合生成的具体词汇语法表生成网络语言生态文明语言测量关键词，对其进行分类分级，以测量网络语言本体的生态性。具体而言，我们基于本书对积极网络语言策略的分类，将这些语言策略进行进一步抽象凝练，并在每一个话语策略分类下，逐一具体标记出其语言特征，包括及物性、介入系统和衔接手段特征等示例，之后利用 R 语言训练电脑学习该类语言的语义等量化特征，自动识别并不断扩展生态语言体系及指标。

其二，就传播体系而言，依据强势模因传播、人际传播和群体传播策略，以及生态语言学、系统功能语言学与传播学的互动关系，建构网络人际传播和群体传播图谱，深入洞察其传播路径，寻求政府部门、技术部门、网络企业支持，制定相应的测量标准，测量网络语言传播过程中的生态性。

其三，就技术规约体系而言，协助政府部门，从宏观上对网络语言的规范提出建议对策，属于隐性的测量指标。政府部门通过法规制定来保障网络安全和网络文明建设的规范性。通过技术监管，从源头阻断危害性言论在网络的传播和扩散。帮助网民树立起健康的"网络意识"和"信息意识",培养网络主体对各种媒介信息的辨别与认知能力。这些隐性的测量指标对于提升网民素养、净化网络环境、建构网络语言生态文明具有积极的理论与实践意义。

语言使用者在使用语言表达意义,与他人进行网络或现实世界的交际时,会因为社会文化因素,包括思想意识、道德意识、价值观念、教育观念、法制观念,以及具体的情景语境选择不同的意义表达方式,进而体现为不同的词汇语法形式。[1] 由此可见,我们不仅需从网络语言本身进行测量,还需从语言背后所隐含的社会文化语境因素中,挖掘并建构其生态性,帮助网民真正理解网络生态的重要性,树立网络生态意识,选择并使用积极网络语言,推进网络语言生态文明空间的建构步伐。

网络语言生态文明测量体系和指标既可用于进一步检验和扩展积极网络语言的特征提取,也可以结合消极网络语言特征提取及应对策略,建构消极网络语言过滤体系。网络语言生态文明测量体系是消极网络语言的有效过滤器与屏蔽器,对于消除网络诈骗、网络色情、网络谣言、网络暴力具有预警研判、网民警示、舆情监测等具有积极作用。

六 消极网络语言特征提取

基于未来要建构的网络语言生态文明测量体系和指标,接下来的步骤主要是过滤和消除消极网络语言,助力建构积极健康的生态文明环境和空间。

消极网络语言用于表达语言使用者对人物、事物及事件的消极态度,不利于网络语言生态文明的建构。从及物系统来看,在小句中"参与者"角色可以省略,句式简单,表意缺乏完整性,多采用碎片化的表达方式,更加贴近口语体语言的特征,破坏了自然语言的完整

---

[1] Halliday, M. A. K., *An Introduction to Systemic Functional Grammar*, London: Routledge, 1994.

性、系统性、逻辑性和规范性，冗言赘语、滥用标点、错别字词、符号混合、出口成"脏"、标新立异、制造轰动等影响了公众的言语思维、言语使用习惯和表达能力，对青少年网民的语言表达能力产生了消极影响，诸如"巨便宜""超好""暴汗""偶""PK"等"非规范表达甚至蔓延到了中考、高考的试卷中。

网络语言中的羞辱、谩骂、恶意攻击主要选择物质过程来表达，多选择具有消极意义的过程动词，将谈论对象作为"目标"，通过物质过程将破坏性意义施及目标对象。"动作者"经常承担消极的语义角色，从道德和法律上归属于消极的社会身份，进而对其行为进行全面的否定，引发网络舆论的关注。关系过程以归属类为主，将评价对象作为"载体"，描述对象的消极属性，塑造消极的形象。心理过程是网民宣泄消极情感体验的资源，是个人情绪的表达。在网络热点事件的讨论中，网民的过度情感消费造成信息的冗余。消极情感的宣泄缺乏理性思考与判断，充满个人偏见和盲目性，对事件的描述缺乏真实性，容易引发网络群体的"情感共同体"效应，形成群体极化和网络语言暴力现象。网民情感宣泄的消极词汇来源繁杂（详见第十章），污染了网络空间生态。虚拟化的网络空间语言环境虚化了网民的身份信息，在开放型的网络空间中，网络主体的言语行为意识淡薄，沉浸于数字海洋中的网民较少受到司法惩戒，使社交媒体"圈子里"的消极网络语言形成大众传播趋势。消极网络语言的传播反映了当下网络主体的社会心理，网络主体使用消极网络语言，表征消极心理过程，表述内心的压力、焦虑、愤懑和郁结。加之，虚拟的网络、主体的匿名、符号的滥觞导致网络主体社会关系多样化交织，人际交往缺乏信任基础，使消极网络语言使用现象恶化。环境成分中的"方式""处所""跨度""角度""角色"不独立表达消极意义，但是它们加强了消极过程的语义强度。消极网络语言的不良后果就是"污染"网络生态环境、破坏网络人际关系，影响语言的规范化使用，对塑造青少年网民正确的世界观、人生观、价值观产生消极影响。

消极网络语言的介入资源使用总体是收缩资源多于扩展资源。在搜狐、新浪和天涯三个消极语料库中，收缩资源数目都大于扩展资源数目，天涯消极语料库中的收缩资源数目最多，而搜狐的消极语料中的收缩资源数目最少。搜狐语料库使用收缩资源与扩展资源比较均衡，发话人使用收缩资源并以较高的人际代价强调命题的可靠性、权威性和正确性，也使用扩展资源，表达发话人的观点是多种可能之一，包容其他观点和看法。天涯语料来自虚拟社区，网民往往使用很大比例的收缩资源压缩对话空间，要么使用"否认"和"对立"，反驳他人观点和否认对方立场；要么公开强调自己观点的正确性，压缩对话空间，在很大程度上否定他人观点，表现了发话人强烈的主观性，容易引发网络"舌战""围观"与"群殴"。搜狐语料库使用收缩资源承担一定的责任，也使用扩展资源，承认存在其他观点，开启与读者的对话通道。天涯论坛话语多为口语化语篇、生活体验和新闻转载，使用更多的收缩资源来强调命题的可靠性，体现了自身意见的主观性和权威性。

搜狐消极语料库更多地使用收缩资源，人际代价较高，发话人展示命题的正确性，压制其他声音也压缩了对话空间；新浪消极语料库使用扩展资源比例较高，承认其他可能性，具有协商性，开启与受话人的对话空间。在使用收缩资源的内部资源上，三个消极语料库都较多地使用了"否定""对立"和"认同"，而"断言"和"引证"的使用比例较小。新浪与天涯消极语料库的"否定""对立"和"引证"资源存在显著差异，新浪和搜狐消极语料库的"否定""认同""断言"和"引证"资源存在显著差异，搜狐与天涯消极语料库的"否定""认同""断言"和"引证"资源存在显著差异。在扩展资源内部的具体使用上，三个消极语料库都使用了较大比例的"接纳"，而"宣称"和"疏离"的使用比例都很少。收缩性介入是发话人或作者直接介入话语过程而陈述的价值或观点，对不同状况、观点及其范围的挑战、抵制或限制；扩展性介入是发话人或作者在一定程度上对不同观点或声音的容忍态度。[①] 简言之，消极网络语言使用更多的收缩资源，缩小对话空间，强调命题的可靠性，拒绝进一步的互动协商，

---

① 参见彭宣维《汉语的介入与级差现象》，《当代外语研究》2010年第10期。

不利于和谐人际关系的构建，失去了和谐网络人际关系，也就失去了构建积极网络语言生态文明的基础。

从衔接手段来看，消极网络语言主要选择了重复类的衔接资源，更倾向于选择词汇衔接手段，表达的消极意义更加直接，增加了消极资源出现的频率，渲染了消极意义的感染力和同理心，强化网络信息的互文关系，提升消极舆论的热度，提升了网络语言消费的时效性，满足了主体对信息量的需求。但值得警惕的是，部分网民往往在公共事件中存在"灾难消费"心理，在不明真相的前提下，言语表述常常会表现出幸灾乐祸、扩大事由、不负责任的转发，导致网络事件对当事者的次生伤害。在语法衔接手段的使用上，消极网络语言更倾向于使用"替代"和"连接"衔接手段，通过因果、转折、递进等连接关系，表现出消极网络语言产生的不良影响与后果。

七 消极网络语言应对策略

当人们充分享受网络提供的信息便利时，要注意在"接受网络语言积极作用的同时，也要大力抵制网络语言污染，与语言失范、语言低俗和语言暴力作斗争，通过正确引导和规范网络语言，净化网络空间，构建和谐的网络语言生态环境"[1]。消极网络语言的非生态性主要表现为语言错误、文字差错、低俗表达、态度偏激、虚假信息、网络诈骗、网络色情、信任危机、道德失范、伦理丧失等，这些非生态因素破坏了自然语言系统，误导主体思维、损害他人行为、侵犯他人权利、扰乱社会秩序，严重损害网络空间的生态环境，阻碍网络生态文明的建设进程。为了消弭乃至彻底消除消极网络语言带来的负面影响，本书认为应从语言层面、制度、技术等层面进行应对（详见第十章讨论）。

第一，完善分级分类监控机制。从语言层面来说，结合前述消极网络语言词汇、句式等特点，利用大型语料库的分析结果，对消极网

---

[1] 洪洁、袁周敏：《生态语言学视阈下的网络空间语言规划与治理》，《南京邮电大学学报》（社会科学版）2022年第2期。

络语言分级分类，依据不同级别，采取相应的拦截、警示、提醒、屏蔽、封号等措施。高度重视意识形态领域工作，根据党的二十大报告要求，建设"具有强大凝聚力和引领力的社会主义意识形态"，切实提高违法成本，对危害国家安全的言论给予严厉打击，防止消极网络语言对网络空间生态的不停侵蚀。

第二，建立联动机制的网络实名制。网络实名制是国际趋势。面对网络匿名、网络暴力、网络谣言等实际问题，作为一种以用户实名为基础的管理方式，网络实名制可以成为保护、引导以及约束网民的重要手段和制度，尤其是可以有效保护未成年人免受网络不良因素侵害的重要管理举措。当网络上出现诽谤、谩骂、侮辱、谣言等暴力信息时，可以利用实名制查出网民真实身份，解决语言暴力源头问题。让网络实名使散布谣言、谩骂他人、攻击社会的人无处遁身。实名制有利于提升违法成本，规范公民行为，净化网络生态环境。

第三，完善专门法制建设机制。建设互联网健全的、配套的法律法规和司法解释是网络语言生态治理的最根本保障。教育、文化、科技部门、网络运营商应当意识到网络人际信任关系的重要性，关注网络社会的特殊性，履行宏观调控的职能。发挥网络监管部门的主导作用，明确网络语言监管的纲领性意见，出台网络语言管理的专门法。各个网站、各个媒体在政府部门指导下，制定相对完善统一的网络语言监管细则，加强官方网站的积极网络语言建设，制定网络空间语言使用规范，遏制粗俗、不文明的消极网络语言现象。

第四，运用新技术治理网络暴力。充分运用语料库、大数据、云计算等技术，大量采集网络空间语言，精准分析语言暴力特征，收集、挖掘、分析、揭示网络空间话语表达的特征、规律和频发节点。开发互联网空间话语边界甄别数据库，依据技术自动屏蔽、过滤和删除色情、反动、谣言、暴力等内容。打造融媒体或全媒体平台，构筑网络舆论引导新平台，提升健康话语和积极话语在网络空间的关注度和影响力。

第五，关键时间节点监测与治理。为了有效遏制违法网语行为，预防低俗恶搞类网语行为的滋生，从根本上减少网络语言暴力现象，需要高度关注敏感节点的热点问题，努力消除关键节点可能出现的不公平不公正及腐败等源头问题，建立完善的社会保障机制，舒缓相关群体的心理挫折感。

第六，建设有效管理模式。从媒介规范、法律约束、道德自律及协同治理四个方面帮助解决网络语言暴力，营造风清气正的网络语言环境。网络语言暴力治理是一个系统工程，建设立体多维的网络语言暴力治理模式。通过全方位监测和引导，有利于从传播源头、传播过程、传播渠道等方面，综合规范网络语言，实现网络语言生态健康良性建设。

第七，提升语言规范意识。网络虚拟空间的生态环境对现实社会具有深刻的影响。提升网络主体的语言规范、文明交流的意识，提高其理性获取和鉴别信息能力，需要鼓励全民参与。各界应当帮助网络主体梳理责任意识，倡导其文明用语，使用规范的文字符号；帮助网民树立健康的语言文化自觉意识，提升审美趣味和文化素质，鉴别粗鄙的网络语言文化，摈弃使用消极网络语言。

八 消极网络语言过滤系统

本章建构的网络语言生态文明路径，其核心目的就是如何基于前期各个步骤，建立较为全面的、有利于对网络语言微观特征进行体系化过滤的系统。消极网络语言过滤系统主要是基于网络语言生态文明测量体系，提取消极网络语言典型特征，挖掘应对策略，建构具有可操作性的过滤系统。

该系统的基础是网络语言生态文明测量体系和指标。首先是基于网络语言生态文明测量体系指标的定量定性分析，如通过大数据分析，可随机测量所抓取的消极网络语言中生态性话语的数量，以积极网络语言的测量指标为参照值，对消极网络语言中生态性话语数量较低的语篇给予不同层级的划分。之后结合消极网络语言词汇语法特征系统，随机计算消极网络语言中所含消极网络词汇语法特征的数量，并依据生态性话语数量的关注层级，结合消极网络语言应对策略，对消极网络语言进行不同程度或级别的监管。对关注度不高，消极网络语言特征不典型的语篇，进行持续关注和监督；对关注程度高，消极网络语言特征较多的语篇，依据网络技术手段对消极网络语言使用者给予相应的教育或惩戒；对关注度很高且含有大量的消极网络语言特征的语篇，利用技术规约手段直接进行拦截。

消极网络语言过滤体系建设，在严格执行《中华人民共和国国家通用语言文字法》《国家语言文字工作委员会语言文字规范标准管理办法（2018年修订）》及相关网络管理法规的前提下，既要提取消极意义词汇语法特征，也要从句法层面注意应过滤的语法特征，还要从语义层面识别"含沙射影""指桑骂槐""明褒暗贬""煽风点火"的意义传播行为。同时，结合国家语言文字工作委员会、国家广播电视总局、新华社等动态发布的禁用词、慎用词，建设科学理性的词库，为建构更为清朗的网络语言生态文明空间打下良好基础。

本章小结

本章建构的网络语言生态文明路径主要借鉴生态语言学、系统功能语言学和传播学理论与方法，基于本书的主要发现，拟构建可用于相关部门监管网络语言，以及建设网络语言生态文明的参考性框架。该框架由网络语言监控体系、积极网络语言和消极网络语言分类、积极网络语言特征提取、积极网络语言建构策略、网络语言生态文明测量体系、消极网络语言特征提取、消极网络语言应对策略和消极网络语言过滤系统组成。该框架的适用性和操作性还需多部门的支持协作，开展纵深的实证研究。本书建构的网络语言生态文明路径的优势在于从网络语言本体出发，对网络语言的形式表征、意义建构、词汇语法特征、话语策略等进行了详细论述，可为未来的网络语言监控系统的建立提供积极的语言学理论框架和范式。本章提出的网络语言生态文明路径是基于理论基础及本书的发现建构的理论性、概念性框架，其普适性还存在一定的局限。希望该框架能够对国家在提升网民素养、建构网络语言文明规范、建设网络语言生态文明等方面，提供生态语言学、系统功能语言学以及传播学层面的借鉴，贡献语言学智慧。

第十二章　结语

人机界面造就的网络语言又一次革命性地改变了语言生态。鲍曼（Bauman）在《作为实践的文化》中指出"赛博空间是无法通过领土加以固定的"。[①] 物理社会与虚拟社会交织成为人类社会的神经系统，网络语言与自然语言的交汇成为供给网络社会发展的血液和命脉。城市越来越大，隔膜越来越深；鳞次栉比的建筑伫立在城市的角角落落，钢筋混凝土为人们筑起一间间温暖的寓所，但也筑起了人与人、心与心之间的疏离；网络渗透到每一个社会成员，语言交流却愈加稀少，手机、平板成为人人不可或缺的电子"信使"；人人渴望甘泉般的交流，但又往往处于有口难言的状态，要么张口却出言不逊或戾气十足。语言是人类须臾不可分离的空气，是源源不断流淌的河水，语言作为思想载体的形式，在这个"地球村"中变得尤为重要。网络时代，把握好语言，让语言真正成为沟通的桥梁，而非燃起人际冲突的导火索。良好健康的语言生态之核心在于人际间的良性互动与有效沟通。积极的语言沟通方式可以顺畅传递理念、传播信念、播撒思想。当下消极的网络语言在反复侵蚀着健康的语言生态肌体，良莠不齐的网络语言凸显了网络语言生产、发展、规划以及治理的复杂性、长期性与艰巨性。深入研究网络语言生态文明，探索构建良好的网络语言生态举措，科学处理网络语言生态中的种种问题，促进网络语言生态文明建设，

[①] ［美］齐格蒙特·鲍曼：《作为实践的文化》，郑莉译，北京大学出版社 2009 年版，第 31 页。

发挥网络语言生态文明在社会主义和谐社会建设中的积极作用,是语言文字工作者义不容辞的责任与义务。

第一节 研究发现

网络语言环境作为当下语言生态的重要组成部分已经形成其特有的网络空间语言文化。网民"屏对屏"的交流手段虽有输入的便捷性、视觉的直观性和互动的高效性,但其衍化生成的网络空间语言也影响了自然语言文字的音、义、形的系统性、稳定性和规范性。积极网络语言丰富了语言的多样性,而消极网络语言又破坏了语言系统的平衡性。因此,需要根据网络语言发展动态,不断调整网络空间语言生态建设策略,使之与自然语言系统达到平衡的和谐之态。唯有持之以恒,坚持治理,网络世界才能和谐发展,才能与现实社会协调相适,才能更好地弘扬社会主义核心价值观主旋律,建设网络语言生态文明。

一 积极网络语言和消极网络语言话语特征及差异

(一)积极和消极网络语言在利用及物性系统构建概念意义中的异同

在系统功能语言学中,及物性是一个综合语义系统,其功能在于将语言主体对客观世界的所见所闻、所作所为、所思所想分成若干个"过程",将个人或集体经验通过语法进行范畴化,关注与各个过程相关的"参与者"和"环境成分"。本书以系统功能及物系统出发,研究了搜狐新闻、新浪微博、天涯社区三个网络平台中积极和消极网络语言的及物性系统构建意义及两者之间的异同。

1. 积极网络语言及物性系统特征

就及物过程而言,三个网络平台中积极网络语篇在及物性的六大过程分布呈现出相似性特征,均为物质过程和关系过程出现频次较高,接下来分别是心理过程、言语过程、存在过程和行为过程。其中搜狐新闻和天涯社区物质过程最高,其次是关系过程;而新浪微博则是关系过程最高,其次是物质过程。不同平台的积极话语在利用及物概念意义构建方面存在一定的差异，搜狐新闻作为门户新闻平台，常常运用物质过程来体现和遵循新闻的严谨性和严肃性，运用关系过程向大众传达、发布和解释信息，而天涯社区作为网民发表观点的社交平台，使用物质过程来为分享身边发生的事情，关系过程用于网民表达看法或情感等。新浪微博作为社交媒体，博主常常传播身边发生的新鲜事，与他人分享观点、图片、视频等内容，其过程分布特征呈现出关系过程频次最高，其次是物质过程、心理过程、言语过程、行为过程，存在过程频次最低的特征。

就参与者而言，三个语料子库积极话语在参与者类型选择上存在显著差异。新浪微博语料的参与者使用频次最高的是"现象"与"动作者"，其次分别是"感知者""目标""范围""被识别者""识别者""讲话内容"。搜狐语篇中参与者出现频次最多的是"范围"，其次分别为"属性""载体""现象"。天涯语篇中使用"目标"最多，紧随其后分别是"现象""动作者"和"范围"。天涯社区使用"参与者"频次最高，次之是搜狐新闻，新浪微博使用"参与者"频次最少。

就环境成分而言，三个子库中积极话语中频次最高的前两个环境成分均为"方式"和"处所"，但在构建意义方面却存在差异。新浪微博和天涯社区中博主在发微博时，大多数写明了事件发生的时间与地点，因此其积极话语使用了较多的"方式"来描述网民对某事的看法，使用大量副词来表达个人情感。搜狐新闻积极话语也通过副词来体现"方式"，但其常用于表达人文情感与人文关怀。搜狐新闻语料往往较细致说明新闻的时间地点人物三要素，所以环境成分中使用"处所"较多。除此之外，三个积极子库在"或然"与"角度"两类环境成分的选择上均存在显著差异。搜狐和新浪积极语料库在"处所""角色"两类环境成分的选择上存在显著差异；新浪和天涯积极语料库在"跨度""内容"与"原因"的选择上均存在显著差异。新浪微博语料使用环境成分最少，这是因为在新浪微博中网民既浏览信息并发表看法，也发布内容供他人浏览，其语篇多采用非正式文体，口语化表达较多，句式结构简单、背景铺垫较少。天涯的环境成分频次高于搜狐新闻的环境成分频次，这是因为天涯社区的板块较多，语境较杂，网民在讨论天涯杂谈、娱乐八卦、情感天地等常使用副词来表达个人情感；而搜狐新闻通过推送实时新闻，较多使用表示"处所"的环境成分。

2. 消极网络语言及物性系统特征

就及物过程而言，三个平台的消极网络语言均倾向于使用物质过程和关系过程，但心理过程、言语过程、存在过程和行为过程的使用较少。但是三个子库在及物性过程资源使用方面具有显著差异。新浪与天涯心理过程的使用高于言语过程的使用，而搜狐子库与之相反。新浪消极语料的过程动词大多数具有负面、消极的含义。搜狐消极语料倾向使用带有消极感情色彩的词汇，但也存在一些中性动词。天涯语料形式多样，内容各异，消极程度居中。

就参与者而言，三个消极子库的参与者使用频率存在显著差异。具体表现为搜狐及天涯的物质过程的参与者类型相较于其他过程参与者类型频次最高，而新浪微博则是关系过程的参与者类型使用频次最高。在新浪微博语料中，参与者成分排名第一的是"属性"，其次是"载体"。搜狐新闻中参与者出现频次最多的类型是"动作者"，其次是"目标"。天涯社区的语篇中使用"属性"与"载体"最多，其次是"动作者"和"目标"，使用最少的是"现象"。搜狐消极语言倾向于"使用范围""讲话内容"及"讲话者"，而天涯则更倾向于使用"动作者""目标""现象""属性"及"行为者"。搜狐消极语料的正式程度最高，其参与者多为具体的人或事，过程动词措辞更加严谨，中性或褒义词汇居多；新浪消极语料消极程度最高，正式程度最低，这既体现在过程动词的选择上，还存在部分指代不明的参与者。

就环境成分而言，三个消极子库使用"方式"最多，其次是"处所"，使用最少的为"角色"。在其余的六种环境成分的使用频次上，三个消极子库的排序呈现出显著差异，其中搜狐使用环境成分最多，其次为天涯，新浪微博语料使用环境成分最少。搜狐子消极语料更倾向于使用"处所""角度""跨度"及"内容"，使用"方式"偏少，这是因为搜狐新闻语篇为了保持新闻的客观态度，较少使用品质词汇，除此之外，搜狐消极语料环境成分的平均长度比另外两个子库更长，句式结构更加复杂；有时使用的词汇从字面上看是消极的，但结合语境和语义分析，表达的意义是积极的，有益于构建积极语言生态。天涯和新浪消极语料使用"方式"较多，这是因为这两个媒体的语篇中大量使用品质词来表达个人愤怒、不解、失望等具体感受来渲染语篇感情，使读者产生共鸣。新浪消极语料环境成分使用词汇最少，平均长度最短，且指代模糊；内容多为日常心情记录，传递消极的个人情绪或态度，不利于构建积极的网络语言生态。

3. 积极与消极网络语言使用及物性系统构建意义的异同

相同之处表现为：（1）及物过程类型分布大致相同，均为物质过程使用频次居首，关系过程次之。（2）参与者分布特征大致相同，"属性"和"载体"使用最多，其次是"动作者"和"目标"。"行为者"和"施事"出现频次均较低。（3）环境成分分布特征均以"方式"居首位，其次是"处所"，而"角色"的频次均较低。

不同之处体现在：（1）具体类型使用频次存在差异，积极语篇使用物质过程、心理过程和关系过程的频次高于消极语料；而消极语料使用言语过程、存在过程和行为过程高于积极总库。（2）积极网络语篇频繁使用对网民有积极影响的、正面的、表示人类行为的词汇；而消极网络语篇中，网民常使用负面词汇谩骂他人、恶意评价社会事件，通过网络发泄负面情绪，所以消极网络语言言语过程偏多。（3）积极语篇参与者"感知者"和"现象"使用频次明显高于消极语篇，在积极语篇中网民大多会运用社交媒体向别人分享自己的喜悦之情，表现出对社会进步的赞许。（4）积极语篇大多结构紧密，内容严谨，复合句多，语句较长，小句数量少，多为正能量的宣传报道；而消极语篇语句简短、结构松散，小句数量多，个人负面情绪表达明显。（5）积极总库过程成分的使用总频次高于消极网络语言总库。原因是积极网络语料的语篇数较多，而消极网络语篇数较少，这反映了网络空间语言总体上在向积极的态势发展，有利于构建和谐的网络语言生态。（6）积极语料使用环境成分多于消极语料，原因是网络新闻积极语篇中需要使用大量环境成分进行信息的介绍与铺垫。（7）积极网络语言努力陈述事实，传递正能量，传递正确的价值观和人生观，引导公众走向积极阳光的生活，有益于建构积极网络语言生态。而消极网络语言侧重于宣泄情感、表达不满，甚至使用语言暴力攻击他人与社会，不利于构建良好的语言生态。

（二）积极和消极网络语言在利用评价系统构建人际意义的特征及差异

本书主要聚焦评价理论介入系统的具体使用，对新浪、天涯、搜狐三个语料库中积极和消极网络语言从收缩资源和扩展资源的使用情况进行了分析。

1. 积极网络语言利用评价体系构建人际意义的特征

三个积极语料库中网络语篇使用收缩资源频次的比例均高于扩展资源的比例。收缩资源的使用占比最大的为"否定"，占比最小的为"引证"；扩展资源使用占比最大的为"接纳"，而"疏离"频次占比较少。

新浪积极语料的收缩资源频次最高，远远大于扩展资源的使用频次。天涯和搜狐新闻积极语篇的收缩资源与扩展资源的使用较为均衡。新浪微博作为社交媒体或"私人日志"，赋予了网民较大的个人话语空间，微博中反映个体内心情感、情绪类的词语较多，主观色彩浓重，网民往往使用诸如"否定""对立"和"断言"等收缩资源来陈述自己的情绪，或排斥他人的否定与反驳。作为新闻类语篇，搜狐新闻的文体都比较正式，一方面通过收缩资源以较高的人际代价强调命题的可靠性和正确性，压缩对话空间；另一方面也使用扩展资源，承认其他观点的存在或包容其他观点，因此该平台积极语篇的收缩资源与扩展资源的使用比较均衡。天涯论坛语料主题较杂，既有新闻，也有个人情感抒发和经验分享，其积极语篇既利用收缩资源强调语篇内容的合理性与可靠性，获得读者的认同，排斥其他潜在观点，也使用扩展资源，承认其他观点的存在，扩大与读者的对话空间，语篇包容性更强、开放度更高，倾向于与读者建立和谐的网络人际关系。因此其积极语篇的收缩资源与扩展资源的使用比较均衡。

2. 消极网络语言利用评价体系构建人际意义的特征

总体而言，消极语篇使用收缩资源多于扩展资源；使用收缩资源占比最大的为"否定"，最低的是"引证"；使用扩展资源占比最大的是"接纳",最少的是"疏离"。

天涯消极语料库中语篇的收缩资源频次最高,而搜狐消极语篇中的收缩资源频次最低。天涯语篇往往是网民的口语化表达,频繁出现絮叨牢骚或埋怨,过于强调个体困难和问题,主观色彩浓重,网民常常通过使用诸如"否定""对立"和"断言"收缩资源陈述自己的观点,倾向于缩小乃至关闭对话空间。搜狐语料库中收缩资源与扩展资源使用较为均衡,即通过使用"否定""对立""引证""断言"等收缩资源,以较高的人际代价强调信息的权威性与可靠性,同时也使用扩展资源,承认其他观点的存在与合理性,开启或扩大了与受众的对话空间,凸显出新闻语料对不同观点的包容度。新浪微博语料包含网民个人交往言语和社会现象评论,使用介入资源频次处于搜狐与天涯之间,但研究数据显示新浪语料也是收缩资源多于扩展资源,既使用收缩资源压缩对话空间,也运用"宣称"扩展资源来表达个人观点或报道与信息声源保持一定的距离。

3. 积极和消极网络语言利用评价体系构建人际意义的异同

新浪积极和消极语篇都通过介入资源调节对各种命题的态度,在收缩资源和扩展资源的使用上存在共同特征,均使用较多的扩展资源来开启对话空间,在介入资源的使用策略上也较为相似。但是积极语篇和消极语篇在收缩资源和扩展资源的使用中存在显著差异。这体现在:第一,消极网络语料更多地使用收缩资源,强调自身的观点和声音,使用的扩展资源比例明显低于积极网络语料。第二,消极网络语篇通过使用"否定""对立""断言"等收缩资源,要么来否定某一命题,表示对相关观点和立场的反对,要么提出具有一定主观性观点,强调自我立场的正确性和可靠性,压缩对话空间,拒绝接受互动协商,以较高的人际代价强调命题的正确性。而积极网络语篇既使用诸如"否定""对立""引证""断言"等收缩资源,也大量使用了"接纳"等扩展资源,表现出包容性和开放性。第三,积极和消极语篇使用"否定"和"认同"收缩性资源呈现出显著差异。"断言"的显著性差异最小。积极和消极语篇使用收缩资源具有明显差异的是"认同"和"断言"。第四,积极和消极语篇使用"疏离"扩展资源呈现出相似性，但在使用"接纳"和"宣称"资源上存在显著差异。第五，天涯论坛及搜狐新闻既使用介入系统的扩展资源，表明个人观点的主观性，提高语篇的可对话性以及与读者的协商意愿，也使用收缩介入资源推进语篇信息流，压缩对话空间。新浪微博语料以收缩资源为主、扩展资源为辅的介入方式，直接或间接影响读者对某件事的价值判断与评价立场，引导读者接受作者评价，与读者形成同盟关系，借此压缩对话空间。第六，在新浪微博、天涯论坛和搜狐新闻的八类介入子范畴当中，收缩资源的明显差异主要表现在"否定""对立"和"引证"这三类，扩展资源主要表现在使用"接纳"资源比例较高，而"宣称"和"疏离"的使用比例较低。究其根本，这种差异或相似性由作者的交际目的而定。除了进行有意义的信息交流，人类对话的另一个重要目的是建立并保持适当的社会联系。

（三）积极话语和消极话语在利用衔接系统建构语篇意义的特征及异同

衔接理论是系统功能语法的核心理论之一，衔接通过采用系列衔接手段把语篇中的语义互相依赖的各成分联结成一体的语义关系。

1. 积极网络语言在利用衔接系统构建语篇意义的特征

本书的研究结果证明在三个平台的积极话语在利用衔接系统构建语篇意义上存在一定的差异：第一，语法衔接策略的使用。天涯积极语料库使用衔接手段频次最高，新浪次之，使用频次最低的是搜狐。在使用语法衔接策略上，三个平台中的积极语篇均以"增强"为语篇连接的主要手段从不同的角度说明如何应对生活中的不同情况，引导网民保持积极的心态；但在次类衔接策略上呈现出差异，表现为新浪和天涯使用最多的是"照应"，而搜狐使用最多的是"连接"。新浪积极子库使用"省略"和"替代"的频次最高，天涯次之，搜狐最低。因为搜狐语料库中的新闻语篇多使用正式语体，为保持新闻的客观性与完整性，较少使用"省略"。而在新浪微博与天涯社区中，网民话语多采用个人的非正式语体，使用"省略"较多。第二，词汇衔接策略的使用。三个平台积极语篇词汇衔接出现频次最高的均为"重复"手段，且远远高于其他词汇衔接手段。积极新闻语篇使用"重复"衔接策略主要是为了解释强调新闻的主题、关键词等重要内容，同时强调命题间清晰的语义关系和明确的逻辑关系，解释或表达道理或观点。

2. 消极网络语言在利用衔接系统构建语篇意义的特征

本书的研究结果证明三个平台的消极话语在衔接手段的使用上存在差异，其中，天涯消极语篇使用的衔接手段总频次最高，其次是搜狐消极语篇，新浪消极语篇最少。而且三个库中的消极语篇在使用"语法衔接"和"词汇衔接"的频次上也存在差异，天涯消极语篇使用"语法衔接"和"词汇衔接"总体上均多于搜狐和新浪消极语篇，且在"语法衔接"的使用上远高于搜狐消极语篇。第一，语法衔接策略的使用。新浪和天涯消极语篇使用"照应"和"连接"手段均大于"省略"和"替代"，在这些媒体中网民大多以第一人称发表语篇，频繁使用"照应"来反复说明自己要表达的内容；搜狐语篇使用"连接"频次最高，说明搜狐新闻语篇更注重逻辑关系，注重读者快速理解和获取语篇的信息。第二，词汇衔接策略的使用。天涯消极语篇使用"词汇衔接"频次最高，搜狐次之，新浪最低。三个平台消极语篇使用"重复"频次最高，其次是"同义"。与搜狐和天涯语篇相比，新浪语篇更倾向于使用"反义"，天涯语篇更倾向于使用"整体局部关系"，而搜狐子库则更倾向于使用"重复"。

3. 积极话语和消极网络语言在利用衔接系统构建语篇意义的异同

积极语篇和消极语篇在利用衔接系统构建语篇意义的相同点体现在两类语篇在"重复""反义""搭配"及"上下义关系"的使用上呈现出相似性。

但是积极和消极语篇在利用衔接系统构建语篇意义上也存在诸多差异。第一，总体差异。积极语篇使用"衔接"的频次高于消极语篇。积极语篇使用"语法衔接"的数量高于"词汇衔接"，而消极语篇使用"语法衔接"与"词汇衔接"的频次差距不明显。积极语篇运用较多的"语法衔接"对某事件进行富有逻辑的阐述，而消极语篇则较多使用"词汇衔接"来重复表达消极情绪。第二，语法衔接策略的使用差异。积极语篇更倾向于使用"人称代词"，而消极语篇更倾向于使用"指示代词"；积极语篇中"照应""省略"和"连接"衔接手段的使用均大于消极语篇，而"替代"衔接手段出现的频次少于消极语篇。积极语篇使用了较大比例的"人称代词"与"指示代词"，而消极语篇则更倾向使用"比较""内指"和"外指"，其中"内指"使用的概率最大。积极语篇使用了较多的"省略"，使用无主句描述事件或提出建议，来更为简洁清晰地表达积极情感。第三，词汇衔接策略的使用差异。积极语篇使用"词汇衔接"比消极语篇多，而且积极语篇使用"重复""搭配"和"上下义关系"的频次高于消极语篇，但使用"同义""反义"以及"整体局部关系"的频次低于消极语篇。积极语篇和消极语篇在"同义"和"整体局部关系"这两类衔接手段的使用上也存在显著差异，具体表现为积极语篇更倾向于使用"整体局部关系"，而消极总库则更倾向于使用"同义"。

二 构建网络生态文明的话语策略

（一）积极网络语言的生态特征

从本书对积极话语及物性研究表明物质过程将积极意义施加延伸到目标对象，施动者承担积极的语义角色，不管是从道德规范方面还是法律要求方面，其身份都属于宣传"正能量"的社会身份。积极网络语言的介入特征体现权威性和包容性两个方面，允许各种观点的存在，注重实现成功的话语交流与网络空间的人际交往。积极网络语言的衔接手段注重运用"重复""照应"和"连接"策略，较好遣词谋篇，强调语篇的关键信息和积极态度，达到突出主题的功能，强调肯定积极的表达，从而加深网民的印象。可以看出，网络积极话语在虚拟空间能够引导个体抒发积极情感，发掘个体优势与潜能，关注社会美好事物，促进个体伦理道德与积极品质的形成，能够传播正能量，弘扬正确价值观，有益于建构积极人际关系。

（二）网络生态文明的话语策略

网络生态文明建设本质上就是要实现参与者与网络语言、参与者与网络生态之间关系的和谐相处，促进参与者与网络生态和谐发展，解决危害网络语言健康和可持续发展的网络语言生态环境问题，把建设生态环境友好型网络语言社会放在生态文明建设的重要位置。本书结合积极网络语言意义建构和传播特征，从批评话语分析、积极话语分析、礼貌策略、模因学以及人际传播五个视角总结和凝练了有利于建构网络语言生态文明的话语及传播策略。此外，网络语言作为以互联网为载体的新兴媒介语言，表征了一种新的语言传播模式，因此本书还结合模因学和传播学理论提出相应的话语建构策略，探索网络语言生态文明的建设策略与路径。

从批评话语分析的话语建构策略来看，本书认为构建网络生态文明的话语策略包括命名策略、述谓策略和论证策略。群体外、他者化、歧视性的命名、述谓和论证策略易引起语言冲突或身份争端，激起民意的反弹，导致舆论失控，不利于网民和谐相处，甚至会影响社会稳定，有损建构健康的网络空间环境；群体内、认同化、接纳性的命名、述谓和论证策略有益于消弭人际距离，舒缓民意，有助于构建积极网络话语，有益于构建网络语言生态文明。

从积极话语分析视角的网络话语建构策略来看，本书认为构建网络生态文明的话语策略包括多声策略和情感策略。此处的"多声"指多种声音和多种模态。以"多声"和"多模态"为主的网络话语，是维护网络语言生态平衡、建构网络语言公正性和客观性的重要话语策略。多种声音应包纳官方、话语对象、读者乃至弱势群体等多方面的声音；多种模态则应在强调建构"好消息"的同时运用语言与非语言的手段和符号资源，如图像、声音、视频等。"多声"策略有助于建构积极正面、客观公正的网络"正面消息"，有助于建构舆论正确的网络新闻话语；"多种模态"策略可以凸显信息的真实性，还可以唤醒人们的正义感和责任心，有助于建构积极的网络新闻话语。

从网络礼貌话语建构策略来看，积极礼貌策略是指对他人积极面子的维护措施，积极礼貌话语建构策略包括通过情感资源配置引发读者共情，继而通过道德评判判断行为的对错，最后通过对共同价值观的鉴赏与读者达成和谐一致的情感策略，主张共同立场，从而拉近说话人与网民之间距离的积极礼貌策略。网络语言文明生态文明建设的本质是和谐人际关系的建构，因此积极礼貌策略包括主张共同立场、表达合作关系和满足交际需求的策略，这些策略有助于建构网民之间的和谐人际关系，对网络语言生态文明建设有重要的建设性意义。

从网络语言模因传播策略来看，本书认为构建网络语言生态文明的模因传播策略包括重复策略、简化策略、重组策略、情感策略、依附策略。网络是模因传播的弹性介质，重复是网络语言模因传播的放大器，简化可使主题简洁明晰，重组可增强模因的竞争力，情感有助于舒缓民意，引导健康舆论，营建温暖和谐的网络氛围，依附其他成功的强势模因易于推广自己、增强模因的生命力。因此可以将网络语言系统中，表达正能量和积极、阳光的生态因子通过重复传播策略、简化传播策略、重组策略、情感策略和依附策略使其言简意赅，易于记忆，便于使用，关注和推广积极的情感模因，提高积极话语模因的流传度和知名度，使其成为建构网络语言生态文明的强势模因，从而更加有效地传递正能量、引导正确舆论、营建和谐氛围，建构网络生态环境。

从网络语言人际传播策略来看，本书认为构建网络语言生态文明人际传播策略应包括正确地遣词用句、传递准确信息、使用恰当的词汇、规避言语伤害的语言应用策略；适当使用表情符号、满足网民视觉审美需求、缩短网络人际传播中交际者之间的距离、消解传播者与接收者的传播障碍和隔阂的非语言符号使用策略；注重"倾听"与"回应"，使话题得以深入或带出新话题的整体互动策略。这些策略有助于网络语言交际参与者在不同情境中通过正确使用语言达到人际和谐相处的目的，对网络人际传播中和谐人际关系建构与维持有借鉴意义。

为了深入探究语言互动与网络人际关系问题，本书还依据心理学家卢夫特和英汉姆提出的分析人际关系和传播的"约哈里之窗"模型梳理了网络传播中的人际关系问题，讨论了积极网络语言如何助力构建和谐人际关系问题，为网络语言生态研究打开了一个新视野。本书认为在网络人际交往中，以坦诚交流、真诚相待、和谐共处为原则，不断缩小"盲目区"、暴露"隐藏区"、揭示"未知区"，提高人际交往的透明度，从而逐步实现人际交流的真实性、针对性和客观性，增进双方理解，建立良好的人际关系，进而促进良好语言生态的构建。

三 消极网络语言的应对策略

网络语言作为网民的另类言语方式和另类表达，在一定程度上冲击、消解和颠覆了现行的语言规范，作为社会行为的语言创新，既需要受到主流价值观的认同，也需要去除语言"杂质"，维护语言的纯洁性。全体网民都有义务有责任维护良好的语言生态、保护语言生态伦理的健康。净化网络空间，消除网络暴力，既是构建和谐社会的需要，也是塑造网民健康语言意识的需要。

本书努力挖掘网络语言"雾霾"之后的"暗号"与"代码"，深究语言主体、社会、心理等动因，探寻网络暴力根源。依据生态话语分析的"一个假定"与"三个原则"，提出了治理网络语言暴力的对策，勾勒出政府机构、网络媒体、教育机构、语言主体四位一体的网络语言暴力综合治理模式。建议以文化建设为导向，营造良好健康的网络舆论环境；细化法规制度，提高违法成本，严肃制约网络暴力，在法律层面上使其"不敢为"；以道德建设为根本，提高网民的文化素质和网络素养，在使用主体层面上"不愿为"；以技术手段为抓手，充分屏蔽过滤暴力信息，技术制约使其"不能为"。虚拟空间之虚拟并等同于虚幻，网络空间语言创新的前提是要受到主流价值观、优秀传统文化价值观的认同。每个社会成员都有责任维护良好的语言生态，维系好语言生态的健康发展。净化网络空间，消除网络暴力，用好网络平台、讲好中国故事，既是塑造网民健康语言意识的需要，也是建设积极语言生态的需要，更是构建和谐社会的需要。

四 构建网络语言生态文明的语言学路径

本书基于网络语言语料库，从生态语言学、系统功能语言学及传播学综合考量，对积极网络语言及消极网络语言进行深入分析，深入了解积极网络语言的语言特征、生态文明特征及语言建构策略，以及消极网络语言的语言特征及应对策略，在此基础上从理论和操作层面建构了网络语言生态文明的路径，认为网络语言生态文明的路径应包括构建可用于相关部门监管网络语言，以及建设网络语言生态文明的参考性框架，该框架由网络语言监控体系、积极网络语言和消极网络语言分类、积极网络语言特征提取、积极网络语言建构策略、网络语言生态文明测量体系、消极网络语言特征提取、消极网络语言应对策略和消极网络语言过滤系统组成，可用于监管、过滤、屏蔽不良网络语言，是建设网络语言生态文明的参考性框架。该框架的优势在于从语言本体出发，对网络语言的意义建构、词汇语法特征、话语策略等进行了详细论述，可为未来的网络语言监控系统的建立提供重要的语言学理论框架和范式。本书提出的网络语言生态文明路径建构框架将有益于在提升网民素养、规范使用网络语言、建构网络语言文明规范、建设健康网络语言生态文明等方面，提供生态语言学、系统功能语言学以及传播学层面的借鉴，贡献语言学智慧。

第二节　研究贡献

一　理论贡献

网络技术、传播手段与语言的博弈使语言变体成为网络时代的记忆与铭文。探究网络语言的产生背景、发展现状、演进规律、传播方式及其所产生的影响等，不仅有利于提炼出语言传播的新规律，也有利于重构虚拟世界与现实世界的对位关系。针对目前网络语言生态问题，本书以生态语言学为理论视角，以系统功能语言学作为具体的语言分析框架，制定积极网络语言和消极网络语言的判定标准，通过先导研究对网络语言分类标准进行测试和调整，搭建积极网络语言和消极网络语言可比语料库，包括来自新浪微博、搜狐新闻、天涯论坛的真实语料，对比分析积极/消极网络语言的宏观与微观语言差异，抽象归纳积极网络语言的话语策略，剖析消极网络语言的话语特征，深入探讨网络语言生态文明建构的语言学路径及相应策略，从理论上建构网络语言生态文明的语言学路径,从实践上提出网络语言生态文明建构的具体策略。

第一,开展网络语言的生态语言学研究。本书综合梳理了韩礼德、豪根、斯提比、黄国文、何伟、冯广艺等学者的理论与实践成果,学习国内外以生态语言学视角对网络语言的研究,全面了解目前生态语言学对网络语言的阐释方法和研究范围以及当下国内外对网络语言暴力的研究。

第二,本书依据生态语言学的基本脉络,进一步厘清"豪根模式"与"韩礼德模式"的功能与实践意义。从生态话语分析的视角入手,讨论生态哲学观、话语的生态性以及生态话语分析的具体方法。生态、语言、传播的互动绘就了一幅生动的网络语言生态人网互动图景,语言通过网络传播形成了网络语言生态,网络语言生态的优劣又依据传播来调节,其积极或消极意义则通过网络话语来表达。处理好语言、生态、传播的关系,构建良好的网络语言生态,既是本书理论路线的逻辑起点,也为进一步研究网络空间语言研究搭建了新的理论框架。

第三,网络语言生态的语言学路径探索。本书采用"韩礼德模式",根据语料库中网络语言的具体表现特征,聚焦系统功能语言学的及物性、介入资源和衔接系统理论与方法,对新浪微博、搜狐新闻、天涯论坛中的积极网络语言和消极网络语言的微观特征进行了剖析,描述并阐释了网络语言生态的具体表现。

第四,网络语言文明的话语策略研究。本书从概念意义、人际意义和语篇意义建构层面,分析并解释了积极网络语言和消极网络语言的现象与特征,归纳出有利于建设网络语言生态文明的话语策略,助力建构网络语言生态文明。

第五,消极网络语言特征及治理策略研究。本书在全面分析了消极网络语言的话语特征及根源的基础上,探讨消极网络语言特征出现的社会、心理、传播等方面的根源,提出了抑制和消除消极网络语言的相应策略。

第六,网络语言生态文明建构策略研究。本书通过对比分析积极网络语言和消极网络语言的可比语料库的语料，从理论与方法层面建构网络语言生态文明的语言学理论进路、分析模型与治理框架，提出了具体的、可操作性的网络语言生态文明建构策略。

二 方法贡献

第一，本书采用了社会科学分析法，研制相关标准。依据 Halliday 和 Matthiessen、胡壮麟、朱永生、张德禄、李战子、龙日金、彭宣维等的论述，使用 UAM 制作出了及物性标注系统、介入方式标注系统和衔接手段标注系统。参照马丁和怀特的理论与词表、国内外最新研究成果，依据汉语网络语言的使用特征，研制出了汉语积极语言和消极语言判定标准。借鉴国内学者的研究，制作了"汉语介入资源词汇语法表"。基于标注好的语料，开展了语料的宏观分析和系统功能语言学分析，对比分析积极网络语言和消极网络语言在利用及物性系统建构意义、利用介入系统建构意义、利用衔接系统建构意义的共性和具体差异。

第二，语料库建设。邀请语料库专家团队举办了语料库专题工作坊。团队成员多次参加语料库学术论坛或培训会议，研究人员均具备了独立建库、降噪、标注、对齐、提取数据的能力。作为自建的网络语言语料库，此库爬取的语料具有显著的网络语言特征，语料全部来自网络新闻网站、社交平台、论坛社区。据此分别建成积极网络语言语料子库和消极网络语言语料子库，每个子语料库各 100 万字，各随机抽取 20 万字予以及物性系统、介入系统和衔接手段的标注。语料库线上检索系统采用 Java 语言开发，基于 SpringBoot 开发框架，实现网络语言语料库的网页化呈现与查询，可以进行语料分词、语料存储、数据提取、总库检索、子库检索、积极/消极网络语言检索、原始语料检索、清洁语料检索、标注语篇检索、关键字检索、积极/消极词汇检索、积极/消极语篇检索，正文字数统计等功能。自建的积极网络语言和消极网络语言可比语料库包括"网络语言生态文明语料库系统""网络语言比较数据库"（Net-speak Comparative Database）先后获得计算机软件著作权登记证书，为研究提供了丰富语料来源，并为网络语言研究提供了翔实的分析素材。

第三，使用卡方检验、调整残差深入了解积极网络语言和消极网络语言特征两类话语在意义建构中是否存在显著差异。

第四，采用定性研究法。针对积极网络语言中的话语策略进行分类研究。对具体的话语策略进行参与观察、抽象化和分类，深入了解此类话语中存在的具体问题和对建立语言生态文明的借鉴作用。

第五，采用对比分析法。对比积极网络语言和消极网络语言在具体的概念意义、人际意义和语篇意义建构中存在的差异。

第六，开展理论与实践相结合的研究。以语料库为基础，对网络语言进行实证性的研究，并基于实证研究的结果从理论上建构网络语言生态文明的语言学路径，提出语言生态文明建构的具体策略。

第三节 研究局限与建议

第一，鉴于本研究属于个人研究，受到人力、财力和精力的局限，语料库取材类型还需要进一步扩大。目前语料来自搜狐门户网站、新浪微博、天涯社区，未来的实证研究素材还有待进一步扩展。

第二，面对网络语言的特殊性，语料库的建库工具和分析工具还有待进一步完善，"工欲善其事，必先利其器"，而目前"可比语料库"这个"器"面对杂乱散匿的网络空间语言还不够锋利，仍有打磨空间，方可显其锋芒。

第三，囿于研究人员、研究经费和科研条件，未来可以采用多方协作方式，全面使用系统功能语言学理论与方法，开展网络语言生态建设的综合研究。

第四，本书还需进一步将汉语演变的规律与网络空间语言演变规律从更深层次上进行生态语言学意义上的比较，尤其在生态语言学及其交叉领域还需要充分糅合，从学理上更充分、更细致、更科学地对网络空间语言给予分析和解释。

第五，本书提出的积极网络语言的生态文明建构策略，消极网络语言治理策略模式仍需要进一步细化，使其具有更强的可操作性。

第六，本书提出的网络语言生态文明路径基于理论基础及研究发现建构的理论性框架，其适用性和操作性还需进行大量的实证研究以及多部门的配合协作。

第七，本书搭建了"Net-Speak Comparative Database 系统 V1.0"（网络语言可比数据库）并获中华人民共和国国家版权局软件著作登记。该系统收录网络空间真实使用的网络语言近万条。因该系统中含有部分有失文雅乃至低俗的语言，目前仅供内部系统检索。未来可作为研究成果的一部分，提交相关部门参考。

鉴于此，倘若同行有兴趣继续开展网络空间语言研究，研究建议如下：第一，开展合作研究，进一步拓宽实证研究面，分析解释将会更具有说服力；第二，充分利用现代信息技术和语料库技术，建设更大规模的网络空间语言语料库，更加科学合理地分类、切分、清洗、标注语料，排除人为干扰因素；第三，立足于生态语言学理论与方法，还可以结合社会学、社会语言学、人类学、计算语言学、认知语言学、文化社会学、传播符号学的相关理论进一步开展网络空间语言的纵深研究；第四，借助权威机构的帮助，开展网络空间语言使用的全国性乃至国际性调查，切实发现网络语言特别是消极网络对自然语言的影响；第五，与相关机构合作，进入到"亚文化圈"人群的网络语言生活中，会加强语料的丰富性、延展性与动态性观察和阐释；第六，联结生态语言学与传播生态学，挖掘网络空间语言的形式、内涵与实质，会更为清晰地展现网络媒介化社会对"网络人"的深刻影响。

参考文献

一　中文论著

［英］阿伦·斯提比、张琳：《生态语言学与全球化》，《鄱阳湖学刊》2018 年第 1 期。

安利：《词汇重复的语篇衔接功能》，《中国俄语教学》2011 年第 1 期。

薄守生、董照辉：《有关语言生态危机的研究对当前语言政策的影响》，《语言文字应用》2007 年第 2 期。

曹慧玲、唐建敏：《生态语言学的源流、研究现状及发展趋向》，《语文学刊》2019 年第 5 期。

曹进：《符号学视域下的汉语网络语言传播研究》，《现代传播（中国传媒大学学报）》2009 年第 6 期。

曹进：《网络语言传播导论》，清华大学出版社 2012 年版。

曹进：《维护网络纯净空间的他律与自律》，《中国社会科学报》2019 年 12 月 10 日第 9 版。

曹进、靳琰：《网络强势语言模因传播力的学理阐释》，《国际新闻界》2016 年第 2 期。

曹进、靳琰、白丽梅：《语言无羁——汉语言符号的网络再生与生成逻辑研究》，中国社会科学出版社 2019 年版。

曹进、赵盼：《基于情态系统的网络语言生态话语分析——以微博的情感类网络语篇为例》，《重庆第二师范学院学报》2021 年第 5 期。

常晋芳：《网络哲学引论——网络时代人类存在方式的变革》，广东人民出版社 2005 年版。

陈力丹：《人际传播的技巧和要件》，《东南传播》2015 年第 12 期。

陈力丹、闫伊默：《传播学纲要》，中国人民大学出版社 2007 年版。

陈倩：《网络冒犯的语言实现方式及人际语用理据探析》，《外语教学》2019 年第 2 期。

陈婷：《词汇衔接在不同文体中的意义》，《辽宁师专学报》（社会科学版）2005 年第 3 期。

陈卫星：《传播的观念》（修订版），人民出版社 2008 年版。

陈卫星：《传播的观念》，人民出版社 2004 年版。

陈向明：《质的研究方法与社会科学研究》，教育科学出版社 2000 年版。

程润峰、谢晓明：《论网络语言的社群化》，《语言战略研究》2022 年第 3 期。

戴庆厦：《语言竞争与语言和谐》，《语言教学与研究》2006 年第 2 期。

戴玉磊：《浅析网络语言暴力的心理机制》，《开封大学学报》2009 年第 3 期。

邓景：《网络话语的人际语用学研究》，南京大学出版社 2017 年版。

邓小华、张大群：《应用语言学学术论文讨论部分的修辞研究：介入视角》，《外语与翻译》2021 年第 2 期。

杜辉：《生态语言学视域下网络语言生态系统研究》，《湖北开放职业学院学报》2018 年第 23 期。

杜辉：《生态语言学视域下网络语言预警机制及秩序构建》，《记者观察》2019 年第 11 期。

杜吉泽、李维香：《"生态人"简论》，《第八届暨第七届全国人学研讨会论文集》，中国人学学会 2005 年版。

恩和玛：《蒙古国网络语言的社会语言学研究》，博士学位论文，内蒙古大学，2014 年。

范俊军：《生态语言学研究述评》，《外语教学与研究》2005 年第 2 期。

范俊军、肖自辉：《生态语言学文选》，广东人民出版社 2018 年版。

房红梅：《论评价理论对系统功能语言学的发展》，《现代外语》2014

年第 3 期。

冯广艺：《生态文明建设中的语言生态问题》，《贵州社会科学》2008 年第 4 期。

冯广艺：《语言和谐论》，《修辞学习》2006 年第 2 期。

冯广艺：《语言和谐论》，人民出版社 2007 年版。

冯广艺：《语言人与语言生态》，《江汉学术》2013 年第 1 期。

冯广艺：《语言生态学引论》，人民出版社 2013 年版。

冯广艺：《语言生态研究》，光明日报出版社 2020 年版。

冯静：《生态语言学视域下的网络流行语研究》，《大庆师范学院学报》2018 年第 3 期。

冯念、冯广艺：《网络词语的谐音及规范问题》，《海南师范学院学报》（社会科学版）2005 年第 1 期。

伏春宇、杨炳均：《英汉语言形象性对比研究》，《四川外语学院学报》2006 年第 1 期。

伏潇涵：《生态语言学视域下网络流行语的历时研究——以 2009—2018 年度十大流行语为例》，《文教资料》2020 年第 36 期。

付瑶：《评价系统的理论与实践研究》，厦门大学出版社 2015 年版。

盖建平：《中国网络言说的新语文》，山东教育出版社 2014 年版。

耿雯雯、谢朝群：《网络语言暴力的（不）礼貌研究》，《中国外语》2020 年第 3 期。

谷学强、胡靖：《非言语传播视角下网络表情的传播功能研究》，《新闻界》2017 年第 3 期。

郭爱涛：《大学生网络暴力行为分析》，《扬州大学学报》（高教研究版）2012 年第 1 期。

郭龙生：《网络语言生态文明建设刍议》，《汉字文化》2016 年第 5 期。

郭庆光：《传播学教程》（第二版），中国人民大学出版社 2011 年版。

国家语言文字工作委员会编：《中国语言生活状况报告（2018）》，商务印书馆 2018 年版。

韩军：《中国生态语言学研究综述》，《语言教学与研究》2013 年第 4 期。

韩天舒：《网络语言暴力的特征、成因与法律规制策略》，《法制博览》2021 年第 13 期。

韩昕韵、汪敏锋：《模因论视域下网络流行语探究——以 2020—2021 年度网络流行语为例》，《菏泽学院学报》2022 年第 3 期。

何威：《网众传播：一种关于数字媒体、网络化用户和中国社会的新范式》，清华大学出版社 2011 年版。

何伟、高然、刘佳欢：《生态话语分析新发展研究》，清华大学出版社 2021 年版。

何伟、马宸：《生态语言学视角下的衔接与连贯》，《北京第二外国语学院学报》2020 年第 2 期。

何伟、魏榕：《多元和谐，交互共生——国际生态话语分析之生态哲学观建构》，《外语学刊》2018 年第 6 期。

何伟、魏榕：《国际生态话语的内涵及研究路向》，《外语研究》2017 年第 5 期。

何伟、魏榕：《话语分析范式与生态话语分析的理论基础》，《当代修辞学》2018 年第 5 期。

何伟、魏榕：《生态语言学：发展历程与学科属性》，《国外社会科学》2018 年第 4 期。

何伟、魏榕、Arran Stibbe：《生态语言学的超学科发展——阿伦·斯提布教授访谈录》，《外语研究》2018 年第 2 期。

何伟、张瑞杰：《生态话语分析模式构建》，《中国外语》2017 年第 5 期。

何自然：《语言中的模因》，《语言科学》2005 年第 6 期。

洪洁、袁周敏：《生态语言学视阈下的网络空间语言规划与治理》，《南京邮电大学学报》（社会科学版）2022 年第 2 期。

胡壮麟：《积极话语分析和批评话语分析的互补性》，《当代外语研究》2012 年第 7 期。

胡壮麟、朱永生、张德禄编著：《系统功能语法概论》，湖南教育出版社 1989 年版。

胡壮麟编著：《语篇的衔接与连贯》，上海外语教育出版社 1994 年版。

胡壮麟：《语言学研究的融合》，《北京科技大学学报》（社会科学版）2021年第1期。

胡壮麟、朱永生、张德禄等：《系统功能语言学概论》，北京大学出版社2005年版。

黄国文：《从生态批评话语分析到和谐话语分析》，《中国外语》2018年第4期。

黄国文：《从系统功能语言学到生态语言学》，《外语教学》2017年第5期。

黄国文：《论生态话语和行为分析的假定和原则》，《外语教学与研究》2017年第6期。

黄国文：《生态语言学的兴起与发展》，《中国外语》2016年第1期。

黄国文：《外语教学与研究的生态化取向》，《中国外语》2016年第5期。

黄国文、陈旸：《生态话语分类的不确定性》，《北京第二外国语学院学报》2018年第1期。

黄国文、肖家燕：《"人类世"概念与生态语言学研究》，《外语研究》2017年第5期。

黄国文、赵蕊华：《生态话语分析的缘起、目标、原则与方法》，《现代外语》2017年第5期。

黄国文、赵蕊华：《什么是生态语言学》，上海外语教育出版社2019年版。

黄知常：《从言语奢化现象看语言环境公平问题》，《语言教学与研究》2002年第1期。

教育部语言文字信息管理司编：《中国语言生活状况报告（2016）》，商务印书馆2016年版。

金君俐：《网络语言暴力的成因和对策初探》，《新闻实践》2009年第4期。

靳琰、曹进：《甘肃大学生网络语言暴力行为调查研究》，《西北成人教育学院学报》2021年第2期。

靳琰、曹进：《人际传播学的关系模型及构建研究——基于自我意识发现—反馈理论的视角》，《现代传播（中国传媒大学学报）》2019年第3期。

靳琰、杨毅：《基于批判性话语分析的自媒体网络语言暴力事件解构》，《外语电化教学》2022年第2期。

柯贤兵、谢睿妍：《基于介入系统的法庭调解话语博弈策略研究》，《外语学刊》2022年第3期。

赖良涛、朱熠凝：《基于介入系统的修辞策略分析——以名誉侵权涉诉语篇为例》，《当代修辞学》2019年第6期。

雷圣春：《2016美国大选新闻语篇的介入资源分析》，《传播力研究》2017年第12期。

黎秋华：《政府网络舆情监控预警系统问题研究》，硕士学位论文，福建师范大学，2017年。

黎杏英：《从网络语言看功能语言学的局限研究》，《哈尔滨职业技术学院学报》2019年第6期。

李光敏、张行文、张磊、杨朋英：《面向网络舆情的评论文本情感分析研究》，《情报杂志》2014年第5期。

李建红、罗永辉：《生态语言学：对待网络语言的态度的新视角》，《怀化学院学报》2009年第12期。

李静：《中美有关华为新闻报道的介入资源分析》，《湘南学院学报》2022年第1期。

李美霞、沈维：《域内外生态语言学研究流变与发展趋向》，《北京科技大学学报》（社会科学版）2017年第6期。

李星辉：《网络文学语言论》，中国文史出版社2008年版。

李雪华：《网络语言初探》，《广西社会科学》2004年第3期。

李永宏：《从菲尔生态语言学研究看网络流行语》，《佳木斯职业学院学报》2017年第1期。

李煜、李玮：《网络语言产生和传播的独特性》，《网络传播》2021年第1期。

李战子、庞超伟：《反语言、词汇语法与网络语言》，《中国外语》2010年第3期。

梁海英：《医患会话中诊疗话语的个体化意义建构研究》，中国社会科学出版社 2019 年版。

梁海英：《英汉政府文件介入资源与人际意义构建对比研究———一项基于英汉对比评价语料库的统计分析》，《天津外国语大学学报》2014 年第 4 期。

梁琦秋：《网络语言模糊性的社会语言学研究》，博士学位论文，上海外国语大学，2012 年。

刘海燕编著：《网络语言》，中国广播电视出版社 2002 年版。

刘森林：《语用策略与言语行为》，《外语教学》2003 年第 3 期。

刘婷婷、徐加新：《英汉政治社论语篇介入资源对比研究——评价理论视域下的新闻语篇分析》，《外语与翻译》2018 年第 3 期。

柳思思：《网络语言暴力问题研究：欧盟治理经验及对我国的启示》，人民日报出版社 2018 年版。

龙日金、彭宣维：《现代汉语及物性研究》，北京大学出版社 2012 年版。

吕明：《从生态语言学的新视角探究当今网络语言》，《泰州职业技术学院学报》2017 年第 3 期。

罗国太：《生态语言学视角下的网络流行语语言变异研究》，《江汉石油职工大学学报》2017 年第 6 期。

马若宏、刘林燕：《构建网络语言生态 助力网络文明建设》，《语言文字报》2021 年 5 月 5 日。

麦涛：《语言生态研究的意义、现状及方法》，《暨南学报》（哲学社会科学版）2016 年第 6 期。

蒙培元：《人与自然——中国哲学生态观》，人民出版社 2004 年版。

苗兴伟：《否定结构的语篇功能》，《外语教学与研究》2011 年第 2 期。

南方朔：《语言是我们的希望》，法律出版社 2011 年版。

牛均均、牛桂玲：《基于介入系统的"云南象群迁徙事件"国际生态话语分析》，《湖北科技学院学报》2022 年第 4 期。

彭兰：《场景：移动时代媒体的新要素》，《新闻记者》2015 年第 3 期。

彭兰：《如何认识网络舆论中的暴力现象》，《中国社会科学报》2009 年 8 月 25 日第 6 版。

彭兰：《网络传播概论》（第四版），中国人民大学出版社 2017 年版。

彭宣维：《汉语的介入与级差现象》，《当代外语研究》2010 年第 10 期。

《前线》论坛评论员：《文明网络拒绝语言暴力》，《前线》2022 年第 2 期。

冉永平、刘平：《从语言语用学到人际语用学看（不）礼貌的研究嬗变》，《外语教学》2021 年第 4 期。

任钟印选译：《昆体良教育论著选》，人民教育出版社 2001 年版。

山述兰、张力：《网络"语言暴力"的形成与文化特征分析》，《中华文化论坛》2014 年第 5 期。

邵志择：《传播范式与传播生态——评大卫·阿什德的〈传播生态学〉》，《新闻记者》2003 年第 12 期。

沈映梅：《生态语言学视野中的外语教学》，《河北师范大学学报》（教育科学版）2008 年第 4 期。

施旭：《什么是话语研究》，上海外语教育出版社 2017 年版。

石晋阳：《网络闲话与群际偏见生产：微博话题的批评话语分析》，《现代传播（中国传媒大学学报）》2020 年第 9 期。

苏艳春、蔡小梅、陈大青：《大学生网络语言暴力行为调查分析——以楚雄师范学院为例》，《东南传播》2016 年第 9 期。

宿桂梅：《生态语言学视野下网络流行语的语言污染及治理探究》，《当代教研论丛》2017 年第 10 期。

隋岩：《从网络语言透视两种传播形态的互动》，《北京大学学报》（哲学社会科学版）2015 年第 3 期。

隋岩：《群体传播时代：信息生产方式的变革与影响》，《中国社会科学》2018 年第 1 期。

隋岩、罗瑜：《论网络语言对话语权的影响》，《当代传播》2019 年第 4 期。

隋岩、罗瑜：《网络语言：舆论场博弈的策略选择》，《中国社会科学报》2016 年 4 月 29 日。

孙丽丽：《刍议生态语言学视域下的网络语言生态系统》，《长江丛刊》2019 年第 12 期。

孙美娟、高然：《生态语言学助推生态文明建设》，《中国社会科学报》 2021年10月22日。

孙永春：《生态话语多维度多层面分析模式建构》，《山东外语教学》 2019年第1期。

索燕华、纪秀生：《传播语言学》，北京师范大学出版社2010年版。

索振羽编著：《语用学教程》，北京大学出版社2000年版。

谭敏：《从网络语言看索绪尔语言符号的任意性》，《宁波广播电视大学学报》2011年第4期。

谭晓闯：《网络语言传播中的模因研究》，《吉林师范大学学报》（人文社会科学版）2011年第3期。

汤玫英：《网络语言新探》，河南人民出版社2010年版。

田永芳：《从生态语言学看网络流行语的演变机制——以2020前半年的网络热词为例》，《文化产业》2020年第21期。

田源：《网络流行语中方言成分的生态语言学观照》，《长江学术》2017年第4期。

铁铮：《建设生态文明首先要重视生态传播》，《中国绿色时报》2017年10月24日。

汪晓东：《徐州立法禁止"人肉搜索"？》，《人民日报》2009年1月20日。

王刚：《从"铜须事件"看网络暴力的成因》，《传媒观察》2007年第1期。

王金哲：《网络语言暴力的界定及规范化研究》，《湖南警察学院学报》 2021年第6期。

王进安、胡雪雪、高宇虹：《抗击疫情呼唤网络语言传播正能量》，《光明日报》2020年3月7日。

王晋军：《绿色语法与生态和谐》，《华南理工大学学报》（社会科学版）2006年第2期。

王君超、来扬：《网络时代的媒介伤害——定义、成因、案例及预防措施》，《新闻与写作》2009年第6期。

王顺玲：《网络语言的符号学阐释》，《外语电化教学》2008年第2期。

王文涛：《从系统功能语言学的角度分析网络语言》，《边疆经济与文化》2012年第6期。

王肖丹：《汉语语篇衔接手段在不同语体中的差异分析》，硕士学位论文，首都师范大学，2006年。

王怡红：《人与人的相遇——人际传播论》，人民出版社2003年版。

王宇婷：《从系统功能语言学视角看网络副语言》，《文教资料》2019年第20期。

王云主编：《网络语言的创新与规范化研究》，中国政法大学出版社2018年版。

王振华：《评价系统及其运作——系统功能语言学的新发展》，《外国语（上海外国语大学学报）》2001年第6期。

王振华、刘成博：《作为社会过程的法律语篇——态度纽带与人际和谐》，《中国外语》2014年第3期。

王振华、路洋：《"介入系统"嬗变》，《外语学刊》2010年第3期。

王志宏：《网络语言对语言生态环境影响的研究》，《合肥学院学报》（社会科学版）2015年第3期。

《网络热词"给力"登人民日报头版》，《青年记者》2010年第33期。

尉译心：《网络舆情监控系统的关键技术》，《电子技术与软件工程》2018年第7期。

魏在江：《电子语篇中语码转换现象分析》，《外语电化教学》2007年第3期。

吴克明：《论网络生态文明的构成、危机及教育原则》，《湖南科技大学学报》（社会科学版）2007年第1期。

吴满意主编：《网络媒体导论》，国防工业出版社2008年版。

吴筱玫：《计算机中介传播：理论与回顾》，杜骏飞、黄煜主编，《中国网络传播研究》，复旦大学出版社2007年版。

相喜伟、王秋菊：《网络舆论传播中群体极化的成因与对策》，《新闻界》2009年第5期。

向平、肖德法：《中国大学生英语议论文介入资源研究》，《外语与外语教学》2009年第4期。

谢朝群等：《网络交际中不礼貌话语的建构模式及其语用机制》，外语教学与研究出版社2015年版。

辛斌、吴玲莉：《中美媒体有关"一带一路"倡议报道中的介入资源分析》，《外语研究》2018年第6期。

辛志英：《语法学研究的生态系统范式》，《中国外语》2014年第1期。

辛志英、黄国文：《系统功能语言学与生态话语分析》，《外语教学》2013年第3期。

徐赳赳：《现代汉语篇章回指研究》，中国社会科学出版社2003年版。

徐世甫：《网络生态文明：人类第二生态文明》，《南京社会科学》2009年第8期。

徐玉臣、剡璇、苏蕊：《科技语篇中语言评价系统研究》，外语教学与研究出版社2010年版。

薛可、余明阳主编：《人际传播学》，同济大学出版社2007年版。

杨丽、毛德松：《基于交往行为理论的网络空间言语研究》，《南京邮电大学学报》（社会科学版）2022年第2期。

杨阳：《系统功能视角下新闻报道的生态话语分析》，《北京第二外国语学院学报》2018年第1期。

杨勇、张泉：《生态语言学视野下网络流行语的语言污染及治理探究》，《湖北社会科学》2015年第3期。

殷成竹：《评价理论视角下互联网领域参与者对语言管理的态度研究——对哔哩哔哩网某"小黑屋"案例的分析》，《语言政策与语言教育》2021年第1期。

尹弘飚：《情绪的社会学解读》，《当代教育与文化》2013年第4期。

于炳贵、郝良华：《中国国家文化安全研究》，山东人民出版社2007年版。

于根元主编：《应用语言学概论》，商务印书馆2003年版。

余志鸿：《传播符号学》，上海交通大学出版社2007年版。

禹存阳：《"X"族词语初探》，《长春大学学报》（社会科学版）2008年第9期。

岳颖：《学术语篇的介入资源与人际意义构建——基于学习者语篇的个案研究》，《当代外语研究》2011年第7期。

张伯江：《功能语法和汉语研究》，载刘丹青《语言学前沿与汉语研究》，上海教育出版社 2005 年版。

张德禄、刘汝山：《语篇连贯与衔接理论的发展及应用》（第二版），上海外语教育出版社 2018 年版。

张迪迪、王丹：《生态语言学视角下网络流行语研究》，《兰州教育学院学报》2019 年第 9 期。

张婧：《从生态语言学视角看现代网络语言的发展与规范》，《文教资料》2018 年第 18 期。

张力月、肖丹：《"火星文"的生态语言学解析》，《沈阳教育学院学报》2008 年第 5 期。

张鲁昌：《网络语言中另类"飞白"的语用分析》，《广西社会科学》2005 年第 3 期。

张青荣：《网络语言的生态语言学审视》，《河南师范大学学报》（哲学社会科学版）2012 年第 4 期。

张冉冉：《介入意义在现代汉语词汇——语法层次上的体现方式研究》，博士学位论文，北京师范大学，2015 年。

张玮：《浅析生态语言学视域下的网络流行语》，《陕西教育（高教）》2016 年第 12 期。

张玮、谢朝群：《网络语境下不礼貌语用与身份建构分析——以微博研究为例》，《当代外语研究》2015 年第 5 期。

张小平：《关于网络传播语言特点的观察》，《现代传播（中国传媒大学学报)》2002 年第 6 期。

张延飞、田鑫月、辛丹：《中国官媒辟谣话语建构策略研究》，《南京邮电大学学报》（社会科学版）2022 年第 2 期。

张悦、李红霞：《介入系统视角下"一带一路"对外新闻语篇对话性研究》，《西安航空学院学报》2018 年第 6 期。

张云辉：《关于网上聊天的会话分析》，《南京理工大学学报》（社会科学版）2005 年第 3 期。

赵常友、刘承宇：《语言生态化研究及生态语言学的两个转向》，《东北大学学报》（社会科学版）2020 年第 2 期。

赵呈晨、郑欣:《共享式传播:青年同辈群体中网络语言流动研究》,《山西大学学报》(哲学社会科学版)2018年第4期。

赵均:《网络语言概说》,《现代传播(中国传媒大学学报)》2005年第2期。

赵俐:《语言宣言——我们关于语言的认识》,中国经济出版社2003年版。

赵蕊华、黄国文:《和谐话语分析框架及其应用》,《外语教学与研究》2021年第1期。

赵世举:《重视网络空间语言的规划与治理》,《光明日报》2018年1月11日第11版。

赵毅衡编选:《符号学文学论文集》,百花文艺出版社2004年版。

郑永晓、汤俏:《"网络暴力"喧嚣背后的政治与文化——兼论近年来网络文化的监管与疏导》,《西北师大学报》(社会科学版)2009年第6期。

"中国语言生活状况报告"课题组编:《中国语言生活状况报告(2005)》(上编),商务印书馆2006年版。

"中国语言生活状况报告"课题组编:《中国语言生活状况报告(2007)》(上编),商务印书馆2008年版。

周安:《网络语言暴力的角色定位及对策研究》,《长江大学学报》(社会科学版)2014年第6期。

周慧霞:《生态语言学视阈下的网络语言研究》,《江西社会科学》2013年第12期。

朱永生、严世清、苗兴伟编著:《功能语言学导论》,上海外语教育出版社2004年版。

朱永生、郑立信、苗兴伟:《英汉语篇衔接手段对比研究》,上海外语教育出版社2001年版。

祝勇:《革命语境下的语言暴力》,博士学位论文,中国艺术研究院,2011年。

庄美英:《模因工程——如何打造强势的广告语言模因》,《外语学刊》2008年第1期。

邹春燕:《生态语言学视域下的汉语网络流行语研究》,博士学位论文,华中师范大学,2015年。

邹军:《从网络象征符到社会象征系统——解析网络语言的社会影响》,《现代传播(中国传媒大学学报)》2013年第9期。

二 英文论著

Alexander, R., Stibbe, A., "From the Analysis of Ecological Discourse to the Ecological Analysis of Discourse", *Language Sciences*, Vol. 41, 2014.

Bang, J. C., Trampe, W., "Aspects of an Ecological Theory of Language", *Language Sciences*, Vol. 41, 2014.

Barlett, C. P. et al., "Cross-Cultural Differences in Cyberbullying Behavior: A Short-Term Longitudinal Study", *Journal of Cross-Cultural Psychology*, Vol. 45, No. 2, 2014.

Baron, N. S. ed., "*Why Email Looks Like Speech—Proofreading, Pedagogy and Public Face*", in J. Aitchison and D. M. Lewis eds., *New Media Language*, London: Rouledge, 2003.

Berners-Lee, Tim, *Weaving the Web*, London: Orion Business Books, 1999.

Brodie, R., *Virus of the Mind: The New Science of the Meme*, London: Hay House, 1996.

Brown, P., Levinson, S. G., *Politeness: Some Universals in Language Usage*, Cambridge: Cambridge University Press, 1987.

Buber, Martin., *Between Man and Man*, London and Mew York: Routledge & Kegan Paul, 2004.

Buber, M. et al., *The Knowledge of Man: Selected Essays*, Humanities Press International, 1965.

Burgess, J., "All Your Chocolate Rain Are Belong to Us? Viral Video, YouTube and the Dynamics of Participatory Culture", in Lovink, G. & Niederer, S. eds., *Video Vortex Reader: Responses to to YouTube*,

Amsterdam: *Institute of Network Cultures*, 2008.

Cassidy, W., Faucher, C., Jackson, M., "Cyberbullying Among Youth: a Comprehensive Review of Current International Research and Its Implications and Application to Policy and Practice", *School Psychology International*, Vol. 34, No. 6, 2013.

Coelho, V. A., Sousa, V., Marchante, M., Bras, P., Romao, A. M., "Bullying and Cyberbullying in Portugal: Validation of a Questionnaire and Analysis of Prevalence", *School Psychology International*, Vol. 37, No. 3, 2016.

Collot, M., Nancy, B., *Electronic Language: A New Variety of English*, in Susan C. Herring eds., *Computer-Mediated Communication-Linguistic, Social and Cross-Cultural Perspectives*, Amsterdam: John Benjamins Publishing Company, 1996.

Crystal, D., *Internet Linguistics: A Student Guide*, New York: Routledge, 2011.

Crystal, D., *The Language Revolution*, Cambridge: Polity Press, 2004.

Culpeper, J., Haugh, M., Kádár, D., *The Palgrave Handbook of Linguistic (Im) politeness*, London: Palgarve Macmillan, 2017.

De Beaugrande, R. and Dressler, W., *Introduction to Text Linguistics*, London: Longman, 1981.

Denisova, A., *Internet Memes and Society: Social, Cultural, and Political Contexts*, New York: Rutledge, 2019.

DeVito, J. A., *The Interpersonal Communication Book*, Beijing: Peking University Press, 2007.

Dressler, W., *Current Trends in Textlinguistics*, Berlin: Walter de Gruyter, 1978.

Elçi, A., Seçkin, Z., "Cyberbullying Awareness for Mitigating Consequences in Higher Education", *Journal of Interpersonal Violence*, Vol. 34, No. 5, 2016.

Erdur-Baker, Ö., "Cyberbullying and Its Correlation to Traditional Bullying, gender and Frequent and Risky Usage of Internet-mediated Communication Tools", *New Media & Society*, Vol. 12, No. 1, 2010.

Fairclough, N., *Critical Discourse Analysis: The Critical Study of Language* (2nd ed.), London: Pearson Education, 2012.

Fill, A., *An Ecoliguistics Reader: Language, Ecology and Environment*, London: Continuum, 2001.

Fill, A., Mühlhäusler, P., *The Ecolinguistics Reader: Language, Ecology and Environment*, London: Continuum, 2001.

Grice, Paul., *Studies in the Way of Words*, Beijing: Foreign Languages Teaching and Research Press, Harvard University Press, 2002.

Gumperz, J. G., *Discourse Strategies*, Cambridge: Cambridge University Press, 1982.

Halliday, M. A. K., *A Course in Spoken English: Intonation*, London: OUP, 1970.

Halliday, M. A. K., *An Introduction to Functional Grammar* (2nd Ed.), London: Routledge, 1994.

Halliday, M. A. K., *An Introduction to Functional Grammar* (3rd ed.), Beijing: Foreign Language Teaching and Research Press, 2004.

Halliday, M. A. K., *An Introduction to Functional Grammar* (2nd ed.), FLTRP, Edward Arnold (Publishers) Limited, 2000.

Halliday, M. A. K., *Explorrations in the Functions of Language*, London: Edward Arnold, 1973.

Halliday, M. A. K., *Language and Society*, Beijing: Peking University Press, 2007.

Halliday, M. A. K., Matthiessen, C., *Construing Experience through Meaning: A Language-based Approach to Cognition*, London: Contiuum, 1999.

Halliday, M. A. K., "New ways of Meaning: the Challenge to Applied Linguistics", *Journal of Applied Linguistics*, 1990, Vol. 6.

Halliday, M. A. K., "New Ways of Meaning: the Challenge to Applied Linguistics", in *On Lamnguageand Linguistics*, London: Continuum, 2003.

Haugen, E. , *The Ecology of Language*, Stanford, CA: Stanford University Press, 1972.

Haugen, E. , "The Ecology of Language", in Alwin Fill, Peter MtihlhauXLer eds. , *The Ecolinguistics Reader: Language, Ecology and Environment*, London and New York: Continuum, 2001.

Heath, C. , Bell, C. , "Sternberg, E. Emotional Selection in Memes: the Case of Urban Legends", *Journal of Personality and Social Psychology*, Vol. 81, No. 6, 2001.

Heiman, T. , "Olenik-Shemesh, D. Cyberbullying Experience and Gender Differences Among Adolescents in Different Educational Settings", *Journal of Learning Disabilities*, Vol. 48, No. 2, 2015.

Hodges, B. H. , "Righting Language: A View from Ecological Psychology", *Language Sciences*, Vol. 4, 2014.

Hubert L. , Dreyfus, *On the Internet*, London: Routledge, 2001.

Hylighen, F. , *What Makes a Meme Successful?*, paper delivered to Proceedings of the 15th International Congress on Cybernetics (Association Internat. de Cybemetique, Namur), 1998.

Kendall, G. , "What Is Critical Discourse Analysis? Ruth Wodak in Conversation With Gavin Kendall [38 paragraphs]", *Forum Qualitative Sozialforschung/Forum: Qualitative Social Research*, http://nbn-resolving.de/urn:nbn:de:0114-fqs0702297, Vol. 8, No. 2, 2007.

Khoury-Kassabri, M. , Mishna, F. , Massarwi, A. A. , "Cyberbullying Perpetration by Arab Youth: The Direct and Interactive Role of Individual, Family, and Neighborhood Characteristics", *Journal of Interpersonal Violence*, Vol. 34, No. 12, 2019.

Knobel, M. , Lankshear, C. A. , *New Literacies Sampler*, New York: Peter Lang, 2007.

Kowalski, R. M. , Morgan, C. A. , "Limber, S. P. Traditional bullying as a potential warning sign of cyberbullying", *School Psychology Interna-*

tional, Vol. 33, No. 5, 2012.

Lakoff, R. T., *Talking Power: The Politics of Language in Our Lives*, Glasgow: Harper Collins, 1990.

Lanham, R. A., *The Economics of Attention: Style and Substance in the Age of Information*, Chicago: University of Chicago Press, 2006.

Lee, E. B., "Cyberbullying: Prevalence and Predictors Among African American Young Adults", *Journal of Black Studies*, Vol. 48, No. 1, 2017.

Leech, G., *Semantics: The Study of Meaning*, Harmondsworth: Penguin, 1981.

Leech, G., *The Pragmatics of Politeness*, Oxford: Oxford University Press, 2014.

Locher, M. A., Graham, S. L., "Introduction to Interpersonal Pragmatics", in Locher, M., Graham, S. eds., *Interpersonal Pragmatics*, Berlin: Mouton de Gruyter, 2010.

Luft, Ingham, "The Johari Window", in Joseph Luft eds., *Group Processes: An Introduction to Group Dynamics*, Mayfield Publishing Company, 1984.

Luft, J. and Ingham, H., *The Johari Window, a Graphic Model for Interpersonal Relations*, Los Angeles: University of California, 1955.

Martin, J. R., P. R. R. White, *The Language of Evaluation*, Beijing: Foreign Language Teaching and Research Press & Palgrave Macmillan, 2008.

Martin, J. R., P. R. R. White, *The Language of Evaluation: Appraisal in English*, New York: Palgrave Macmillan, 2005.

Martin, J. R., Rose, D., *Working with Discourse: Meaning Beyond the Clause*, London: Continuum, 2003.

Martin, J. R., "Positive Discourse Analysis: Solidarity and Change", *Revista Canaria de Estudios Ingleses*, Vol. 49, 2004.

Marwick, A., "Memes", *Contexts*, Vol. 12, No. 4, 2013.

Matthiessen, C., Halliday, M. A. K., *Systemic Functional Grammar: A First Step Into the Theory*, Beijing: Higher Education Press, 2009.

McLuhan, Marshall, *Understanding Media The extension of man*, (2nd edition), New York: McGraw-Hill Book Company, 1964.

Milkman, K. L., Berger, J., "What Makes Online Content Viral", *Journal of Marketing Research*, Vol. 49, No. 2, 2012.

Milner, R. M., *The World Made Meme: Public Conversations and Participatory Media*, Cambridge: The MIT Press, 2016.

Naess, A., "The Shallow and the Deep, Long-range Ecology Movement: A Summary", *Inquiry*, Vol. 16, 1973.

Nair, S. K., Naik, N. S., "The Johari Window Profile of Executives of a Public Sector Undertaking", *Management and Labour Studies*, Vol. 2, 2010.

Orel, A. et al., "Exploring University Students' Coping Strategy Intentions forCyberbullying", *Journal of Interpersonal Violence*, Vol. 32, No. 3, 2015.

Patchin, J. W., Hinduja, A., "Bullies Move Beyond the Schoolyard: A Preliminary Look at Cyberbullying", *Youth Violence and Juvenile Justice*, Vol. 4, No. 2, 2006.

Phillips, W., Milner, R. M., *The Ambivalent Internet: Mischief, Oddity, and Antagonism Online*, Cambridge: Polity Press, 2017.

Pocklington, R., Best, M., "Cultural Evolution and Units of Selection in Replicating Text", *Journal of Theoretical Biology*, Vol. 3, 1997.

Posteguillo, S., *Netlinguistics: Ananalytic Framewok to Study Language, Diseourse and Ideology in Internet*, Castello de la plana, Spain: Universitat Jaume I, 2003.

Satire, V., "Paying Attention to Words", John Stewart eds., *Bridges Not Walls*, McGraw-Hill Humanities/Social Sciences/Languages, 1990.

Scott, K., *Pragmatics Online*, New York: Routledge, 2022.

Shifman, L., *Memes in Digital Culture*, Cambridge: The MIT Press, 2014.

Shifman, L. , "An Anatomy of a YouTube Meme", *New Media & Society*, Vol. 14, No. 2, 2012.

Shifman, L. , "Memes in a Digital World: Reconciling with a Conceptual Troublemaker", *Journal of Computer-Mediated Communication*, Vol. 18, 2013.

Steffensen, S. V. , Fill, A. , "Ecolinguistics: the State of the Art and Future Horizons", *Language Sciences*, Vol. 41, 2014.

Stibbe, A. , *Ecolinguistics: Language, Ecology and the Stories We Live By*, London: Routledge, 2015.

Tannen, D. , Hamilton, H. , Schiffrin, D. , *The Handbook of Discourse Analysis* (2nd ed.), Chichester: Wiley Blackwell, 2015.

Tokunaga, R. S. , "Following You Home from School: A Critical Review and Synthesis of Research on Cyberbullying Victimization", *Computers in Human Behavior*, Vol. 26, 2009.

Van Dijk, T. A. , *Discourse as Structure and Process: Discourse Studies: A Multidisciplinary Introduction*, London: Sage Publications Ltd. , 1997.

Van Dijk, T. A. , "Discourse Studies: A New Multi-disciplinary Journal for the Study of Text and Talk", *Discourse Studies*, Vol. 1, 1999.

Van Dijk, T. A. , "The Future of the Field: DiscourseAnalysis in the 1990s", *Text*, Vol. 10, 1990.

Vandebosch, H. , Cleemput, K. Van. , "Cyberbullying Among Youngsters: Profiles Of Bullies And Victims", *New Media & Society*, Vol. 11, No. 8, 2009.

Wade, A. , Beran, T. , "Cyberbullying: The New Era of Bullying", *Canadian Journal of School Psychology*, Vol. 26, No. 1, 2011.

Wagner, A. , Marusek, S. , "Rumors on the Net: A Brackish Suspension of Speech and Hate", *Law, Culture and the Humanities*, Vol. 19, No. 1, 2023, pp. 167 – 181.

Wery, C. C. , *Linguistic and Interactional Feature of Internet Realy Chat*, Amsterdam: John Benjamins Publishing Company, 1996.

Wodak, R., Meyer, M., *Methods of Critical Discourse Analysis*, London: Sage Publications LTD, 2001.

Yeats, S. J., *Oral and Written Linguistic Aspects of Computer Conferencing: A Corpus Based Study*, in Susan C. Herring eds., *Computer-Mediated Communication-Linguistic, Social and Cross-Cultural Perspectives*, Amsterdam: John Benjamins Publishing Company, 1996.

Yus, F., *Cyberpragmatics Internet-mediated Communication in Context*, Shanghai: Shanghai Foreign Language Education Press, 2019.

Zalaquett, C. P., Chatters, S. J., "Cyberbullying in College: Frequency, Characteristics, and Practical Implications", *SAGE Open January-March*, 2014.

Zhou, Z. K. et al., "Cyberbullying and Its Risk Factors Among Chinese High school Students", *School Psychology International*, Vol. 34, No. 6, 2013.

三 译著

［英］阿伦·斯提比:《生态语言学:语言、生态与我们信奉和践行的故事》,陈旸、黄国文、吴学进译,外语教学与研究出版社 2019 年版。

［法］埃里克·麦格雷:《传播理论史——一种社会学的视角》,刘芳译,中国传媒大学出版社 2009 年版。

［苏］巴赫金:《巴赫金全集》(第二卷),李辉凡等译,河北教育出版社 1998 年版。

［加］保罗·利文森:《软边缘:信息革命的历史与未来》,熊澄宇等译,清华大学出版社 2002 年版。

［美］查尔斯·霍顿·库利:《人类本性与社会秩序》,包凡一、王㠭译,华夏出版社 1999 年版。

［美］大卫·阿什德:《传播生态学——控制的文化范式》,邵志择译,华夏出版社 2003 年版。

[美] 戴维·波普诺：《社会学》（第十一版），李强等译，中国人民大学出版社 2007 年版。

[英] 戴维·冈特利特主编：《网络研究——数字化时代媒介研究的重新定向》，彭兰等译，新华出版社 2004 年版。

[英] 戴维·克里斯特尔：《语言与因特网》，郭贵春、刘全明译，上海世纪出版股份有限公司、上海科技教育出版社 2006 年版。

[瑞士] 费尔迪南·德·索绪尔：《普通语言学教程》，高名凯译，商务印书馆 1980 年版。

[法] 古斯塔夫·勒庞：《乌合之众——大众心理研究》，冯克利译，广西师范大学出版社 2007 年版。

[法] 海然热：《语言人：论语言学对人文科学的贡献》，张祖建译，生活·读书·新知三联书店 1999 年版。

[英] 韩礼德：《功能语法导论》（第二版），彭宣维等译，外语教学与研究出版社 2010 年版。

[法] 加布里埃尔·塔尔德：《模仿律》，[美] 埃尔希·克鲁斯·帕森斯英译，何道宽译，中国人民大学出版社 2008 年版。

[美] 贾斯汀·W. 帕钦、萨米尔·辛杜佳：《语言暴力大揭秘：跟网络欺凌说"不"》，刘清山译，黑龙江教育出版社 2017 年版。

[巴西] 卡洛斯·德鲁蒙德·德·安德拉德：《花与恶心：安德拉德诗选》，胡续冬译，译林出版社 2018 年版。

[美] 凯斯·桑斯坦：《网络共和国——网络社会中的民主问题》，黄维明译，上海人民出版社 2003 年版。

[英] 莱恩·多亚尔、伊恩·高夫：《人的需要理论》，汪淳波、张宝莹译，商务印书馆 2008 年版。

[英] 里查德·道金斯：《自私的基因》，卢允中等译，中信出版社 2012 年版。

[美] 理查德·A. 波斯纳：《法律理论的前沿》，武欣、凌斌译，中国政法大学出版社 2003 年版。

[美] 理查德·斯皮内洛：《铁笼，还是乌托邦—网络空间的道德与法律》（第二版），李伦译，北京大学出版社 2007 年版。

［美］罗杰·菲德勒：《媒介形态变化》，明安香译，华夏出版社2000年版。

［德］马丁·布伯：《我与你》，陈维纲译，生活·读书·新知三联书店2002年版。

［美］马克·波斯特：《第二媒介时代》，范静哗译，南京大学出版社2000年版。

［英］马凌诺夫斯基：《文化论》，费孝通译，华夏出版社2002年版。

［加］马歇尔·麦克卢汉：《理解媒介——论人的延伸》，何道宽译，商务印书馆2000年版。

［加］梅蒂·莫利纳罗、科琳·麦克卢汉、威廉·托伊编：《麦克卢汉书简》，何道宽、仲冬译，中国人民大学出版社2005年版。

［法］米歇尔·福柯：《知识考古学》，谢强、马月译，生活·读书·新知三联书店2003年版。

［美］尼古拉·尼葛洛庞蒂：《数字化生存》，胡泳、范海燕译，海南出版社1997年版。

［美］欧文·戈夫曼：《日常生活的自我呈现》，冯钢译，北京大学出版社2008年版。

［法］皮埃尔·布尔迪厄：《言语意味着什么——语言交换的经济》，褚思真、刘晖译，商务印书馆2005年版。

［美］齐格蒙特·鲍曼：《作为实践的文化》，郑莉译，北京大学出版社2009年版。

［美］斯蒂文·小约翰：《传播理论》，陈德民、叶晓辉译，中国社会科学出版社1999年版。

［美］斯坦利·J. 巴伦：《大众传播概论——媒介认知与文化》（第三版），刘鸿英译，中国人民大学出版社2005年版。

［英］苏珊·布莱克摩尔：《谜米机器》，高申春等译，吉林人民出版社2011年版。

［美］特里·K. 甘布尔、迈克尔·甘布尔：《有效传播》（第七版），熊婷婷译，清华大学出版社2005年版。

［美］瓦格纳·詹姆斯·奥：《第二人生：来自网络新世界的笔记》，李

东贤、李子南译，清华大学出版社 2009 年版。

[美] 威尔伯·施拉姆、威廉·波特：《传播学概论》，陈亮等译，新华出版社 1984 年版。

[德] 威廉·冯·洪堡特：《论人类语言结构的差异及其对人类精神发展的影响》，姚小平译，商务印书馆 1999 年版。

[美] 沃尔特·翁：《口语文化与书面文化：语词的技术化》，何道宽译，北京大学出版社 2008 年版。

[古希腊] 亚里斯多德：《修辞学》，罗念生译，生活·读书·新知三联书店 1991 年版。

[德] 尤尔根·哈贝马斯：《交往行为理论：行为合理性与社会合理化》（第一卷），曹卫东译，上海人民出版社 2004 年版。

[德] 于尔根·哈贝马斯：《后形而上学思想》，曹卫东、付德根译，译林出版社 2001 年版。

[美] 詹姆斯·W. 凯瑞：《作为文化的传播》，丁未译，华夏出版社 2005 年版。

四　网络文献

Belsey, B., *What is cyberbullying*? http：//www.cyberbullying.ca, 2004 - 05 - 26.

百度指数：《给力》，http：//index.baidu.com/v2/main/index.html#/trend/%E7%BB%99%E5%8A%9B？words = %E7%BB%99%E5%8A%9B, 2022 年 7 月 11 日。

陈小辰：《微信上被问"在吗"，该怎么回答？快来看看网友们的神回复吧！》，https：//www.sohu.com/a/239156536_99946731, 2018 年 7 月 4 日。

Davis, K., *The Johari Window*, http：//www.kevan.org/johari, 2018 - 02 - 10.

邓海建：《别再把新冠患者称为"羊" 敌人是病毒不是病人》，http：//news.cnr.cn/comment/cnrp/20220509/t20220509_525820624.shtml,

参考文献

2022年5月9日。

古诗文网：《管子·霸言》，https：//so. gushiwen. cn/mingju/juv_ e1552e9ea453. aspx，2022年7月15日。

古诗文网：《老子·道德经》，https：//so. gushiwen. cn/guwen/bookv_46653FD803893E4FCAE863C148827C30. aspx，2022年4月16日。

古诗文网：《庄子·外篇·天道》，https：//so. gushiwen. cn/guwen/bookv_46653FD803893E4F2F23C11ED845A493. aspx，2022年4月26日。

古诗文网：《子路篇》，https：//so. gushiwen. cn/guwen/bookv_ 31. aspx，2022年4月26日。

观察者：《好评中国·锦言锦句》，https：//www. guancha. cn/politics/2022_08_ 23_ 654847. shtml，2022年8月23日。

光明时政：《中央网信办：2019年以来累计清理违法和不良信息200多亿条》，https：//politics. gmw. cn/2022－08/19/content_ 35966055. htm，2022年8月19日。

国务院办公厅：《国务院办公厅关于全面加强新时代语言文字工作的意见》，http：//www. gov. cn/zhengce/content/2021－11/30/content_5654985. htm，2021年11月30日。

国学网：《孟子·梁惠王上》，http：//www. guoxue. com/book/mengzi/0001. htm，2022年10月7日。

国学网：《孟子·公孙丑下》，http：//www. guoxue. com/book/mengzi/0004. htm，2022年10月7日。

海外网：《德国立法严惩网络语言暴力》，https：//baijiahao. baidu. com/s？id＝1669907569327639851&wfr＝spider&for＝pc.，2020年6月19日。

韩丹东、王意天：《性暗示内容成直播行业流量密码 专家建议引入"鉴黄师"》，https：//www. chinanews. com. cn/cj/2022/07－09/9799327. shtml，2022年7月9日。

怀进鹏：《用好数字变革红利，统筹推进网络文明建设和教育高质量发展》，https：//www. 163. com/dy/article/HG189G4I0516AHQG. html，2022年8月30日。

Internet World Stats, *Chinese Speaking Internet Users Statistics*, https：//www. internetworldstats. com/stats17. htm，2022 - 08 - 28.

Internet World Stats, *Internet World Users by Language Top* 10 *Languages*, https：//www. internetworldstats. com/stats7. htm，2020 - 03 - 31.

Internet World Stats, *Surfing and Site Guide Internet World Stats*, http：//www. internetworldstats. com/surfing. htm，2017 - 05 - 01.

简书：《如何辨别网络上的假新闻？假链接？假视频?》，https：//www. jianshu. com/p/8fb219039caf，2018 年 3 月 28 日。

李丽：《做好新时代网络文明建设》，https：//theory. gmw. cn/2022 - 02/17/content_ 35525145. htm，2022 年 2 月 17 日。

流行语百科：《国士》，https：//www. lxybaike. com/index. php? doc-innerlink-%E5%9B%BD%E5%A3%AB，2022 年 7 月 11 日。

人民政协网：《网络低俗语言调查报告："叫兽"等低俗词泛滥》，https：//www. rmzxb. com. cn/c/2015 - 06 - 03/510920. shtml，2015 年 2018 年 6 月 3 日。

搜狐网：《中国语言生活状况报告发布　网络新词你懂多少?》，https：//www. sohu. com/a/233691195_ 159753，6 月 1 日。

王轶辰：《首届中国网络文明大会上与会人士建言献策——擦亮网络空间文明底色》，https：//www. sohu. com/a/502436626_ 120702，2021 年 11 月 21 日。

新华社：《中共中央关于制定国民经济和社会发展第十四个五年规划和二○三五年远景目标的建议》，http：//www. gov. cn/zhengce/2020 - 11/03/content_ 5556991. htm，2020 年 11 月 3 日。

徐储立：《奥运第一"网红"傅园慧，早就是个身怀"洪荒之力"的段子手》，https：//www. thepaper. cn/newsDetail_ forward_ 1510398，2016 年 8 月 8 日。

央视财经新闻：《"3·21"东航航班飞行事故追踪·国家网信办：个别网民借"3·21"东航航班飞行事故造谣传谣，对谣言溯源，2713 个网络账号被处置》，https：//tv. cctv. com/2022/03/28/VIDEhnUSdONFpYkmtt2VE0Zt220328. shtml，2022 年 3 月 28 日。

张春泉：《基于社会和谐的语言生态研究》，http：//theory. people. com. cn/n/2013/0710/c107503-22139329. html？from = www. hao10086. com，2013年7月10日。

中共中央、国务院：《新时代公民道德建设实施纲要》，http：//www. xinhuanet. com/politics/2019-10/27/c_1125158665. htm，2019年10月27日。

中共中央办公厅、国务院办公厅：《国家信息化发展战略纲要》，http：//www. gov. cn/gongbao/content/2016/content_5100032. htm，2016年7月27日。

中国互联网络信息中心：《第50次中国互联网络发展状况统计报告》，http：//www. cnnic. cn/NMediaFile/2022/0926/MAIN1664183425619U2MS433V3V. pdf，2022年8月。

中国人大网：《中华人民共和国家庭教育促进法》，http：//www. npc. gov. cn/npc/c30834/202110/8d266f0320b74e17b02cd43722eeb413. shtml，2021年10月23日。

中国网信网：《互联网跟帖评论服务管理规定》，http：//www. cac. gov. cn/2022-11/16/c_1670253725725039. htm，2022年11月16日。

中国新闻网：《〈中国语言生活状况报告〉发布方舱医院等成2020年度媒体高频词》，http：//www. moe. gov. cn/fbh/live/2021/53486/mtbd/202106/t20210603_535342. html，2021年6月2日。

中国信息通信研究院：《互联网平台治理白皮书》http：//www. caict. ac. cn/kxyj/qwfb/bps/201804/P020171213443451507670. pdf，2017年12月13日。

中华人民共和国国家互联网信息办公室：《网络信息内容生态治理规定》，http：//www. cac. gov. cn/2019-12/20/c_1578375159509309. htm，2019年12月20日。

中华人民共和国教育部：《2008年中国语言生活状况报告》，http：//www. moe. gov. cn/s78/A19/A19_ztzl/baogao/201001/t20100117_130353. html，2009年12月2日。

中华人民共和国教育部：《2009年中国语言生活状况报告》，http：//

www. moe. gov. cn/s78/A19/A19_ ztzl/baogao/201011/t20101125_ 130352. html，2010 年 11 月 25 日。

中华人民共和国教育部：《2010 年中国语言生活状况报告》，http：// www. moe. gov. cn/s78/A19/A19_ ztzl/baogao/201105/t20110512_ 130351. html，2011 年 5 月 12 日。

中华人民共和国教育部：《2011 年中国语言生活状况报告》，http：// www. moe. gov. cn/jyb_ xwfb/xw_ fbh/moe_ 2606/s6193/s6492/s6494/201201/t20120109_ 136627. html，2012 年 5 月 30 日。

中华人民共和国教育部：《2012 年中国语言生活状况报告》，http：// www. moe. gov. cn/s78/A19/A19_ ztzl/baogao/201306/t20130605_ 152840. html，2013 年 6 月 6 日。

中华人民共和国教育部：《2013 年中国语言生活状况报告》，https：// www. edu. cn/zhong_ guo_ jiao_ yu/jiao_ yu_ bu/xin_ wen_ dong_ tai/201405/t20140530_ 1123219. shtml，2014 年 12 月 25 日。

中华人民共和国教育部：《2014 年中国语言生活状况报告》，https：// www. csdp. edu. cn/article/637. html，2015 年 11 月 2 日。

中华人民共和国教育部：《2015 年中国语言生活状况报告》，http：// www. moe. gov. cn/s78/A19/A19_ ztzl/ztzl_ yywzfw/shenghuoxz/201605/t20160531_ 247149. html，2016 年 5 月 31 日。

中华人民共和国教育部：《2019 年中国语言生活状况报告》，http：// www. moe. gov. cn/fbh/live/2020/52038/mtbd/202006/t20200603_ 462231. html，2020 年 6 月 3 日。

中华人民共和国教育部：《2020 年中国语言生活状况报告》，http：// www. moe. gov. cn/fbh/live/2020/52038/sfcl/202006/t20200602_ 461645. html，2021 年 6 月 2 日。

附　　录

附录1　现代汉语态度资源词汇表

（参照张冉冉①《介入意义在现代汉语词汇—语法层次上的体现方式研究》编制，2015）

类型	词汇
否认 Deny	不大、不及、不止、未及、不如、不复、不再 无从、无力、未必、没有、没法、没、无法、无权、不致于、不至于、未尝、不、不是 不高兴、不道德、不合理、不一样、不强大、不容易 无暇、无补、没劲、未卜、未遂、不详、不顾 不能、不用、不必、不要、不得、不容、不宜、不许、不肯、不可能、不一定、不应该 用不着、活不成、好不了、认不得 从未、从没（有）、从不、不曾、未曾、不太、不很、不十分、毫无、毫没、毫不、毫未、一动不动、没有一次（个）、没有半个、说不出半句话、空无一物、一点主意也没有
对立 Counter	突、忽、早就、已、忽然、忽而、忽的/地、猛然、猛的/地、蓦然、蓦地、突然、已经 才、方才、终于、到底、总算　尽管，即使 仍、还、还是、仍然、仍旧、依然、依旧、又 仅、只、仅仅、仅只、只是、不过、至多 都、也、甚至、甚而、至少、起码、但、但是、然而 却、反、倒、竟、并、而、又、竟然、竟自、居然、偏（偏）、相反、反而、反倒 果真、果然、当真、真的、原来、结果 实际、其实、实在、确实、实、真、真的、真心 才（是）、本（来）、明明、分明

---

① 张冉冉：《介入意义在现代汉语词汇——语法层次上的体现方式研究》，博士学位论文，北京师范大学，2015年。

续表

类型	词汇
对立 Counter	可惜、无奈、不幸、不巧、幸得、幸而、幸好、幸亏、多亏、好在、恰（恰）、恰好/巧、正好/巧、刚好/巧 不防、不想、不料 （突然/忽然/蓦然/猛然）间、猛一下、早就、早已 好不容易 只不过、也不过、才不过、充其量、最多 甚至于、连……也/都、仅仅/光……已、才……就、仅……就、最少、最起码 事实上、实际上 我是说、我的意思是 只可惜、说巧也巧、却也作怪、……的是（不幸的是、问题是、为难的是） 想不到、没想到、未/不曾想到、谁知（道）、哪里知道 与此/之/……相反、与之/……比较
认同 Concur	自、固、固然、显然、明显、分明、当然、自然、自自然然、理所当然 真、终、诚然、的确、确实、委实、着实、着实、真个、当真、果然、果真、到底、终究、终归、终于、究竟、毕竟 再（次）、又、照常、照旧、照样、同样 何必、何不、何常、何苦、何曾、何妨、何如、何须、何止、无疑、不愧、难怪、原本、本（来）、明明、显而易见、一目了然、顾名思义、很明显 不错、没错、对的、是的 和/像/如/同/与……一样 怪不得、更不用说、更说不上、不用/消/必问/说 "'我方'+心理过程/物质过程/言语过程"类： 知道、晓得、懂得、了解、明白 看到、注意到、认识到 说过、常说
断言 Pronounce	需、须、得、必、容、将、一定、必须、务必、、能够、要求、管保、包、一律、绝、决、绝对、断然、全然、万万、千万、其实、实在、委实、真（的） 实质上 不能、不容、不得、不可、不会、不（允）许 毋庸置疑、无可置疑、毫无疑问 从根本上说、说实在话、老实说 "我（们）或'我方'认为"类： 相信、坚信、主张、提倡、倡导、呼吁、强调、赌咒、说（过）、告诉、给你说、给你讲 "……的是"类： 最重要的是、最根本的是、最主要的是、需要特别指出的是、最根本的一条就是、最使他心神不宁的是、猛吃一惊的是 "……是/在"类： 核心是、关键是、事实是、实质是 核心在、关键在、本质在 "有……"类： 有权、有义务、有责任、有信心

续表

类型	词汇
引证 Endorse	指出、核实、证明、表明、说明、表示、显示、宣告、规定、强调 明确指出、强调指出、明确提出、明确规定、早已宣告、充分证明
宣称 Acknowledge	晓得、懂得、声明、标明、疑心、疑惑、猜想、猜测、断定、咬定 估计、估量、告诉、告诫、公布、公认、预计、预感、预言、提议、建议 援引、宣传、宣告、宣布、指责、指控、夸赞、称赞、倡言、倡议、警告 主张、夸奖、倡导、赌咒、报道、（你）感觉 说、道、称、看、叫、告、想、猜、嫌、想着、知道、援引、呼吁、强调、看出 谚语、农谚、古谚、古语、古话、传说、诫条、记载、念头、信念、观点、讯息、 音讯、故事、消息、信、意见、警钟 所谓（的）、相传、据说 据/按……的统计/意见/分析/报告/数据、据（……）记载/统计/反映/了解/调 查、据/说、推算/测算、在……看来、在……的意思中、照……、照……说、 以……著称 对（向/同）……说、听……说、有……之称 把……叫作、把……看得、叫（……）做、被……说到、（被）（……）称为/推 为、称（……）为、推（……）为、看到、想到、感到、察觉（到）、意识到、 认识到、测算出、听得出、想起 瞧着、觉着、算着、瞧来、说过、吩咐过、明白了 清楚地看到、一致认为、执着认为、深信 粗略的记载、汉子说的话、这报上的话、……所说的 不认为、不觉得、不相信、不知道、不晓得
疏离 Distance	自称、自夸、自诩、硬说、吹嘘、吹牛、谣言、谣传、风言、风语、风言风语、 流言、蜚语、流言蜚语、借口 标榜、扬言 号称、声称、宣称、指称、所谓（的） 说、称、以为、主张、规定 非说、硬认为、自以为、还以为 被叫做、被骂做、指称为
接纳 Entertain	会、可、能、应、当、该、将、要、准、总、可能、也许、或许、没准、可以、 应该、应当、一定、肯定、注定、必然、必将、势必、莫非、无非、无疑、未必、 或、或者 易、容易、难、难以、未免、不免、难免、自然、当然 难得、偶尔、偶然、偶或、间或、时或、有时、不时、时常、时时、常（常）、 总（是）、经常、素常、素来、向来 大多、大抵、几乎、几至、（大）约、约莫、大概、大致、一般、光景、通常、 往往、等于、算 应、该、用、要、务、应该、应当、理应、需要、要、将、务、可以、愿意、决 心、打算、要求、巴不得、宁愿、宁肯、希望、希冀、希图、期望、期冀、盼望、 冀望、冀希、冀求 怕、恐、恐怕、担心、害怕、唯/惟恐、生怕 能（够）、可以 听说、据说、传说、相传、显示、表示、表明、表示、证明、说明 看来、瞧着、显得、显然、似、像、好像、光景、仿佛、似乎、好似

续表

类型	词汇
接纳 Entertain	最好、顶好、还是、不妨、不如、索性、足以、得以、免得、省得、以免、以防、防着、好、以便 从不、几乎不、很少、有时候、更多时候、很可能、将趋于 大部分、大多数情况下、无异于、差不多、一般地说、一般说来、从整体上讲、整体而言 瞧来、看样子、瞧情形、看得出、看出来、显见得、眼见得、有……的模样、……似的/地、看起来、听起来、摸起来、尝起来、闻起来 照……（说）、从……来说、严格来说 除不了、免不了、不至/致（于）、说不定、保不定、指不定、不可能、不用、用不着、不必、不须、无须、不得不、不能不、不可不 一定……：能、要、将、会、可以 必……：要、会、能、得、将 准……：得、要、会 总……：要、得、可以、愿意 该……：会、得 ……会/能/要：将、未必、也许、难免、无疑、自然 "我觉得"类： 猜（想）、估定、估量、推测、怀疑、疑心、看、说、想、觉得、相信、感到、记得、觉着、以为、建议、感觉，认为 "有……"类： 机会、希望、可能、潜力、条件、必要、责任、需要、意愿、决心、能力

附录2　汉语积极语言和消极语言判定标准表

（参照 Martin & White，2005；梁海英《医患会话中诊疗话语的个体化意义建构研究》，中国社会科学出版社2019年版，综合编制）

态度资源			积极 desire	消极 fear
情感	意愿	行为	建议、倡议、提倡、指导、引导、推荐、推行、倡导、需要、需求、询问、要求、提出、请求、申请、恳求、乞求	发抖、抵制、禁止、强迫、胁迫、遏制、阻止、制止、颤抖、颤栗、讯问、退缩、回避、逃避、投降、退出、逃离
		心理	思念、情系、渴望、意愿、有望、拭目以待、希望、愿望、期待、急于、注重、力求、力图、羡慕、向往、理想、意向、梦想、展望	警惕、警觉、胆怯、畏惧、无望、怯懦、胆小、忌惮、心虚、畏缩、畏怯、惧怕、恐惧、胆寒、害怕、可怕、怯弱、胆小鬼、怕死鬼
	幸福	行为	咯咯笑、哈哈、笑容、欢笑、欢庆、庆祝、欢迎、祝贺、贺信、祝愿、吉祥、握手、拥抱、怀抱	呜咽、哽咽、啜泣、哭泣、哀嚎、哀悼、哀伤、悲哀、哀号、哀叫、哭嚎、蔑视、辱骂、谩骂
		心理	欢乐、高兴、快乐、甜甜、开心、喜悦、欢呼、愉快、狂欢、愉悦、幸福、欢快、惊喜、欢喜、欢畅、欢欣、轻快、痛快、乐观、明亮、开怀、尽兴、喜欢、兴趣、喜爱、热衷、青睐、欣赏、好感、爱、最爱、偏爱、爱上、心仪、深情、热爱、相爱、恩爱、崇拜	沉重、败兴、惆怅、酸涩、悲凉、难过、悲伤、忧郁、凄凉、难以承受、难受、悲伤、受伤、痛点、失望、低落、委屈、伤害、悲观、低迷、悲惨、凄惨、厌恶、恼恨、恶心、反感、抵触、白眼、恨恶、憎恶、痛恨、嫌弃、仇恨、妒忌、死心、愤恨、唾弃、厌弃、憎恨
	安全	行为	确信、保险、零风险、无疑、注定、确立、安全、确保、保险、敢说、保证、遵守、保险、委托、拜托、承诺、尽责、负责、以身作则、许可、同意、承担、批准、履约、履行、尽职、接受、恪尽职守、托付、托管、保护、维护、任命	不安、风险、高风险、凶险、危机、慌乱、危险、危害、致命、抽搐、颤抖、打颤、战栗、惊呆、惊惶、惊叫、搪塞、敷衍、苟且、将就、含糊、推却、推辞、抵赖、推卸、推脱、拒绝、应付、昏厥、免除、毁坏、糟蹋、卸任
		心理	可靠、清醒、自信、信心、放松、宽心、舒缓、松快、胆大、无畏、刚勇、放心、安全感、安心、平安、相信、泰然自若、信任、毋庸置疑、好梦、振作	心神不安、恍惚、焦虑、压力、困扰、担忧、紧绷、紧张、害怕、阴影、恐怖、惊跳、危机感、忧虑、惊险、震惊、惊心动魄、吓瘫、吓唬、噩梦、崩溃

续表

态度资源			积极 desire	消极 fear
情感	满意	行为	细致、精心、忙碌、繁忙、勤劳、辛劳、勤勉、辛勤、赞扬、支持、激励、激发、赞同、赞美、赞誉、赞成、鼓励、不可否认、鼓舞、恭维、恭喜、点赞、拥立、歌颂、获益、报答、感谢、感激、开放、嘉奖、奖赏	坐立不安、纠结、打哈欠、游手好闲、不理、懒惰、懒散、懈怠、警告、教训、警示、反对、打击、贬低、斥责、抗议、压制、半信半疑、打压、责骂、抨击、抱怨、谴责、讽刺、吃亏、严惩、扣除、查封、封锁、体罚、惩处
		心理	投入、关注、致力、专门、专注、专心、满意、充裕、充足、好吃、好评、不错、舒适、舒服、富裕、轻松、印象深刻、深入人心、乐意、欣然、欣慰、着迷、心动、开怀、如意、快活、激动、热烈、激情、热情	单调、分神、冷漠、随便、陈腐、腻烦、讨厌、枯竭、贫乏、难吃、差评、差劲、艰苦、受苦、贫穷、艰巨、厌烦、不得人心、生气、恼火、发火、厌倦、令人作呕、愤怒、狂怒、暴怒、受够、发愁、烦恼、烦透
判断		规范	幸运、福音、幸免、完好无损、太平、幸存、顺境、好运、亨通、开门红、祝福、顺利、流畅、畅通、着迷、喜悦、入魔、入迷、陶醉、迷恋、正常、常规、正统、常态、妥妥、正规、自然、天然、和睦、顺畅、熟悉、熟练、运用自如、冷静、平缓、安逸、稳定、平稳、稳步、稳妥、预见、充分考虑、流行、主流、时尚、有型、鲜肉、潮流、巨潮、性感、好身材、盛行、前卫、脱颖而出、时髦、爆款、炫酷、酷炫、著名、名流、知名、众所周知、闻名、显赫、深入人心、大名、有名、默默无闻、低调	不幸、逆境、意外、坠毁、事故、摧毁、困境、霉运、灾难、闭门羹、诅咒、荆棘、生涩、闭塞、点背、困难、不易、变态、不妥、冒牌、古怪、怪诞、罕见、诧异、生疏、怪异、异常、紧绷、离奇、奇怪、反复无常、起起落落、折腾、变化无常、波动、动荡、易变、变幻莫测、变化多端、轻易、错过、考虑不周、过时、非主流、邂逅、没型、老腊肉、落伍、土气、乡气、土肥圆、冷门、倒退、下滑、跌破、坠落、粗陋、俗气、平庸、低档、不为人知、鲜为人知、庸碌、卑微、一无所知、不见经传、无名鼠辈、落魄、被吊打
		才干	强大、最强、较强、很强、强势、强劲、厉害、壮大、更强、迅猛、活力、年轻、精力充沛、充满活力、旺盛、健全、齐全、完好、足够、健康、精神、好转、舒适、安泰、健壮、成熟、收获、成长、明事理经验丰富、老鸟、熟手、诙谐、乐观、幽默、逗趣、敏锐、敏捷、聪明、智慧、机灵、天赋、潜力、禀赋、灵性、平衡、稳重、慎重、稳当、稳健、淡定、沉稳、顾及、顾忌、自控力、管住、明智、自觉、内行、精英、精明、有文化、受教育、培养、	虚弱、最弱、较弱、很弱、无力、疲弱、疲惫、乏力、更弱、薄弱、废物、年老、懦弱、死气沉沉、衰老、欠缺、局限性、短板、缺乏、病态、憔悴、恶化、不适、患病、残废、幼稚、稚嫩、衰落、傻气、无助、菜鸟、小白、无趣、悲观、枯燥、冷淡、迟钝、木讷、笨拙、笨重、变大猪、愚蠢、死板、呆子、智障、古怪、神经质、精神病、疯狂、冲动、盲目、盲从、不顾、忍不住、放任、管不住、傻、愚笨、无知、蒙昧、愚钝、文盲、蛮不讲理、摧残、文盲、

·476·

续表

态度资源		积极 desire	消极 fear
判断	才干	修身、进修、修炼、素养、有学识、资深、融会贯通、有学问、胜任、当之无愧、充分发挥、荣获、成就、达成、战果、冠军、不朽、成功、胜利、克服、优胜者、击败、得胜回朝、巅峰、战胜、胜出、多产	粗鄙、辍学、粗鲁、愚昧、才疏、无能、浅尝辄止、无为、受之有愧、怀才不遇、憾失、一事无成、作废、无果、淘汰、腐朽、失败、溃败、破产、落选者、倒闭、全军覆没、低谷、挫折、覆灭、徒然
	韧性	坚决、坚韧、勇敢、英勇、无畏、强者、谨慎、在意、警惕、注重、镇静、沉着、耐心、细心、认真、仔细、细腻、用心、透彻、理智、谨小慎微、严谨、孜孜不倦、锲而不舍、持续、精进、不遗余力、打拼、尽全力、源源不断、持久、刚毅、信赖、拥护、相信、脚踏实地、靠谱、可靠、忠实、忠诚、忠言、持之以恒、始终、矢志不渝、一如既往、灵活、灵动、适应、变通、调理、改变	羞怯、脆弱、胆小、怯懦、逃兵、弱者、鲁莽、不惜、急躁、激进、着急、急于、浮躁、焦躁、浮夸、草率、应付、不慎、任性、疯狂、鲁莽、粗犷、虚弱、心不在焉、遗漏、忽略、分心、偏离、忽视、中断、三心二意、沮丧、靠不住、不信、幻想、空想、怀疑、可疑、异心、背叛、谗言、善变、多变、见风使舵、墙头草、顽固、死板、固执、任性、随意、刻板
	诚实	诚实、诚信、诚恳、诚实信用、真诚、老实、厚道、忠实、诚恳、诚挚、淳朴、憨厚、可信、真挚、坦率、直率、直来直去、直白、清楚、有分寸、恰到好处	欺上瞒下、奸商、失信、隐藏、套路、欺骗、作假、上当、造假、违约、炒作、陷阱、撒谎、谎言、欺瞒、操纵、强硬、狡猾、迟钝、喋喋不休、夸夸其谈
	得体	善举、帮忙、友好、扶持、互助、协助、支援、救援、助力、帮扶、共享、德高望重、众望所归、一身正气、正气凛然、合乎道德的、表彰、集体主义、合法行为、崇高、品德高尚、赎罪、伦理、守法、合法、正轨、正当、正经、公平、民主、平等、公正、公认、道理、透明、光明、善解人意、宽容、安抚、亲切、温和、朴素、亲近、顺和、善良、清纯、友善、善意、体贴、贴心、关切、爱心、呵护、陪伴、谦和、谦虚、谦逊、亲近、礼貌、得体、请教、指教、尊敬、爱戴、尊重、致敬、敬佩、恭敬、钦佩、敬意、诞生、无私、慷慨、大方、赠送给、馈赠、让给、大大方方	恶行、扒手、偷窃、盗用、欺凌、敌对、罪行、劣行、欺辱、捣乱、阻碍、缺德、泄露、暴露、不当、罪恶、蓄意、定罪、非法、处罚、起诉、极端主义、违法行为、腐败、贪污、贿赂、堕落、道德败坏、恃强凌弱、霸道、专横、偏颇、侵夺、违法行为、无理、偏袒、木讷、迟钝、无情、懵然不知、麻木、迟笨、呆滞、愚钝、卑鄙、卑劣、小人、下流、残忍、残酷、严酷、冷酷无情、狠毒、凶残、自负、势利、傲慢、嘲笑、粗鲁、失礼、莽撞、冒昧、无礼、过分、轻慢、鄙视、亵渎、不敬、大逆不道、鄙夷、忌日、自私、贪婪、贪得无厌、占便宜、小气、忸怩、小家子气

· 477 ·

续表

态度资源		积极	消极
		desire	fear
鉴赏	反应（事件）	引人注目、惊艳、鲜明、瞩目、醒目、光辉、精彩、热闹、繁华、闪亮、迷人、诱人、激动人心、极佳、动人、生动、活泼、开朗、快活、轰动、觉醒、唤醒、惊叹、繁多、精深、强烈、显著、黑马、著名、成名、感人肺腑	枯燥、没趣、暗淡、不闻不问、迷糊、昏暗、蹩脚、无人问津、萧条、荒凉、无聊、寂寞、乏味、无味、苦逼、呆板、苦闷、郁闷、苦恼、讨厌、沉迷、沉沦、挖苦、单调、肤浅、枯燥、寻常、落马、平淡无奇、貌不惊人、不动声色
	反应（品性）	尚可、合适、符合、合格、实惠、优良、翘楚、优质、优秀、出色、完美、美好、优点、圆满、优势、精致、华丽、走心、可爱、小可爱、娇憨、清新、美丽、漂亮、美感、娇俏、亮丽、帅气、英俊、大美、俏丽、美炸、端庄、曼妙、美人、好看、最靓、明艳、耐看、浪漫、壮观、辉煌、风起云涌、广阔、宽广、盛大、吸引人、吸睛、吸引、抢眼、热潮、火爆、魅力十足、有趣、人气、迷人、最美、受欢迎、好玩、受宠	低劣、衣冠禽兽、低下、不良、劣质、恶劣、污染、恶化、拙劣、逊色、破烂、糟糕、劣点、劣迹斑斑、劣势、嗤之以鼻、歧视、违心、丑陋、丑八怪、猥琐、油腻、奇形怪状、难看、畸形、蓬头垢面、暗淡无光、狼狈不堪、丑态、尖嘴猴腮、龌龊、丑哭、轻浮、放荡、丑逼、颜值低、最坏、姿色差、灰暗、骇状殊形、丑恶、阴暗、胎死腹中、狭隘、狭窄、渺小、厌恶、反胃、吐槽、落伍、冷门、冷清、毫无魅力、沉闷、过气、烦人、最丑、漠视、没劲、被禁
	构成（均衡）	平衡、均衡、稳步发展、劳逸结合、不高不低、协调、整齐、错落有致、合作、相匹配、互补、统一、强强联合、齐心协力、支援、对称、平均、均匀、一致、说的对、一致意见、合理的、合理性、正确、毫无疑问、在理、符合、适宜、符合、相宜、合逻辑、有序、理所当然、有条不紊、深思熟虑、匀称、和谐、均匀、匀和、匀实、优美、柔美、优雅、美妙、苗条、修长、亭亭玉立、婀娜	失衡、偏低、偏向、过少、过高、格格不入、乱套、参差不齐、拆台、不匹配、拖后腿、紊乱、孤立无援、钩心斗角、落井下石、崎岖、凌乱、七零八落、瑕疵、缺点、弊端、矛盾、相悖、分道扬镳、吵架、相杀、对抗、冲突、斗争、争端、杂乱无章、杂乱、琐碎、混乱、不假思索、不成形、歪曲、曲解、凹凸不平、乱腾腾、松散、形体不明、结构凌乱、涣散、变形、走样、扭曲、面目全非
	构成（复杂性）	简单、精简、简约、简洁、轻轻松松、简要、简捷、纯净、干净、清洁、精巧、典雅、轻盈、清楚、知晓、领会、清晰、一目了然、高清、准确、一针见血、精密、精细、紧密、精湛、缜密、周密、丰富、饱满、多样性、多元、详细、具体、完整、淋漓尽致、完善、精确、精准、准确性	华而不实、金玉其表、秀而不实、言之无物、质非文是、浮而不实、败絮其中、污浊、浑浊、混沌、奢华、浮华、华侈、错综复杂、冗长、听不懂、晦涩、较难、生涩、含混不清、鱼龙混杂、模糊、莫名、误解、扑朔迷离、困惑、不明、单一、单调、乏味、匮乏、笨重、粗重、独裁、庞杂、大一统、过分简化、过度精简、过度裁剪

· 478 ·

续表

态度资源		积极	消极
		desire	fear
鉴赏	价值	洞察、渊博、厚重、精深、广博、深广、鸿博、深邃、深远、深刻、革新、改革、全新、改进、先进、振兴、革命、优化、拓展、发达、崛起、原创、最先、前所未有、初创、创造、原作、创新、发明、创建、新意、原生、创意、新潮、超越、升级、及时、与时俱进、适时、新颖、簇新、期待已久、景气、期待值、期望、标志、象征、标识、独特、独一无二、与众不同、奇特、新奇、别具一格、别致、特色、杰出、更好、最佳、优于、顶尖、卓越、令人惊叹、领先地位、唯一、唯有、绝佳、顶级、真的、属实、事实、真实性、如实、确实、切实、真实、靠得住、货真价实、珍贵、高贵、宝藏、昂贵、经典、精粹、贵重、高级、精美、贵气、精髓、传奇、无价、珍奇、名贵、宝贵、值得、简朴、朴素、节约、适当、适度、非常适合、合身、有用、受益、发挥作用、有利于、得益于、便捷、互利、好处、共赢、不可或缺、实用、利好、惠民、有效、增值、功效、可行、可用、充分利用、高效、便利、好用、特效、营养、盈利	浅薄、退化、老化、衰落、流失、丢失、丧失、毫无意义、形同虚设、徒劳无功、抄袭、东施效颦、仿造、仿制、剽窃、照搬、照抄、挪用、拷贝、拾人牙慧、拾人涕唾、保守、刻板、固守、因循、守旧、复旧、平淡无奇、味同嚼蜡、淡而无味、索然无味、非驴非马、枯燥无味、极其平常、平平无奇、毫无波澜、陈旧、老套、老气、延期、推迟、过期、逾期、时过境迁、错过、失时、不宜、不便、一文不值、不值一钱、半文不值、一钱不值、不值一文、一毛不值、毫无价值、不足为道、平庸、泛泛、最差、卑俗、平凡、俗气、卑鄙、平淡、庸俗、糟糕、粗俗、鄙俗、假的、吹牛、绯闻、虚假、传言、赝品、弄虚作假、伪劣、假冒、昂贵、廉价、轻贱、低贱、低价、低廉、糟粕、糟糠、低微、卑贱、简陋、下贱、卑微、粗劣、粗糙、粗陋、拙笨、奢靡、糜掷、糟蹋、豪奢、无效、失效、失灵、废弃、无用、有害、垃圾、没用、鸡肋、不符、损害、不利、闲置、微不足道、百无一用、杯水车薪、无济于事、贬值、受损、亏损、贬抑、被贬、损失、降低、诽谤、亏损、低效、无利可图、亏钱

附录3 汉语介入资源词汇语法表

（参照梁海英《医患会话中诊疗话语的个体化意义建构研究》，中国社会科学出版社2019年版，编制）

否定 (deny)	不大、不再、没有、没法、没、不、别、不是、不一样、不容易、不能、不用、不要、不可能、不一定、不应该、不准、用不着、好不了、不太、不很
对立 (counter)	忽、突然、已经、才、终于、即使、还、还是、又、只、不过、都、也、至少、但、但是、然而、就是、虽然、倒、而、反而、果真、原来、实际、其实、实在、确实、实、本（来）、正好、刚好、最多、最少、我的意思是
认同 (concur)	明显、当然、自然、确实、果真、到底、终于、究竟、又、也、像、还、还是、同样、何况、何必、本（来）、很明显、是的、和/像/如/同/与……一样、说过
断言 (pronounce)	正、就（这样）、完全、根本、千万、其实、实际、实在、就是、实质上、提倡、说（过）告诉、（我们）叫、最重要的是、最主要的是、关键是
引证 (endorse)	表明、说明、规定
接纳 (entertain)	会、能、该、要、必、总、可能、也许、可以、应该、一定、肯定、或者、容易、难、当然、偶尔、有时、经常、大多、几乎、大概、一般、算、用、得、需要、必须、愿意、怕、好像、最好、还是、要不、免得 "我觉得"类：估计、看、说、想、觉得、记得、觉着、以为、建议、感觉、如果、要是、……的话、有机会
宣称 (acknowledge)	估计、告诉、说、看、叫、以为、看出、所谓（的）、据……、（按）照……、看到
疏离 (distance)	听信、所谓（的）、说、以为

附录4 介入资源术语汉译对照表

英语术语	汉译1	汉译2	汉译3	汉译4	汉译5	汉译6	汉译7
engagement	介入	介入	介入	介入	介入	介入	介入
contract	收缩	缩约	收缩	收缩	收缩	收缩	收缩
disclaim	否认	弃言	否认	否认	否认	否认	否认
deny	否定	否认	否定	否定	否定	否定	否定
counter	对立	反期望	对立	反驳	反对	对立	反预期
proclaim	公告	宣言	公告	公告	声明	声明	宣布
concur	认同	同意	认同	同意	同意	同意	认可
pronounce	断言	宣称	宣告	宣告	宣告	宣布	宣告
endorse	引证	认同	背书	背书	背书	支持	赞同
expand	扩展	拓展	扩展	拓展	扩展	扩展	扩展
entertain	接纳	承认	接纳	容纳	引发	引发	包容
attribute	归属	归属	归属	归属	摘引	摘引	接纳
acknowledge	宣称	认可	承认	承认	承认	承认	承认
distance	疏离	疏远	疏远	疏远	疏远	疏远	疏远

在学者们的著作和文章中,介入资源及其子类术语的汉译不尽一致,为了便于读者阅读和理解,避免混淆术语概念,本书将介入资源的汉语表达统一用第一列"汉译1"的术语,并无任何特别倾向。谨作说明。

后　　记

喜讯传来，百感交集。2018年6月25日，申请人正在教室授课，同事告知"基于可比语料库的网络语言生态文明建构策略研究"正式获批2018年度国家社会科学基金西部项目。八年申报，八载蹉跎，一日立项，感慨万千。

事以微巧成，以拙疏败。在苦苦探索语料库建设问题时，2019年2月22—27日，本团队有幸请到了澳门大学翻译传译认知研究中心主任、世界翻译教育联盟理事长李德凤教授，嘉兴学院外国语学院贺文照副教授，湖南工程学院外国语学院王家义副教授莅临学校开展了为期五天的语料库专业培训。三位专家以高度的专业精神向全体参培学员系统介绍了语料库翻译学的相关理论及研究方法，并结合具体的语料库翻译案例，通过上机操作、单独辅导等方式指导参培学员，提升了全体学员的语料库理论认识和语料库实践操作能力。通过工作坊的系统学习，团队成员均具备了独立建库、除噪、标注、对齐、提取数据的能力。

为而不矜，作而不恃。"网络语言生态文明语料库"是开展网络语言实证研究的基础，其建设的首要技术因素便是网络语料的收集。2020年11月2日，可比语料库建设技术方案V1.0宣告完成，为后期的语料库建设打下了坚实基础。2021年10月28日，"网络语言生态文明语料库系统V1.0"完成建设。2021年11月26日，获得中华人民共和国国家版权局计算机软件著作登记证书。

慎终如始，则无败事。为加强项目按计划进程开展研究，团队成

后　记

员每周召开组会研讨，数百次的组会不仅保证了研究进度与质量，也培养了一批热爱科研的师生。项目组成员就文献搜集、语料采集、语料处理、数据分析、论文撰写等相关问题展开深入讨论，并针对语料的收集范围、语料的分类、积极网络语言和消极网络语言的判定标准、建库技术、UAM 软件标注、及物性系统建立、及物性过程分析、评价资源、数据分析问题、最新成果分享、论文撰写、修改等集思广益，各抒己见，不断提升科研能力和文稿撰写水平。

精诚所至，金石为开。梁海英、赵宝巾、董晓辉、李晓红、赵卫博、杨明托、刘贵阳、武凌云、李晓红、贾婷婷、赵盼、侯晓蕾、刘镇歌、邱丹、孙竹青、常皓、吴珊、童国艳、董新平、李晨、陈怡莉、魏梦洋、王雅君、方裕茹、徐冉、沈双双为本书的理论建构、语料库建设、语料分析、文稿结构、格式体例、书稿校改等提出的诸多宝贵建议。团队成员的研究成果分别发表在《中国外语》《现代传播》《外语电化教学》《国际安全研究》《电化教育研究》《西北师大学报》（社会科学版）、《山东外语教学》《外国语言文学》《天津外国语大学学报》《兰州文理学院学报》《重庆第二师院学报》《甘肃高师学报》《社科纵横》《丝绸之路》《中国网络语言发展研究报告》（蓝皮书）、《中国社会科学报》等报刊上。

片言之赐，皆我师也。感谢黄国文先生、何伟教授、苗兴伟教授、汪少华教授在研究中的一路扶持。感谢西北师范大学科学研究院，感谢王晓丽、张云婕、韩晶、张慧心老师，从申报、立项、中期检查到成果发表与鉴定，他们默默无闻地付出了大量心血。感谢西北师范大学外国语学院全力支持，此书稿得以顺利完成。感谢责编张玥老师，此书方得付梓出版。感谢在网络语言生态研究领域默默耕耘的学者与同人们，本书得益于他们的学术探索，文献之多，未尽列举，谨表谢忱。

2023 年 9 月 25 日于金城